KB164834

Do it!

퍼셉트론부터 GAN까지 핵심 이론 총망라!

딥러닝 교과서

딥러닝 모델의 동작 원리를 그림과 수식으로 설명했다!

입문자는 기초를 단단하게, 실무자는 딥러닝을 더 깊게!

윤성진 지음

이지스 퍼블리싱

세상의 속도를 따라잡고 싶다면 **Do it!**
변화의 속도를 즐기게 될 것입니다.

Do it!

퍼셉트론부터 GAN까지 핵심 이론 총망라!

딥러닝 교과서
Do it! Deep Learning Textbook

초판 발행 • 2021년 10월 18일
초판 3쇄 • 2024년 10월 22일

지은이 • 윤성진
펴낸이 • 이지연
펴낸곳 • 이지스퍼블리싱(주)
출판사 등록번호 • 제313-2010-123호
주소 • 서울특별시 마포구 잔다리로 109 이지스빌딩 4층(우편번호 04003)
대표전화 • 02-325-1722 | **팩스** • 02-326-1723
홈페이지 • www.easyspub.co.kr | **페이스북** • www.facebook.com/easyspub
Do it! 스터디룸 카페 • cafe.naver.com/doitstudyroom | **인스타그램** • instagram.com/easyspub_it

총괄 • 최윤미 | **기획 및 책임편집** • 박현규 | **기획편집 2팀** • 신지윤, 이소연 | **교정교열** • 박지영
표지 디자인 • 트인글터 | **본문 디자인** • 김소리 | **인쇄** • 보광문화사
마케팅 • 권정하 | **독자지원** • 박애림, 김수경 | **영업 및 교재 문의** • 이주동, 김요한(support@easyspub.co.kr)

ISBN 979-11-6303-299-1 13000
가격 28,000원

딥러닝을 제대로 공부하려는
당신에게

◆ 딥러닝의 기초 원리부터 제대로 이해하며 입문하고 싶은 사람

◆ 파이썬 코딩 위주로 딥러닝을 공부해서 뭔가 제대로 안다고 느껴지지 않는 사람

◆ 왜 하는지 모르고 딥러닝 실무만 하다 공허해진 사람

◆ 딥러닝 업무를 맡았지만 딥러닝을 입맛에 맞게 활용할 수 있을지 걱정되는 사람

01

딥러닝 개요

딥러닝의 역사와
주요 키워드를 만나는 시간!

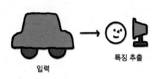

02

순방향 신경망

인공 신경망 모델의
기본을 알아볼까?!

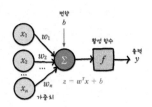

06

콘벌루션 신경망

더 복잡한 데이터를
잘 처리하는 신경망!

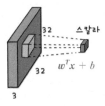

조금만 더 힘을 내요!

07

콘벌루션 신경망 모델

2012년 등장한
알렉스넷부터 NAS까지!

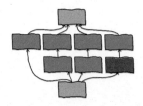

08

순환 신경망

시간, 공간 순서 관계가 있는
데이터를 위한 신경망

03

신경망 학습

경사 하강법과 역전파
알고리즘을 알아보자!

딥러닝 A~Z를 모두
다루니 이제 안심이다!

04

최적화

손실 함수의 최적해를
잘 찾는 방법은?

05

초기화와 정규화

복잡한 문제를 현실적으로
잘 풀 수 있는 방법은?

중간까지 잘 왔어요!

09

생성 모델

훈련 데이터만 있다면
새로운 데이터를 생성해 준다고?

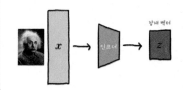

끝~ 수고하셨습니다!

딥러닝 작동 원리를
그림과 수식으로 정리한 국내 최초의 책!

흔히 '머신러닝의 바이블'이라고 하는 이론서는 대부분 해외에서 출간한 것입니다. 그런데 이런 책들은 내용이 어렵고 분량도 방대해서 완독하기 쉽지 않습니다. 이런 책을 읽는다는 것 자체가 딥러닝 입문자에게는 또 하나의 도전입니다. 주변의 많은 인공지능 입문자가 이런 책들의 난이도와 분량에 압도당하고 자격지심 때문에 포기하는 모습을 보면서 국내에도 이론을 심도 있게 다루면서도 쉽게 읽을 수 있는 이론서의 필요성을 느꼈습니다.

이 책의 차례를 보면 다른 입문서와 비슷해서 언뜻 '다른 책과 비슷하네!'라고 생각하기 쉽습니다. 하지만 이 책은 같은 내용이라도 원리를 상세히 설명하고 있기 때문에 조금만 읽어 보면 다르다는 것을 금세 알 수 있을 것입니다. 이 책은 딥러닝 입문자도 쉽게 이해할 수 있고, 실무자도 막연하게 안다고 생각하던 개념이 단지 익숙해진 것인지 제대로 이해한 것인지 스스로 점검할 수 있는 내용으로 작성했습니다. 특히 딥러닝에 입문했지만 깊이를 더하기 위해 이론적 기반을 닦아야 할 사람이나 최신 논문을 읽을 때 어려움을 느끼는 사람에게 적극 추천하고 싶습니다.

이 책은 딥러닝의 기본 모델인 순방향 신경망, 콘벌루션 신경망, 순환 신경망, 생성 모델이 세상에 나온 배경과 작동 원리를 설명합니다. 딥러닝의 개념과 원리를 쉽게 이해할 수 있도록 그림을 많이 사용했고, 수식으로 그 뜻을 명확하게 전달하려고 노력했습니다. 어려운 개념이나 용어는 〈팁〉과 〈조금 더 알아보자면〉 코너로 설명을 보충했습니다. 또한 책의 전체 흐름을 한눈에 파악하고 정리할 수 있도록 〈딥러닝 핵심 개념 사전〉 부록도 제공했습니다. 딥러닝을 공부하는 많은 분들에게 이 책이 도움이 되기를 진심으로 바랍니다.

이 책이 나오기까지 응원해 주신 모든 분들께 감사의 마음을 전합니다. 이 자리를 빌려 마음 깊이 고마움을 표현해 봅니다. 책을 쓰는 딸이 대견하다며 격려해 주시던 부모님, 원고를 직접 검수하고 열렬히 지지해 준 남편 이병욱 씨, 책이 나오는 과정을 신기해하며 바라봐 주던 다정한 두 아들 민호, 준호에게 사랑과 고마움을 전합니다.

또한 이 책을 쓰기까지 큰 힘이 되어 주신 혁신적인 교육 플랫폼 '모두의 연구소' 김승일 소장님, 한국외국어대학교 겸임 교수로 추천해 주시고 조용히 챙겨 주시던 신찬수 교수님, 책을 번역하려면 머신러닝 책을 써보라고 용기를 주셨던 윤경구 전무님, 해석학과 위상수학을 공부하도록 이끌어 주시고 멋진 수학의 세계를 알게 해주신 이주희 교수님, 책을 써볼까 한다고 말했을 때 너무 기대된다고 환한 얼굴로 웃어 주시던 조원양 님, 함께 공부하며 집필에 큰 도움을 주신 한영일 님께 진심으로 감사하다는 말씀을 드립니다.

어려운 내용 때문에 고생 많이 하시고 직접 삽화 작업까지 하면서 정성을 다해 주신 박현규 팀장님, 꼼꼼한 편집과 표준 한국어를 친절하게 안내해 주신 박지영 편집자 님, 이지스퍼블리싱 관계자 여러분께 감사드립니다.

• 윤성진 드림(sjyoon@gmail.com)

기초로 돌아가 더 높은 곳을 향해!

딥러닝을 배우는 두 갈래 길, 연구자와 실무자 모두에게 필요한 책

소프트웨어 솔루션을 만든 직장 동료로서 윤성진 님과 매일 함께했고, 지금은 직장은 다르지만 딥러닝을 공부하는 벗으로 인연을 이어온 지 벌써 10년이 넘었습니다. 새로운 이론과 논문이 쏟아져 나오는 딥러닝의 세계를 많은 사람들이 잘 이해할 수 있도록 책을 내셨다니 정말 축하드리며, 배움에 대한 저자의 열정과 노력을 느낄 수 있었습니다.

딥러닝을 배우는 길은 연구와 실무라는 두 분야로 나뉘는데 그에 따라 중점적으로 노력해야 하는 것에도 차이가 있습니다. 연구의 길에서는 미지의 영역에서 선구자가 되기 위해 노력해야 하고, 실무의 길에서는 연구 성과를 실무 목적에 맞게 효과적으로 활용하기 위해 노력해야 합니다. 두 분야의 목적이 서로 다르기 때문죠. 하지만 딥러닝은 수학을 토대로 한 학문입니다. 그래서 연구든 실무든 더 깊은 단계로 나아가려면 딥러닝의 개념과 작동 원리를 수학과 함께 명확하게 이해하는 것이 매우 중요합니다. **어쨌든 두 분야 모두 수많은 파라미터와 모델을 개선하거나 변형해야 하는 과정을 반드시 거쳐야 하는데, 이런 공부를 하지 않으면 제대로 해내기 어렵기 때문입니다.**

"최신 논문, 해외 주요 강의를 보기 전에 이 책으로 기초를 다지세요."

이 책은 더 높은 곳을 향해 나아가려면 기초로 돌아가 준비하자는 의도를 담고 있습니다. 수년 간 여러 스터디 그룹을 주도한 경험과 연구 논문이나 해외 주요 대학의 강의를 누구보다 발빠르게 공부한 저자의 노력이 집약되어 있습니다. 또한 현재 딥러닝 모델의 기반이 되는 전체 체계를 명확하게 이해할 수 있는 기초 체력을 만들어 줄 것입니다. 딥러닝 분야에서 더 높은 곳으로 나아가고 싶다면 이 책이 훌륭한 길잡이가 될 것입니다. 혹시 파이썬 코딩을 위주로 한 딥러닝 입문서로 공부했다면 이 책으로 딥러닝 원리를 찬찬히 공부해 보는 시간을 갖기 바랍니다. 분명 다음 단계로 성장하는 좋은 주춧돌 역할을 해줄 것입니다. 더 나아가 딥러닝 분야를 다루는 강의에 사용할 교재로 안성맞춤이므로 적극 추천해 봅니다. 앞으로 이 책이 많은 사람들에게 사랑을 받아서 강화 학습, 메타 러닝, 그래프 네트워크 등 더 넓은 영역을 다루는 후속 편이 계속 출간되기를 기대합니다.

• 윤경구(주식회사 파수 개발본부장, 전무)

이 코드는 왜 이렇게 동작할까? 궁금하다면 이 책을!

세상에는 하루가 멀다 하고 새로운 딥러닝 기술이 연구, 개발되어 나옵니다. 2016년 알파고의 충격을 받아 딥러닝 공부를 시작했다면 새로 발표되는 기술을 하나씩 정복하며 지금까지 지식을 늘려 왔겠지만, 이제 막 딥러닝 공부를 시작했다면 어떻게 해야 할지 막막할 것입니다. 이미 출간되어 시중에 나온 입문서는 대부분 코드와 함께 이론을 설명합니다. 이런 방식의 입문서는 직접 실행해 보며 눈으로 결과를 확인할 수 있어서 실무의 이해도를 높이기 쉽습니다. 하지만 '왜 코드가 그렇게 동작하는지', '무슨 이유로 그런 코드가 나왔는지'는 알기 어렵습니다. 이 책을 펼치면 궁금한 내용을 해결할 수 있습니다.

이 책은 딥러닝 기술이 탄생한 이유와 발전, 작동 원리 등을 체계적으로 가르쳐 줍니다. 더 깊이 알아야 할 내용은 수식과 친절한 그림을 적극 사용해서 입문자도 쉽게 이해할 수 있도록 설명합니다. **방대한 이론을 쉽게, 그리고 적절한 깊이로 이토록 잘 다룬 책은 처음입니다.** 항상 'why?'를 생각하며 연구하는 저자의 습관이 고스란히 담긴 이 책으로 딥러닝의 기초를 쌓아 주고 싶어 하는 저자의 마음을 느낄 수 있습니다. 딥러닝 개발자의 여정을 시작하는 입문자에게 이 책이 좋은 길잡이가 될 것이라고 확신합니다.

• 김승일(모두의연구소 CEO)

내공 가득한 저자의 잘 차린 딥러닝 한 상!

주위가 온통 딥러닝 이야기로 가득하던 때, 한국외국어대학교 공과대학 여름방학 캠프를 열고 저자를 강사로 초빙하여 학생과 함께 딥러닝 강의를 열심히 들었던 때가 생각납니다. 그 당시 저도 딥러닝 분야는 문외한이었거든요. 그때를 떠올려 보면 저자는 딥러닝 소개부터 신경망 학습의 최적화 알고리즘 방법과 다양한 학습 모델의 장단점을 꼼꼼히, 열정을 다해 강의했습니다. 그 덕분에 딥러닝 기법이 어떻게 진화했는지, 작동 원리는 무엇인지 명확하게 알 수 있었습니다. 그렇게 좋았던 강의 내용이 많은 사람들이 볼 수 있는 책이 되어 세상에 나왔으니 큰 박수를 보냅니다.

이 책은 친절한 그림과 수식, 꼼꼼한 설명으로 잘 차린 딥러닝 한 상과 같습니다. 주제별 핵심 개념을 군더더기 없이 잘 설명했으며, 더 깊은 내용은 〈조금 더 말하자면〉 코너와 〈팁〉으로 구분해 보완해서 더욱 좋았습니다. 입문자, 실무자 모두 읽을 수 있도록 강약 조절을 잘 해서 편집한 점이 돋보입니다. 또한 절을 마무리할 때마다 배치한 〈1분 퀴즈〉도 눈에 띕니다. 문제를 꽤 재미있게 풀면서 배운 내용을 정리할 수 있어서 아주 유용했습니다. 이러한 책 구성은 최적화 이론과 알고리즘에 대한 저자의 상당한 내공이 뒷받침되었기에 가능했다고 생각합니다. 이제 딥러닝 공부를 막 시작하는 독자나 딥러닝 모델의 심연을 보고 싶은 독자 모두 만족할 만한 책이라고 확신합니다.

• 신찬수(한국외국어대학교 컴퓨터공학부 교수)

절벽 바위틈에서 뿌리내린 아름다운 소나무 같은 책!

이 책을 읽다 보면 저자의 부드러운 카리스마가 느껴진다. 편안한 분위기로 딥러닝을 설명하다가 독자가 궁금해할 만한 내용이 나오면 그림과 함께 친절히 풀어서 설명해 주고, 제대로 알아야 하는 부분은 수식으로 정확하게 짚어 준다. 또한 설명을 마친 뒤에는 꼭 알고 넘어가야 할 내용을 따로 정리해서 독자가 확인할 수 있도록 해주고, <1분 퀴즈>로 기본 정리까지 깔끔하게 끝낼 수 있게 하는 꼼꼼함을 엿볼 수 있다.

책을 덮고 나니 여러 해 동안 딥러닝 이론에 관심을 갖고 연구한 저자의 노력이 집약되었다는 생각이 들었다. 딥러닝의 성장과 함께 공부해 온 저자의 모습을 곁에서 수년 간 지켜본 사람으로서 책의 정확함과 정성을 믿어 의심치 않는다. 딥러닝을 다룬 책은 세상에 너무나도 많다. 현재까지 접해 본 책은 각각의 목적과 학습 단계에 맞추어 이론과 실습을 함께 할 수 있도록 코드를 포함한 기술서 형식이 대부분이었다. 하지만 이 책은 방대한 기술서 틈에 뿌리내린 아름다운 소나무 같은 느낌이 든다. **절벽 바위 틈에 뿌리내려 시원한 그늘을 만들어 주는 소나무처럼, 어렵고 딱딱한 기술서 틈에서 딥러닝 이론을 알고 싶어 하는 독자에게 시원한 교과서가 될 것이다.** 쇄를 거듭할 수록 딥러닝 분야의 교과서, 필독서가 되리라 믿는다.

• 이주희(J.MARPLE CTO)

최신 기술과 흐름으로 딥러닝의 기초를 단단하게!

딥러닝은 이제 개발자에게 필수 지식으로 자리 잡았습니다. 이 분야는 새로운 지식과 개념이 하루가 다르게 새롭게 등장합니다. 기존 기술의 변화도 빠르죠. 이런 상황에서 뒤쳐지지 않으려면 끊임없이 공부해야 합니다. 개발자에게는 정신 없는 딥러닝의 시대라 할 수 있습니다.

이런 흐름 속에서 가장 중요한 것은 무엇일까요? 바로 기초입니다. 분야를 막론하고 기초가 튼튼해야 쉽게 흔들리지 않고 더 높은 곳에 오를 수 있으니까요. 그런 면에서 **이 책은 딥러닝의 기초를 단단하게 해주는 내용으로 가득합니다. 단순히 딥러닝의 개념을 설명하는 수준에 그치지 않고 여러 가지 지식과 개념을 쉽고 논리 정연하게, 그리고 명확하게 설명하고 있습니다.** 또한 최신 기술과 흐름까지 놓치지 않았으니 금상첨화죠. 입문서 이상으로 가치 있는 책이라고 생각합니다.

자칫 딱딱하기 쉬운 딥러닝을 저자만의 쉽고 간결한 문장으로 설명한 점도 이 책의 장점입니다. 쉽게 설명하려면 깊이 생각해야 한다고 하지요. 본문을 읽다 보면 저자의 고민과 내공을 느낄 수 있을 것입니다. **이 책으로 딥러닝의 '무엇'과 '어떻게'에 그치지 말고 '왜'라는 질문에 대한 답까지 얻어 가길 바랍니다.** 그러면 어느새 더 높은 곳을 향해 올라갈 준비를 마친 자신을 발견할 수 있을 것입니다.

• 조원양(스마트사운드 수석연구원)

텐서플로 튜토리얼 사이트의 딥러닝 대표 문제 엄선!

저자가 엄선한 텐서플로 튜토리얼 실습 문제를 풀어 보세요. 이론으로 공부한 내용은 실습으로 마무리해야 머리에 완벽하게 남습니다. 〈구글 코랩에서 실행하기〉를 누르면 실습 화면과 정답이 나타납니다. 모든 실습은 파이썬으로 실행됩니다. 파이썬 기초 문법을 숙지한 뒤 실습 문제를 풀어 보세요.

> • 텐서플로 튜토리얼 홈페이지 www.tensorflow.org/tutorials

실습 01 MNIST 필기체 숫자 인식하기

MNIST 필기체 숫자 이미지를 인식하는 2계층 순방향 신경망 모델을 만들어 보자. 아직 신경망 학습이 무엇인지 배운 상태는 아니지만 실습 코드가 매우 짧고 간단하므로 충분히 따라할 수 있을 것이다. 그러면 필기체 숫자 이미지를 97% 정확도로 인식하는 신경망 모델을 어떻게 만드는지 코드로 확인해 보자!

파이썬 기초 문법 필수!

[텐서플로 튜토리얼] 텐서플로 2.0 시작하기: 초보자용

www.tensorflow.org/tutorials/quickstart/beginner

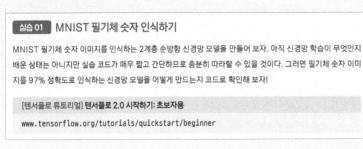

두잇 스터디룸에서 친구와 함께 공부하고 책 선물도 받아 가세요!

이지스퍼블리싱에서 운영하는 네이버 카페 '두잇 스터디룸'에서 같은 책을 구입한 친구들과 함께 공부해 보세요. 내가 잘 이해한 내용은 남을 도와주고 내가 잘 이해하지 못한 내용은 도움을 받으면서 공부하면 복습 효과도 누릴 수 있습니다. 서로 코드와 개념 리뷰를 하며 훌륭한 개발자로 성장해 보세요(회원 가입과 등업은 필수).

> • 두잇 스터디룸 cafe.naver.com/doitstudyroom

이 책 한 권으로 한 학기 수업을 진행할 수 있습니다. 물론 독학도 가능합니다. 16주 학습 진도표에 계획한 날짜와 완료한 날짜를 기록하여 이 책을 끝까지 읽을 수 있도록 해보세요.

16주
학습
진도표

주	내용	계획한 날짜	완료 날짜
1주차	01장 딥러닝 개요	(/)	(/)
2주차	02장 순방향 신경망 1차(2.1~2.5)	(/)	(/)
3주차	02장 순방향 신경망 2차(2.6~2.9)	(/)	(/)
4주차	03장 신경망 학습 1차(3.1~3.3)	(/)	(/)
5주차	03장 신경망 학습 2차(3.4~3.6)	(/)	(/)
6주차	04장 최적화	(/)	(/)
7주차	05장 초기화와 정규화 1차(5.1~5.4)	(/)	(/)
8주차	05장 초기화와 정규화 2차(5.5~5.9)	(/)	(/)
9주차	06장 콘벌루션 신경망 1차(6.1~6.2)	(/)	(/)
10주차	06장 콘벌루션 신경망 2차(6.3~6.5)	(/)	(/)
11주차	07장 콘벌루션 신경망 모델	(/)	(/)
12주차	08장 순환 신경망 1차(8.1~8.3)	(/)	(/)
13주차	08장 순환 신경망 2차(8.4~8.5)	(/)	(/)
14주차	09장 생성 모델 1차(9.1)	(/)	(/)
15주차	09장 생성 모델 2차(9.2~9.3)	(/)	(/)
16주차	[정리] 딥러닝 핵심 개념 사전 241	(/)	(/)

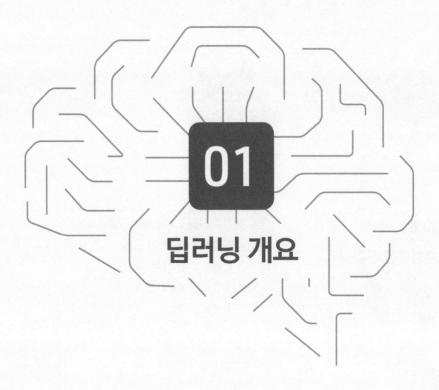

딥러닝 개요

이 책은 최근 화두인 딥러닝이란 과연 무엇이며 다른 인공지능 기법과 어떻게 다른지, 딥러닝 모델의 실행 원리는 무엇인지 상세히 설명한다. 이 장에서는 딥러닝의 정의를 설명하고 딥러닝이 세상에 나오게 된 이유와 함께 딥러닝의 발전 역사를 알아본다. 지금부터 딥러닝의 실타래를 하나씩 풀어가 보자.

1.1 딥러닝이란?

1.1에서는 딥러닝의 정의와 함께 딥러닝이 다른 머신러닝 기법과는 어떻게 다른지 알아본다. 또한 머신러닝 분야에서 딥러닝이 가진 위상, 딥러닝의 장점과 한계점이 무엇인지 살펴본다.

1.1.1 인공지능, 머신러닝과 딥러닝 정의

인공지능AI: artificial intelligence은 '문제를 인식하고 해결하는 능력인 지능을 구현하는 기술'을 말한다. 지능이란 생물체가 가지는 고유의 능력으로, 이를 모방해서 기계에게 지능을 부여하고 다양한 문제를 해결하도록 만드는 기술이 바로 인공지능이다.

인공지능을 만드는 기술은 다양하다. 그중 **머신러닝**ML: machine learning은 '기계 스스로 학습하여 지능을 습득하는 기술'을 말한다. 머신러닝은 학습 알고리즘을 통해 데이터에 숨겨진 정보와 규칙을 기계 스스로 습득하고 그 결과를 이용해서 새로운 것을 예측하고 추론하는 기술이다.

딥러닝DL: deep learning은 생체 신경망을 모방해서 만든 인공 신경망ANN: artificial neural network을 이용하여 복잡한 데이터 관계를 찾아내는 머신러닝 기법이다. 인공 신경망이 깊은 신경망deep neural network으로 발전하여 '딥러닝'이라는 이름이 붙었다.

그림 1-1 인공지능, 머신러닝과 딥러닝의 관계

1.1.2 머신러닝과 딥러닝의 관계

그럼 딥러닝은 머신러닝 분야에서 어떤 위치에 있을까? 전통적인 머신러닝 기법들은 특정한 문제에 맞게 알고리즘이 특화했다. 하지만 딥러닝 모델은 데이터의 복잡한 관계를 잘 표현하기 때문에 다양한 문제에 보편적으로 사용할 수 있다. 그래서 작은 규모의 단순한 문제를 풀 때는 기존 머신러닝 기법으로 빠르고 가볍게 해결하고, 기존 머신러닝 기법으로 해결할 수 없는 수준으로 문제가 커지고 복잡해지면 딥러닝 모델을 적용할 수 있을지 검토해 보는 것이 좋다. 딥러닝 모델은 문제의 복잡도에 맞춰 모델을 쉽게 확장할 수 있는 구조로 되어 있고 모델이 커질수록 복잡한 관계를 표현할 수 있는 능력도 비례하여 커진다.

머신러닝 기법 구분

머신러닝 기법은 **지도 학습**^{supervised learning}, **비지도 학습**^{unsupervised learning}, **강화 학습**^{reinforcement learning}으로 분류하는데 딥러닝은 이 중 특정 분야에 종속되지 않고 모든 분야에 범용적으로 적용될 수 있다. 지도 학습과 비지도 학습을 분류하는 기준은 학습 과정에 전문가가 개입하여 머신러닝 모델의 학습을 지도하는지 여부이다. 가장 보편적인 지도 학습 방법은 입력 데이터에 대한 정답을 사전에 정의해서 학습 데이터로 제공하는 것으로, 모델은 자신의 예측과 정답의 차이를 보고 오차를 줄이도록 학습한다. 이 외에 지도 형태는 다양하게 나타날 수 있는데, 예를 들어 모델이 학습할 때 전문가에게 실시간으로 지도를 받을 수도 있고, 전문가가 시범을 보이면 모델이 전문가를 모방하는 방식으로 학습할 수도 있으며, 전문가가 자연어 형태의 가이드를 제공하는 식으로도 지도가 이루어질 수 있다. 대표적인 지도 학습에는 데이터를 클래스별로 **분류**^{classification}하거나 데이터의 함수적 관계를 알아내는 **회귀**^{regression}가 있다.

▶ 머신러닝에서 모델은 다양한 변수 간의 수학적/확률적 관계를 표현하는 자료구조와 알고리즘 또는 프로그램을 말한다. 지도 학습에서 학습 데이터를 통해 제공하는 입력 데이터의 정답을 타깃^{target} 또는 레이블^{label}이라고 한다. 지도 학습에서 전문가는 사람이 될 수도 있고 전문가 시스템이 될 수도 있다.

비지도 학습은 전문가의 개입 없이 순수하게 데이터만으로 학습하는 방법이다. 비슷한 데이터끼리 묶어주는 **클러스터링**^{clustering}, 고차원 데이터를 저차원 데이터로 변환하는 **차원 축소**^{dimension reduction}, 데이터의 핵심적인 정보를 낮은 차원의 잠재 데이터로 표현하는 **표현 학습**^{representation learning}, 새로운 데이터를 생성하는 **데이터 생성**^{data generation}, 데이터 간의 규칙을 찾아내는 **연관 규칙**^{association rule}, 사람의 행동을 분석하여 관심 항목을 추천하는 **협업 필터링**^{collaborative filtering} 등이 비지도 학습에 속한다.

강화 학습은 순차적인 의사 결정 문제^{sequential decision problem}를 다룬다. 즉, 강화 학습은 현재의 의사 결정이 미래에 영향을 미칠 때 목표를 달성하기 위한 순차적인 의사 결정 방법을 학습한다. 행동 심리학의 '보상과 강화가 행동의 형성 과정에 큰 영향을 미친다'는 행동강화 이론을 토대로 보상을 최대화하는 행동을 선택하도록 학습하는 방식이다. 강화 학습은 비디오 게임이나 보드게임 분야에서 높은 성능을 보이며, 그 밖에도 센서 정보를 이용한 간단한 기기 및 로봇 제어, 자율 주행과 같은 영역에서 전문가의 행동을 따라하는 모방 학습, 추천 시스템과 같은 분야에도 활용하기 시작하여 점점 적용 분야가 확장되고 있다. 순차적인 의사 결정을 내리는 강화 학습은 한 번만 추론하는 지도학습이나 비지도 학습보다 더 일반화된 문제를 다룬다고 할 수 있다.

다음 그림은 머신러닝 기법을 분류한 것으로 윗부분은 기존 머신러닝 개념을 분류한 것이고, 아래 부분은 주요 딥러닝 모델을 분류한 것이다. 이 책에서는 그래프 신경망을 제외한 모든 딥러닝 모델을 설명할 예정이다.

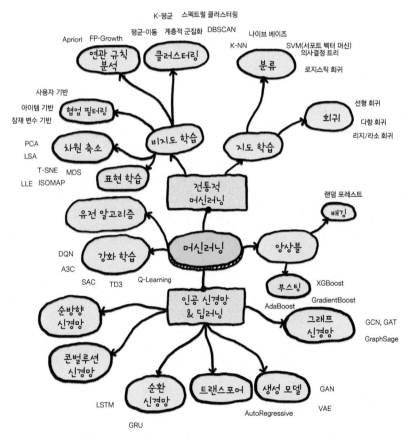

그림 1-2 머신러닝 지도

머신러닝에 전반적으로 적용되는 딥러닝

딥러닝은 지도 학습에서 이미 뛰어난 성과를 보여주었고, 비지도 학습과 강화 학습과 같은 분야에서도 기존 머신러닝 알고리즘을 개선하여 성능을 획기적으로 높이고 있다. 기존 머신러닝 알고리즘에 딥러닝이 접목될 때는 이름 앞에 **심층**deep을 붙여서 구분한다. 예를 들어 비지도 학습은 **심층 비지도 학습**deep unsupervised Learning, 강화 학습은 **심층 강화 학습**deep Reinforcement Learning이라고 부른다.

1.1.3 딥러닝의 장점과 한계

그렇다면 딥러닝의 장점은 무엇이며 어떤 한계를 지니고 있을까?

딥러닝의 장점

첫째, 함수를 근사하는 능력이 뛰어나다. 딥러닝은 범용적인 함수 근사 능력을 갖추고 있으므로 기존 머신러닝 기법으로는 한계가 있는 클래스 간의 경계가 아주 복잡한 데이터를 분류하거나 복잡한 형태의 비선형 함수nonlinear function를 근사할 때 매우 뛰어난 성능을 보인다.

둘째, 특징을 자동으로 추출한다. 기존 머신러닝 기법을 사용할 때는 도메인 전문가가 모델에 입력할 특징feature을 설계하고 데이터에서 직접 **특징을 추출**feature extraction해야 한다. 이때 특징이 잘못 설계되면 모델 성능이 떨어질 수밖에 없다. 반면 인공 신경망은 중요한 특징에는 높은 가중치weight를, 중요하지 않은 특징에는 낮은 가중치를 부여함으로써 특징을 자동으로 추출한다. 사람의 개입 없이 특징에 의미를 부여할 수 있는 것이다. 그 결과 사람의 편견 또는 편향bias으로 생기는 오류를 배제할 수 있다. 또한 여러 단계로 진행하던 작업을 사람의 개입 없이 종단간End-to-End으로 진행할 수 있게 되면서 추론 시간이 빨라지고 추론 성능도 높아진다.

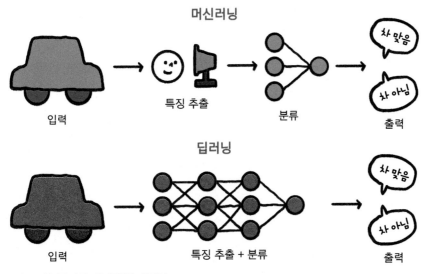

그림 1-3 특징을 자동으로 선택하는 딥러닝

셋째, 모델의 확장성이 뛰어나다. 딥러닝 모델은 뉴런 연결로 구성되므로 복잡한 문제를 해결하기 위한 큰 모델을 만들려면 뉴런 수를 늘려주면 된다. 또한 뉴런을 실행할 때 병렬처리가 가능한 구조로 되어 있어서 모델을 대규모로 확장하기 쉽다.

넷째, 기존 머신러닝보다 훨씬 좋은 성능을 보인다. 딥러닝은 이미지 분류, 객체 탐지 등의 비전 분야에서 이미 오래전부터 인간의 인지 능력을 뛰어넘는 성능을 보여주었다. 특히 최근에는 이미지 처리, 자연어 처리, 음성 인식과 같은 분야에서의 성능적 발전이 급격히 이루어지면서 광범위한 분야에 실용적으로 접목되고 있다.

이 밖에도 딥러닝은 많은 장점과 잠재력을 갖추고 있지만 아직은 현실적인 한계와 어려움도 있다. 이런 한계와 어려움을 극복하기 위한 다양한 연구가 빠른 속도로 진행되는 가운데, 딥러닝 분야는 최신 기술이란 말을 언급하기가 무색할 정도로 하루가 다르게 발전하고 있다. 그렇다면 딥러닝의 한계와 어려움은 무엇일까?

딥러닝의 한계

첫째, 딥러닝 모델은 파라미터parameter가 많기 때문에 다른 머신러닝 모델보다 상대적으로 많은 학습 데이터가 필요하다. 기존 머신러닝 기법은 특정 용도로 설계되어 있어서 적은 데이터로도 학습이 되지만, 성능적 한계가 존재하기 때문에 데이터 양이 늘어나도 성능이 더 좋아지지 않는다. 반면 딥러닝은 범용적이기 때문에 기본적으로 모델 파라미터가 많고 학습 데이터가 많이 필요하지만, 데이터 양이 증가할수록 모델의 크기를 늘려줄 수 있으므로 성능도 그에 비례하여 향상한다. 이런 이유로 데이터를 많이 확보한 기업일수록 제품과 서비스 경쟁력이 높아지고 데이터를 확보하지 못한 기업은 제품과 서비스 경쟁력이 뒤처진다. 기업의 제품과 서비스 경쟁력이 데이터에 달려 있다 해도 과언이 아니다.

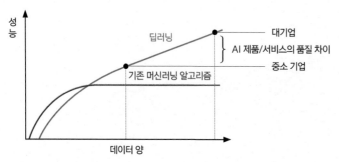

그림 1-4 데이터가 많아질수록 성능이 좋아지는 딥러닝

둘째, 딥러닝 모델은 훈련을 위한 시간과 비용이 많이 든다. 훈련 과정에서 데이터가 많이 필요하기 때문에 훈련 시간과 컴퓨팅 자원도 데이터 양에 비례하여 증가할 수밖에 없다. StyleGAN을 예로 들면 훈련에 1개의 GPU를 사용할 경우 5주의 훈련 시간이 소요되지만, 8개의 GPU를 사용하면 1주의 훈련 시간이 소요된다.

	GPU	훈련시간
1	1개	5주
2	2개	3주
3	4개	2주
4	8개	1주

1024×1024 이미지, Tesla V100 GPU를 사용

그림 1-5 StyleGAN 훈련 시간[47]

이러한 훈련 시간과 비용을 줄이고 효율을 높이기 위해 매번 처음부터 학습하지 않고, 대신 대용량 데이터로 사전에 학습된 모델을 이용해서 빠르게 학습하는 **전이 학습**transfer learning 방법이 연구되고 있다. 전이 학습을 하면 적은 양의 데이터로 모델을 빠르게 튜닝해서 새로운 목적에 맞게 사용할 수 있으며 동시에 모델의 성능까지 보장할 수 있다. 또한 인간과 같이 빠르게 학습하는 능력을 만들기 위해 여러 작업task의 **학습 방식을 학습**learn to learn한 후에 유사한

작업을 적은 데이터로 빠르게 학습하는 **메타 학습**meta learning도 점점 중요해지고 있다. 한 번 학습한 내용을 잊지 않고 계속해서 새로운 것을 누적해서 학습해 나가는 **평생 학습**lifelong learning도 비슷한 맥락에서 주목받고 있는 연구 주제이다. 그 밖에도 성능에 큰 영향을 미치는 데이터를 선별하여 학습함으로써 선별된 적은 데이터로 빠르게 학습하는 **액티브 학습**active learning 방식의 연구가 활발히 진행되고 있다.

셋째, 딥러닝 모델에는 설정 파라미터가 많아서 최적의 모델과 훈련 방법을 찾으려면 상당히 많은 검색 시간과 튜닝 시간이 필요하다. 이에 따라 최적의 딥러닝 모델을 자동으로 찾아주는 신경망 구조 탐색NAS: neural architecture search 연구 개발이 활발히 진행되고 있다. 다음 그림은 구글에서 만든 AutoML이 최적의 모델을 찾는 방법을 보여준다. AutoML은 강화 학습 방식으로 최적의 모델을 생성하는 방법을 학습한다. 컨트롤러가 다양한 모델을 제안하면 제안된 모델을 실행해서 정확도를 평가하고 이를 강화 학습의 보상으로 사용해서 컨트롤러를 학습하는 방식이다.

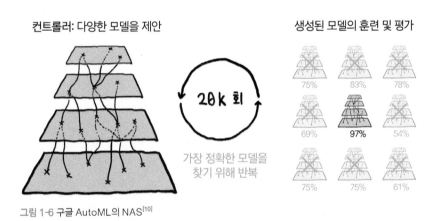

그림 1-6 구글 AutoML의 NAS[10]

넷째, 인공 신경망 모델은 오류를 파악하거나 디버깅하기 어렵다. 이를 보완하기 위해 개발 과정의 편의를 돕는 프레임워크나 자동화, 시각화, 모니터링에 필요한 도구 개발이 활발히 진행되고 있다. 또한 **설명 가능한 인공지능**XAI: explainable AI 분야에서는 신경망 모델 내부에서 일어나는 내용을 확인할 수 있는 기법들을 연구하고 있다. 즉, 딥러닝 모델 기반 서비스의 관리자나 사용자들이 인공 신경망이 어떻게 작동하고 무엇을 학습했는지, 어떤 입력이 출력에 큰 영향을 미치는지와 같은 내용을 이해할 수 있도록 정량화하고 시각화한다.

다섯째, 지도 학습에서는 타깃 데이터를 만들 때 드는 비용이 만만치 않다. 그래서 생성 모델 generative model 을 이용하여 훈련 데이터를 자동으로 생성해내는 방법과 함께, 사람이 제공하는 힌트 데이터나 타깃 데이터를 이용하여 자동으로 타깃을 만드는 준 지도 학습 semi-supervised learning 및 학습 과정에 사람이 개입하지 않아도 되는 자기 지도 학습 self-supervised Learning 방식에 관한 관심이 커지고 있다.

퀴즈로 정리해 보세요.

01. 딥러닝은 인공 신경망을 이용하여 복잡한 데이터 관계를 찾아내는 머   기법이다.

02. 기존 머신러닝 기법들이 특   에 특화했다면, 딥러닝 모델은 데이터의 복잡한 관계를 잘 표현하므로 다   에 사용할 수 있다.

정답: 01. 머신러닝 02. 특정 문제, 다양한 문제

1.2 인공 신경망의 탄생

오래전부터 사람들은 지능을 만들고 싶어 했다. 지능은 무엇이고, 사람들은 왜 지능을 만들고 싶어 할까?

1.2.1 지능을 만들고 싶은 인간

지능^{intelligence}은 '어떤 문제에 당면했을 때 자신의 지식과 경험을 활용해서 문제를 해결하는 능력'을 말한다. 세상에 존재하는 생물체는 대부분 지능이 있다. 심지어 식물조차도 지능을 가진 것으로 알려졌다. 지능을 가진 생물체는 자신이 경험했던 것과 비슷한 상황에 놓이면 이전 경험을 활용해서 그 상황을 해결하기 위한 최적의 방안을 찾고 이를 행동으로 옮긴다. 그래서 지능은 광범위한 인식 능력과 문제해결 능력을 포괄한다.

그렇다면 사람들은 왜 지능을 만들고 싶어 할까? 그 이유는 인간의 높은 인지 능력과 밀접한 관련이 있다.

인간의 특징

인간의 지능은 다른 동물과는 비교되지 않을 만큼 매우 높다. 유전학적으로 인간과 가장 가까운 침팬지와 비교해도 인간은 침팬지의 3배에 달하는 대뇌 피질을 가진다. 대뇌 피질은 지능과 밀접한 관련이 있으므로 대뇌 피질이 크다는 것은 높은 지능을 가졌음을 의미한다. 그뿐만 아니라 인간은 신체 구조상 두 발로 걷기에 유리한 척추와 골반이 있다. 그래서 직립 보행을 할 수 있으며 두 손이 자유롭다. 자유로운 두 손과 유연한 엄지손가락은 도구를 사용하기에 적합하다. 또 직립 보행을 하다 보니 넓게 울리는 공간을 갖는 후두 구조를 가지게 되었고 이로 인해 다양한 발성으로 표현되는 음성 언어를 사용한다. 음성 언어는 인간 사이에 의사소통을 원활히 해주고 타인에게 지식과 기술을 전달할 수 있게 해주었다. 또한 문자 언어의 발명으로 정보를 기록할 수 있게 되면서 음성 언어보다 훨씬 정확하게 정보를 전달할 수 있게 되었다.

▶ 후두는 목의 중앙부에 위치하는 기관으로 성대를 포함하고 있어서 말하고 숨쉬는 데 가장 중요한 기능을 한다.

인간의 인지 능력과 호기심

인간은 지능이 높은 만큼 세상을 인지하는 능력 역시 탁월하다. 인간만이 유일하게 가지는 특성은 대부분 높은 인지 능력과 관련이 있다. 인간은 높은 인지 능력으로 자신이 처한 상황을 포괄적으로 파악할 뿐만 아니라 과거를 회상하고 아직 일어나지 않은 미래를 상상하며 과거, 현재, 미래를 통합적으로 이해한다. 또한 미지에 대한 끊임없는 호기심이 있다. 그 안에서 인과적 사고를 통해 문제를 자각하고 문제를 해결하기 위해 적극적으로 대처한다. 그에 따라 인간은 주어진 환경에 순응하기보다는 자신에게 맞춰 환경을 변화시키고 자신의 노동력을 대체할 수 있는 도구를 발명해 왔다. 기계도 인간이 발명한 도구 중 하나이다.

그림 1-7 인류의 진화와 도구의 발전

지능이 있는 도구를 만들고 싶어 하는 인간

하지만 여전히 사람에게는 쉽지만 기계에게는 어려운 일이 많다. 예를 들어 아침에 일어나서 침대를 정리하고, 세수하고, 컵에 물을 따르고, 바닥에 떨어진 메모지를 주워서 보드에 핀으로 고정하는 등의 일상적인 행동은 사람에게는 매우 간단한 일이지만 로봇에게는 고난도의 작업이다. 왜 그럴까? 이런 종류의 문제는 상황을 빠르게 인식하고 그에 따라 적절한 해결 방안을 찾아서 행동으로 옮겨야 하는 상당한 지능이 수반되는 문제이기 때문이다. 그런데도 인간은 직접 해야만 하는 많은 일을 '지능을 가진 기계'를 통해 해결하고 싶어 하며 그런 바람을 이루고자 끊임없이 시도해 왔다.

이처럼 '지능을 가진 기계'를 만들고자 하는 인간의 바람과 노력의 산물로 인공지능과 함께 컴퓨터가 탄생했다. 과학자들은 컴퓨터와 인공지능의 구현을 통해 '지능을 가진 기계'를 만들고자 했던 것이다. 현대 컴퓨터의 모형이라고 할 수 있는 가상의 기계인 '튜링 머신^{Turing} ^{machine}'을 제시한 앨런 튜링^{Alan Mathison Turing}이 인공지능이라는 용어가 생기기도 전에 인공지능의 개념을 제시하는 논문을 쓴 것은 우연이 아니다. 컴퓨터와 인공지능의 발전을 하나의 테두리에서 바라봐야 하는 이유가 여기에 있다.

1.2.2 뇌, 신경망 그리고 지능

지능은 어떻게 만들 수 있을까? 자연스럽게 떠올려 볼 수 있는 방법 중 하나가 생체 지능을 모방해 보는 것이다. 과연 생체 지능은 어떻게 만들어지고, 어떤 곳에 어떤 모습으로 존재하며, 어떻게 변화하는 것일까? 이 질문에 대한 답을 확인하기 위해 잠시 생체 지능에 대해 살펴보도록 하자.

뇌에 대한 인식의 변화

현대 사람들은 지능이 뇌에 있다는 사실은 알지만 뇌에 어떤 형태로 있는지는 잘 모른다. 실제 인류는 아직 자신의 뇌에 대해 정확히 알지 못한다. 그도 그럴 것이 지금까지 뇌와 지능에 대해 과학적으로 밝혀진 내용은 극히 일부에 불과하기 때문이다.

고대 이집트에서는 뇌를 '두개골을 채우는 물질' 정도로만 생각했으며, 로마 시대에는 지능은 심장에 있고 뇌는 단지 '이성적 판단'을 한다고 생각했다. 하지만 뇌가 손상되면 정신 활동이 크게 저해되는 것을 보고 뇌가 정신 활동에 중요한 역할을 한다는 것을 알게 되었다. 중세 르네상스 시대에 들어서면서 신경 과학 이론이 정립되기 시작했고 뇌가 생명 유지와 운동 능력을 관장한다고 보았다.

생체 신경망과 뇌의 과학적 연구

생체 신경망이 과학적인 방식으로 연구되기 시작한 것은 19세기 말부터이다. 1890년대에 현미경과 은 염색법이 개발되면서 신경 세포인 뉴런의 실체가 세상에 드러나기 시작했다. 과학자들은 '뇌의 기능 단위는 뉴런이다'라는 **뉴런주의**^{neuron doctrine}를 주장하며 뉴런을 관찰하고 세부 분류하며 '뉴런이 흥분하면 인접한 뉴런의 전기적 상태에 영향을 미친다'는 사실을 증명했다.

20세기부터 '뇌의 각 영역은 특정 기능을 담당한다'는 구조 이론이 정립되고, 1950~60년대에는 뉴런의 발화 과정과 시냅스 간의 신경 전달 모델이 정립된다. 지능과 학습에 관한 연구는 20세기 중반부터 시작되어 1960년대에는 학습과 기억 저장에 관한 뉴런의 생화학적 변화가 연구되었다.

생체 신경망과 뉴런의 신호 전달 과정

우리 몸에는 뉴런으로 구성된 거대한 생체 신경망이 존재한다. 생체 신경망은 외부에서 들어온 자극을 뇌에 전달하고, 뇌는 기억으로 저장된 경험을 활용해서 새로운 자극에 대해 어떻게 반응할지 종합적으로 판단하며, 판단 결과를 운동 기관에 명령하여 몸이 반응하도록 한다.

이때 생체 신경망은 외부에서 들어온 자극을 어떻게 뇌에 전달할까? 외부에서 자극이 들어오는 순간 전기 신호로 변환되며, 신호가 뉴런을 통과할 때는 나트륨 통로나 칼륨 통로와 같은 이온 통로를 통해 전기 신호 형태로 전달된다. 하지만 뉴런과 뉴런 사이에는 약간의 틈이 있어서 더는 전기 신호

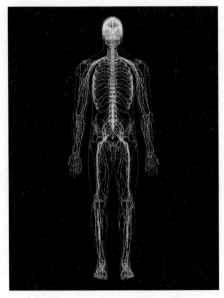

그림 1-8 뉴런으로 이루어진 생체 신경망의 모습

형태로 전달할 수 없다. 이때는 한쪽 뉴런에서 다른 쪽 뉴런으로 신경 전달 물질을 전달하는 화학적인 방법으로 신호가 전달된다. 다음 그림은 생체 신경망의 이러한 신호 전달 과정을 보여준다.

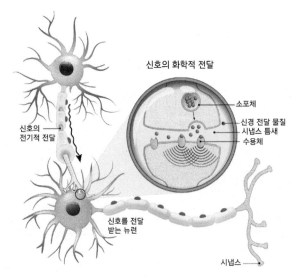

그림 1-9 시냅스 틈새에서 신경 전달 물질의 전달 과정

뉴런의 끝부분을 **시냅스**^{synapse}라고 하는데, 시냅스에는 신경 전달 물질을 감싸는 소포체들이 들어 있다. 전기 신호가 시냅스에 도달하면 소포체가 시냅스의 끝으로 밀려나면서 안에 있던 신경 전달 물질이 시냅스 밖으로 나온다. 시냅스 밖으로 나온 신경 전달 물질은 다음 뉴런의 수용체와 결합하여 새로운 전기 신호를 발생시키며, 수용체로 들어가지 못한 일부는 시냅스로 흡수되어 재활용된다.

다음 그림을 통해 생체 뉴런은 어떤 순서로 신호를 받아서 전달하는지 좀 더 자세히 살펴보자.

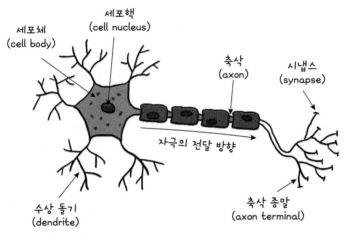

그림 1-10 생체 뉴런

뉴런은 **수상 돌기**^{dendrite}를 통해 신호를 전달받으며 받은 신호는 **세포체**$^{cell\ body}$로 보낸다. 이때 여러 수상 돌기를 통해 들어온 신호가 세포체에 모이고, 신호가 일정 수준을 넘으면 세포체는 펄스 또는 스파이크 단위로 신호를 발생시킨다. 세포체가 신호를 발생시키는 과정을 **발화**^{trigger}라고 하며 발화된 신호는 **축삭**^{axon}을 통해 다음 뉴런에 전달된다. 뉴런이 전기 신호를 전달하는 활동 전위 상태에 있으면 뉴런이 **활성화**^{activation}된 것이다.

시냅스 가소성과 기억의 흔적

우리 몸에 새로운 자극이 들어오면 신호를 전달하는 뉴런의 시냅스에는 소포체와 수용체가 많지 않은 상태이기 때문에 신경 전달 물질도 적게 전달된다. 하지만 같은 자극이 반복되면 소포체와 수용체의 수가 점점 늘어나서 신경 전달 물질을 원활히 전달되는 구조로 변화한다. 이처럼 신호를 전달하는 뉴런이 자주 활성화될 때 신호 전달을 강화하기 위해 시냅스 구조가 변하는 성질을 시냅스 **가소성**^{plasticity}이라고 한다. 신호 전달이 강화되면 '뉴런이 연결되었다'고 말하며 변화된 시냅스 구조를 '기억의 흔적'이라고 부른다.

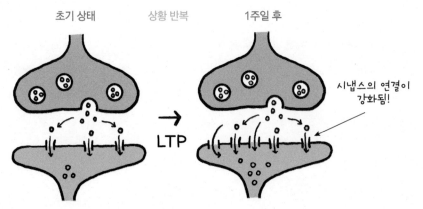

초기 상태   상황 반복   1주일 후

시냅스의 연결이
강화됨!

LTP

그림 1-11 시냅스가 강화되어 장기기억이 형성되는 뇌 가소성의 원리(LTP, long term potentiation)

시냅스 가소성은 1949년 캐나다의 신경 심리학자 **도널드 헵**
Donald O. Hebb**이 헵의 학습 가설**Hebbian learning로 발표했다. '지속해서
활성화되는 뉴런은 연결된다'라는 가설을 통해, 학습 과정에서 형
성되는 장기 기억이 시냅스의 구조 변화와 연관되어 있음을 시사
했다.

그림 1-12 도널드 헵

학계에서는 헵의 학습 가설을 바탕으로 시냅스 구조의 변화 과
정을 '학습과 기억의 현상'으로 받아들이고 있다. 인간이 무언가
경험하거나 학습할 때는 신호가 발생하며, 이 신호가 신경망을
통해 전달되는 과정에서 기존 기억과 연합한다. 이때 새로운 신호가 연관된 기억을 만나면
연결이 추가되며 관련된 기억 간에 연결이 강화되기도 한다. 그에 따라 **신호와 관련된 뉴런
의 가지는 굵어지고 연결은 많아지면서 장기 기억이 뇌에 자리 잡는 것이다.** 반대로 활성화
되지 않은 뉴런은 연결이 약해진다. 이런 과정이 끊임없이 반복되면서 기억은 새롭게 만들
어지거나 변화되고 확장되며 오래된 기억은 사라진다. 우리 뇌에는 1,000억 개의 뉴런이 있
고 각 뉴런은 수천에서 수만 개의 시냅스 연결을 가진다. 기억을 새로 만들거나, 강화하거나
약화하기 위해 100조 개에 달하는 시냅스 연결이 끊임없이 변화한다. 인간의 뇌는 효율적
인 구조로 기억을 관리하기 위해 시냅스의 연결 패턴과 강도를 매 순간 바꾸는 것이다.

우리 두뇌에 지능은 어디에 있을까?

사람의 두뇌는 대뇌, 소뇌, 뇌간, 변연계로 나뉘며 이 중 인간 수준의 지능은 대뇌와 관련이 있다. 대뇌는 언어, 추상적 사고, 시각과 청각, 문제 해결, 기억, 주의 집중을 담당한다. 특히 대뇌의 겉부분인 대뇌 피질은 전두엽, 두정엽, 측두엽, 후두엽으로 나뉜다. 대뇌 피질의 두께에 따라 뉴런의 연결 밀도가 달라지므로 학계에서는 대뇌 피질의 두께가 인지 기능에 영향을 미친다고 본다. 또한 뇌의 최고 경영자로 불리는 **전전두엽 피질**^{prefrontal cortex}은 대뇌 피질의 전방 부위인 전두엽의 앞쪽 부위로, 연합 영역에서 들어오는 정보를 종합해서 사고하고 판단하는 고등 행동을 관장하는 지능의 핵심적인 역할을 한다.

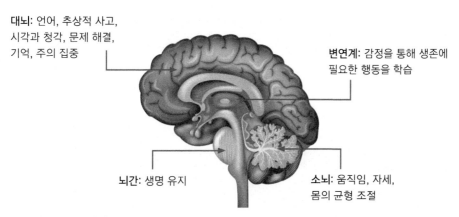

대뇌: 언어, 추상적 사고, 시각과 청각, 문제 해결, 기억, 주의 집중

변연계: 감정을 통해 생존에 필요한 행동을 학습

뇌간: 생명 유지

소뇌: 움직임, 자세, 몸의 균형 조절

그림 1-13 뇌의 구조

지금까지 신경생리학계에서는 지능이 어떻게 만들어지고 어떤 형태로 존재하는지 완벽히 밝혀내지는 못했다. 하지만 시냅스의 연결이 강화되거나 약해지는 과정에서 기억이 형성되고, 문제와 상황에 대해 사고하고 판단하는 데 연관된 기억이 활용된다는 사실을 확인했으며, 그동안 베일에 싸여 있던 뇌와 지능에 관한 실체를 계속해서 찾아내는 중이다.

인공지능을 연구하는 과학자들은 생체 신경망에서 기억이 형성되고 활용되는 과정을 모방해서 지능을 구현하고자 했다. 그렇다면 과연 어떤 방식으로 생체 신경망을 모방했으며, 그결과 얻은 지능의 수준은 어느 정도였을까? 다음 1.3에서는 지능을 만들기 위해 생체 신경망을 모방해서 만든 인공 신경망의 역사를 살펴보겠다.

1.3 딥러닝의 역사

1943년에 최초의 인공 신경망이 만들어지고 1956년에는 스스로 학습하는 인공 신경망인 '퍼셉트론^{perceptron}'이 세상에 등장했다. 지금으로부터 약 80여 년 전에 인공 신경망의 시대가 시작된 것이다. 딥러닝이란 용어는 2006년에 이르러서야 비로소 등장한다. 인공 신경망의 역사에 지금까지 2번의 암흑기가 있었지만, 딥러닝이 제안된 이후 인공지능 기술은 매우 빠른 속도로 발전하고 있으며 새로운 시대적 변화를 주도하고 있다.

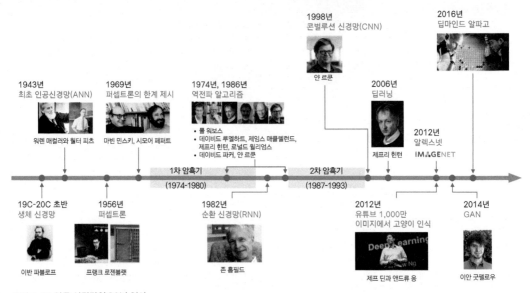

그림 1-14 인공 신경망의 80년 역사

인공 신경망의 발전은 컴퓨터와 생체 신경망 연구의 발전과 맞물려 있다. 인공지능을 구현하려면 대규모의 컴퓨팅 자원이 필수적이며, 컴퓨터의 처리 속도와 저장 용량이 증가할수록 인공지능 기술도 고도화되고 대규모화될 수 있다. 또한 인공 신경망은 생체 신경망의 원리를 모방하고 있는 만큼 생체 신경망의 실체가 밝혀질수록 인공 신경망도 생체 신경망과 더욱 유사한 신경망 구조를 갖게 되면서 사람처럼 학습하고 추론하게 될 것이다.

자, 이제부터 인공 신경망이 어떤 과정을 통해 발전해 왔는지 그 역사를 따라가 보자.

1.3.1 최초의 인공 신경망: 매컬러-피츠 모델

매컬러-피츠^{McCulloch-Pitts} 모델은 '최초의 인공 신경망' 모델로서 인간의 신경계를 이진 뉴런으로 표현하려고 했다. 신경 생리학자인 매컬러는 인간의 신경계를 범용 계산 장치로 모델링할 수 있을지 궁금해했고 천재 수학자 피츠를 만나면서 생체 뉴런의 특성을 지니는 최초의 인공 신경망을 정의했다.

그림 1-15 매컬러와 피츠

이들이 정의한 인공 신경망 모델은 활성 상태와 비활성 상태를 갖는 **이진 뉴런**^{binary neuron}으로 구성되며 생체 뉴런과 같이 시냅스의 흥분과 억제에 따라 신호가 전달되고 특정 임계치를 넘어야 신호가 발화한다.

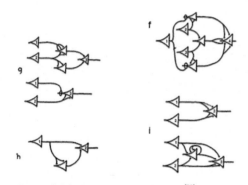

그림 1-16 매컬러-피츠 모델의 이진 뉴런 구성도[50]

매컬러와 피츠는 이진 뉴런으로 구성된 신경망이 튜링 머신과 동등한 연산을 수행할 수 있음을 증명했다. 생체 신경망을 수학적으로 모델링했을 때 임의의 논리 연산과 산술 연산이 가능하다는 것을 보여줌으로써 인간의 두뇌가 잠재적으로 매우 강력한 연산 장치임을 증명하고자 했던 것이다. 이진 뉴런으로 구성된 신경망 모델은 AI 창시자이자 현대 컴퓨터의 구조를 제시한 **폰 노이만**^{John von Neumann}에게도 큰 영향을 끼쳤다. 이런 점에서 매컬러-피츠 모델은 학문적으로 중요하며 그 가치를 높게 평가받고 있다.

1.3.2 학습하는 인공 신경망: 퍼셉트론

그러나 매컬러-피츠 모델은 학습 과정이 없다 보니 문제에 따라 신경망의 구성도 매번 바꿔야 했다. 이런 단점을 해결하기 위해 **프랭크 로젠블랫**^{Frank Rosenblatt}은 헵의 학습 가설에 따라 인공 신경망이 스스로 문제에 맞춰 학습하는 모델인 **퍼셉트론**^{perceptron}을 개발했다. 퍼셉트론의 학습 알고리즘은 새로운 입력에 대한 오차가 발생하면 뉴런의 연결 강도를 조절하는 방식이다.

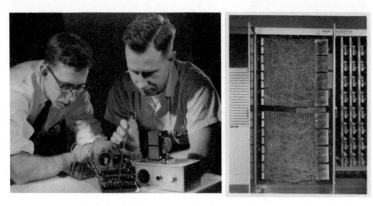

그림 1-18 로젠블랫(왼쪽)과 퍼셉트론이 구현된 컴퓨터 MARK-I(오른쪽)

로젠블랫은 퍼셉트론을 이용해서 알파벳과 숫자를 인식하는 데 성공했고, 뉴욕 타임스는 당시의 퍼셉트론에 대한 사회적 기대감과 분위기를 다음과 같이 전했다.

> "머지않아 퍼셉트론이 사람을 인식하고 이름을 부르며,
> 실시간으로 통역을 하고 글을 번역하는 날이 올 것이다"
> − 1958년 7월 7일 뉴욕 타임스 −

퍼셉트론의 구조

퍼셉트론의 구조는 어떠한 모습이었을까? 다음 그림은 1.3.3에서 소개할 도서 《**퍼셉트론**^{perceptrons}》에 그려진 퍼셉트론의 모습이다.

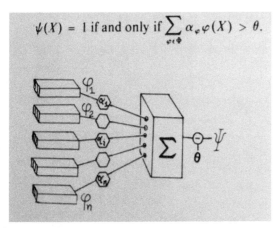

$$\psi(X) = 1 \text{ if and only if } \sum_{\varphi \in \Phi} \alpha_\varphi \varphi(X) > \theta.$$

그림 1-19 퍼셉트론[52]

퍼셉트론은 입력 데이터가 들어오면 가중치와 곱해서 가중 합산을 하며 그 결과가 0보다 크면 1을 출력하고 그렇지 않으면 0을 출력한다. 즉, 가중 합산과 계단 함수^{step function}를 순차적으로 실행하는데 이때 계단 함수는 퍼셉트론의 활성 여부를 결정한다. 그래서 계단 함수를 **활성 함수**^{activation function}라고 부른다.

퍼셉트론을 도형으로 다시 그려보면 다음 그림과 같다. 퍼셉트론의 구조는 현대의 인공 뉴런까지 변하지 않고 그대로 유지되고 있다. 단, 퍼셉트론은 계단 함수를 활성 함수로 사용하지만, 현대 인공 뉴런은 좀 더 다양한 활성 함수를 사용한다.

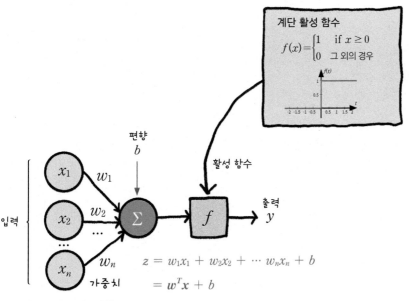

그림 1-20 퍼셉트론과 활성 함수

퍼셉트론은 다음 그림과 같이 두 종류의 클래스를 직선으로 분류하는 **선형 분류기**^{linear classifier}로, 입력 데이터와 가중치의 가중 합산 식은 두 클래스를 분류하는 **결정 경계**^{decision boundary}를 이룬다.

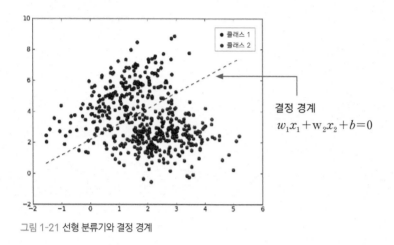

그림 1-21 선형 분류기와 결정 경계

즉, 퍼셉트론의 가중 합산이 0인 $z = w_1x_1 + w_2x_2 + b = 0$ 식은 결정 경계를 이루는 직선의 방정식으로 가중치 (w_1, w_2)는 직선의 법선 벡터^{normal vector}를, 편향 b는 원점과 직선 사이의 거리를 나타낸다. 만일 편향이 없으면 직선이 항상 원점을 지나므로 임의의 위치에 있는 두 종류의 클래스를 완벽히 분류할 수 없다. 직선을 경계로 법선 벡터 방향에 있는 점들은 계단 함수의 실행 결과가 1이 되어 클래스 1로 분류되고, 법선 벡터의 반대 방향에 있는 점들은 계단 함수의 실행 결과가 0이 되어 클래스 2로 분류된다.

▶ 입력과 가중치의 가중 합산이 0인 식이 $w_1x_1 + w_2x_2 + b = 0$와 같이 2차원이면 직선 방정식이 되지만 $z = w_1x_1 + w_2x_2 + w_3x_3 + b = 0$ 과 같이 3차원이면 평면 방정식이 되고 $w_1x_1 + w_2x_2 + ... + w_nx_n + b = 0$과 같이 n차원이면 초평면^{hyperplane} 방정식이 된다. 이들은 모두 공간을 둘로 나눈다는 특징이 있다.

생체 신경망을 모방하여 만든 퍼셉트론

퍼셉트론은 생체 신경망을 모방해서 만들었다. 그렇다면 퍼셉트론은 어떤 점에서 생체 신경망을 닮았다고 하는 것일까? 다음 그림을 보면 퍼셉트론이 데이터를 처리하는 과정과 생체 뉴런의 신호 전달 과정이 어떻게 대응되는지를 확인해 볼 수 있다.

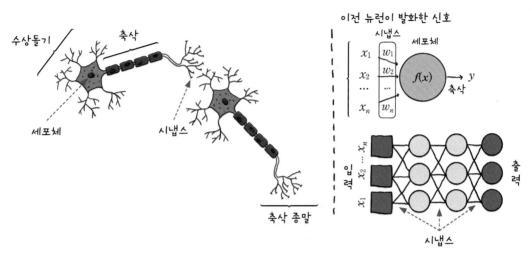

그림 1-22 생체 뉴런과 퍼셉트론의 비교

퍼셉트론이 데이터를 처리하는 과정과 생체 뉴런의 신호 전달 과정을 순서대로 대응해 보면 다음 표와 같이 정리할 수 있다.

표 1-1 생체 뉴런과 퍼셉트론의 비교

	퍼셉트론	생체 신경망
입력	$\boldsymbol{x}^T = (x_1,\ x_2,\ ...,\ x_n)$	이전 뉴런이 발화한 신호
가중치	$\boldsymbol{w}^T = (w_1,\ w_2,\ ...,\ w_n)$	시냅스의 연결 강도
입력 데이터와 가중치의 곱	$w_i x_i (i=1,\ 2,\ ...,\ n)$	시냅스의 연결 강도에 따라 신호가 강해지거나 약해지는 과정
가중 합산	$z = \sum_{i=1}^{n} w_i x_i + b$	세포체에서 수상 돌기를 통해 들어온 신호를 모으는 과정
활성 함수	$f(z) = \begin{cases} 1 & \text{if } z \geq 0 \\ 0 & \text{그 외의 경우} \end{cases}$	세포체의 신호 발화 과정
출력	$f(z) = f(\boldsymbol{w}^T \boldsymbol{x} + b)$	축삭을 따라 시냅스로 전달되는 과정

- **퍼셉트론의 입력** $\boldsymbol{x}^T = (x_1,\ x_2,\ ...,\ x_n)$은 생체 신경망에서 이전 뉴런에서 발화된 신호라고 할 수 있다.

- **퍼셉트론의 가중치** $\boldsymbol{w}^T = (w_1,\ w_2,\ ...,\ w_n)$는 생체 신경망에서 두 시냅스 사이의 연결 강도를 표현한다. 따라서 학습 과정에서 연결 강도는 변한다.

- **퍼셉트론에서 입력 데이터와 가중치의 곱**은 생체 신경망에서 이전 뉴런에서 발화된 신호가 두 시냅스 사이의 연결 강도에 따라 강해지거나 약해져 전달되는 과정을 나타낸다.

- 퍼셉트론의 가중 합산 과정은 생체 뉴런에서 여러 수상 돌기를 통해 동시에 들어온 신호가 세포체에 모이는 과정과 같다.
- 퍼셉트론에서 활성 함수의 실행은 생체 뉴런에서 세포체에 모인 신호가 임계치를 넘었을 때 새로운 신호를 발화하는 과정에 해당한다.
- 퍼셉트론의 출력은 생체 뉴런의 세포체에서 발화된 신호가 축삭을 따라 시냅스로 전달되는 과정에 해당한다.

1.3.3 신경망 연구의 암흑기를 불러온 책《퍼셉트론》

인공지능의 연구가 시작될 무렵 지능을 바라보는 관점이 다른 두 학파가 있었다. 기호주의^{symbolism} 학파는 '실세계의 사물과 사상을 기호화하고 그들 사이에 관계를 정해주면 논리적 추론을 통해 지능을 만들 수 있다'는 사상을 갖고 있었으며, **연결주의**^{connectionism} 학파는 '뉴런 수준에서 지능이 형성되는 과정을 모방하면 데이터로부터 스스로 지능을 만들 수 있다'는 사상을 갖고 있었다.

《퍼셉트론》, 퍼셉트론의 한계를 지적하다

당시 기호주의 학파의 수장이었던 **마빈 민스키**^{Marvin Lee Minsky}와 **시모어 페퍼트**^{Seymour Papert}는 《퍼셉트론^{perceptrons}》이라는 책을 통해 프랭크 로젠블랫이 제안한 퍼셉트론이 비선형 문제를 풀 수 없다는 한계를 지적하고 이를 입증했다. 이런 비판으로 인해 신경망 연구에 대한 비관적인 분위기가 형성되면서 그 후 약 20여 년간 신경망 연구에 대한 투자가 동결되고 신경망 연구의 암흑기가 찾아왔다.

그림 1-23 마빈 민스키와 시모어 페퍼트

XOR 논리 연산으로 제기된 다층 퍼셉트론의 필요성

퍼셉트론이 비선형 문제를 풀 수 없다는 한계를 증명했을 때 사용한 예는 XOR 논리 연산 문제이다. XOR 논리 연산은 두 개의 논릿값이 모두 참이거나 거짓이면 결과가 거짓이 되고,

둘 중 하나는 참이고 다른 하나는 거짓이면 결과가 참이 된다. 논릿값이 참이면 1로, 거짓이면 0으로 매핑해서 2차원 좌표상의 점으로 표현해 보면 다음 그림과 같이 4개의 P_1, P_2, P_3, P_4로 나타낼 수 있다. XOR 연산이 참인 점은 동그라미로 표시된 P_2, P_3이고 거짓인 점은 P_1, P_4이다. 따라서 XOR 문제는 P_2, P_3와 P_1, P_4를 분류하는 문제이다.

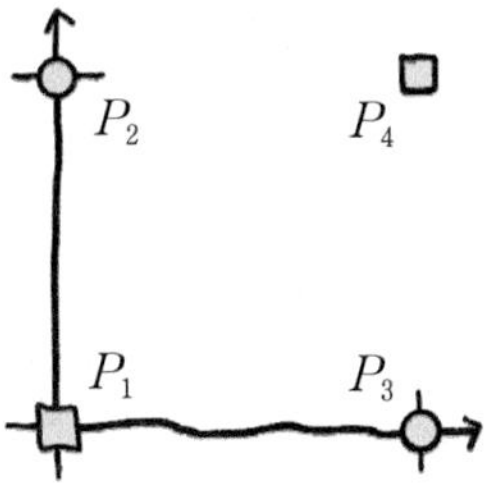

$$\left\{ P_1 = \begin{bmatrix} 0 \\ 0 \end{bmatrix}, \ t_1 = 0 \right\} \quad \left\{ P_2 = \begin{bmatrix} 0 \\ 1 \end{bmatrix}, \ t_2 = 1 \right\}$$

$$\left\{ P_3 = \begin{bmatrix} 1 \\ 0 \end{bmatrix}, \ t_3 = 1 \right\} \quad \left\{ P_4 = \begin{bmatrix} 1 \\ 1 \end{bmatrix}, \ t_4 = 0 \right\}$$

그림 1-24 XOR 문제

P_2, P_3를 분류하려면 다음과 같이 P_2, P_3가 포함된 띠 모양의 영역이 참이 되도록 만들어야 한다.

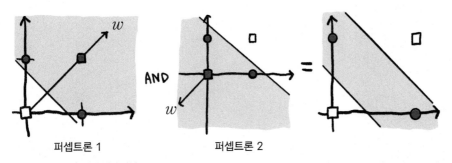

퍼셉트론 1   퍼셉트론 2

그림 1-25 XOR 문제의 해결 방법

퍼셉트론으로 두 직선을 표현할 수는 있지만, 띠 모양을 만들려면 두 직선을 AND 연산으로 묶어줘야 하는데 이 AND 연산을 표현할 방법이 없다. 즉, 두 직선을 정의하는 첫 번째 계층과 AND 연산을 하는 두 번째 계층으로 구성되는 인공 신경망을 정의해야 이 문제를 풀 수 있는데 퍼셉트론은 하나의 계층만 표현할 수 있기 때문에 이 문제를 풀 수 없는 것이다. 따라서 퍼셉트론으로 비선형 문제를 풀려면 여러 계층을 표현하는 **다층 퍼셉트론**^{multi layered} perceptron으로 확장되어야 한다.

당시 로젠블렛은 퍼셉트론의 한계를 극복하기 위해 다층 퍼셉트론을 설계했지만 학습 규칙을 만드는 데 실패했다. 그리고 로젠블렛은《퍼셉트론》책이 나온 지 2년 후인 1971년 자신의 43세 생일날 보트 위에서 떨어져 익사하는데, 혹자는 이를 두고 자살이라고 말하는 등 그의 죽음에는 많은 풍문과 의혹이 남아 있다.

1.3.4 역전파 알고리즘의 발견

1974년 하버드 대학교에서 공부하던 폴 워보스^{Paul Werbos}는 박사학위 논문에서 다층 퍼셉트론을 학습시킬 수 있는 **역전파**^{backpropagation} 알고리즘을 제안한다. 워보스는 일반적인 그래프 형태의 네트워크에서 작동하는 역전파 알고리즘을 제안했다. 그러나 안타깝게도 당시는 인공 신경망 연구의 침체기였기 때문에 신경망 커뮤니티로 역전파 알고리즘의 존재가 알려지지 않았고 그의 학위 논문은 1982년에 논문으로만 발표되고 말았다.

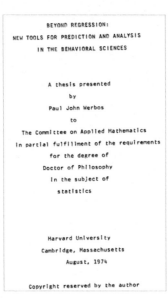

그림 1-26 역전파 알고리즘을 발견한 폴 워보스와 역전파 알고리즘 논문의 표지[41]

역전파 알고리즘의 재발견

역사에 묻힐 뻔한 역전파 알고리즘이 세상에 알려지게 된 것은 워보스의 논문이 나온 지 약 10여 년이 지난 후였다. 1985년부터 1986년 사이에 인공 신경망을 연구하던 과학자들은 역전파 알고리즘을 재발견한다. 이들은 데이비드 루멜하트^{David Rumelhart}, 제임스 매클렐런드^{James McClelland}, 제프리 힌턴^{Geoffrey Hinton}, 로널드 윌리엄스^{Ronald Williams}, 데이비드 파커^{David Parker}, 얀 르쿤^{Yann Le Cun}이다. 특히 루멜하트와 매클렐런드가 이끄는 연구회의 책자인《**병렬 분산 처리**^{Parallel Distributed Processing}》에 역전파 알고리즘이 소개되면서 신경망 커뮤니티에 널리 알려지게 된다.

이름	데이비드 루멜하트	제임스 매클렐런드	제프리 힌턴	로널드 윌리엄스	데이비드 파커	얀 르쿤
역전파 알고리즘 제안 연도	1986년				1985년	1985년

그림 1-27 역전파 알고리즘을 재발견한 과학자들

퍼셉트론의 한계를 극복한 역전파 알고리즘

인공 신경망은 학습 과정에서 출력과 정답의 오차를 최소화하도록 **최적화**^{optimization}를 수행한다. 이때 각 파라미터의 오차에 대한 기여도를 미분으로 계산해서 오차를 최소화하는 방향으로 파라미터를 조정한다. 역전파 알고리즘은 신경망의 뉴런에 분산된 파라미터의 미분을 효율적으로 계산하기 위한 알고리즘이다. **출력 계층**$^{output\ layer}$에서 **입력 계층**$^{input\ layer}$ 방향으로 한 계층씩 이동하면서 미분을 계산하고 다음 계층에 전파하는 과정을 통해 계산의 중복 없이 모든 파라미터의 미분을 한 번의 패스에 계산한다.

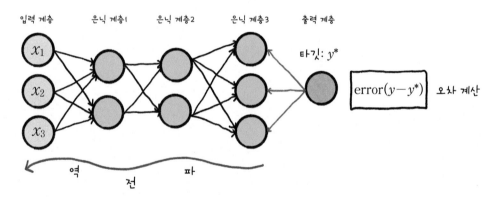

그림 1-28 역전파 알고리즘

역전파 알고리즘의 발견은 마빈 민스키와 시모어 페퍼트가 《퍼셉트론》을 통해 지적했던 퍼셉트론의 한계에 대한 인공 신경망 연구자들의 항변이라 할 수 있다. 역전파 알고리즘을 통해 다층 퍼셉트론을 학습시킬 수 있게 되면서 그동안 퍼셉트론으로는 풀 수 없었던 비선형 문제를 풀 수 있게 되었다.

▶ 역전파 알고리즘은 3장에서 설명한다.

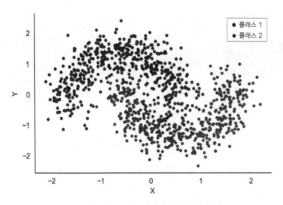

그림 1-29 클래스 간의 경계가 직선이 아닌 비선형 분류 문제

1.3.5 딥러닝 시대를 열다

그러나 역전파 알고리즘이 발견된 이후에도 인공 신경망은 여전히 잘 활용되지 못했다. 인공 신경망의 학습을 어렵게 만드는 과적합과 그레이디언트 소실 문제가 해결되지 않았기 때문이다.

모델이 데이터를 암기하는 현상: 과적합

다음 그림과 같이 검은색 점으로 표현된 관측 데이터가 있다고 해보자. 이 관측 데이터를 가장 잘 설명하는 곡선은 가운데 그래프와 같이 관측 데이터의 평균 지점을 지나는 부드러운 곡선이다. 모델이 관측 데이터를 잘 설명하는 곡선을 표현할 때 잘 적합^{good fitting}되었다고 말한다.

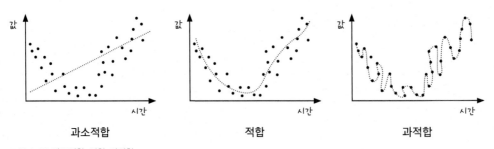

그림 1-30 과소적합, 적합, 과적합

반면 오른쪽 그래프와 같이 모델이 모든 점을 지나는 복잡한 모양의 곡선을 표현할 때 **과적합**^{overfitting}했다고 말한다. 쉽게 말해 과적합은 모델이 과도하게 학습되어 '데이터를 암기'한 상태로, 모델 분산이 커졌기 때문에 관측 데이터는 정확히 예측하지만 새로운 데이터는 정

확히 예측하지 못한다. 과적합의 주요 원인은 학습 데이터보다 모델의 파라미터 수가 많기 때문이다. 그래서 모델 파라미터가 많은 인공 신경망은 다른 모델보다 과적합되기 쉽다.

왼쪽 그래프는 모델이 표현하는 곡선이 데이터의 분포를 제대로 반영하지 못하는 **과소적합**^{underfitting}한 상태를 보여준다. 모델이 작거나 단순해서 데이터를 잘 표현하지 못하면 과소적합 상태가 된다. 이럴 때는 모델의 크기를 키우거나 표현력이 좋은 모델로 변경해야 한다.

▶ 인공 신경망에서 모델 파라미터는 가중치나 편향과 같이 학습을 통해 값이 정해지는 파라미터를 말한다. 반면 학습 전에 미리 설정하는 파라미터는 **하이퍼파라미터**^{hyperparameter}라고 구분하여 부른다.

학습이 중단되는 현상: 그레이디언트 소실

그레이디언트 소실^{gradient vanishing}은 깊은 신경망을 학습할 때 역전파 과정에서 미분값이 사라지면서 학습이 중단되는 현상을 말한다. 다음 그림과 같이 역전파 알고리즘은 출력 계층에서 입력 계층 방향으로 진행되는데, 각 계층에서 계산한 미분값이 0에 가까울수록 아주 작은 숫자가 여러 번 곱해지면서 결국 0으로 수렴하여 미분값이 사라진다. 신경망이 깊어질수록 이런 현상이 두드러지기 때문에 신경망 학습이 어려워진다.

▶ 입력이 n차원 벡터이고 출력이 실수인 $f: \mathbb{R}^n \longrightarrow \mathbb{R}$ 형태의 실함수의 1차 미분을 **그레이디언트**^{gradient}라고 한다. 인공 신경망의 미분을 그레이디언트로 표현하는 이유는 인공 뉴런이 $f: \mathbb{R}^n \longrightarrow \mathbb{R}$ 형태의 함수이기 때문이다. 인공 뉴런의 함수 정의는 2장에서 살펴본다.

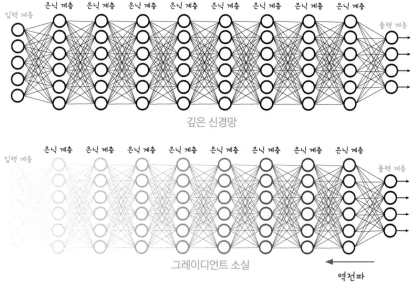

그림 1-31 그레이디언트 소실

깊은 신경망을 안정적으로 학습시킬 수 있는 딥러닝

인공 신경망의 학습을 어렵게 만드는 과적합과 그레이디언트 소실 문제는 오랫동안 해결되지 못했고 이로 인해 인공 신경망을 활용하는 데는 한계가 있었다. 그러던 중 2006년 제프리 힌턴은 깊은 신경망을 안정적으로 학습시킬 수 있는 **딥러닝** 방법을 제시한다.

그가 제시한 딥러닝 방법은 각 계층을 **제한적 볼츠만 머신**^{RBM: restricted Boltzmann machine}으로 정의해서 사전 학습한 뒤에 한 계층씩 쌓아서 깊은 신경망을 만드는 방식이다. 제한적 볼츠만 머신은 입력 계층과 **은닉 계층**^{hidden layer}으로 이루어진 에너지 기반의 생성 모델이다. 다음 그림에 깊은 신경망을 만드는 과정이 잘 나타나 있다.

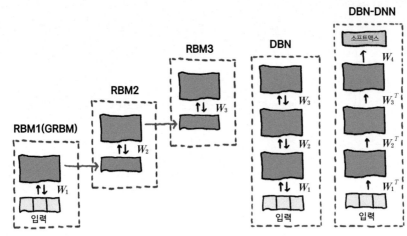

그림 1-32 깊은 신경망을 구성하는 과정[18]

깊은 신경망을 만드는 과정을 설명하면 다음과 같다.

1. 첫 번째 계층이 될 RBM1을 사전 학습한다. 데이터를 입력 계층에서 은닉 계층으로 전달하고 다시 은닉 계층에서 입력 계층으로 복구^{reconstruction}하면서 발생하는 오차를 역전파해서 가중치를 학습한다.

2. RBM1의 사전 학습이 완료되면 RBM1의 은닉 계층을 두 번째 계층이 될 RBM2의 입력 계층으로 사용해서 RBM2의 가중치를 사전 학습한다.

3. 나머지 계층의 RBM도 같은 방식으로 사전 학습을 진행한다.

4. 모든 계층의 RBM이 사전 학습이 완료되면, 입력 계층과 RBM의 은닉 계층을 쌓아 올려서 깊은 신뢰 신경망^{DBN: deep belief network}을 만들고 여기에 다시 출력 계층을 추가하여 깊은 신경망을 완성한다.

5. 깊은 신경망 모델은 역전파 알고리즘을 이용해서 세부 튜닝을 한다.

제프리 힌턴은 이와 같은 방식으로 학습하면 깊은 신경망이 최적의 값에 도달할 수 있다는 것을 증명했으며, 이후 **드롭아웃**^{dropout} 기법을 제안하여 RBM의 사전 학습과 계층을 쌓는 전처리 과정 없이도 딥러닝 모델을 바로 학습할 수 있도록 했다.

그림 1-33 딥러닝을 제안한 제프리 힌턴

드디어 본격적인 딥러닝 시대가 열렸다.

퀴즈로 정리해 보세요.

01. 도널드 헵은 1949년 헵의 학습 가설을 통해 생체 신경망에서 신호 전달을 강화하고자 시냅스 구조가 변하는 성질인 시◻◻◻◻◻◻을 발표했다.

02. 시냅스 가소성은 현재까지도 과학적으로 입증되는 중이며 많은 연구자는 시냅스 가소성을 '학◻◻◻ 과 기◻◻◻◻의 현상'으로 받아들이고 있다.

03. 1943년 제안된 매◻◻◻◻◻◻◻◻은 '최초의 인공 신경망' 모델로서 인간의 신경계를 이진 뉴런으로 표현하고자 했다.

정답: 01. 시냅스 가소성 02. 학습, 기억 03. 매컬러-피츠 모델

순방향 신경망

순방향 신경망FNN: feedforward neural network은 다층 퍼셉트론의 다른 이름으로 인공 신경망 모델 중 가장 기본이 되는 모델이다. 순방향 신경망은 **범용 근사 정리**universal approximation theorem를 통해 n 차원 공간의 연속 함수를 근사할 수 있는 범용 근사기라는 것이 증명되었다. 이 정리는 신경망 모델이 아주 복잡한 비선형 분류 문제나 회귀 문제를 어떤 원리로 풀 수 있는지 설명해 준다.

이 장에서는 순방향 신경망의 구조와 범용 함수 근사기로서의 신경망이 어떤 의미가 있는지 살펴본다. 그리고 분류 문제나 회귀 문제를 풀 때 순방향 모델을 어떻게 설계해야 하고, 각 설계 항목을 결정할 때 어떤 부분을 고려해야 하는지도 살펴본다.

2.1 순방향 신경망의 구조와 설계 항목

현대에 들어와서 다층 퍼셉트론은 **순방향 신경망**, 퍼셉트론은 **인공 뉴런**$^{\text{artificial neuron}}$이라 불린다. 순방향 신경망은 데이터 구조에 대한 특별한 가정사항이 없기 때문에 데이터는 서로 독립되어 있다고 가정한다. 순방향 신경망 모델은 데이터가 한 방향으로 전달되는 **순방향** ^{feedforward} 연결만을 갖는 구조로 되어 있으며, 퍼셉트론의 연산과 같은 기본 뉴런 연산으로 실행된다.

▶ 순방향 신경망과 달리 콘벌루션 신경망$^{\text{CNN: convolution neural network}}$은 공간 데이터를 가정하며 순환 신경망$^{\text{RNN: recurrent neural network}}$은 순차 데이터를 가정한다. 이 책에서 다루지는 않지만 그래프 신경망$^{\text{GNN: graph neural network}}$은 그래프 데이터를 가정한다.

▶ 순환 신경망은 출력 데이터가 다시 입력되는 피드백^{feedback} 연결을 가지므로 순환이 있는 그래프 구조로 이루어진다.

▶ 이하 인공 신경망과 생체 신경망을 구분하지 않아도 되는 문맥에서 인공 신경망은 '신경망', 인공 뉴런은 '뉴런' 이라고 하겠다.

2.1.1 순방향 신경망의 구조

순방향 신경망은 다음 그림과 같이 뉴런들이 모여 **계층**^{layer}을 이루고 계층이 쌓여 전체 신경망을 이루는 구조로 되어 있다.

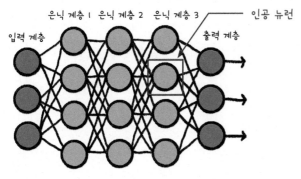

그림 2-1 순방향 신경망의 구조

순방향 신경망의 계층 구조

순방향 신경망의 계층은 입력 계층, 은닉 계층, 출력 계층으로 구분된다. 입력 계층은 외부에서 데이터를 전달받으며, 은닉 계층은 데이터의 특징을 추출하고, 출력 계층은 추출된 특징을 기반으로 추론한 결과를 외부에 출력한다. 대부분의 모델에 입력 계층과 출력 계층은 하나씩 있지만 은닉 계층은 문제의 복잡도에 따라 가변적으로 구성된다.

완전 연결 계층과 뉴런의 역할

순방향 신경망은 모든 계층이 **완전 연결 계층**fully connected layer으로 구성된다. 완전 연결 계층은 계층에 속한 각 뉴런이 이전 계층의 모든 뉴런과 연결된 구조를 말한다. 완전 연결 계층 구조에서 각 뉴런은 이전 계층에서 출력한 데이터를 동일하게 전달받기 때문에 **같은 입력 데이터에서 뉴런마다 서로 다른 특징을 추출한다.** 그렇기 때문에 데이터에 특징이 많을수록 그에 비례해서 뉴런 수가 충분히 늘어나야 데이터에 내재한 특징을 모두 추출할 수 있다.

각 뉴런에서 추출된 특징은 계층 단위로 출력되어 다음 계층에 한꺼번에 전달된다. 신경망에 입력된 데이터는 은닉 계층을 거치면서 추론에 필요한 특징으로 변환되며, 출력 계층은 가장 추상화된 특징을 이용하여 예측한다.

▶ 특징이 어떤 형태인지 쉽게 상상하려면 신경망의 출력을 생각해보면 된다. 예를 들어 회귀 곡선의 한 점이나 분류된 클래스의 한 점이 특징이다. 은닉 계층에서 추출된 중간 형태의 특징은 아니지만 출력은 마지막으로 추출된 특징이기 때문이다.

특징을 추출하는 뉴런 구조

뉴런은 데이터에 내재한 특징을 추출하기 위해 가중 합산과 활성 함수를 순차적으로 실행한다. 가중 합산은 추출할 특징에 중요한 영향을 미치는 데이터를 선택하는 과정이고, 활성 함수는 원하는 형태로 특징을 추출하기 위해 데이터를 **비선형**nonlinear적으로 변환하는 과정이다. 다음 그림에서 뉴런의 구조를 통해 이 두 과정이 실행되는 것을 확인할 수 있다.

▶ 뉴런 구조는 퍼셉트론의 구조와 동일하다.

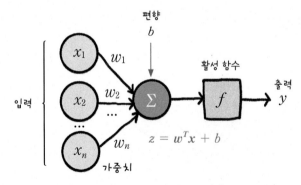

그림 2-2 뉴런 구조

중요한 데이터를 선택하는 가중 합산 연산

뉴런에 입력 데이터 $\boldsymbol{x}^T=(x_1,\ x_2,\ ...,\ x_n)$가 들어오면 가중치 $\boldsymbol{w}^T=(w_1,\ w_2,\ ...,\ w_n)$와 곱해서 가중 합산을 한다.

$$z=w_1x_1+w_2x_2+...+w_nx_n+b$$
$$=\boldsymbol{w}^T\boldsymbol{x}+b$$

가중치는 특징을 추출할 때 영향이 큰 데이터를 선택하는 역할을 한다. 특징 추출에 영향이 큰 데이터는 큰 가중치를 갖고 영향이 작은 데이터는 작은 가중치를 갖는다. 이때 가중 합산 식에 편향 b를 더하는 이유는 특징을 공간상 임의의 위치에 표현하기 위해서이다. 편향이 없으면 특징의 위치는 원점을 지나는 연속 함수로 결정되므로, 공간의 어느 위치에든지 존재할 수 있게 하려면 편향으로 원점으로부터의 오프셋을 지정해 줘야 한다.

▶ 편향 b를 입력 1에 대한 가중치로 간주하고 입력은 $\boldsymbol{x}^T=(1,\ x_1,\ x_2,\ ...,\ x_n)$로, 가중치는 $\boldsymbol{w}^T=(b,\ w_1,\ w_2,\ ...,\ w_n)$로 확장한 뒤에 $z=\boldsymbol{w}^T\boldsymbol{x}$와 같이 가중 합산을 표현하기도 한다.

비선형 변환을 통해 특징을 추출하는 활성 함수

뉴런에 사용하는 활성 함수의 종류는 다양하다. 그 중 기본 활성 함수라고 할 수 있는 ReLU$^{\text{Rectified Linear Unit}}$를 살펴보면 다음 그림과 같이 경첩 형태의 비선형 함수로 되어 있다. ReLU는 입력값이 0보다 크면 그대로 출력하고 0보다 작거나 같으면 0을 출력하는 구간 선형 함수이다.

▶ 구간 선형 함수$^{\text{piecewise linear function}}$는 구간별로는 선형 함수이지만 각 구간을 연결해 놓았을 때 꺾은선 모양이 되는 비선형 함수이다. ReLU는 구간 선형 함수로서 비선형 함수라고 할 수 있다.

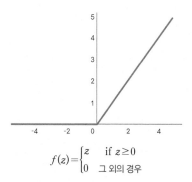

$$f(z)=\begin{cases} z & \text{if } z\geq0 \\ 0 & \text{그 외의 경우} \end{cases}$$

그림 2-3 ReLU 활성 함수

뉴런의 활성 함수는 데이터를 비선형 변환하여 원하는 형태의 특징을 추출할 수 있게 해준다. 신경망의 계층이 쌓이면서 뉴런의 활성 함수는 여러 단계로 합성되고 신경망이 표현하고자 하는 매우 복잡한 연속 함수나 결정 경계를 이루는 특징을 표현한다. 따라서 뉴런의 활성 함수는 신경망의 기저 함수basis function라고 할 수 있다.

 신경망의 계층 표기

신경망의 계층 수를 표기할 때는 보통 입력 계층을 제외하고 표기한다. 예를 들어 [그림 2-1]과 같이 신경망에 은닉 계층이 3개이고 출력 계층이 1개이면 '4계층 신경망'으로 표기한다. 입력 계층은 데이터를 전달하는 역할만 하기 때문에 가중치나 편향과 같은 모델 파라미터가 없다. 따라서 다른 계층과 달리 학습이 필요 없으며 계층으로서 의미도 약하다.

 깊은 신경망과 얕은 신경망

신경망 모델에서 계층이 많아질수록 '신경망이 깊어진다'고 표현한다. 보통 계층이 2~3개 정도이면 **얕은 신경망**shallow neural network이라고 하고 그 이상이 되면 **깊은 신경망**DNN: deep neural network이라고 한다. 얕은 신경망과 깊은 신경망을 구분하는 계층 수가 명시되어 있지는 않지만, 통념적으로 2~3개 계층 수준에서 구분하곤 한다.

 딥러닝의 중의적 의미

딥러닝이란 깊은 신경망 모델을 중심으로 한 전반적인 기술을 말한다. 그래서 딥러닝은 모델 뿐만 아니라 학습 및 추론을 위한 다양한 기술을 포괄한다. 보통 깊은 신경망 모델을 '딥러닝 모델'이라고 부르고, 딥러닝 기술을 적용할 때 '딥러닝을 한다'고 표현한다.

딥러닝이라고 부르는 이유는 신경망 모델이 깊어졌기 때문이기도 하지만 딥러닝이라는 영어 단어 그대로 내용의 본질을 '깊이 있게 학습한다'는 의미이기 때문이기도 하다. 이는 딥러닝이 표면적으로 드러나지 않는 데이터의 본질을 학습할 수 있는 능력이 있기 때문이다.

2.1.2 범용 함수 근사기로서의 신경망

뉴런은 가중 합산과 활성 함수를 순차 실행하는 합성 함수이므로, 뉴런의 그룹으로 정의되는 계층도 합성 함수이다. 또한 계층을 순차적으로 쌓은 형태인 신경망 역시 합성 함수라고 할 수 있다. 이때 뉴런은 실함수로, 계층과 신경망은 벡터 함수로 정의되는데 각각 어떤 형태의 함수로 정의되는지 확인해 보자.

실함수와 벡터 함수

실함수$^{real-valued\ function}$는 $f: \mathbb{R}^n \to \mathbb{R}$ 형태의 함수이다. 입력은 크기가 n인 벡터 $\boldsymbol{x}^T = (x_1, x_2, ..., x_n)$이고 출력은 실수로 다음과 같은 형태로 정의된다.

$$f(\boldsymbol{x}) = f(x_1, x_2, \cdots, x_n)$$
$$\boldsymbol{x}^T = (x_1, x_2, ..., x_n)$$

벡터 함수$^{vector\ function}$는 $f: \mathbb{R}^n \to \mathbb{R}^m$ 형태의 함수이다. 입력은 크기가 n인 벡터 $\boldsymbol{x}^T = (x_1, x_2, ..., x_n)$이고 출력은 크기가 m인 벡터로 다음과 같은 형태로 정의된다.

$$f(\boldsymbol{x}) = (f_1(\boldsymbol{x}), f_2(\boldsymbol{x}), ..., f_m(\boldsymbol{x}))$$
$$\boldsymbol{x}^T = (x_1, x_2, ..., x_n)$$

실함수인 뉴런

뉴런은 실함수로 입력이 $\boldsymbol{x}^T = (x_1, x_2, ..., x_n)$이고 가중치가 $\boldsymbol{w}^T = (w_1, w_2, ..., w_n)$일 때 $\boldsymbol{w}^T\boldsymbol{x} + b$로 가중 합산할 결과를 비선형 활성 함수로 매핑해서 실수를 출력하는 합성 함수이다.

$$f(\boldsymbol{x}) = \text{activation}(\boldsymbol{w}^T\boldsymbol{x} + b)$$
$$\boldsymbol{x}^T = (x_1, x_2, ..., x_n)$$
$$\boldsymbol{w}^T = (w_1, w_2, ..., w_n)$$

벡터 함수인 계층

계층은 입력도 벡터이고 출력도 벡터인 벡터 함수이다. 계층을 이루는 각 뉴런은 이전 계층의 출력을 벡터 형태로 입력받으며, 각 뉴런의 출력을 모아 벡터 형태로 출력한다. 이때 입력 벡터의 크기는 이전 계층의 뉴런 수와 같고 출력 벡터의 크기는 현재 계층의 뉴런 수와 같다. 즉, 이전 계층의 뉴런이 n개이고 현재 계층의 뉴런이 m개라면, 입력은 크기가 n인 벡터 $\boldsymbol{x}^T = (x_1, x_2, ..., x_n)$이고 출력은 크기가 m인 $f(x) = (f_1(\boldsymbol{x}), f_2(\boldsymbol{x}), ..., f_m(\boldsymbol{x}))$ 벡터가 된다. 이때 계층의 가중치는 크기는 $n \times m$인 행렬 W로 정의되며 가중치 행렬의 각 열은 각 뉴런의 가중치를 나타낸다.

$$W = [w_1 \ w_2 \ \dots \ w_m] = \begin{bmatrix} w_{11} & w_{21} & \dots & w_{m1} \\ w_{12} & w_{22} & \dots & w_{m2} \\ \dots & \dots & \dots & \dots \\ w_{1n} & w_{2n} & \dots & w_{mn} \end{bmatrix},$$

$$\mathbf{b}^T = [b_1 \ b_2 \ \dots \ b_m]$$

그리고 계층의 가중 합산은 가중치 행렬과의 곱 형태로 $W^T x + b$와 같이 정의되며 크기가 m인 벡터가 계산된다. 가중 합산 결과에 활성 함수를 실행하면 벡터의 요소별로 활성 함수가 실행되어 크기가 m인 벡터가 출력된다.

$$f(\boldsymbol{x}) = (f_1(\boldsymbol{x}), f_2(\boldsymbol{x}), \dots, f_m(\boldsymbol{x})) = \mathrm{activation}\,(W^T \boldsymbol{x} + \boldsymbol{b})$$

벡터 함수들의 합성 함수인 신경망

신경망은 입력과 출력이 벡터인 벡터 함수이며 동시에 각 계층이 정의하는 벡터 함수를 순차적으로 실행하는 합성 함수이다. 만일 신경망의 계층 수가 L이면 다음과 같은 합성 함수로 정의된다.

$$\boldsymbol{y} = f^L(\dots f^2(f^1(\boldsymbol{x})))$$

예를 들어 다음 그림과 같이 4계층 신경망에서 각 계층이 함수 f^1, f^2, f^3, f^4로 정의된다면, 신경망은 함수 f^1, f^2, f^3, f^4가 순차적으로 실행되는 $\boldsymbol{y} = f^4(f^3(f^2(f^1(\boldsymbol{x}))))$ 형태의 합성 함수가 된다.

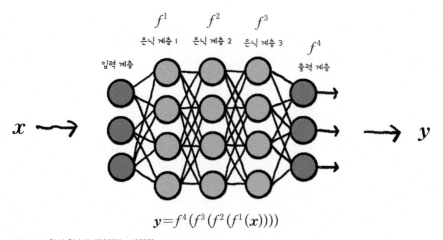

$$\boldsymbol{y} = f^4(f^3(f^2(f^1(\boldsymbol{x}))))$$

그림 2-4 합성 함수로 정의되는 신경망

신경망은 입력 x를 출력 y로 매핑하는 $y=f(x;\ \theta)$ 형태의 파라미터 함수이며, 여기서 θ는 뉴런의 가중치와 편향을 포함한 함수의 파라미터이다. 신경망은 학습할 때 미분을 사용하기 때문에 신경망이 표현하는 함수는 **미분 가능한 함수**^{differentiable function}이어야 한다.

$$y=f(x;\ \theta)$$

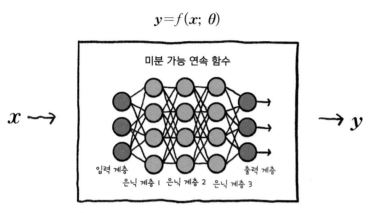

그림 2-5 입력 x와 출력 y의 매핑 관계를 표현하는 함수인 신경망

범용 근사 정리

신경망은 얼마나 광범위한 함수를 표현할 수 있을까? 신경망은 n 차원 공간의 임의의 연속 함수를 근사하는 능력이 있다. 임의의 연속 함수를 근사할 수 있다는 것은 다음 그림의 왼쪽과 같이 클래스를 분류할 때 클래스 영역 간에 경계가 매우 복잡하더라도 연속된 곡선으로 표현할 수 있으며, 오른쪽과 같이 입력과 출력의 관계가 함수로 표현되는 회귀 문제에서 매우 복잡한 예측 곡선을 만들 수 있다는 의미이다.

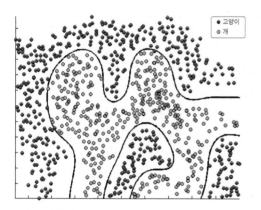
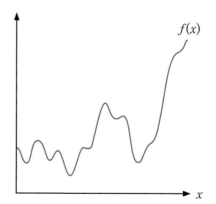

그림 2-6 분류와 회귀 문제에서 임의의 연속 함수 근사

신경망이 n 차원 공간의 임의의 연속 함수를 근사할 수 있는 **범용 근사기**universal approximator라는 것은 **범용 근사 정리**universal approximation theorem로 증명되었다. 범용 근사 정리는 '2계층의 순방향 신경망에서 은닉 뉴런을 충분히 사용하고 검증된 활성 함수를 사용하면, n차원 공간의 임의의 연속 함수를 원하는 정도의 정확도로 근사할 수 있다'는 내용이다.

▶ 범용 근사 정리는 1991년에 시그모이드sigmoid를 활성 함수로 사용하는 2계층 순방향 신경망으로 처음 증명되었다. 조지 시벤코George Cybenko가 증명한 정리로 '시벤코 정리Cybenko's theorem' 라고도 한다.

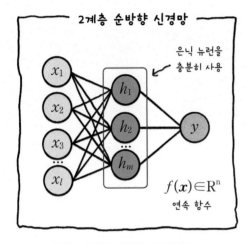

그림 2-7 범용 근사 정리가 가정하는 신경망 구조

범용 근사 정리에 따르면 아주 복잡한 함수를 정확히 근사하려면 은닉 뉴런을 충분히 사용해야 한다. 그런데 뉴런 수가 많아지면 모델이 커지기 때문에 과적합이 쉽게 발생하고 모델의 성능이 낮아질 수 있다. 이런 문제를 해결하기 위해 2017년에 범용 근사 정리가 깊은 신경망으로 확장되었다. 깊은 신경망을 사용하면 같은 성능의 모델을 적은 수의 뉴런을 사용해서 만들 수 있기 때문에 원래의 범용 근사 정리가 갖는 문제를 해결할 수 있다. 확장된 정리는 은닉 계층의 뉴런 수를 제한하더라도 신경망의 깊이에 제한을 두지 않는다면 범용 근사기가 된다는 내용이다. 따라서 입력이 n차원이고 ReLU를 사용할 때 은닉 계층의 뉴런 수를 $n+4$로 제한해도 **르베그 적분 가능 함수**Lebesgue integrable function를 근사할 수 있음이 증명되었다.

▶ 르베그 적분 가능 함수는 연속이 되지 않더라도 르베그 적분이 가능한 함수를 말한다.

신경망은 범용 근사기로서 복잡한 함수를 표현할 수 있다. 뉴런은 벡터 입력을 1차원 실수 공간으로 비선형 변환하는 모듈이다. 뉴런이 계층으로 모이면 다차원 실수 공간으로 비선형 변환을 하는 함수가 된다. 여러 계층이 쌓이면 서로 다른 차원의 실수 공간 사이에서 여러 번 비선형 변환한다. 그렇기 때문에 신경망으로 표현하려는 함수의 복잡도에 따라 뉴런과 계층을 늘리고 줄임으로써 모델을 쉽게 확장할 수 있다. 기존 머신러닝 모델과 비교했을 때 신경망은 범용 함수 근사기이자 동시에 확장성이 뛰어난 모델 구조로 이루어져 있다는 측면에서 매우 강력하다.

2.1.3 순방향 신경망의 설계 항목

순방향 신경망 모델을 설계하려면 어떤 항목들을 정해야 할까? 기본적으로 모델의 입력과 출력 형태, 활성 함수의 종류, 네트워크 크기 등을 고려해야 한다. 일반적으로 문제가 정의되고 그에 따라 데이터와 신경망 모델의 종류가 선정되면 입력과 출력의 형태는 어느 정도 결정된다. 하지만 모델의 크기와 활성 함수의 종류는 모델이 최적의 성능을 갖도록 탐색해야 할 항목들이다. 그래서 모델 검증 단계에서 하이퍼파라미터 탐색을 하거나 자동 모델 탐색을 통해 최적의 모델을 찾아야만 한다.

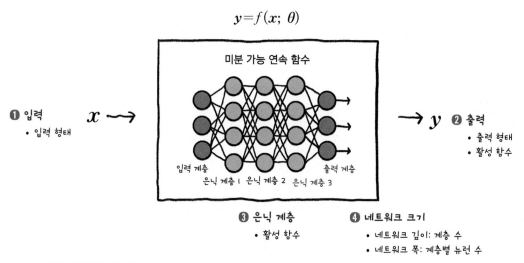

그림 2-8 순방향 신경망의 설계 항목

이제 각 설계 항목에 대해 자세히 확인해 보자.

2.2 분류와 회귀 문제

순방향 신경망으로 기본적인 모델을 설계하기 위해 지도 학습의 대표적인 문제인 분류와 회귀 문제를 정의해 보자. 분류 문제는 범주형 데이터를 예측하는 문제이고 회귀 문제는 숫자형 데이터를 예측하는 문제이다. 이 두 유형의 문제는 다양한 문제로 응용할 수 있으므로 이들 문제를 기본으로 모델의 설계 과정을 살펴보겠다.

2.2.1 분류 문제

분류classification 문제는 데이터의 **클래스**class 또는 **카테고리**category를 예측하는 문제이다. 다음 그림과 같이 '개, 고양이, 토끼'라는 세 종류의 클래스가 있을 때 개 이미지를 보면 '개' 클래스로 인식하고 고양이 이미지를 보면 '고양이' 클래스로 인식하며 토끼 이미지를 보면 '토끼' 클래스로 인식하는 문제를 분류 문제라고 한다.

그림 2-9 분류 문제

분류 문제는 두 개 클래스로 분류하는지 여러 클래스로 분류하는지에 따라 **이진 분류**binary classification와 **다중 분류**multiclass classification 문제로 다시 나뉜다. **이진 분류** 문제는 두 개 클래스로 분류하는 문제로 메일이 스팸 메일인지 아닌지, 암 진단 결과가 양성인지 음성인지, 사진의 얼굴이 합성한 것인지 아닌지, 어떤 사람이 진실을 말하는지 거짓을 말하는지, 영화에 대한 평가가 긍정인지 부정인지를 판단하는 문제들이 이진 분류 문제이다.

다중 분류 문제는 여러 클래스로 분류하는 문제로 강아지를 보고 품종을 분류하거나, 자율 주행을 할 때 차량 밖에 있는 물체가 사람인지 나무인지 건물인지 또 다른 차인지를 구분하거나, 질병을 진단해서 병명을 알아내거나, 표정을 보고 '분노, 측은, 비웃음, 희열, 행복, 슬픔, 놀람' 등의 감정 상태를 인식하는 문제들이 다중 분류 문제이다.

분류 모델을 대상을 판별하는 **판별 함수**discriminative function로 정의하면 모델은 입력 데이터가 속한 클래스를 예측한다. 앞의 예에서 고양이 이미지를 입력했을 때 '고양이' 클래스 2를 출력한다. 반면 분류 모델을 확률을 예측하는 **확률 모델**stochastic model로 정의하면 입력 데이터가 각 클래스에 속할 확률을 예측한다. 앞의 예에서 고양이 이미지를 입력했을 때 개일 확률, 고양이일 확률, 토끼일 확률을 동시에 출력한다.

확률 모델은 입력 데이터가 어떤 클래스에 몇 퍼센트의 확률로 속하는지 예측하기 때문에 표현하는 정보가 많다. 예를 들어 고양이일 확률이 50%이고 개일 확률이 50%라면 고양이 인지 개인지 애매하기 때문에 신경망이 판단하지 않고 사람이 직접 판단하도록 조처할 수 있다. 또한 확률분포의 분산이 클수록 예측에 대한 불확실성이 커지기 때문에 불확실성을 고려해서 판단하거나 후속 조치를 취할 수 있다. 그리고 모델의 출력을 생성할 때 예측된 확률분포에서 샘플링을 하면 입력 데이터가 같더라도 조금씩 다른 출력을 만들 수 있다. 가령 언어 모델에서 문장을 생성한다면 문장을 구성하는 단어의 확률분포를 예측하고 확률분포에서 단어를 샘플링해서 문장을 생성한다. 이런 방식으로 단어를 생성하면 같은 문맥이라도 다양한 표현을 갖는 문장을 생성할 수 있다.

2.2.2 회귀 문제

회귀regression 문제는 여러 독립 변수와 종속 변수의 관계를 연속 함수 형태로 분석하는 문제이다. 예를 들어 다음 그림과 같이 '방의 개수, 면적, 집 종류, 역과의 거리' 데이터를 이용해서 집값을 예측하는 문제가 회귀 문제다.

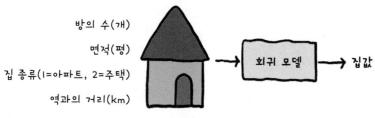

그림 2-10 회귀 문제

예측값이 숫자형 데이터면 회귀 문제이다. 예를 들어 주가 및 경제 트렌드를 예측하는 문제, 상품의 수요와 공급량을 예측하는 문제, 사람의 자세를 추정해서 다음 행동을 나타내는 자세를 예측하는 문제, 로봇을 중심으로 주변에 보이는 사물의 위치와 거리를 추정하는 문제, 도로의 교통량이나 주행 시간을 예측하는 문제들이 회귀 문제이다.

회귀 모델은 입력 데이터에 대한 함숫값을 예측한다. 앞의 예와 같이 집값에 관련된 데이터로 '방이 3개, 32평, 아파트, 역과의 거리가 20분 거리'를 입력하면 모델은 이런 조건을 가진 집들의 집값을 함숫값으로 예측한다. 반면 회귀 모델을 확률 모델로 정의하면 관측된 집값의 확률분포를 예측한다. 앞의 예에서 '방이 3개, 32평, 아파트, 역과의 거리가 20분 거리' 조건을 가진 집들의 집값을 나타내는 가우시안 분포를 예측할 수 있다.

퀴즈로 정리해 보세요.

01. 분 　　　　는 데이터의 클래스를 예측하는 문제로 두 클래스로 분류하면 이진 분류, 여러 클래스로 분류하면 다중 분류라고 한다. 분류 모델을 판별 함수로 정의하면 모델은 입력 데이터가 속한 클래스를 예측하지만, 확률 모델로 정의하면 입력 데이터가 각 클래스에 속할 확률을 예측한다.

02. 회 　　　　는 여러 독립 변수와 종속 변수의 관계를 연속 함수 형태로 분석하는 문제이다. 회귀 모델은 입력 데이터에 대한 함숫값을 예측하는데, 확률 모델로 정의하면 관측값의 확률분포를 예측한다.

정답: 01. 분류 문제 02. 회귀 문제

2.3 이진 분류 모델

이진 분류 문제는 동전 던지기를 할 때 앞면과 뒷면이 나올 확률을 예측하는 문제와 같다. 동전의 앞면과 뒷면이 나올 확률분포는 **베르누이 분포**^{Bernoulli distribution}로 정의되므로, 이진 분류 모델은 베르누이 분포를 예측하는 모델로 정의할 수 있다.

그림 2-11 동전 던지기와 같은 이진 분류 문제

2.3.1 베르누이 분포

베르누이 분포는 두 종류의 사건이 발생할 확률을 나타내며 다음과 같은 식으로 정의된다.

$$p(x;\ \mu) = \mu^x (1-\mu)^{1-x},\ x \in \{0,\ 1\}$$

x는 확률 변수로 $x=1$이면 사건1을 나타내고 $x=0$이면 사건2를 나타낸다. μ는 사건1이 발생할 확률이고 $1-\mu$는 사건2가 발생할 확률이다.

동전 던지기를 예로 들면 $x=1$이 동전의 앞면이 나오는 사건이고 $x=0$이 동전의 뒷면이 나오는 사건일 때, μ는 동전의 앞면이 나올 확률을, $1-\mu$는 동전의 뒷면이 나올 확률을 나타낸다. μ가 $\frac{1}{2}$이면 동전 앞면이 나올 확률과 뒷면이 나올 확률은 다음과 같이 표현한다.

$$p(x=1;\ \mu) = \mu = \frac{1}{2}$$
$$p(x=0;\ \mu) = 1-\mu = \frac{1}{2}$$

베르누이 분포의 확률 질량 함수의 그래프는 다음과 같이 두 사건에 대한 확률을 나타내는 막대그래프로 표현한다.

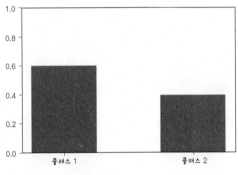

그림 2-12 베르누이 분포

2.3.2 확률 모델 정의

이진 분류 문제를 확률 모델로 정의해 보자. 관측 데이터는 $\mathcal{D}=\{(\boldsymbol{x}_i,\ t_i)\colon i=1,\ ...,\ N\}$로 N개의 $(\boldsymbol{x}_i,\ t_i)$ 샘플로 구성되며, 입력 데이터 $\boldsymbol{x}_i$는 같은 분포에서 독립적으로 샘플링되어 i.i.d$^{independent\ and\ identically\ distributed}$를 만족한다고 하자. 타깃 $t_i \in \{0,\ 1\}$는 두 개의 클래스 중 하나를 나타내며 $t_i=1$이면 클래스1이고 $t_i=0$이면 클래스2이다.

이진 분류 모델은 타깃 t_i의 확률분포인 베르누이 분포의 파라미터 μ를 예측한다. 모델은 $\boldsymbol{x}_i$를 입력했을 때 베르누이 분포의 파라미터 μ에 해당하는 $\mu(\boldsymbol{x}_i;\ \theta)$를 출력하며, 그 결과 다음과 같은 베르누이 분포가 예측된다. 이때 θ는 모델의 파라미터를 나타낸다.

$$p(t_i|\boldsymbol{x}_i;\ \theta)=\mathcal{B}ern(t_i;\ \mu(\boldsymbol{x}_i;\ \theta))$$
$$=\mu(\boldsymbol{x}_i;\ \theta)^{t_i}(1-\mu(\boldsymbol{x}_i;\ \theta))^{1-t_i}$$

2.3.3 출력 계층의 활성 함수

폐의 엑스레이 사진으로 COVID19의 감염 여부를 판별하는 이진 분류 모델을 만든다고 해 보자. 모델은 폐의 엑스레이 사진을 입력받아서 COVID19에 감염되었을 확률 μ를 예측한다. 이때 신경망 모델은 COVID19에 감염되었을 수치를 점수^{score} 또는 로짓^{logit}으로 예측하고 이를 활성 함수를 통해 베르누이 확률분포의 파라미터 μ로 변환한다. 이때 사용하는 활성 함수가 시그모이드^{sigmoid} 함수이다.

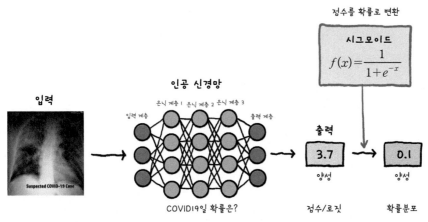

그림 2-13 신경망의 예측값을 베르누이 분포로 변환

이진 분류 모델의 결과가 확률 μ로 출력되기 때문에 입력 데이터를 어떤 클래스로 분류할지는 결정 경계를 정하기 나름이다. 예를 들어 결정 경계를 0.5로 정했다면 출력값 μ가 0.5 이상인 경우 클래스1로 판단하고 0.5 미만이면 클래스2로 판단할 수 있다.

▶ 출력 계층에서 시그모이드를 사용할 때는 손실 함수를 크로스 엔트로피로 선택해야 학습이 안정화된다. 이에 관한 자세한 설명은 2.9.1에서 확인할 수 있으며 신경망 학습은 3장에서 살펴볼 것이다.

시그모이드 함수

시그모이드 함수는 다음과 같이 정의되는 함수로 값을 [0,1] 범위로 만들어 주기 때문에 값을 고정 범위로 변환하는 스쿼싱^{squashing} 함수로 사용된다. 따라서 신경망의 출력 계층에서 실숫값을 확률로 변환할 때 사용한다.

$$\sigma(x) = \frac{1}{1+e^{-x}}$$

▶ 시그모이드 함수는 S형 함수를 통칭하지만 신경망에서는 로지스틱 ^{logistic} 함수를 시그모이드 함수라고 부른다. 이 책에서도 로지스틱 함수를 시그모이드 함수로 부르겠다. 스쿼싱 함수는 2.7에서 다시 설명한다.

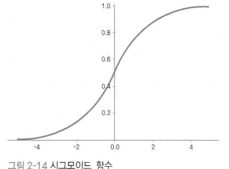

그림 2-14 시그모이드 함수

로지스틱 함수의 역함수인 로짓 함수

로짓은 확률이 p일 때 다음과 같이 정의되며 로그 오즈$^{log\,odds}$라고도 한다.

$$\text{logit}\,(p)=\log\left(\frac{p}{1-p}\right)$$

오즈 $\dfrac{p}{1-p}$는 사건이 발생할 확률 p를 사건이 발생하지 않을 확률 $1-p$로 나눠준 비율이다.

로짓과 로지스틱 함수는 서로 역함수 관계이다. 그래서 로지스틱 함수의 입력을 로짓이라고 부른다.

$$\text{logit}\,(p)=\text{logistic}^{-1}(p)=\log\left(\frac{p}{1-p}\right)$$
$$\text{logit}^{-1}(x)=\text{logistic}\,(x)=\frac{1}{1+e^{-x}}$$

퀴즈로 정리해 보세요.

01. 이   문제는 동전 던지기를 할 때 앞면과 뒷면이 나올 확률을 예측하는 문제와 같다.

02. 이진 분류 모델은 베   를 예측하는 모델로 정의할 수 있다.

정답: 01. 이진 분류   02. 베르누이 분포

2.4 다중 분류 모델

다중 분류 문제는 주사위를 굴렸을 때 각 면이 나올 확률을 예측하는 문제와 같다. 주사위의 각 면이 나올 확률분포는 카테고리 분포categorical distribution로 정의되므로, 다중 분류 모델은 카테고리 분포를 예측하는 모델로 정의할 수 있다.

그림 2-15 주사위 굴리기와 같은 다중 분류 문제

2.4.1 카테고리 분포

카테고리 분포는 여러 종류의 사건이 발생할 확률을 나타내며 다음과 같은 식으로 정의한다. 카테고리 분포는 베르누이 분포를 일반화한 분포로 K개 사건의 확률을 표현한다.

$$p(\boldsymbol{x}|\boldsymbol{\mu}) = \prod_{k=1}^{K} \mu_k^{x_k}$$

$$\boldsymbol{\mu} = (\mu_1, \mu_2, ..., \mu_K)^T, \sum_{k=1}^{K} \mu_k = 1$$

$$\boldsymbol{x} = (x_1, x_2, ..., x_K)^T, x_k = \begin{cases} 1, & k=i \\ 0, & k \neq i \end{cases}, i \in \{1, 2, ..., K\}$$

K는 사건 개수이고 μ_k는 사건 k가 발생할 확률이며 $\boldsymbol{\mu} = (\mu_1, \mu_2, ..., \mu_K)^T$는 각 사건에 대한 확률을 나타내는 벡터이다. $\boldsymbol{x} = (x_1, x_2, ..., x_K)^T$는 0과 1로 표현되는 확률 변수로 사건 k는 x_k만 1이고 나머지는 0인 벡터로 표현된다.

주사위 굴리기를 예로 들면 사건 개수는 $K=6$이고 숫자 1이 나올 사건의 확률 변수는 $\boldsymbol{x} = (1, 0, 0, 0, 0, 0)^T$이며 숫자 2가 나올 사건의 확률 변수는 $\boldsymbol{x} = (0, 1, 0, 0, 0, 0)^T$이다. 비슷하게 숫자 3, 숫자 4, 숫자 5, 숫자 6에 대한 확률 변수도 정의할 수 있다. 숫자 1이 나올 확률은 μ_1이고 나머지 숫자가 나올 확률은 각각 μ_2, μ_3, μ_4, μ_5, μ_6이다. 모든 면이 나올 확률이 같다면 $\boldsymbol{\mu}=\left(\dfrac{1}{6}, \dfrac{1}{6}, \dfrac{1}{6}, \dfrac{1}{6}, \dfrac{1}{6}, \dfrac{1}{6}\right)^{T}$가 된다. 각 면이 나올 확률은 다음과 같이 표기할 수 있다.

$$p(\boldsymbol{x}=(1, 0, 0, 0, 0, 0)^{T}; \boldsymbol{\mu})=\mu_1=\frac{1}{6}$$

$$p(\boldsymbol{x}=(0, 1, 0, 0, 0, 0)^{T}; \boldsymbol{\mu})=\mu_2=\frac{1}{6}$$

$$p(\boldsymbol{x}=(0, 0, 1, 0, 0, 0)^{T}; \boldsymbol{\mu})=\mu_3=\frac{1}{6}$$

$$p(\boldsymbol{x}=(0, 0, 0, 1, 0, 0)^{T}; \boldsymbol{\mu})=\mu_4=\frac{1}{6}$$

$$p(\boldsymbol{x}=(0, 0, 0, 0, 1, 0)^{T}; \boldsymbol{\mu})=\mu_5=\frac{1}{6}$$

$$p(\boldsymbol{x}=(0, 0, 0, 0, 0, 1)^{T}; \boldsymbol{\mu})=\mu_6=\frac{1}{6}$$

카테고리 분포의 확률 질량 함수의 그래프는 다음과 같이 각 사건이 발생할 확률을 나타내는 막대그래프로 표현한다.

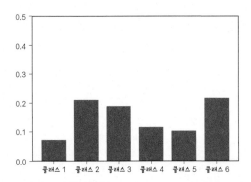

그림 2-16 카테고리 분포

2.4.2 확률 모델 정의

다중 분류 문제를 확률 모델로 정의해 보자. 관측 데이터는 $\mathcal{D}=\{(\boldsymbol{x}_i, \boldsymbol{t}_i): i=1, ..., N\}$로 N개의 $(\boldsymbol{x}_i, \boldsymbol{t}_i)$ 샘플로 구성된다. 입력 데이터 $\boldsymbol{x}_i$는 같은 분포에서 독립적으로 샘플링되어 i.i.d를 만족한다고 하자. 타깃 $\boldsymbol{t}_i=(t_{i1}, t_{i2}, ..., t_{iK})^{T}$는 K개의 클래스 중 하나로 클래스 k인 경우 $t_{ik}=1$이고 나머지는 0인 벡터로 정의된다.

다중 분류 모델은 타깃 t_i의 확률분포인 카테고리 분포의 파라미터 μ를 예측한다. 모델은 x_i를 입력했을 때 카테고리 분포의 파라미터 μ에 해당하는 $\mu(x_i;\ \theta)$를 출력하며, 그 결과 다음과 같은 카테고리 분포가 예측된다. 이때 θ는 모델의 파라미터를 나타낸다.

$$p(t_i|x_i;\ \theta) = \text{Category}(t_i;\ \mu(x_i;\ \theta)) = \prod_{k=1}^{K} \mu(x_i;\ \theta)_k^{t_{ik}}$$

2.4.3 출력 계층의 활성 함수

고양이 사진을 입력받아서 분류하는 다중 분류 모델을 만든다고 해보자. 모델은 고양이 사진을 입력받아서 '다람쥐, 고양이, 강아지, …'와 같은 K개의 클래스에 속할 확률인 μ를 예측한다. 이때 신경망 모델은 각 클래스에 속할 수치인 점수 또는 로짓을 실수 벡터로 출력하고 이를 활성 함수를 통해 카테고리 분포의 확률 벡터 μ로 변환한다. 이때 사용하는 활성 함수가 **소프트맥스**softmax 함수이다.

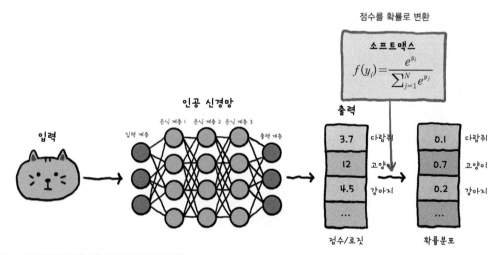

그림 2-17 신경망의 예측값을 카테고리 분포로 변환

앞에서 살펴봤던 이진 분류 문제도 다중 분류 문제로 풀 수 있다. 단, 이진 분류 모델은 클래스1이 발생할 확률인 μ를 예측하기 때문에 신경망 출력은 실수가 되고, 다중 분류 모델은 K개 클래스가 발생할 확률인 벡터 μ를 예측하기 때문에 신경망 출력은 크기가 K인 실수 벡터가 된다.

▶ 출력 계층에서 소프트맥스를 사용할 때는 손실 함수를 크로스 엔트로피로 선택해야 학습이 안정화된다. 이에 대한 자세한 설명은 2.9.1에서 확인할 수 있으며 신경망 학습은 3장에서 살펴볼 것이다.

소프트맥스 함수

소프트맥스 함수는 실수 벡터를 확률 벡터로 변환한다. 실수 벡터의 각 요소는 [0,1] 범위로 변환되고 각 요소의 합은 1이 된다. 그래서 신경망의 출력 계층에서 실수 벡터를 카테고리 확률분포의 확률 벡터로 변환할 때 사용한다. 소프트맥스 함수는 다음과 같이 정의할 수 있다.

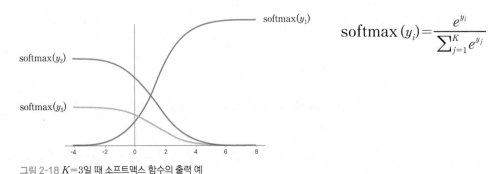

$$\text{softmax}(y_i) = \frac{e^{y_i}}{\sum_{j=1}^{K} e^{y_j}}$$

그림 2-18 $K=3$일 때 소프트맥스 함수의 출력 예

▶ 소프트맥스는 입력값이 클수록 1에 가깝게, 입력값이 작을수록 0에 가깝게 만들어 주기 때문에 Max 함수와 같은 역할을 한다. 단, Max 함수와 달리 함수 형태가 부드러운 곡선 형태로 Soft한 Max 함수란 의미로 소프트맥스^{softmax}라고 부른다.

소프트맥스는 시그모이드를 여러 클래스에 대해 일반화한 함수이다. 그래서 소프트맥스로 계산한 각 클래스의 확률은 시그모이드 함수와 같은 모양이 된다. 앞의 그림에서 빨간색, 파란색, 녹색 곡선이 소프트맥스로 계산한 각 클래스의 확률 곡선으로 시그모이드 함수와 같은 형태를 띄고 있다.

소트프맥스 함수의 계산 과정은 다음과 같다.

1. $\boldsymbol{y} = (y_1, \ y_2, \ ..., \ y_K)^T$는 실수 벡터이다.

2. $\boldsymbol{y}$의 각 요소에 지수 함수를 적용해서 e^y 형태로 만든다.

$$e^{\boldsymbol{y}} = (e^{y_1}, \ e^{y_2}, \ ..., \ e^{y_K})^T$$

3. $e^{\boldsymbol{y}}$ 벡터를 $e^{\boldsymbol{y}}$ 요소의 합산으로 나눠서 정규화한다.

$$\hat{e}^{\boldsymbol{y}} = \frac{1}{\sum_{k=1}^{K} e^{y_k}} (e^{y_1}, \ e^{y_2}, \ ..., \ e^{y_K})^T$$

4. 정규화된 $\hat{e}^{\boldsymbol{y}}$ 벡터는 각 요소가 [0,1] 범위의 실수이고 모든 요소의 합은 1이다.

$$\sum_{k=1}^{K} \hat{e}^{y_k} = 1$$

2.5 회귀 모델

회귀 문제는 여러 독립 변수와 종속 변수의 관계를 연속 함수 형태로 분석하는 문제이다. 관측 항목을 독립 변수와 종속 변수로 나누고 이들의 관계를 함수 형태로 분석한다. 데이터를 관측할 때 발생하는 관측 오차 또는 실험 오차는 **가우시안 분포**^{Gaussian distribution}로 정의되므로, 회귀 문제는 가우시안 분포를 예측하는 모델로 정의할 수 있다.

▶ 관측 데이터를 수집할 때마다 값이 조금씩 달라지는데 이런 변동분을 관측 오차^{observational error}라고 한다. 관측 오차를 노이즈^{noise}라고 도 한다.

2.5.1 가우시안 분포

가우시안 분포는 평균을 중심으로 대칭적인 종 모양의 사건이 발생할 확률을 나타내며 다음과 같은 식으로 정의한다.

$$\mathcal{N}(x|\mu,\ \sigma^2) = \frac{1}{\sigma\sqrt{2\pi}} e^{-\frac{(x-\mu)^2}{2\sigma^2}}$$

x는 확률 변수, μ는 평균, σ^2는 분산, σ는 표준편차이다. 가우시안 분포는 관측 데이터의 분포를 근사하는 데에 자주 쓰인다. 중심 극한 정리^{central limit theorem}에 따라 독립적인 확률 변수들의 평균은 가우시안 분포에 가까워지는 성질이 있기 때문이다.

▶ 가우시안 분포를 정규 분포^{normal distribution}라고도 하는데 다른 분포를 비정규 분포로 생각할 수 있으므로 가우시안 분포라는 이름으로 부르는 것이 더 명확하다.

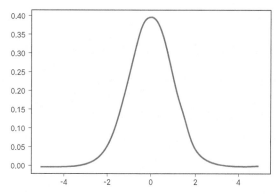

그림 2-19 가우시안 분포

2.5.2 회귀 모델 정의

회귀 문제를 확률 모델로 정의해 보자. 관측 데이터는 $\mathcal{D}=\{(\boldsymbol{x}_i, t_i): i=1, ..., N\}$로 N개의 $(\boldsymbol{x}_i, t_i)$ 샘플로 구성된다. 입력 데이터 $\boldsymbol{x}_i$는 같은 분포에서 독립적으로 샘플링되어 i.i.d를 만족한다고 하자. 타깃 t_i는 모델 예측값 $y(\boldsymbol{x}_i; \boldsymbol{\theta})$에 관측 오차 ϵ가 더해진 값으로 정의되며 관측 오차 ϵ는 가우시안 분포 $\mathcal{N}(\epsilon|0, \beta^{-1})$를 따른다고 가정한다. 이때 오차의 분산 β^{-1}는 정밀도^{precision} β의 역수로 상수로 가정한다. 이때 θ는 모델의 파라미터를 나타낸다.

▶ 분산과 정밀도는 서로 역수 관계이다. 즉, 분산이 크면 정밀하지 않은 것으로 생각하고, 분산이 작으면 정밀한 것으로 생각할 수 있다.

▶ 이 책에서는 설명을 간단히 하기 위해서 회귀 문제의 타깃이 실수라고 가정하고 설명하고 있지만 일반적으로 타깃은 다차원 공간의 연속 함수에 있는 한 점이다. 이는 실수 벡터로 표현하며 타깃의 분포는 다변량 가우시안 분포가 된다.

$$t_i = y(\boldsymbol{x}_i; \boldsymbol{\theta}) + \epsilon, \ \epsilon \sim \mathcal{N}(\epsilon|0, \beta^{-1})$$

다음 그림에서 회색 점은 관측 데이터의 타깃 t_i이다. 입력 $\boldsymbol{x}_i$마다 관측 데이터인 타깃 t_i의 가우시안 분포가 달라진다. 예를 들어 $\boldsymbol{x}_i$를 집값을 예측하기 위한 입력인 '방이 3개, 32평, 아파트, 역과의 거리가 20분 거리'라고 하면 회색 점들은 집값 관측 데이터인 t_i이다. 따라서 동일한 입력 $\boldsymbol{x}_i$마다 여러 회색 점들이 존재하므로 집값의 분포를 이루게 된다.

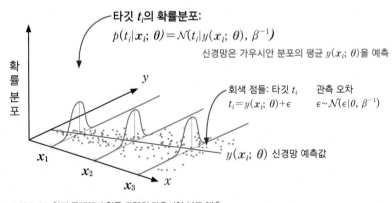

그림 2-20 회귀 문제에서 확률 모델의 가우시안 분포 예측

따라서 회귀 모델은 입력 $\boldsymbol{x}_i$가 주어졌을 때 타깃 t_i의 조건부 확률분포인 $p(t_i|\boldsymbol{x}_i; \boldsymbol{\theta})$를 예측한다. 관측 오차 ϵ는 가우시안 분포 $\mathcal{N}(\epsilon|0, \beta^{-1})$로 가정했기 때문에 타깃 t_i의 분포는 관측 오차의 분산 β^{-1}를 갖는 가우시안 분포 $\mathcal{N}(t_i|y(\boldsymbol{x}_i; \boldsymbol{\theta}), \beta^{-1})$로 정의된다. 따라서 신경망 모델은 평균 $y(\boldsymbol{x}_i; \boldsymbol{\theta})$만 예측하면 된다.

$$p(t_i|\boldsymbol{x}_i;\ \boldsymbol{\theta})=\mathcal{N}(t_i|y(\boldsymbol{x}_i;\ \boldsymbol{\theta}),\ \beta^{-1})$$

▶ 만약 관측 오차의 분산이 관측 데이터마다 달라진다면 분산도 함께 예측할 수 있다. 다만 분산을 예측할 때는 항상 양수임을 보장해야 하므로, 모델의 출력 형태를 표준 편차에 로그함수를 적용한 $\log\sigma$ 형태로 출력한 뒤에 $\sigma=e^{\log\sigma}$와 같이 지수 함수를 통해 표준 편차를 구하고 나서 분산 σ^2를 구해야 한다.

2.5.3 출력 계층의 활성 함수

집값을 결정하는 요인으로 구성된 '방의 개수, 면적, 집 종류, 역과의 거리' 데이터로 집값을 예측하는 회귀 모델을 만든다고 해보자. 모델은 '방의 개수, 면적, 집 종류, 역과의 거리' 데이터를 입력받아서 집값의 가우시안 분포의 평균인 μ를 예측한다. 회귀 모델의 경우 예측된 평균과 분산이 바뀌면 안 되기 때문에 항등 함수^{identity function}를 활성 함수로 사용한다.

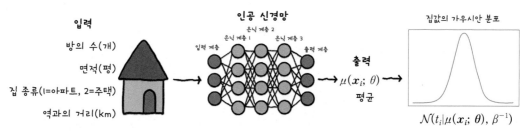

그림 2-21 회귀 모델에서 가우시안 분포의 평균 예측

항등 함수

항등 함수^{identity function}는 입력값을 그대로 출력하는 함수이다. 기울기가 1인 직선을 나타내는 선형 함수로 정의한다.

$$f(x)=x$$

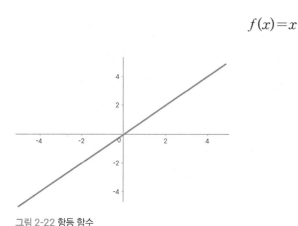

그림 2-22 항등 함수

▶ 항등 함수 $f(x)=x$는 입력값을 그대로 출력하기 때문에 모델을 구현할 때는 활성 함수가 없는 것처럼 구현해도 된다.

2.6 입력 계층

순방향 신경망의 입력 계층은 입력 데이터를 벡터 형태로 받아서 다음 계층에 전달하는 역할을 한다. 따라서 입력 데이터가 크기가 n인 벡터라면 입력 계층은 n개의 뉴런으로 정의된다. 예를 들어 다음과 같이 정의된 데이터로 자동차 연비를 예측한다면, 크기가 9인 1차원 벡터 $\boldsymbol{x}^T = (x_1,\ x_2,\ ...,\ x_9)$를 입력받는 입력 계층을 구성한다.

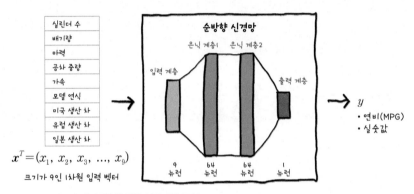

그림 2-23 자동차 연비 예측을 위한 입력 계층 구성

반면 다음과 같이 28 × 28 크기의 MNIST 필기체 숫자 이미지로 필기체 인식을 한다면, 이미지를 1차원으로 변환한 크기가 784인 1차원 벡터 $\boldsymbol{x}^T = (x_1,\ x_2,\ ...,\ x_{784})$를 입력받는 입력 계층을 구성한다.

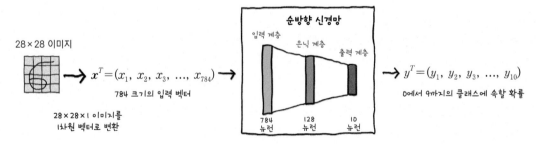

그림 2-24 이미지 인식을 위한 입력 계층 구성

2.7 활성 함수

은닉 계층을 설계할 때 선택할 수 있는 활성 함수는 매우 다양하다. 활성 함수는 크게 S자형 곡선 형태의 시그모이드[sigmoid] 계열과 구간 선형 함수로 정의되는 ReLU[Rectified Linear Unit] 계열로 구분할 수 있다. 다음 그림에서 시그모이드 계열은 시그모이드[sigmoid], 하이퍼볼릭 탄젠트[tanh: hyperbolic tangent]가 있으며, ReLU 계열은 ReLU, 리키 ReLU[Leaky ReLU], 맥스아웃[Maxout], ELU[Exponential Linear Unit]가 포함된다.

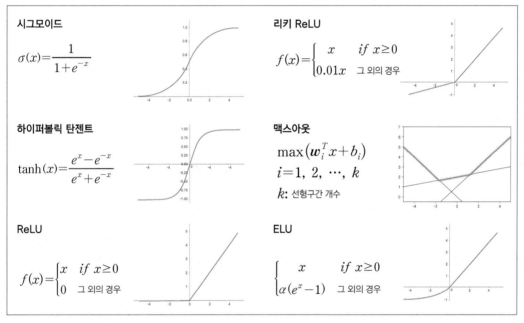

시그모이드

$$\sigma(x) = \frac{1}{1+e^{-x}}$$

하이퍼볼릭 탄젠트

$$\tanh(x) = \frac{e^x - e^{-x}}{e^x + e^{-x}}$$

ReLU

$$f(x) = \begin{cases} x & if\ x \geq 0 \\ 0 & \text{그 외의 경우} \end{cases}$$

리키 ReLU

$$f(x) = \begin{cases} x & if\ x \geq 0 \\ 0.01x & \text{그 외의 경우} \end{cases}$$

맥스아웃

$$\max(\boldsymbol{w}_i^T x + b_i)$$
$$i = 1,\ 2,\ \cdots,\ k$$

k: 선형구간 개수

ELU

$$\begin{cases} x & if\ x \geq 0 \\ \alpha(e^x - 1) & \text{그 외의 경우} \end{cases}$$

그림 2-25 은닉 계층에 사용하는 활성 함수

역사적으로 1984년~1986년에 역전파 알고리즘이 등장하면서 시그모이드 계열의 활성 함수가 등장했고, 딥러닝 시대가 열린 이후 2011년부터 ReLU 계열의 활성 함수들이 나타나기 시작했다. ReLU 계열은 선형성을 갖고 있어서 연산 속도가 매우 빠르고 학습 과정을 안정적으로 만들어준다. 따라서 은닉 계층에서는 ReLU 계열을 활성 함수로 사용하는 것이 좋다. 시그모이드 계열은 연산 속도도 느리고 그레이디언트 소실의 원인이 되어 신경망 학습에는 좋지 않지만, 값을 고정 범위로 만들어주는 **스쿼싱**[squashing] 기능이 필요한 구조에서 다양하게 활용된다.

1943년 최초의 신경망 모델이 세상에 나온 뒤부터 지금까지 활성 함수가 어떻게 발전해 왔는지 살펴보도록 하자.

2.7.1 계단 함수

계단 함수$^{step\ function}$는 매컬러-피츠 모델과 퍼셉트론에서 사용된 활성 함수로 생체 뉴런의 발화 방식을 모방해서 만든 것이다. 계단 함수는 뉴런의 활성과 비활성 상태를 숫자 1과 0으로 표현한다. 그래서 입력값이 0보다 크면 1을 출력하고 0보다 작으면 0을 출력한다.

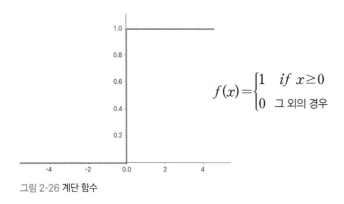

그림 2-26 계단 함수

계단 함수는 현대의 신경망에서는 사용할 수 없다. 계단 함수는 모든 구간에서 미분값이 0이기 때문에 미분을 이용해서 학습하는 역전파 알고리즘에 적용할 경우 학습이 진행되지 않는다. 그래서 역전파 알고리즘을 만들 당시 계단 함수를 대체할 미분 가능한 함수가 필요했고 그 결과 찾아낸 활성 함수가 부드러운 계단 함수 모양인 시그모이드 함수이다.

2.7.2 시그모이드 함수

시그모이드는 다음과 같은 S자 형태의 함수이다. 계단 함수와 같이 함숫값의 범위도 [0,1] 사이이다. 시그모이드 함수는 모든 구간에서 미분할 수 있고 증가 함수이므로 미분값이 항상 양수이다.

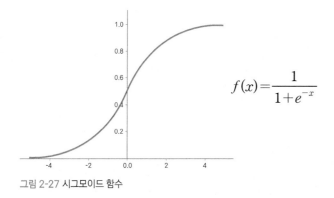

$$f(x) = \frac{1}{1 + e^{-x}}$$

그림 2-27 시그모이드 함수

시그모이드는 오랫동안 활성 함수로 사용되었지만 다음과 같은 몇 가지 문제점이 있다.

- 함수 정의에 지수 함수가 포함되어 있어서 연산 비용이 많이 든다.
- 그레이디언트 포화가 발생해서 학습이 중단될 수 있다.
- 양수만 출력하므로 학습 경로가 진동하면서 학습 속도가 느려진다.

그레이디언트 포화gradient saturation란 시그모이드 함수 끝부분에서 미분값이 0으로 포화되는 상태를 말한다. 함수에서 **포화**saturation란 입력값이 변화해도 함숫값이 변화하지 않는 상태를 말한다. 다음 그림에서 시그모이드 함수는 파란색 곡선으로 그려져 있고 도함수는 주황색 곡선으로 그려져 있다. 시그모이드 함수는 양쪽 끝에서 함숫값이 0과 1로 포화하기 때문에 **미분값**도 0으로 포화한다. 그레이디언트가 0으로 포화하면 그레이디언트 소실로 학습이 진행되지 않는다.

▶ 신경망 학습과 그레이디언트는 3장에서 살펴본다.

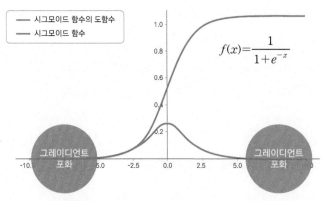

그림 2-28 시그모이드 함수의 그레이디언트 포화

한편 시그모이드의 출력은 항상 양수이기 때문에 학습 시 최적화 경로가 최적해를 향해 곧 바로 가지 못하고 좌우로 진동하면서 비효율적으로 가게 된다.

▶ 활성 함수가 양수만 출력할 때 최적화가 왜 비효율적으로 진행되는지는 2.9.2에서 살펴보자.

2.7.3 하이퍼볼릭 탄젠트 함수

하이퍼볼릭 탄젠트^{tanh; hyperbolic tangent}는 함숫값이 [−1,1] 범위에 있는 S형 함수이다. 시그모이 드가 항상 양수만을 출력하기 때문에 최적화가 비효율적으로 진행되는 문제를 해결하고자 쓰이기 시작했다.

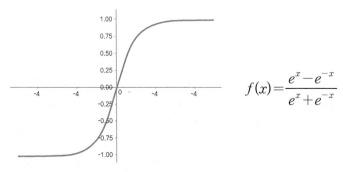

그림 2-29 하이퍼볼릭 탄젠트 함수

하이퍼볼릭 탄젠트 함수는 시그모이드 함수 $\sigma(x)$의 선형 변환식으로 나타낼 수 있다.

$$\tanh(x) = 2\sigma(2x) - 1$$

그렇기 때문에 다음과 같은 시그모이드 함수의 문제점이 그대로 남아 있다.

- 함수 정의에 지수 함수가 포함되어 있어서 연산 비용이 많이 든다.

- 그레이디언트 포화가 발생해서 학습이 중단될 수 있다.

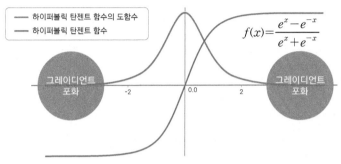

그림 2-30 하이퍼볼릭 탄젠트 함수의 그레이디언트 포화

2.7.4 ReLU 함수

ReLU[Rectified Linear Unit]는 0보다 큰 입력이 들어오면 그대로 통과시키고 0보다 작은 입력이 들어오면 0을 출력하는 함수이다. 따라서 입력값이 양수인 경우에만 활성 상태가 된다.

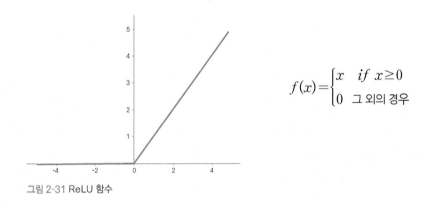

그림 2-31 ReLU 함수

ReLU는 신경과학 분야의 고찰을 통해 만들어졌다. '대뇌 피질의 뉴런은 신호가 커지더라도 포화하지 않기 때문에, 인공 뉴런의 활성 함수도 정류기[rectifier]로 근사할 수 있다'는 것이다.

▶ 정류기는 주기적으로 역전되는 교류(AC)를 한 방향으로만 흐르는 직류(DC)로 변환하는 전기 장치이다. 이 과정은 전류의 방향을 '직선화'하므로 정류기라고 한다. ReLU는 반파 정류기[half-wave rectifier]와 같은 형태로, 반파 정류기는 전압이 걸릴 때만 전류가 흐르고 역방향일 때는 차단해서 파형의 반만 통과하고 나머지는 잘리게 된다.

ReLU는 생체 뉴런의 발화 방식을 따른다는 점에서 계단 함수보다 생체 뉴런에 더 가깝게 만들었다고 말할 수 있다. ReLU는 2000년에 동역학 망$^{dynamical\ network}$에 적용되기 시작하여, 2011년 제프리 힌턴 연구실에서 ReLU가 시그모이드 계열보다 학습 성능에 좋다는 것을 입증한 이후로 지금까지 가장 보편적인 활성 함수로서 자리매김하고 있다.

ReLU는 왜 빠를까?

ReLU를 사용하면 시그모이드 계열보다 추론과 학습 속도가 빨라지고 안정적으로 학습할 수 있다. ReLU를 사용했을 때 추론이 빨라지는 이유는 연산이 거의 없기 때문이다. 양수 구간은 값을 그대로 통과시키므로 연산이 필요 없고 음수 구간도 0을 출력하므로 연산이 발생하지 않는다. 또한 음수 구간의 데이터가 0이 되면서 데이터가 희소^{sparse}해져서 추가 연산량이 줄어든다.

▶ 데이터가 희소하다는 표현은 값이 대부분 0인 경우를 말한다. 반대로 데이터의 값이 대부분 0이 아니면 조밀^{dense}하다고 한다. 희소 성질은 8장을 참고하자.

또한 ReLU를 사용했을 때 학습이 빨라지는 이유는 미분을 계산할 필요가 없기 때문이다. ReLU는 양수 구간에서 미분값이 1이고 음수 구간에서는 0이다. 따라서 미분을 계산할 필요가 없으므로 시그모이드 계열보다 6배 정도 학습이 빨라진다. 또한 ReLU는 양수 구간이 선형 함수이기 때문에 그레이디언트 소실이 생기지 않으므로 안정적으로 학습할 수 있다.

죽은 ReLU

ReLU는 빠르고 안정적으로 학습할 수 있지만 다음과 같은 몇 가지 단점이 있다.

- 양수만 출력하므로 학습 경로가 진동하면서 학습 속도가 느려진다.
- 죽은 ReLU가 발생하면 학습이 진행되지 않을 수 있다.

죽은 ReLU$^{dead\ ReLU}$는 뉴런이 계속 0을 출력하는 상태를 말한다. 뉴런이 0을 출력하면 그레이디언트도 0이 되어 뉴런이 더 학습되지 않고 같은 값을 출력하게 된다. 죽은 ReLU는 가중치 초기화를 잘못했거나 학습률이 매우 클 때 발생할 수 있다. 뉴런의 10~20%가 죽은 ReLU가 되면 학습에 문제가 될 수 있다.

▶ 학습 과정에서 죽은 ReLU가 생기는 이유는 2.9.3을 참고하자.

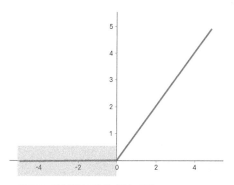

그림 2-32 계속해서 0을 출력하는 죽은 ReLU

2.7.5 릭키 ReLU, PReLU, ELU 함수

죽은 ReLU 문제를 해결하려면 음수 구간이 0이 되지 않도록 약간의 기울기를 주면 되는데 릭키 ReLU^Leaky ReLU가 이런 방식을 취한다. 음수 구간에 기울기를 주면 작은 그레이디언트가 생겨서 학습 속도가 빨라진다. 다만 릭키 ReLU는 기울기가 고정되어 있기 때문에 최적의 성능을 내지 못할 수 있다. 그래서 기울기를 학습하도록 만든 방식이 PReLU^parametric ReLU이다. PReLU를 사용하면 뉴런별로 기울기를 학습하므로 성능이 개선된다.

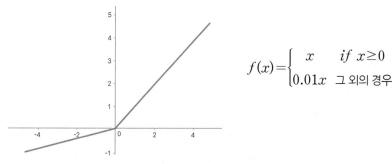

$$f(x) = \begin{cases} x & if \ x \geq 0 \\ 0.01x & \text{그 외의 경우} \end{cases}$$

그림 2-33 릭키 ReLU

릭키 ReLU나 PReLU는 음수 구간이 직선이므로 기울기가 작더라도 큰 음숫값이 들어오면 출력값이 $-\infty$로 발산할 수 있다. 이에 반해 ELU^Exponential Linear Units는 음수 구간이 $\alpha(e^x - 1)$와 같이 지수 함수 형태로 정의되어 x값이 음수 방향으로 커지더라도 함숫값이 0에 가까운 일정한 음숫값으로 포화한다. 따라서 아주 큰 음숫값이 입력되더라도 함숫값이 커지지 않으므로 노이즈에 민감해지지 않는다.

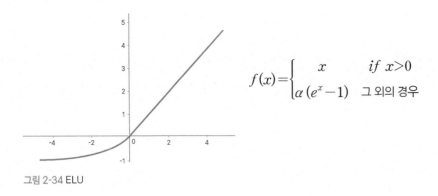

$$f(x) = \begin{cases} x & if \ x>0 \\ \alpha \, (e^x - 1) & \text{그 외의 경우} \end{cases}$$

그림 2-34 ELU

2.7.6 맥스아웃 함수

모델이 최적의 성능을 내도록 하는 활성 함수를 찾거나 설계하기란 어려운 일이다. 만약 활성 함수도 학습을 통해 찾을 수 있다면 신경망의 성능을 높일 수 있지 않을까? **맥스아웃**^{Maxout}은 활성 함수를 구간 선형 함수^{piecewise linear function}로 가정하고, 각 뉴런에 최적화된 활성 함수를 학습을 통해 찾아낸다.

다음 그림과 같이 뉴런별로 선형 함수를 여러 개 학습한 뒤에 최댓값을 취하면 주황색 모양의 활성 함수를 구할 수 있다. 맥스아웃은 ReLU의 일반화된 형태라고 할 수 있으며 성능이 뛰어나다.

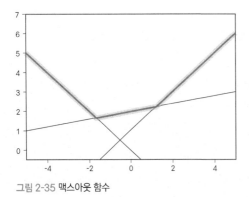

$$f(x) = \max \left(\boldsymbol{w}_i^T \boldsymbol{x} + b_i \right), \ i=1, \ 2, \ \cdots, \ k$$

k: 선형구간의 개수

그림 2-35 맥스아웃 함수

맥스아웃 유닛 구조

맥스아웃 활성 함수를 학습하기 위해 뉴런을 확장한 구조를 **맥스아웃 유닛**^{Maxout unit}이라고 한다. 맥스아웃 유닛은 선형 함수를 학습하는 선형 노드^{linear node}와 최댓값을 출력하는 노드로 구성된다. 선형 노드는 뉴런의 가중 합산과 같은 형태로 선형 함수를 학습하며, 최댓값 출력 노드는 구간별로 최댓값을 갖는 선형 함수를 선택한다.

다음 그림은 맥스아웃 유닛이 두 개 있는 2계층 신경망이다. 맥스아웃 유닛은 선형 노드 M1, M2, M3와 최댓값을 출력하는 H1 노드로 구성된다. 따라서 세 개의 선형 함수를 학습해서 세 구간으로 정의되는 구간 선형 함수를 만든다.

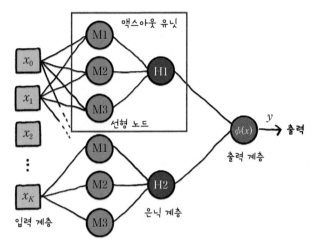

그림 2-36 맥스아웃 유닛

볼록 함수 근사 능력

맥스아웃은 선형 노드의 개수에 따라 다른 형태의 **볼록 함수**^{convex function}를 근사할 수 있다. 다음 그림과 같이 선형 노드가 2개면 ReLU와 절댓값 함수를 근사할 수 있고 선형 노드가 5개면 2차 함수를 근사할 수 있다. 선형 노드가 많아지면 좀 더 부드러운 곡선 형태의 활성 함수를 학습할 수 있지만, 맥스아웃 유닛에 사용되는 파라미터 수가 노드의 개수에 비례해서 증가하므로 선형 노드를 제한적으로 늘려줘야 한다. 경험적으로 맥스아웃을 적용하면 유닛별로 사용되는 파라미터 수는 증가하지만, 신경망의 깊이를 줄일 수 있기 때문에 전체적인 파라미터 수는 소폭 증가한다.

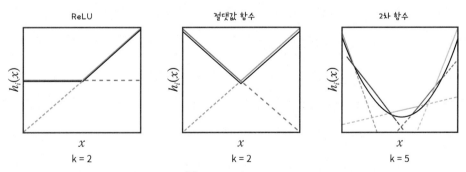

그림 2-37 맥스아웃으로 임의의 볼록 함수 근사[21]

2.7.7 Swish 함수

Swish는 구글의 딥러닝 인공지능 연구팀인 구글 브레인[Google Brain]의 AutoML로 찾은 최적의 활성 함수로 SiLU[sigmoid linear unit]라고 불리기도 한다. Swish 함수는 선형 함수 x와 시그모이드 $\sigma(x)$의 곱인 $f(x)=x \cdot \sigma(x)$으로 정의된다. ReLU나 ELU와 비슷한 모양이지만 원점 근처의 음수 구간에서 잠시 볼록 튀어나왔다가 다시 0으로 포화하는 곡선 모양을 하고 있다.

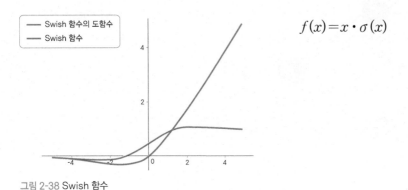

$$f(x)=x \cdot \sigma(x)$$

그림 2-38 Swish 함수

최근에 나온 SELU[scaled exponential linear units]나 GELU[Gaussian error linear units]와 같은 ReLU 계열의 활성 함수들은 흥미롭게도 Swish와 매우 유사한 모양을 하고 있다. 생체 뉴런의 발화 방식에 가까우면서도 인공 신경망의 성능에 최적인 활성 함수 형태로 추정해 볼 수 있다.

2.8 신경망 모델의 크기

신경망의 모델의 크기는 **너비**^{width}과 **깊이**^{depth}로 정해진다. 너비는 '계층별 뉴런 수'를 말하고 깊이는 '계층 수'를 말한다. 신경망 모델의 크기는 어떤 기준으로 정해야 할까? 신경망의 크기를 정하는 공식이 있다면 좋겠지만 그런 공식을 찾기란 매우 어려운 일이다.

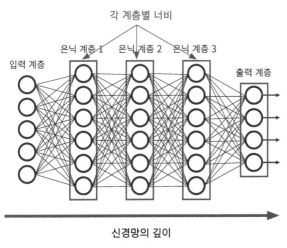

그림 2-39 신경망의 너비와 깊이

데이터가 특징이 많고 데이터 간의 관계가 복잡할수록 특징을 학습하는 뉴런 수를 늘려줘야 하고, 특징의 추상화 수준이 높을수록 추상화를 수행하는 계층의 수를 늘려줘야 한다. 하지만 문제를 풀어 보기 전에 데이터에 내재한 잠재적 특징의 수나 관계의 복잡도, 추상화 수준을 가늠하기란 매우 어렵다. 따라서 적절한 모델의 크기를 찾기 위해서는 경험적으로 크기의 범위를 정하고 성능 분석을 통해 최적의 크기를 탐색해 나가야 한다.

2.8.1 모델 크기 탐색

신경망 모델의 크기를 탐색할 때는 **그리드 서치**$^{grid\ search}$나 **랜덤 서치**$^{random\ search}$와 같은 탐색 방법을 사용한다. 그리드 서치는 파라미터별로 구간을 정해서 등간격으로 값을 샘플링하는 방법이고 랜덤 서치는 여러 파라미터를 조합해서 랜덤하게 값을 샘플링하는 방법이다.

다음 그림은 랜덤 서치와 그리드 서치를 했을 때 샘플링된 파라미터값을 빨간색 점으로 표현한다. 두 방식 모두 9개의 값을 샘플링했지만, 그리드 서치는 파라미터별로 3개씩 값이 정해졌고 랜덤 서치는 9개씩 값이 정해졌다. 따라서 랜덤 서치가 더 골고루 테스트할 수 있기 때문에 그리드 서치보다 성능이 좋다.

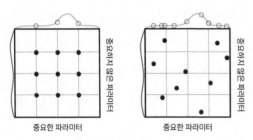

그림 2-40 하이퍼파라미터 탐색 방법: 랜덤 서치와 그리드 서치

최근에는 네트워크 구조 탐색 방법인 NAS^{network architecture search}와 같은 자동 모델 탐색 방법을 활용하기도 한다. NAS는 최적의 모델을 생성하는 방법을 학습하는 방식으로 강화 학습이나 유전 알고리즘, 베이지안 기법 등으로 구현한다.

2.8.2 모델 크기 조정

신경망 모델을 구성할 때 많이 사용하는 방법 중 하나가 성능이 검증된 기본 모델을 선택해서 새로운 문제에 맞게 모델의 크기를 조정하는 것이다. 이때 어떤 방식으로 모델의 크기를 늘리면 좋을까?

2019년에 제안된 **이피션트넷**^{EfficientNet}에서는 신경망의 너비, 깊이와 함께 입력 이미지의 해상도를 고려하여 세 가지 요소를 동시에 늘렸을 때 최고의 성능을 갖는 모델을 찾을 수 있다는 것을 보여주었다. 다음 그림은 성능이 검증된 기본 모델의 크기를 늘리는 네 종류의 스케일링 방식을 보여준다. (a)가 기본 모델이라면 (b)는 너비를 늘린 모델, (c)는 깊이를 늘린 모델, (d)는 입력 이미지의 해상도를 높인 모델이고 (e)는 너비, 깊이와 입력 이미지의 해상도를 동시에 늘린 컴파운드 스케일링 모델이다.

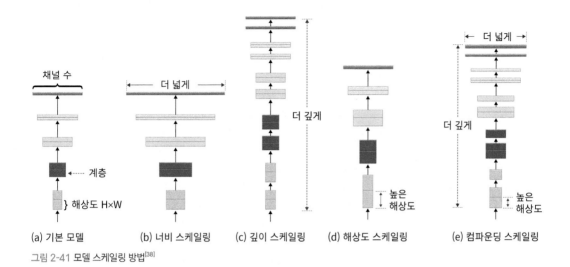

그림 2-41 모델 스케일링 방법[38]

그중 (b), (c), (d)의 각 스케일링 방법에 관한 성능을 측정해 보면 다음 그림과 같은 경향을 보인다. 왼쪽 그래프와 같이 기본 모델의 너비를 늘릴수록 성능은 향상하지만, 일정 수준에 이르면 더 증가하지 않고 성능이 향상하지 않는다. 가운데 그래프도 기본 모델의 깊이를 늘릴수록 성능이 향상하다가 점점 포화상태가 되고, 오른쪽 그래프도 입력 이미지의 해상도를 늘렸을 때 성능이 일정 수준에 이르면 더 개선되지 않는 모습을 보여준다.

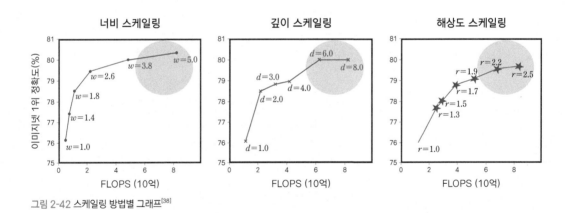

그림 2-42 스케일링 방법별 그래프[38]

반면 기본 모델의 너비, 깊이, 입력 이미지의 해상도를 동시에 늘리면 다른 스케일링 방법과 비교해서 가장 좋은 성능을 보여준다. 다음 그림에서 파란색 그래프는 기본 모델의 성능을, 초록색 그래프는 모델의 깊이를 늘렸을 때 성능을, 연두색 그래프는 이미지의 해상도를 늘렸을 때 성능을, 빨간색 그래프는 모델의 너비, 깊이와 입력 이미지의 해상도를 동시에 늘리는 컴파운딩 스케일링의 성능을 나타낸다. 따라서 모델의 크기를 늘릴 때는 너비, 깊이와 입력 이미지의 해상도를 함께 고려해야 한다는 점을 염두에 두자.

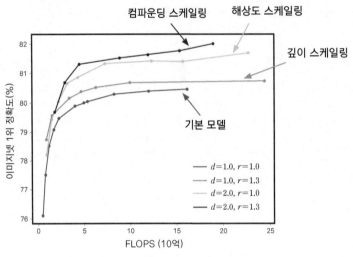

그림 2-43 컴파운딩 스케일링의 성능[38]

퀴즈로 정리해 보세요.

01. 신경망의 모델의 크기는 '계층의 수'를 나타내는 깊◻◻◻ 와 '계층별 뉴런 수'를 나타내는 너◻◻◻ 로 말할 수 있다.

02. 신경망 모델의 크기를 정할 때는 그◻◻◻ 서치나 랜◻◻ 서치와 같은 탐색 방법을 사용한다. 최근에는 네트워크 구조 탐색 방법인 NAS와 같은 자동 모델 탐색 방법을 활용하기도 한다.

정답: 01. 깊이, 너비 02. 그리드, 랜덤

2.9 신경망 학습 관련 내용(*)

신경망을 설계할 때 알아야 할 신경망 학습과 관련된 내용은 이 절에 모아두었다.

▶ 이 절은 신경망 학습에 관련된 내용을 이해하고 나서 읽어 보기를 권장한다. 신경망 학습은 3장에서 설명한다.

2.9.1 시그모이드 함수와 크로스 엔트로피 손실

시그모이드 함수는 분모에 지수 항이 있기 때문에 함수의 양 끝부분에서 그레이디언트 포화가 발생하고 그로 인해 학습이 중단될 수 있다. 다만 시그모이드 함수를 출력 계층에 사용할 때 크로스 엔트로피 손실을 사용하면 일부 구간에서 그레이디언트 포화가 생기지 않게 만들 수 있다.

이진 분류 모델에서 이진 크로스 엔트로피 손실 함수를 사용했을 때 시그모이드 함수가 어떻게 바뀌는지 확인해 보자. 이진 분류 모델에서 이진 크로스 엔트로피 손실 함수는 다음과 같이 정의된다. 이때 하나의 샘플 $(\boldsymbol{x}_i,\ t_i)$에 대해 증명하며 $\boldsymbol{x}_i$는 $\boldsymbol{x}$로, t_i는 t로 표시하겠다.

$$J(\boldsymbol{\theta}) = -\sum_{i=1}^{N} t_i \cdot \log \mu(\boldsymbol{x}_i;\ \boldsymbol{\theta}) + (1-t_i) \cdot \log(1-\mu(\boldsymbol{x}_i;\ \boldsymbol{\theta}))$$

$t=1$인 경우에 이진 크로스 엔트로피는 $J(\boldsymbol{\theta}) = -\log(\mu(\mathbf{x};\ \boldsymbol{\theta}))$로 정의되므로 다음과 같이 풀어볼 수 있다.

$$J(\boldsymbol{\theta}) = -\log(\mu(\boldsymbol{x};\ \theta))$$

$$= -\log(\sigma(\boldsymbol{x}))$$

$$= -\log\left(\frac{1}{1+e^{-x}}\right)$$

$$= \log(1+e^{-x})$$

$$= \text{softplus}(-\boldsymbol{x})$$

두 번째 줄에서 모델의 출력 $\mu(\boldsymbol{x};\;\theta)$는 시그모이드 함수 $\sigma(x)=\dfrac{1}{1+e^{-x}}$로 대체했고, 마지막 줄은 **소프트플러스**Softplus 함수로 표현한 식이다. 소프트플러스 함수는 다음과 같은 부드러운 곡선 형태의 ReLU 함수와 같다. 그래서 양수 구간에서 그레이디언트 포화가 발생하지 않는다.

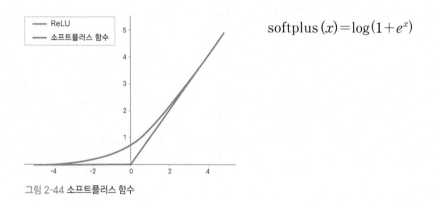

$$\text{softplus}(x)=\log(1+e^{x})$$

그림 2-44 소프트플러스 함수

시그모이드 함수의 지수 항이 크로스 엔트로피의 로그 함수에 상쇄되어 소프트플러스 함수 형태로 변환되었다. 따라서 소프트플러스 함수와 같이 양수 구간에서 그레이디언트 포화가 발생하지 않는다.

$t=0$인 경우에도 이진 크로스 엔트로피는 $J(\theta)=-\log(1-\boldsymbol{x})$로 정의되므로 앞에서와 유사하게 유도하면 $J(\boldsymbol{\theta})=\text{softplus}(\boldsymbol{x})$를 구할 수 있다.

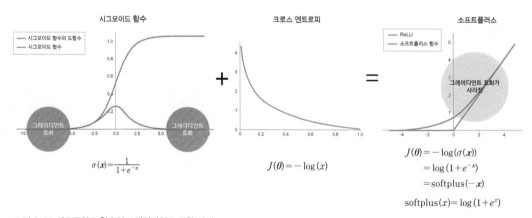

그림 2-45 시그모이드 함수의 그레이디언트 포화 상쇄

이와 같이 분류 모델의 출력 계층에서 소프트맥스와 시그모이드 계열의 활성 함수를 사용할 때 크로스 엔트로피 손실 함수를 같이 사용하면 소프트플러스 함수 형태로 변환되어 학습이 개선될 수 있다.

2.9.2 양수만 출력하는 활성 함수의 최적화 문제

시그모이드나 ReLU와 같이 활성 함수의 출력이 항상 양수이면 학습 경로의 이동 방향이 크게 진동하면서 학습이 느려진다. 이런 현상이 생기는 원인을 살펴보도록 하자.

양수만 출력하는 활성 함수를 모든 은닉 계층에서 사용한다고 가정해 보자. 입력 계층을 제외하면 모든 계층의 출력은 양수이다. 즉, 첫 번째 은닉 계층을 제외한 모든 계층의 입력은 양수라고 말할 수 있다.

먼저 가중치의 최적화 경로를 확인하기 위해 그레이디언트 $\dfrac{\partial J}{\partial w}$를 계산해 보자. 여기서 J는 손실 함수를 의미하고 w는 다음 그림과 같은 임의의 뉴런의 가중치이다.

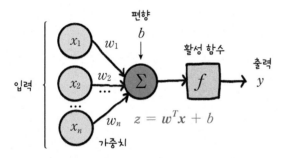

그림 2-46 입력이 항상 양수인 뉴런의 미분

가중치의 그레이디언트를 다음과 같이 두 개의 항으로 분리하자.

$$\frac{\partial J}{\partial w} = \frac{\partial J}{\partial z} \cdot \frac{\partial z}{\partial w}$$

이때 두 번째 항인 $\dfrac{\partial z}{\partial w}$은 뉴런의 가중 합산 $z = w^T x + \text{b}$를 가중치 w에 대해 미분한 지역 미분값으로 $\dfrac{\partial z}{\partial w} = x$이다. 따라서 뉴런의 입력 x가 항상 양수라면 가중치에 대한 지역 미분 값 $\dfrac{\partial z}{\partial w}$도 항상 양수가 된다.

$$\frac{\partial z}{\partial w} = x$$

따라서 $\frac{\partial J}{\partial z}$가 양수이면 그레이디언트 $\frac{\partial J}{\partial w} = \left(\frac{\partial J}{\partial w_1}, \frac{\partial J}{\partial w_2}, ..., \frac{\partial J}{\partial w_n} \right)$는 모든 차원이 양수가 되고 $\frac{\partial J}{\partial z}$가 음수이면 모든 차원이 음수가 된다. 결국 가중치를 업데이트할 때 모든 차원이 양수이거나 음수인 방향으로만 이동하게 되어 최적해 방향으로 곧바로 가지 못한다. 가중치가 2개인 경우 이 과정을 그림으로 표현해 보면 다음과 같다.

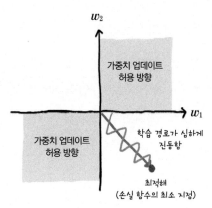

그림 2-47 학습 경로가 진동하는 문제

여기서 그레이디언트 $\left(\frac{\partial J}{\partial w_1}, \frac{\partial J}{\partial w_2} \right)$의 모든 차원이 양수이거나 음수이므로 가중치가 이동하는 방향은 $0°$에서 $90°$ 방향이나 $180°$에서 $270°$ 방향이 될 것이다. 그래서 손실 함수의 최소 지점이 $270°$에서 $360°$ 방향에 있다면 파란색 경로처럼 직선으로 가지 못하고 빨간색 경로처럼 진동하면서 느리게 도달한다. 따라서 뉴런의 입력값이 항상 양수이면 학습 경로가 진동하게 되면서 학습이 느려진다.

2.9.3 죽은 ReLU가 발생하는 이유

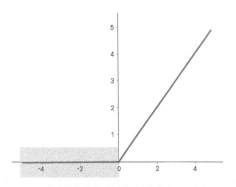

그림 2-48 계속해서 0을 출력하는 죽은 ReLU

죽은 ReLU는 뉴런이 계속 0을 출력하는 상태를 말한다. 죽은 ReLU는 가중치 초기화를 잘못했거나 학습률이 매우 클 때 발생할 수 있다. 예를 들어 가중치 초기화를 잘못해서 뉴런의 입력값이 아주 커졌다고 가정해 보자.

먼저 가중치를 업데이트할 때 발생하는 상황을 확인하기 위해 그레이디언트 $\frac{\partial J}{\partial w}$를 계산해 보자. 여기서 J는 손실 함수를 의미하고 w는 뉴런의 가중치이다. 가중치의 그레이디언트를 다음과 같이 두 개의 항으로 분리하자.

$$\frac{\partial J}{\partial \mathbf{w}} = \frac{\partial J}{\partial z} \cdot \frac{\partial z}{\partial \mathbf{w}}$$

이때 두 번째 항인 $\frac{\partial z}{\partial w}$은 뉴런의 가중 합산 $z = w^T x + b$를 가중치 w에 대해 미분한 지역 미분값으로 $\frac{\partial z}{\partial w} = x$이다.

$$\frac{\partial z}{\partial w} = x$$

따라서 뉴런의 입력 x가 아주 큰 값이면 그레이디언트 $\frac{\partial J}{\partial w}$도 커지고 $w^+ = w - \alpha \frac{\partial J}{\partial w}$로 가중치를 업데이트하면 가중치가 큰 음수로 변한다. 가중치가 한번 음수가 되면 다음 입력이 들어왔을 때 가중 합산이 음수가 되므로 ReLU는 0을 출력하고, ReLU의 그레이디언트가 0이 되어 학습이 더 진행되지 않고 계속해서 0을 출력하는 상태로 남는다.

2.9.4 미분 불가능한 활성 함수

신경망에서 학습하려면 미분 가능한 활성 함수를 사용해야 한다. 하지만 ReLU와 같은 구간 선형 함수는 구간이 바뀌는 지점에서 미분이 되지 않는다. 미분이 되지 않는 활성 함수를 사용해도 될까? 답은 '괜찮다'이다. 신경망은 근사 방식으로 함수를 표현하기 때문에 약간의 미분 오차를 허용해도 결과에 미치는 영향은 크지 않다고 본다.

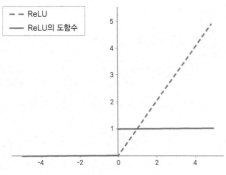

$$f(x) = \begin{cases} x & if \ x \geq 0 \\ 0 & \text{그 외의 경우} \end{cases}$$

그림 2-49 ReLU의 구간별 미분

예를 들어 $x = 0$에서 ReLU의 미분값은 우미분 1과 좌미분 0 중 어느 것을 사용해도 상관없다. 따라서 활성 함수가 구간별로 미분 가능한 형태라면 구간 내에서는 정상적으로 미분을 해서 학습하고, 구간이 변경되는 지점에서는 우미분과 좌미분 중에 하나를 선택해서 학습하면 된다.

퀴즈로 정리해 보세요.

01. 시   나 R   와 같이 활성 함수의 출력이 항상 양수이면 학습 경로가 크게 진동하고 학습이 느려진다.

02. 죽은 ReLU는 뉴런이 계속 0을 출력하는 상태로 가   초기화를 잘못했거나 학   이 매우 클 때 발생할 수 있다.

정답: 01. 시그모이드, ReLU 02. 가중치, 학습률

이 장에서 배운 내용을 실습해 보세요. 아래 문제의 URL에서 <구글 코랩에서 실행하기> 버튼을 누르세요. 실습을 진행할 수 있으며 정답도 확인할 수 있습니다.

실습 01 MNIST 필기체 숫자 인식하기

MNIST 필기체 숫자 이미지를 인식하는 2계층 순방향 신경망 모델을 만들어 보자. 아직 신경망 학습이 무엇인지 배운 상태는 아니지만 실습 코드가 매우 짧고 간단하므로 충분히 따라할 수 있을 것이다. 그러면 필기체 숫자 이미지를 97% 정확도로 인식하는 신경망 모델을 어떻게 만드는지 코드로 확인해 보자!

[텐서플로 튜토리얼] 텐서플로 2.0 시작하기: 초보자용

www.tensorflow.org/tutorials/quickstart/beginner

실습 02 하이퍼파라미터 튜닝하기

3장 신경망 학습까지 공부한 후에 하이퍼파라미터를 어떻게 설정해야 할지 궁금하다면 하이퍼파라미터 자동 탐색 라이브러리 중 하나인 케라스 튜너를 실습해 보자.

[텐서플로 튜토리얼] Keras Tuner 소개

www.tensorflow.org/tutorials/keras/keras_tuner

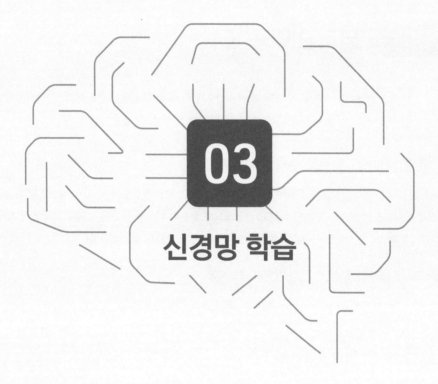

03

신경망 학습

신경망 학습이란 경험 데이터로부터 데이터에 내재한 정보와 규칙을 찾아서 추론 능력을 만드는 과정이다. 신경망 학습은 반복적으로 최적해를 찾는 최적화 방식으로 이루어진다. 이번 장에서는 신경망 학습을 위한 최적화 문제를 정의하고, 신경망의 기본 최적화 알고리즘인 경사 하강법gradient descent과 신경망에 경사 하강법을 적용할 때 미분을 효율적으로 계산하는 역전파 알고리즘을 알아본다. 신경망 학습을 위해 데이터셋을 구성하는 방식과 데이터의 입력 단위를 살펴보며, 마지막으로 오차 최소화error minimization 관점과 최대우도추정maximum likelihood estimation 관점에서 손실 함수를 유도하는 과정을 알아본다.

3.1 신경망 학습의 의미

신경망을 **학습**learning한다는 것은 어떤 의미일까? 예를 들어 다음 그림과 같이 신경망을 이용해서 집값을 예측한다고 해보자. 신경망에는 집값을 예측할 때 사용하는 '방의 수, 면적, 집 종류, 역과의 거리'와 같은 입력 데이터와 모델이 예측해야 할 '집값' 데이터인 타깃 데이터가 제공될 뿐, 추론을 위한 규칙은 제공되지 않는다.

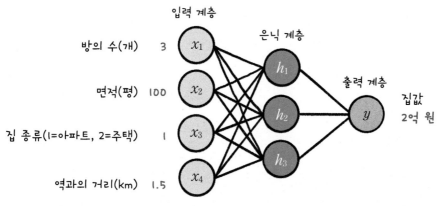

그림 3-1 집값 예측 문제

따라서 신경망은 입력 데이터가 들어와도 어떤 출력을 만들어야 할지 알지 못하며 그 규칙을 학습 데이터를 이용해서 스스로 찾아내야만 한다. 다행히 학습 데이터에는 기대하는 정답이 들어 있어서 규칙을 찾아낼 수 있다. 신경망이 학습한다는 것은 이 규칙을 찾는 과정을 말한다.

입출력의 매핑 규칙은 어떤 형태로 존재할까?

신경망에 입력 데이터가 들어왔을 때 어떤 출력 데이터를 만들어야 할지를 정하는 규칙은 함수적 매핑 관계로 표현된다. 이러한 입출력의 함수적 매핑 관계는 신경망에 어떤 형태로 존재할까? 마치 부품들이 조립되어 복잡한 기계를 구성하듯, 신경망의 요소들은 함수적 매핑 관계의 부품과 같은 역할을 한다. 가중 합산과 활성 함수가 연결되어 뉴런을 구성하고, 뉴런이 모여 계층을 구성하며, 계층이 쌓여서 신경망의 계층 구조가 정의된다. 이처럼 신경망의 요소들이 이루는 복잡한 신경망의 계층 구조 자체가 신경망의 함수적 매핑 관계를 표현하는 것이다.

신경망의 학습 과정에서 함수적 매핑 관계를 표현하는 전체 계층 구조를 찾아야 하는 것은 아니다. 신경망의 구조와 관련된 것들은 학습 전에 미리 정해두고, 학습 과정에서는 **모델 파라미터**^{model parameter}의 값을 찾는다. 마치 생체 신경망에서 뉴런의 형태는 정해져 있지만 학습을 통해 뉴런의 연결 강도가 달라지듯, 인공 신경망도 인공 뉴런의 구조는 사전에 결정하고 학습 과정에서 뉴런의 연결 강도를 포함한 모델 파라미터를 조절한다. 뉴런의 연결 강도를 결정하는 가중치와 편향은 모델 파라미터의 대부분을 차지한다. 그 외에 활성 함수와 모델 구조와 관련된 파라미터들, 정규화 기법과 관련된 파라미터들, 모델 학습과 관련된 파라미터들이 모델 파라미터에 포함될 수 있다.

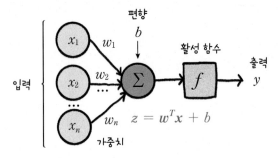

그림 3-2 모델 파라미터의 대부분을 차지하는 뉴런의 가중치와 편향

입출력의 매핑 규칙에서 학습해야 할 것들

집값 예측 문제로 돌아와서 신경망 학습이 무엇인지 구체적으로 이야기해 보자. 신경망에 '방의 수, 면적, 집 종류, 역과의 거리' 데이터가 입력되었을 때 '집값'을 예측하는 규칙을 학습을 통해 만들려고 한다. 이 규칙이 만들어지면 모델은 집값을 예측할 수 있는 추론 능력이 생겼다고 볼 수 있다.

다음 그림과 같이 집값을 예측하는 규칙은 신경망을 구성하는 모든 뉴런의 가중치와 편향이 결정될 때 완성된다. 따라서 학습 과정에서 정확한 집값을 예측하도록 신경망 모델의 가중치와 편향을 조정해 나가며, 최적의 값이 결정되면 모델은 집값을 예측할 수 있는 추론 능력을 갖춘다.

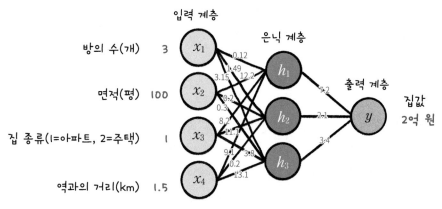

그림 3-3 신경망 학습은 모델 파라미터를 정하는 과정

신경망 학습이 모델의 파라미터값을 찾는 과정이라면, 과연 어떤 방법으로 최적의 파라미터 값을 찾아내는 것일까? 신경망 학습에서는 **최적화**optimization 기법을 사용한다. 최적화 기법은 함수의 해를 근사적으로 찾는 방법으로, 신경망이 관측 데이터를 가장 잘 표현하는 함수가 되도록 만들어준다. 신경망의 학습이 최적화 문제로 어떻게 정의되는지 다음 절에서 살펴보 겠다.

퀴즈로 정리해 보세요.

01. 신경망을 학습한다는 말은 모델의 파라미터값을 결정한다는 의미로 모델 파라미터의 대부분은 뉴런의 가   와 편   이다.

02. 모   의 파   이 결정되면 신경망에 입력이 들어왔을 때 어떤 출력을 만들어야 할지에 관 한 규칙이 함수적 관계로 표현된다.

정답: 01. 가중치, 편향 02. 모델, 파라미터값

3.2 신경망 학습과 최적화

신경망 학습을 최적화 과정으로 수행하기 위해 **최적화**optimization가 무엇인지부터 개념적으로 이해하고 신경망 학습을 위한 최적화 문제를 정의해 보자.

3.2.1 최적화란?

최적화란 유한한 방정식으로 정확한 해를 구할 수 없을 때 근사적으로 해를 구하는 방법으로, 다양한 제약 조건을 만족하면서 목적 함수를 최대화하거나 최소화하는 해를 반복하여 조금씩 접근하는 방식으로 찾아가는 방법이다. 실생활에서 발생하는 문제들은 대부분 제약 조건이 많고 정확한 해를 구하기 어려운 문제들이므로 최적화 문제로 다뤄질 수 있다. 예를 들어 제품을 소비자에게 공급할 때 제품 생산공장, 운송업체, 공급업체, 유통센터, 도매점, 소매점과 같은 공급망에서 여러 운송 수단이나 재고 저장과 같은 물리적 제약 조건을 만족하면서 수요에 맞게 공급을 최대화하고 비용을 최소화하는 공급 계획을 수립하는 문제를 최적화 문제라고 할 수 있다.

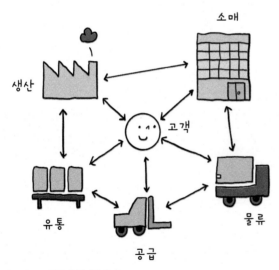

그림 3-4 공급망 최적화 문제

최적화 문제의 표준 형태

최적화 문제는 수학적으로 다음과 같은 표준 형태로 정의한다.

$$\min_{x \in D} \quad f(x)$$
$$\text{subject to } g_i(x) \leq 0, \quad i = 1, \ldots, m$$
$$h_j(x) = 0, \quad j = 1, \ldots, r$$

최적화 문제는 목적 함수^{objective function} $f(x)$와 여러 **제약 조건**^{constraints}으로 이루어진다. 제약 조건은 부등식 형태의 제약 조건 $g_i(x) \leq 0$과 등식 형태의 제약 조건 $h_j(x) = 0$로 구분된다. 표준 최적화 문제는 '변수 x에 대한 등식과 부등식으로 표현되는 여러 제약 조건을 만족하면서 목적 함수인 $f(x)$를 최소화하는 x의 값을 찾는 문제'로 풀어서 이야기할 수 있다. 최적화를 통해 찾은 x의 값을 **최적해**^{optimal solution}라고 하며, 최적해에 점점 가까이 가는 상태를 '**수렴한다**^{converge}'고 하고 최적해를 찾으면 '**수렴했다**'고 한다.

최소화 문제와 최대화 문제의 관계

최적화 문제는 표준 형태와 같이 반드시 최소화 문제로 정의해야 할까? 그렇지는 않다. 최소화 문제로 정의할지 최대화 문제로 정의할지는 문제를 잘 표현할 수 있는 방식으로 선택하면 된다. 또한 최소화 문제와 최대화 문제는 동전의 양면과 같아서 하나가 정의되면 다른 하나로 쉽게 바꿀 수 있다. 마치 계곡과 같은 모양을 뒤집으면 산의 형태가 되듯이 목적 함수에 음수를 붙이면 함수의 모양이 뒤집히고 최소화 문제는 최대화 문제로 바뀐다. 목적 함수의 부호만 바꿔주면 최소화 문제는 최대화 문제가 되고 최대화 문제는 최소화 문제가 되는 것이다.

▶ 최소화 문제에서 목적 함수는 **비용 함수**^{cost function} 또는 **손실 함수**^{loss function}라고 부르며, 최대화 문제에서는 **유틸리티 함수**^{utility function}라고 부른다. 이 책에서는 별다른 언급이 없으면 신경망 학습을 최소화 문제로 정의하고 목적 함수를 손실 함수라고 부르겠다.

최적화 문제 정의 예시

실생활의 문제 중 '필수 영양을 만족하면서 가장 저렴한 식단을 구성하는 문제'를 최적화 문제의 표준 형태로 정의하면 다음과 같다.

$$\text{식단} \longrightarrow \begin{array}{ll} \min_{x} & c^T x \quad \longleftarrow \text{식단의 가격} \\ \text{subject to} & Dx \geq d \quad \longleftarrow \text{필수 영양을 만족하는지 조건} \\ & x \geq 0 \quad \longleftarrow \text{음식의 양} \end{array}$$

x_j 식단을 구성하는 음식 j의 양

c_j 음식 j의 단위 가격

D_{ij} 음식 j의 단위별 영양소 i의 함유량

d_i 영양소 i의 최소 섭취량

목적 함수 $c^T x$는 식단의 가격을 나타낸다. 따라서 이 식은 식단의 가격 $c^T x$를 최소화하는 문제를 정의한다. 이때 c는 음식의 단위 가격 벡터이고 x는 식단 벡터로 각 요소는 음식의 양을 나타낸다.

두 개의 제약 조건 중 $Dx \geq d$는 식단이 필수 영양을 만족하도록 한다. D는 [영양소 종류 × 음식 종류] 형태의 행렬로 각 요소는 음식 단위별 영양소 함유량을 나타낸다. 따라서 Dx는 식단의 영양소 함유량을, d는 영양소별 최소 섭취량을 나타낸다. 두 번째 제약 조건 $x \geq 0$는 식단을 구성하는 음식의 양이 0 또는 양수가 되도록 한다.

3.2.2 신경망 학습을 위한 최적화 문제 정의

최적화 문제의 표준 형태를 살펴보았으므로 이 형태에 맞춰서 지도 학습의 주요 문제 유형인 회귀 문제와 분류 문제를 정의해 보자.

회귀 문제를 최적화 문제로 정의한다면?

회귀 문제는 '타깃과 예측값의 오차를 최소화하는 파라미터를 찾으라'라는 최적화 문제로 다음과 같이 정의할 수 있다.

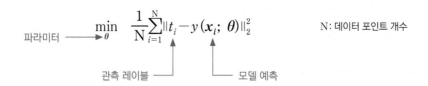

$$\text{파라미터} \longrightarrow \min_{\theta} \quad \frac{1}{N} \sum_{i=1}^{N} \| t_i - y(x_i;\ \theta) \|_2^2 \qquad \text{N: 데이터 포인트 개수}$$

관측 레이블   모델 예측

회귀 문제에서 손실 함수는 **평균제곱오차**^{MSE: mean square error}로 정의되며 타깃과 예측값의 오차를 나타낸다. 기본 회귀 문제의 경우 제약 조건은 없지만, 정규화 기법이 적용되거나 문제가 확장되면 제약 조건이 추가될 수 있다.

분류 문제를 최적화 문제로 정의한다면?

분류 문제도 다음과 같은 표준 최적화 문제로 정의한다. 분류 문제는 확률 모델 관점에서 '관측 확률분포와 예측 확률분포의 차이를 최소화하는 파라미터를 찾으라'라는 최적화 문제로 정의되었다.

▶ 확률 모델 관점에서 최적화 문제를 어떻게 정의하는지는 3.6에서 살펴보겠다.

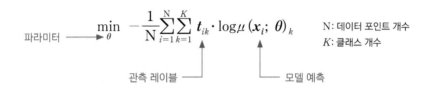

$$\text{파라미터} \longrightarrow \min_{\theta} \ -\frac{1}{N}\sum_{i=1}^{N}\sum_{k=1}^{K} t_{ik} \cdot \log\mu\,(\boldsymbol{x}_i;\,\boldsymbol{\theta})_k$$

N: 데이터 포인트 개수
K: 클래스 개수

관측 레이블 ⎯⎯⎯⎯ 모델 예측

분류 문제에서 손실 함수는 **크로스 엔트로피**^{cross entropy}로 정의되며, 타깃의 확률분포와 모델 예측 확률분포의 차이를 나타낸다. 기본 분류 문제의 경우 제약 조건은 없지만 정규화 기법이 적용되거나 문제가 확장되면 제약 조건이 추가될 수 있다.

3.2.3 최적화를 통한 신경망 학습

신경망 학습을 위한 최적화 문제가 정의되었다면 최적화를 통해 신경망 학습을 수행한다. 최적화는 손실 함수의 최소 지점을 찾아가는 과정으로, 마치 험한 산에 갔다가 길을 잃었을 때와 비슷한 방식으로 문제를 풀어나간다. 산에서 길을 잃었다면 내가 어디에 있는지 잘 모르는 상태이기 때문에 산에서 벗어나기 위해 낮은 곳을 향해 가야 한다는 직감에 의존한다. 이런 직감만으로 내리막길을 따라 내려가다 보면 어느새 산을 벗어나 평지에 도달하게 되고 사람들을 만나서 도움을 구할 수 있다. 이런 상황을 최적화에 비유해보면 '산'은 손실 함수이고 '가장 낮은 곳을 찾아가는 과정'은 최적화 과정이며 '가장 낮은 곳의 위치'는 최적해가 된다.

실제 신경망의 손실 함수는 다음 그림과 같이 험준한 산처럼 아주 복잡한 모습이다. 손실 함수의 모양이 워낙 복잡하므로 최소 지점으로 가는 길은 만만치 않아 보인다. 하지만 파란색 동그라미로 표시된 손실 함수의 최소 지점으로 가야 신경망 모델 파라미터의 최적해를 찾을 수 있다. 손실 함수의 임의의 위치에서 출발해서 최적해가 있는 최소 지점을 찾아가는 과정을 최적화 과정이라고 한다.

그림 3-5 손실 함수 그래프와 최적해 위치[20]

최적해를 찾기 전에는 어디에서 출발해야 좋을지 알 수 없다. 따라서 최적화 알고리즘은 어느 위치에서 출발하든 손실 함수의 최소 지점으로 갈 수 있어야 한다. 최적화 알고리즘마다 최적해가 있으리라 예상하는 방향과 이동 폭은 달라진다. 신경망의 기본 최적화 알고리즘인 경사 하강법의 경우 최적해가 있으리라 예상하는 방향은 현재 위치에서 가장 가파른 방향이고 이동 폭은 고정되어 있다. 하지만 4장에서 살펴볼 다양한 최적화 알고리즘은 이동 속도에 관성을 주어 이동 방향을 결정하거나 이동 폭을 자동으로 조정하는 방법 등이 적용되어 있다.

퀴즈로 정리해 보세요.

01. 신경망 학습은 최⬚⬚⬚⬚를 통해 실행된다.

02. 신경망 학습을 최적화 문제로 정의하면 회귀 문제의 손실 함수는 평⬚⬚⬚⬚⬚⬚로 정의되며, 분류 문제의 손실 함수는 크로스 엔트로피로 정의된다.

정답: 01. 최적화 02. 평균제곱오차

3.3 경사 하강법

신경망의 최적화 알고리즘은 대부분 경사 하강법에서 확장된 형태이다. 신경망 학습의 기본 알고리즘으로 경사 하강법을 채택한 이유와 알고리즘의 최적화 원리를 살펴보도록 하자. 경사 하강법은 매우 단순한 알고리즘으로 쉽게 이해하고 적용할 수 있다.

3.3.1 신경망의 학습 목표

신경망의 손실 함수는 차원이 매우 높고 복잡한 모양을 하고 있어서 최적화가 어렵다. 손실 함수에는 하나의 **전역 최소**global minimum와 함께 수많은 **지역 최소**local minimum가 있다. 전역 최소는 함수 전체에서 가장 낮은 곳을 말하고, 지역 최소는 함수에서 부분적으로 낮은 곳을 말한다. 따라서 지역 최소는 손실 함수에 무수히 많다.

▶ 수학 용어로 전역 최대/전역 최소는 **최대/최소**로 지역 최대/최소는 **극대/극소**로 부르기도 한다. 함수 $f(x)$의 **최대**maximum (또는 최 댓값)에 해당하는 변수 x의 값을 **최대점**maximum point이라고 하고, $f(x)$의 **최소**minimum (또는 최솟값)에 해당하는 변수 x의 값을 **최소점** minimum point이라고 한다.

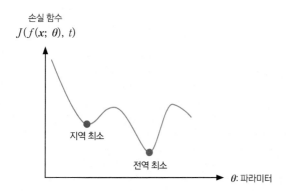

그림 3-6 전역 최소와 지역 최소

이 그림과 같이 손실 함수를 2차원 그래프로 단순화해서 표현해 보면 궁극적으로 찾으려는 최적해는 전역 최소에 해당하는 파라미터값이 되겠지만, 전역 최소를 찾으려면 곡면의 전체 모양을 확인해야 하므로 계산 비용이 많이 든다. 또한 문제가 크고 복잡할 경우 전역 최소를 찾기가 어렵고 때로는 불가능할 수 있다. 따라서 대부분의 최적화 알고리즘의 목표는 지역 최소를 찾는 것이다. 단, 좋은 지역 최소를 찾으려면 해를 여러 번 찾아서 그중 가장 좋은 해를 선택하거나 동시에 여러 해를 찾아서 함께 고려하기도 한다.

3.3.2 신경망 학습을 위한 최적화 알고리즘

일반적으로 최적화 문제는 관측 변수가 많고 **닫힌 형태**$^{closed\ form}$로 정의되지 않기 때문에 함수를 미분해서 최대, 최소를 구할 수 없다. 그래서 임의의 초기화 상태에서 반복적으로 조금씩 해에 접근해 가는 방식을 취한다.

▶ 닫힌 형태의 문제란 유한개의 방정식으로 명확한 해를 표현할 수 있는 문제를 말한다. 따라서 해를 해석적^{analytic}으로 표현할 수 있는 식의 형태가 닫힌 형태라고 말할 수 있다. 반면 열린 형태$^{open\ form}$ 문제는 유한개의 방정식으로 명확한 해를 표현하지 못하며, 대신 해가 존재하는 범위를 내에서 해를 근사할 수 있다.

신경망을 학습할 때는 어떤 최적화 알고리즘이 적합할까? 최적화 알고리즘은 손실 함수 곡면을 매번 근사하는데 이때 사용하는 미분의 차수에 따라 1차 미분, 1.5차 미분, 2차 미분 방식으로 나뉜다.

| 1차 미분 | • 경사 하강법 |
| | • 경사 하강법의 변형 알고리즘: SGD, SGD 모멘텀, AdaGrad, RMSProp, Adam |

1.5차 미분	• 준 뉴턴 방법 $^{quasi\text{-}newton\ method}$
	• 켤레 경사 하강법 $^{conjugate\ gradient\ descent}$
	• 레벤버그-마쿼트 방법 $^{levenberg\text{-}marquardt\ method}$

| 2차 미분 | • 뉴턴 방법 $^{newton\ method}$ |
| | • 내부점법 $^{Interior\ point\ method}$ |

그림 3-7 최적화 알고리즘

2차 미분 방식은 곡률^{curvature}을 사용하므로 최적해를 빠르게 찾을 수 있다는 장점은 있지만, 손실 함수 곡면이 볼록^{convex}해야만 최적해를 찾을 수 있으며 계산 비용과 메모리 사용량이 많기 때문에 신경망에서는 사용하기가 어렵다.

1.5차 미분 방식은 1차 미분을 이용해서 2차 미분을 근사하는 방식으로 최적해를 빠르게 찾을 수 있다. 하지만 신경망 학습과 별도로 2차 미분을 근사하는 알고리즘을 실행해야 하고 근사된 2차 미분값을 저장해야 하므로 메모리 사용량이 많다.

반면 1차 미분 방식의 경우 상대적으로 수렴 속도는 느리지만, 손실 함수 곡면이 볼록하지 않아도 최적해를 찾을 수 있어서 손실 함수 곡면이 매우 복잡한 신경망에서 안정적으로 사용하기 좋다. 그래서 신경망에서는 주로 1차 미분 방식인 경사 하강법과 이를 개선한 알고리즘을 사용한다.

▶ 이번 장에서는 경사 하강법을 살펴보고, 경사 하강법을 개선한 SGD, SGD 모멘텀, AdaGrad, RMSProp, Adam과 같은 알고리즘은 4장에서 살펴보겠다. 이들은 신경망의 손실 함수가 갖는 고차원 곡면의 특성을 고려해서 더 빠르고 안정적으로 학습할 수 있도록 개선된 알고리즘이다.

3.3.3 경사 하강법

경사 하강법^{gradient descent}은 손실 함수의 최소 지점을 찾기 위해 경사가 가장 가파른 곳을 찾아서 한 걸음씩 내려가는 방법이다. 현재 위치에서 경사가 가장 가파른 곳을 찾기 위해 손실 함수의 기울기를 구하고 기울기의 반대 방향으로 내려간다.

예를 들어 다음 그림과 같은 형태의 손실 함수에서 최소 지점을 찾는다고 해보자. (a) 지점에서 출발한다고 하면 먼저 기울기를 구해서 기울기의 반대 방향으로 한 걸음 내려간다. 한 걸음 내려간 지점에서 다시 기울기를 구하고 한 걸음 내려가는 과정을 반복하면 결국 최소 지점에 도달할 것이라고 가정하는 방식이 경사 하강법이다.

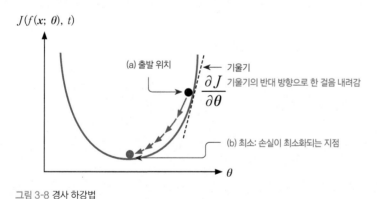

그림 3-8 경사 하강법

경사 하강법으로 손실 함수의 현재 위치 θ에서 다음 위치 θ^+로 한 걸음 이동하려면 다음과 같은 업데이트 식을 사용한다. θ는 신경망 모델의 파라미터이다.

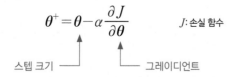

여기서 α는 스텝 크기$^{\text{step size}}$ 또는 **학습률**$^{\text{learning rate}}$로 이동 폭을 결정한다. $-\dfrac{\partial J}{\partial \theta}$는 이동 방향$^{\text{step direction}}$으로 기울기의 음수 방향을 나타내므로 현재 지점에서 가장 가파른 내리막길로 내려가겠다는 의미다. 경사 하강법에서는 파라미터 업데이트 과정을 반복하다가 $\theta - \theta^+$가 임계치 이하가 되면 최소 지점에 도달한 것으로 판단하고 이동을 멈춘다. 기울기 $\dfrac{\partial J}{\partial \theta}$는 손실 함수 $J(f(\boldsymbol{x};\ \boldsymbol{\theta}),\ t)$를 파라미터 θ에 대해 미분한 그레이디언트이다.

그레이디언트란?

그레이디언트^{gradient}란 $\mathbb{R}^n \to \mathbb{R}$ 형태의 실수 함수의 미분을 말한다. $f(\boldsymbol{x}) = f(x_1,\ x_2,\ ...,\ x_n)$와 같이 변수 $\boldsymbol{x}$가 n차원 벡터이고 함숫값이 실수인 경우, 입력 벡터의 요소별로 함수 $f(\boldsymbol{x})$를 편미분한 벡터를 그레이디언트라고 한다. 따라서 그레이디언트는 $\boldsymbol{x}$에서 함수 $f(\boldsymbol{x})$가 증가하는 방향과 증가율을 나타낸다.

$$\nabla f = \begin{pmatrix} \dfrac{\partial f}{\partial x_1} \\ \dfrac{\partial f}{\partial x_2} \\ \vdots \\ \dfrac{\partial f}{\partial x_n} \end{pmatrix}$$

$$f : \mathbb{R}^n \to \mathbb{R}$$

신경망의 손실 함수 $J(f(\boldsymbol{x};\ \boldsymbol{\theta}),\ t)$는 실수 함수이고 모델의 파라미터 θ는 벡터이기 때문에 손실 함수를 파라미터로 미분하면 그레이디언트가 된다.

▶ 이 책에서는 '그레이디언트를 계산한다'는 표현을 '미분한다'는 표현과 혼용해서 사용하겠다.

3.3.4 신경망에 경사 하강법 적용

이제 신경망에 경사 하강법을 적용해 보자.

2계층 신경망 회귀 모델

다음과 같이 2계층 신경망으로 구성된 회귀 모델이 있다고 하자. 은닉 계층의 활성 함수는 ReLU이고, 회귀 모델이므로 출력 계층의 활성 함수는 항등 함수이고 손실 함수 $J(y,\ t)$는 평균제곱오차이다.

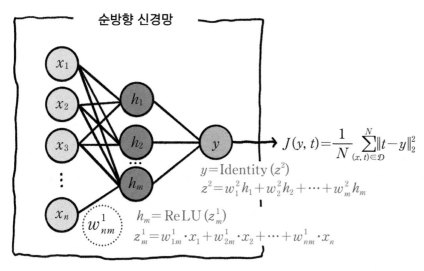

그림 3-9 회귀 문제를 풀기 위한 신경망

참고로 w_{nm}^1 표기를 설명하면 위 첨자 1은 계층 번호이고, 아래 첨자 n은 입력 뉴런의 인덱스를, m은 은닉 뉴런의 인덱스를 나타낸다. 마찬가지로 z_m^1도 윗첨자 1은 계층 번호이고, z_m^1과 h_m의 아래 첨자 m은 뉴런의 인덱스를 나타낸다.

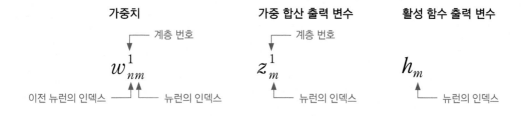

파라미터 업데이트 식

경사 하강법을 이용해서 가중치 w_{nm}^1 값을 업데이트하려면 먼저 손실 함수에 대한 가중치의 미분 $\dfrac{\partial J}{\partial w_{nm}^1}$를 구해서 다음 업데이트 식으로 w_{nm}^1를 $w_{nm}^{1\ +}$로 변경한다.

$$w_{nm}^{1\ +} = w_{nm}^1 - \alpha \frac{\partial J}{\partial w_{nm}^1}$$

그런데 이 업데이트 식은 바로 계산할 수 없다. 손실 함수 $J(y,\ t) = \dfrac{1}{N}\sum_{(x,\ t)\in\mathcal{D}}^{N}\|t-y\|_2^2$에는 가중치 변수 w_{nm}^1가 포함되지 않기 때문이다. 신경망에서 가중치 변수 w_{nm}^1는 은닉 뉴런에 정의되며 출력 뉴런을 거쳐서 손실 함수에 간접적으로 영향을 미친다. 즉, 손실 함수는 합성

함수로 정의되며 합성 함수를 미분하려면 연쇄 법칙$^{chain\ rule}$을 사용해야 한다. 연쇄 법칙을 사용해서 $\dfrac{\partial J}{\partial w^1_{nm}}$를 표현하면 다음과 같은 형태가 된다.

$$\frac{\partial J}{\partial w^1_{nm}} = \frac{\partial J}{\partial y} \cdot \frac{\partial y}{\partial z^2} \cdot \frac{\partial z^2}{\partial h_m} \cdot \frac{\partial h_m}{\partial z^1_m} \cdot \frac{\partial z^1_m}{\partial w^1_{nm}}$$

연쇄 법칙을 사용한 미분 계산

연쇄 법칙으로 합성 함수의 미분을 표현할 때는 합성 함수의 실행 순서에 따라 각 함수의 미분을 곱해준다. 가중치 변수 w^1_{nm}가 정의된 은닉 뉴런부터 손실 함수까지 실행되는 함수의 순서는 다음과 같다.

① $z^1_m = w^1_{1m} \cdot x_1 + w^1_{2m} \cdot x_2 + \cdots + w^1_{nm} \cdot x_n$ $\quad \cdots \quad$ $\dfrac{\partial z^1_m}{\partial w^1_{nm}} = x_n$

② $h_m = \text{ReLU}(z^1_m)$ $\quad \cdots \quad$ $\dfrac{\partial h_m}{\partial z^1_m} = \text{ReLU}'(z^1_m)$

③ $z^2 = w^2_1 \cdot h_1 + w^2_2 \cdot h_2 + \cdots + w^2_m \cdot h_m$ $\quad \cdots \quad$ $\dfrac{\partial z^2}{\partial h_m} = w^2_m$

④ $y = \text{Identity}(z^2)$ $\quad \cdots \quad$ $\dfrac{\partial y}{\partial z^2} = \text{Identity}'(z^2) = 1$

⑤ $J(y,\, t) = \dfrac{1}{N} \sum\limits_{(x,\, t) \in \mathcal{D}}^{N} \|t - y\|^2_2$ $\quad \cdots \quad \dfrac{\partial J}{\partial y} \quad \cdots \quad \dfrac{\partial J}{\partial y} = -\dfrac{1}{N} \sum\limits_{(x,\, t) \in \mathcal{D}}^{N} 2\,(t - y)$

식 ①과 ②는 은닉 뉴런 h_m에 정의된 가중 합산과 ReLU이다. 식 ③과 ④는 출력 뉴런 y에 정의된 가중 합산과 항등 함수이고 식 ⑤는 손실 함수이다. 각 함수의 미분은 다음과 같이 계산한다.

- 식 ①의 미분 $\dfrac{\partial z^1_m}{\partial w^1_{nm}}$는 가중 합산 z^1_m을 가중치 변수 w^1_{nm}로 미분한 값
- 식 ②의 미분 $\dfrac{\partial h_m}{\partial z^1_m}$는 활성 함수 h_m을 입력 변수 z^1_m으로 미분한 값
- 식 ③의 미분 $\dfrac{\partial z^2}{\partial h_m}$은 가중 합산 z^2을 입력 변수 h_m로 미분한 값
- 식 ④의 미분 $\dfrac{\partial y}{\partial z^2}$는 활성 함수 y를 입력 변수 z^2로 미분한 값
- 식 ⑤의 미분 $\dfrac{\partial J}{\partial y}$는 손실 함수 $J(y,\, t)$를 입력 변수 y로 미분한 값

각 함수의 미분을 곱하면 연쇄 법칙 형태 $\dfrac{\partial J}{\partial y} \cdot \dfrac{\partial y}{\partial z^2} \cdot \dfrac{\partial z^2}{\partial h_m} \cdot \dfrac{\partial h_m}{\partial z_m^1} \cdot \dfrac{\partial z_m^1}{\partial w_{nm}^1}$ 로 $\dfrac{\partial J}{\partial w_{nm}^1}$ 를 정의할 수 있다.

신경망에서 연쇄 법칙으로 미분하는 과정

이제 신경망에서 연쇄 법칙으로 미분을 계산해는 과정을 확인해 보자. $\dfrac{\partial J}{\partial w_{nm}^1}$ 를 계산한다면 손실 함수에서 가중치 w_{nm}^1 까지 각 함수를 거꾸로 따라가며 ⑤, ④, ③, ②, ① 순으로 미분을 계산해서 곱하면 된다.

$$\underset{\displaystyle}{\frac{\partial J}{\partial w_{nm}^1}} = \overset{⑤}{\frac{\partial J}{\partial y}} \cdot \overset{④}{\frac{\partial y}{\partial z^2}} \cdot \overset{③}{\frac{\partial z^2}{\partial h_m}} \cdot \overset{②}{\frac{\partial h_m}{\partial z_m^1}} \cdot \overset{①}{\frac{\partial z_m^1}{\partial w_{nm}^1}}$$

이 과정을 다음 그림에서 살펴보면 빨간색 화살표를 따라 신경망의 역방향으로 미분을 계산해서 곱해 나간다.

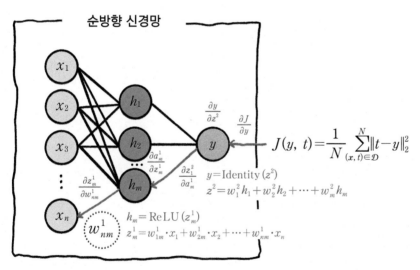

그림 3-10 연쇄 법칙을 이용한 미분

⑤, ④, ③, ②, ① 순으로 미분을 계산해서 모두 곱하고 나면 연쇄 법칙으로 계산된 $\dfrac{\partial J}{\partial w_{nm}^1}$ 을 구할 수 있다.

$$\frac{\partial J}{\partial w_{nm}^1} = \frac{\partial J}{\partial y} \cdot \frac{\partial y}{\partial z^2} \cdot \frac{\partial z^2}{\partial h_m} \cdot \frac{\partial h_m}{\partial z_m^1} \cdot \frac{\partial z_m^1}{\partial w_{nm}^1}$$

$$= -\frac{1}{N} \sum_{(x,\,t) \in \mathcal{D}}^{N} 2\,(t-y) \cdot 1 \cdot w_m^2 \cdot \mathrm{ReLU}'\,(z_m^1) \cdot x_n$$

이제 이 결과를 파라미터 업데이트 식에 적용하면 경사 하강법이 완성된다.

$$w_{nm}^{1\,+} = w_{nm}^1 - \alpha \frac{\partial J}{\partial w_{nm}^1}$$

$$= w_{nm}^1 - \alpha \left(-\frac{1}{N} \sum_{(x,\,t) \in \mathcal{D}}^{N} 2\,(t-y) \cdot 1 \cdot w_m^2 \cdot \mathrm{ReLU}'\,(z_m^1) \cdot x_n \right)$$

같은 방식으로 신경망의 모든 파라미터에 미분의 연쇄 법칙을 적용해서 경사 하강법을 적용할 수 있다.

퀴즈로 정리해 보세요.

01. 신경망의 기본 최적화 알고리즘인 경   은 손실 함수의 최소 지점을 찾기 위해 경사가 가장 가파른 곳을 찾아서 한 걸음씩 내려가는 방법이다.

02. 신경망은 합성 함수이므로 신경망에 경사 하강법을 적용할 때는 합성 함수의 미분법인 연   을 사용한다.

정답: 01. 경사 하강법 02. 연쇄 법칙

3.4 역전파 알고리즘

신경망에 경사 하강법을 적용할 때 손실 함수에서 각 가중치까지 신경망의 역방향으로 실행했던 함수를 따라가며 미분을 계산해서 곱했다. 만일 이 과정을 모든 파라미터에 대해 개별적으로 진행한다면 같은 미분을 여러 번 반복하는 비효율성 문제가 생긴다. 이런 문제를 해결하고자 제안된 방법이 바로 오차의 **역전파 알고리즘**^{backpropagation algorithm}이다.

3.4.1 역전파 알고리즘

뉴런 h_m의 또 다른 가중치 w_{n-1m}^1에 대해 미분한다고 해보자. 연쇄 법칙으로 미분을 표현해 보면 마지막 항인 $\dfrac{\partial z_m^1}{\partial w_{n-1m}^1}$를 제외한 앞부분의 $\dfrac{\partial J}{\partial y} \cdot \dfrac{\partial y}{\partial z^2} \cdot \dfrac{\partial z^2}{\partial h_m} \cdot \dfrac{\partial h_m}{\partial z_m^1}$가 w_{nm}^1의 미분과 동일하다는 것을 알 수 있다.

공통부분

$$\frac{\partial J}{\partial w_{nm}^1} = \boxed{\frac{\partial J}{\partial y} \cdot \frac{\partial y}{\partial z^2} \cdot \frac{\partial z^2}{\partial h_m} \cdot \frac{\partial h_m}{\partial z_m^1}} \cdot \frac{\partial z_m^1}{\partial w_{nm}^1}$$

$$\frac{\partial J}{\partial w_{n-1m}^1} = \boxed{\frac{\partial J}{\partial y} \cdot \frac{\partial y}{\partial z^2} \cdot \frac{\partial z^2}{\partial h_m} \cdot \frac{\partial h_m}{\partial z_m^1}} \cdot \frac{\partial z_m^1}{\partial w_{n-1m}^1}$$

따라서 공통부분은 한 번 계산해두면 같은 뉴런에 속한 모든 가중치의 미분을 계산할 때 재사용할 수 있다.

공통부분 $\boxed{\dfrac{\partial J}{\partial z_m^1} = \dfrac{\partial J}{\partial y} \cdot \dfrac{\partial y}{\partial z^2} \cdot \dfrac{\partial z^2}{\partial h_m} \cdot \dfrac{\partial h_m}{\partial z_m^1}}$

$$\frac{\partial J}{\partial w_{nm}^1} = \frac{\partial J}{\partial z_m^1} \cdot \frac{\partial z_m^1}{\partial w_{nm}^1}$$

$$\frac{\partial J}{\partial w_{n-1m}^1} = \frac{\partial J}{\partial z_m^1} \cdot \frac{\partial z_m^1}{\partial w_{n-1m}^1}$$

공통부분의 계산을 중복하지 않으려면 손실 함수에서 시작해서 입력 계층 방향으로 계산된 미분값을 역방향으로 전파해 주면 된다. 이때 각 뉴런의 공통부분에 해당하는 미분값을 오차라고 하며, 오차를 역방향으로 전파하면서 미분을 계산한다고 해서 이런 미분 계산 방식을 **오차의 역전파 알고리즘**이라고 부른다.

3.4.2 역전파 알고리즘의 실행 순서

역전파 알고리즘에서 손실 함수부터 시작해 가중치 w_{nm}^1에 도달할 때까지 미분이 어떤 순서로 실행되는지 확인해 보자.

손실 함수 미분

역전파 알고리즘은 손실 함수부터 시작하므로, 먼저 손실 함수에 대한 입력의 미분을 계산해서 출력 계층에 전달한다.

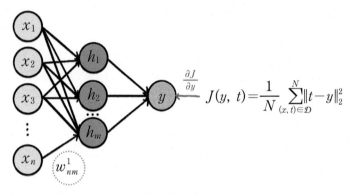

그림 3-11 역전파 알고리즘의 손실 함수 미분 단계

① 손실 함수 미분

- **손실 함수 지역 미분**: 손실 함수 $J(y) = \dfrac{1}{N}\sum_{(x,t)\in\mathcal{D}}^{N}\|t-y\|_2^2$의 지역 미분 $\dfrac{\partial J}{\partial y}$을 계산한다.

- **손실 함수 전역 미분**: 손실 함수 전역 미분은 지역 미분 $\dfrac{\partial J}{\partial y}$과 같다.

② 출력 뉴런에 미분 전달

- 손실 함수 전역 미분 $\dfrac{\partial J}{\partial y}$을 출력 계층 y에 전달한다.

출력 뉴런 미분

출력 뉴런 y는 전역 미분 $\dfrac{\partial J}{\partial y}$을 전달받고 가중치의 미분을 계산해서 가중치를 업데이트하고 입력의 미분을 계산해서 은닉 계층에 전달한다. 출력 뉴런 y는 활성 함수 $y=\text{Identity}\,(z^2)$와 가중 합산 $z^2=w_1^2 \cdot h_1 + w_2^2 \cdot h_2 + \cdots + w_m^2 \cdot h_m$으로 이루어지므로 미분을 별도로 수행해야 한다.

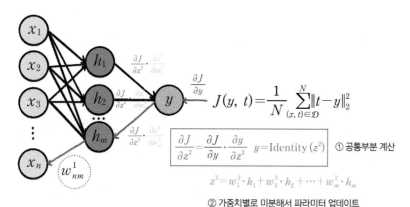

그림 3-12 역전파 알고리즘의 출력 계층 실행 단계

① 공통부분 계산

- **활성 함수 지역 미분**: 활성 함수 $y=\text{Identity}\,(z^2)$의 지역 미분 $\dfrac{\partial y}{\partial z^2}$ 를 계산한다.

- **활성 함수 전역 미분**: $\dfrac{\partial J}{\partial y}$ 과 $\dfrac{\partial y}{\partial z^2}$ 을 곱해서 활성 함수 전역 미분 $\dfrac{\partial J}{\partial z^2}=\dfrac{\partial J}{\partial y} \cdot \dfrac{\partial y}{\partial z^2}$ 를 계산한다.

- **공통부분 계산**: 활성 함수의 전역 미분 $\dfrac{\partial J}{\partial z^2}$ 이 뉴런의 공통부분이 된다.

② 가중치 업데이트

- **가중치 지역 미분**: 가중 합산 식 $z^2=w_1^2 + h_1 + w_2^2 \cdot h_2 + \cdots + w_m^2 \cdot h_m$에 대해 가중치별로 지역 미분 $\left(\dfrac{\partial z^2}{\partial w_1^2}, \dfrac{\partial z^2}{\partial w_2^2}, \right.$ $\left. \ldots, \dfrac{\partial z^2}{\partial w_m^2} \right)$를 계산한다.

- **가중치 전역 미분**: 공통부분 $\dfrac{\partial J}{\partial z^2}$ 과 $\left(\dfrac{\partial z^2}{\partial w_1^2}, \dfrac{\partial z^2}{\partial w_2^2}, \ldots, \dfrac{\partial z^2}{\partial w_m^2} \right)$를 곱해서 가중치의 전역 미분 $\left(\dfrac{\partial J^2}{\partial w_1^2}, \dfrac{\partial J^2}{\partial w_2^2}, \right.$ $\left. \ldots, \dfrac{\partial J^2}{\partial w_m^2} \right)$를 계산한다.

- **가중치 업데이트**: $\left(\dfrac{\partial J}{\partial w_1^2}, \dfrac{\partial J}{\partial w_2^2}, \ldots, \dfrac{\partial J}{\partial w_m^2} \right)$으로 가중치 $(w_1^2,\ w_2^2,\ \ldots,\ w_m^2)$를 업데이트한다.

③ 은닉 계층에 미분 전달

- **입력 지역 미분:** 가중 합산 식 $z^2 = w_1^2 \cdot h_1 + w_2^2 \cdot h_2 + \cdots + w_m^2 \cdot h_m$ 에 대해 입력별로 지역 미분 $\left(\frac{\partial z^2}{\partial h_1}, \frac{\partial z^2}{\partial h_2}, \cdots, \frac{\partial z^2}{\partial h_m} \right)$ 를 계산한다.

- **입력 전역 미분:** 공통부분 $\frac{\partial J}{\partial z^2}$ 과 $\left(\frac{\partial z^2}{\partial h_1}, \frac{\partial z^2}{\partial h_2}, \cdots, \frac{\partial z^2}{\partial h_m} \right)$ 를 곱해서 입력의 전역 미분 $\left(\frac{\partial J}{\partial h_1}, \frac{\partial J}{\partial h_2}, \cdots, \frac{\partial J}{\partial h_m} \right)$ 를 계산한다.

- **은닉 뉴런에 미분 전달:** 은닉 뉴런 $(h_1, h_2, \cdots, h_m)$에 입력의 전역 미분 $\left(\frac{\partial J}{\partial h_1}, \frac{\partial J}{\partial h_2}, \cdots, \frac{\partial J}{\partial h_m} \right)$ 를 전달한다.

은닉 뉴런 미분

은닉 계층에서는 은닉 뉴런 $h_1, h_2, \cdots, h_m$ 중 은닉 뉴런 h_m을 기준으로 설명해 보겠다. 은닉 뉴런 h_m은 전역 미분 $\frac{\partial J}{\partial h_m}$ 을 전달받고 가중치의 미분을 계산해서 가중치를 업데이트하고 다음 은닉 계층이 없으므로 입력의 미분을 계산하지 않는다. 은닉 뉴런 h_m은 활성 함수 $h_m = \mathrm{ReLU}\,(z_m^1)$와 가중 합산 $z_m^1 = w_{1m}^1 \cdot x_1 + w_{2m}^1 \cdot x_2 + \cdots + w_{nm}^1 \cdot x_n$으로 이뤄져 있으므로 미분을 별도로 수행해야 한다.

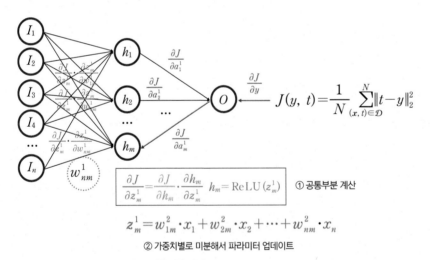

그림 3-13 역전파 알고리즘의 은닉 계층 실행 단계

① 공통부분 계산

- **활성 함수 지역 미분:** 활성 함수 $h_m = \mathrm{ReLU}\,(z_m^1)$의 지역 미분 $\frac{\partial h_m}{\partial z_m^1}$ 를 계산한다.

- **활성 함수 전역 미분:** $\frac{\partial J}{\partial h_m}$ 과 $\frac{\partial h_m}{\partial z_m^1}$ 을 곱해서 활성 함수 전역 미분 $\frac{\partial J}{\partial z_m^1} = \frac{\partial J}{\partial h_m} \cdot \frac{\partial h_m}{\partial z_m^1}$ 를 계산한다.

- **공통부분 계산:** 활성 함수의 전역 미분 $\frac{\partial J}{\partial z_m^1}$ 이 뉴런의 공통부분이 된다.

② 가중치 업데이트

- **가중치 지역 미분**: 가중 합산 식 $z^1_m = w^1_{1m} \cdot x_1 + w^1_{2m} \cdot x_2 + \ldots + w^1_{nm} \cdot x_n$에 대해 가중치별로 지역 미분 $\left(\dfrac{\partial z^1_m}{\partial w^1_{1m}}, \dfrac{\partial z^1_m}{\partial w^1_{2m}}, \ldots, \dfrac{\partial z^1_m}{\partial w^1_{nm}} \right)$를 계산한다.

- **가중치 전역 미분**: 공통부분 $\dfrac{\partial J}{\partial z^1_m}$과 $\left(\dfrac{\partial z^1_m}{\partial w^1_{1m}}, \dfrac{\partial z^1_m}{\partial w^1_{2m}}, \ldots, \dfrac{\partial z^1_m}{\partial w^1_{nm}} \right)$를 곱해서 가중치의 전역 미분 $\left(\dfrac{\partial J}{\partial w^1_{1m}}, \dfrac{\partial J}{\partial w^1_{2m}}, \ldots, \dfrac{\partial J}{\partial w^1_{nm}} \right)$를 계산한다.

- **가중치 업데이트**: $\left(\dfrac{\partial J}{\partial w^1_{1m}}, \dfrac{\partial J}{\partial w^1_{2m}}, \ldots, \dfrac{\partial J}{\partial w^1_{nm}} \right)$으로 가중치 $(w^1_{1m}, w^1_{2m}, \ldots, w^2_{nm})$를 업데이트한다.

③ 입력 계층에 미분 전달

- 입력 계층에는 가중치가 없으므로 미분을 전달하지 않아도 된다.

역전파 알고리즘 종료

다른 은닉 뉴런에 대해서도 같은 방식으로 가중치를 업데이트한다. 은닉 계층의 가중치 업데이트가 완료되면 역전파 알고리즘도 종료한다.

3.4.3 뉴런 관점에서 보는 역전파 알고리즘

역전파 알고리즘을 하나의 뉴런 관점에서 살펴보면 미분 계산 규칙을 좀 더 쉽게 이해할 수 있다. 다음과 같이 입력 x, y가 있고 활성 함수 $z = f(x, y)$를 실행하는 뉴런이 있다고 하자. 뉴런 출력 z는 손실 함수 $J(z)$의 입력이다.

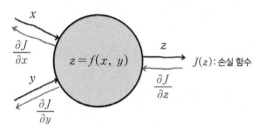

그림 3-14 뉴런의 미분 계산 과정

역전파 알고리즘을 적용해 보자. 먼저 손실 함수 $J(z)$를 z에 대해 미분해서 $\dfrac{\partial J}{\partial z}$를 구하고 뉴런에 미분값을 전달한다. 뉴런의 지역 미분을 구한다. 함수 $f(x, y)$를 x, y에 대해 미분해서 $\dfrac{\partial z}{\partial x}$와 $\dfrac{\partial z}{\partial y}$를 구한다.

$$\frac{\partial z}{\partial x} = \frac{\partial f(x,\ y)}{\partial x}$$

$$\frac{\partial y}{\partial x} = \frac{\partial f(x,\ y)}{\partial y}$$

그리고 전달받은 전역 미분 $\frac{\partial J}{\partial z}$와 지역 미분 $\frac{\partial z}{\partial x}$와 $\frac{\partial z}{\partial y}$를 곱해서 $J(z)$에 대한 $x,\ y$의 전역 미분을 구한다.

$$\frac{\partial J}{\partial x} = \frac{\partial J}{\partial z} \cdot \frac{\partial z}{\partial x}$$

$$\frac{\partial J}{\partial y} = \frac{\partial J}{\partial z} \cdot \frac{\partial z}{\partial y}$$

계산된 전역 미분 $\frac{\partial J}{\partial x}$와 $\frac{\partial J}{\partial y}$를 다음 뉴런에 전달한다. 다음은 방금 설명한 과정을 그림으로 나타낸 것이다.

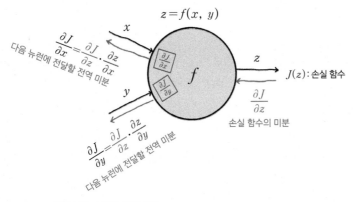

그림 3-15 역전파 알고리즘의 미분 계산

이와 같이 하나의 뉴런 입장에서 미분을 계산하는 방식은 지역 미분을 구하고 전달받은 전역 미분에 곱하는 것이 전부이다. 뉴런의 가중치를 업데이트하려면 1) 가중치에 대한 지역 미분을 구하고 2) 전달받은 전역 미분에 곱해서 가중치의 전역 미분을 계산하며 3) 계산된 가중치의 전역 미분으로 가중치를 업데이트한다. 다음 은닉 계층에 미분을 전달하려면 1) 입력에 대한 지역 미분을 구하고 2) 전달받은 전역 미분에 곱해서 입력에 대한 전역 미분을 계산하며 3) 계산된 입력에 대한 전역 미분을 다음 은닉 뉴런에 전달한다.

계층 단위의 미분

이런 미분 과정은 계층 단위로도 동일한 방식으로 진행할 수 있다. 실제 구현할 때는 계층 단위로 계산하는데, 이때 달라지는 점은 뉴런에서 벡터로 표현했던 가중치가 계층에서는 행렬로 표현된다는 점이다. 따라서 뉴런에서 가중치의 미분을 나타내는 그레이디언트는 벡터로 표현되지만, 계층에서 가중치와 미분을 나타내는 **야코비안**jacobian은 행렬로 표현된다.

 야코비안?

야코비안은 $f: \mathbb{R}^n \longrightarrow \mathbb{R}^m$ 형태의 벡터 함수의 미분을 말한다. $x = (x_1, x_2, ..., x_n)$와 같이 입력이 n차원 벡터이고 $f(x) = (f_1(x), f_2(x), ..., f_m(x))$와 같이 함숫값이 m차원 벡터인 경우, 입력의 차원별로 함숫값의 각 차원을 편미분해서 정의한 행렬을 야코비안이라고 한다.

$$Jf = \begin{pmatrix} \dfrac{\partial f_1}{\partial x_1} & \dfrac{\partial f_1}{\partial x_2} & \cdots & \dfrac{\partial f_1}{\partial x_n} \\ \dfrac{\partial f_2}{\partial x_1} & \dfrac{\partial f_2}{\partial x_2} & & \dfrac{\partial f_2}{\partial x_n} \\ \vdots & & \ddots & \vdots \\ \dfrac{\partial f_m}{\partial x_1} & \dfrac{\partial f_m}{\partial x_2} & \cdots & \dfrac{\partial f_m}{\partial x_n} \end{pmatrix}$$

$$f(x) = (f_1(x), f_2(x), \cdots, f_m(x))$$

$$x = (x_1, x_2, \cdots, x_n)$$

야코비안 행렬의 첫 번째 행은 $f_1(x)$를 $x_1, x_2, \cdots, x_n$별로 편미분한 값이다. 두 번째 행은 $f_2(x)$를 $x_1, x_2, \cdots,$ x_n별로 편미분한 값이고, 마찬가지로 나머지 행들도 $f_3(x), ..., f_m(x)$까지 $x_1, x_2, \cdots, x_n$별로 편미분한 값을 나타낸다.

역전파 알고리즘은 신경망과 같은 그래프 구조에서 연쇄 법칙을 이용하여 미분을 효과적으로 수행하기 위한 알고리즘이다. 따라서 신경망 학습은 역전파 알고리즘을 이용해서 미분을 계산하고 경사 하강법과 같은 최적화 알고리즘을 통해 파라미터를 업데이트하면서 최적해를 찾는 최적화 과정으로 볼 수 있다.

3.4.4 주요 활성 함수의 미분

활성 함수의 미분은 대부분 간단한 형태로 정의된다. 시그모이드 계열의 도함수는 활성 함수 $f(x)$의 식으로 정의되기 때문에 계산이 간단하다. ReLU 계열은 구간 선형 함수이므로 미분값이 상수이다. 그래서 미분을 별도로 계산할 필요가 없다. 다음 그림은 주요 활성 함수에 대한 미분 식을 보여준다.

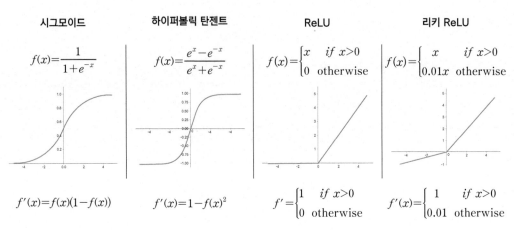

그림 3-16 활성 함수의 미분 식

퀴즈로 정리해 보세요.

01. 신경망에 경사 하강법을 적용할 때 파 ▢▢▢▢▢▢ 로 미분을 계산하면 같은 미분을 여러 번 반복하게 된다.

02. 미분 계산을 중복하지 않으려면 손실 함수에서 시작해서 입력 계층 방향으로 진행하면서 계층별로 미분을 계산하고 다음 계층에 미분을 전파한다. 이렇게 미분을 전파하면서 계산하는 방식을 역 ▢▢▢▢▢ 알고리즘이라고 한다.

정답: 01. 파라미터별 02. 역전파

3.5 데이터셋 구성과 훈련 데이터 단위

신경망을 학습하려면 데이터셋은 어떻게 구성하는 것이 좋을까? 그리고 데이터를 어떤 단위로 입력해야 학습에 효율적일까? 데이터셋을 구성하는 방법과 학습 과정에서 모델에 데이터를 입력하는 단위를 살펴보도록 하자.

3.5.1 데이터셋 구성

사람의 얼굴 사진을 입력했을 때 그 사람이 어떤 인종인지 분류하려 한다. 만일 전 세계의 모든 인종을 분류하려면 데이터셋을 어떻게 구성해야 할까?

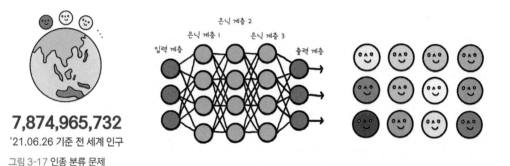

7,874,965,732
'21.06.26 기준 전 세계 인구

그림 3-17 인종 분류 문제

전 세계 인구의 사진을 데이터셋으로 만들 수 있다면 가장 정확한 모델을 만들 수 있겠지만, 이 방법은 시간적으로나 비용적으로 불가능하므로 비현실적이다. 실생활에서 모집단을 구하기란 대부분 불가능하며, 현실적으로 모집단을 대표할 수 있는 표본 집단을 구성할 수밖에 없다. 따라서 각 인종을 대표하는 사진을 골고루 샘플링해서 관측 데이터를 구성해야 한다.

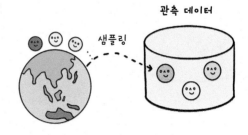

그림 3-18 관측 데이터 구성

관측 데이터의 구성

관측 데이터를 구성할 때 중요한 것은 범주성 데이터의 경우 클래스별로 비율을 맞추는 것이다. 앞의 예에서 인종을 분류할 때 어떤 인종의 데이터는 많고 어떤 인종의 데이터는 적다면 편향된 추론을 할 수밖에 없다. 따라서 클래스별로 데이터의 비율을 골고루 맞춰야 하며, 만일 특정 클래스의 데이터를 확보하기 어려워 한쪽 클래스에 데이터가 치우친다면 데이터를 강제로 늘려주거나 데이터의 분포를 고려하여 손실 함수에 가중치가 조절되도록 알고리즘적으로 해결해야 한다.

반면 회귀 데이터의 경우 입력 데이터가 근사하려는 함수 범위를 잘 지지하고 있는지 살펴봐야 한다. 신경망이 연속 함수를 근사할 때 관측 데이터 사이의 함수 구간은 보간interpolation을 해서 근사하겠지만, 관측 데이터 범위 밖의 영역에 있는 함수 구간에서 외삽extrapolation을 해서 근사할 경우 근사 능력이 떨어지기 때문이다. 따라서 함수를 만들려는 범위에 필요한 데이터가 충분히 있는지 살펴봐야 한다.

데이터셋의 분리

관측 데이터가 준비되면 데이터를 훈련 데이터셋train set, 검증 데이터셋validation set, 테스트 데이터셋test set으로 분리한다. 훈련 데이터셋은 모델을 훈련할 때 사용한다. 검증 데이터셋은 훈련된 모델의 성능을 평가해서 하이퍼파라미터를 튜닝하는 데 사용한다. 테스트 데이터셋은 훈련이 완료된 모델의 최종 성능을 평가할 때 사용한다. 이 세 종류의 데이터셋은 서로 중복되지 않도록 배타적으로 분리해야 한다. 모델 성능을 평가할 때 훈련에 사용하지 않았던 새로운 데이터로 평가해야 일반화된 성능 평가가 이루어지기 때문이다.

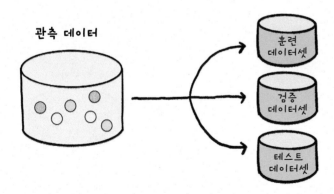

그림 3-19 관측 데이터의 분리

데이터셋을 분리할 때 중요한 원칙은 분리된 데이터셋의 분포가 원래의 데이터 분포를 따르도록 해야 한다는 것이다. 따라서 검증 데이터셋과 테스트 데이터셋의 분포는 훈련 데이터셋의 분포와 같아야 한다. 이런 원칙에 따라 데이터셋을 분리해서 검증 데이터셋과 테스트 데이터셋에 성능 평가를 위한 데이터가 골고루 들어가도록 최소의 데이터셋을 구성할 수 있다면, 나머지 데이터는 훈련 데이터로 할당한다. 따라서 적정한 분할 비율은 데이터 분포를 유지하며 검증을 위한 최소의 데이터셋을 구성했을 때의 크기에 따라 달라질 것이다. 예를 들어 MNIST는 7만 개 데이터 중 훈련 데이터셋은 6만 개, 테스트 데이터셋은 1만 개로 이루어지므로 분할 비율은 각기 86%, 14%이다. 보통 훈련 데이터셋과 테스트 데이터셋은 전체 관측 데이터에서 8:2, 7.5:2.5, 7:3 정도의 비율로 분할해서 만들며, 검증 데이터셋은 훈련 데이터셋에서 10%~20% 정도를 분할해서 만든다.

3.5.2 훈련 데이터 단위

훈련 데이터셋을 이용해서 신경망을 학습할 때 훈련 데이터는 어떤 단위로 입력해야 가장 효율적일까? 훈련 데이터셋을 한꺼번에 입력해야 할까? 아니면 샘플을 하나씩 입력해야 할까?

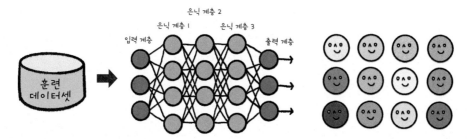

그림 3-20 훈련 데이터셋을 이용한 학습

훈련 데이터셋을 한꺼번에 입력하는 방식을 **배치**batch **방식**이라고 한다. 훈련 데이터셋이 작다면 배치 방식으로 학습할 수 있지만, 신경망은 다른 머신러닝 알고리즘보다 많은 학습 데이터가 필요하고 그만큼 훈련 데이터셋이 크기 때문에 배치 방식으로 학습하면 메모리 용량을 쉽게 초과한다. 그뿐만 아니라 **온라인 학습**online learning과 같이 서비스와 학습을 동시에 해야 하는 경우 데이터가 점진적으로 추가되므로 애초에 배치 방식으로 훈련하기란 불가능하다.

이와 같은 배치 방식의 한계를 극복하고자 데이터를 작은 단위로 묶어서 훈련하는 방식을 **미니배치**^{minibatch} **방식**이라고 한다. 일반적으로 신경망은 미니배치 방식으로 학습한다. 데이터 샘플 단위로 훈련할 수도 있는데 이런 방식을 **확률적**^{stochastic} **방식**이라고 한다. 보통 개별 샘플의 용량이 매우 클 때는 샘플 단위로 훈련하기도 한다. 미니배치의 크기를 1로 하면 확률적 방식이 되고, 미니배치의 크기를 훈련 데이터셋 크기로 하면 배치 방식이 되므로 미니배치 방식이 가장 융통성 있다.

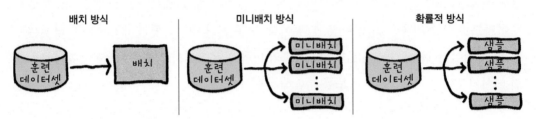

그림 3-21 훈련 데이터 단위

훈련 데이터 단위에 따른 경사 하강법의 분류

훈련 데이터의 단위에 따라 경사 하강법도 **배치 경사 하강법**^{batch gradient descent}, **미니배치 경사 하강법**^{minibatch gradient descent}, **확률적 경사 하강법**^{stochastic gradient descent}으로 나뉜다. 다음 그림은 이들 세 가지 방법의 훈련 경로이다. 배치 경사 하강법은 그레이디언트를 정확히 계산하므로 부드러운 경로를 만들지만, 확률적 방식은 하나의 샘플로 그레이디언트를 근사하므로 상당히 많이 진동한다. 미니배치 방식도 작은 묶음의 샘플로 그레이디언트를 근사하므로 두 방식의 중간 정도 수준에서 진동한다.

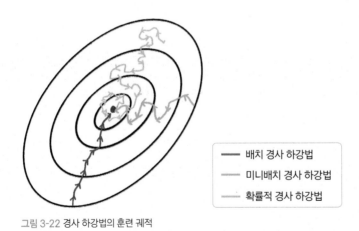

— 배치 경사 하강법
— 미니배치 경사 하강법
— 확률적 경사 하강법

그림 3-22 경사 하강법의 훈련 궤적

손실 함수가 **립시츠 연속**Lipschitz continuous 성질을 만족할 경우 확률적 경사 하강법도 최적해로 수렴한다는 것이 증명되었다. 립시츠 연속 성질은 함수가 급격하게 변하지 않도록 함수 변화량의 상한을 갖는 성질이다. 따라서 손실 함수의 곡면이 어느 정도 부드럽게 변한다면 궤적이 진동하더라도 최소 지점을 향해 진행할 수 있다.

▶ 세 가지 방식을 엄밀히 구분하지 않을 경우 경사 하강법은 배치 경사 하강법을 말하고 확률적 경사 하강법은 미니배치 경사 하강법을 포함한 의미로 사용한다. 이 책에서도 확률적 경사 하강법은 미니배치 경사 하강법을 포함하는 의미로 사용하며 간단히 SGDstochastic gradient descent라고 부르겠다.

3.5.3 미니배치 훈련 방식

일반적으로 신경망 훈련을 할 때는 미니배치 방식으로 훈련한다. 고해상도 이미지와 같이 샘플 용량이 클 때는 미니배치 크기를 1로 해서 훈련하기 때문에 확률적 방식으로 훈련하는 셈이다.

미니배치 훈련 방식의 성능이 우수한 이유

미니배치 방식을 배치 방식의 대안으로 생각할 수도 있겠지만, 미니배치 방식을 사용하면 배치 방식보다 학습이 더 빨라지고 모델의 성능이 좋아진다. 미니배치 방식은 데이터를 작은 단위로 묶어서 훈련하기 때문에 미니배치를 생성할 때마다 매번 다른 데이터로 묶인다. 따라서 그때마다 조금씩 다른 통계량을 갖는 확률적 성질이 생긴다. 확률적 성질이 생기면 일반화 오류가 줄어들고 과적합이 방지되는 정규화 효과를 볼 수 있다. 또한 배치 방식으로 훈련하면 그레이디언트 계산은 정확하지만 학습 속도가 느려진다. 이때 오히려 미니배치 방식으로 훈련하면 그레이디언트는 근삿값을 갖지만 학습 속도가 빨라지고 정규화 효과 덕분에 좋은 최적해를 찾을 수 있다.

미니배치의 크기는 어느 정도로 정해야 할까?

일반적으로 미니배치의 크기는 2의 거듭제곱으로 정해야 GPU 메모리를 효율적으로 사용할 수 있다. 예를 들면 2, 4, 8, 16, 32, 64, 128, 512와 같은 크기로 정하는 것이 좋다. 그렇다면 하드웨어 용량이 허용하는 한도 내에서 미니배치 크기를 최대한 키우는 것이 좋을까? 미니배치를 키울 경우 증가하는 계산 시간에 비해 얻을 수 있는 통계적 이득이 크지 않기 때문에 미니배치 크기를 무작정 키운다고 성능이 좋아지진 않는다. 예를 들어 미니배치 크기를 100에서 10,000으로 늘린다고 해보자. 계산 시간은 100배 증가하지만 표본 평균의 표준 편차는 $\frac{\sigma}{\sqrt{100}}$에서 $\frac{\sigma}{\sqrt{10,000}}$으로 10배밖에 감소하지 않는다. 따라서 모델의 성능에 가장 좋은 적절한 미니 배치 크기를 찾는 과정이 필요하다. 미니배치 크기는 하이퍼파라미터인 만큼 신경망을 훈련하면서 검증 데이터셋을 이용해서 적절한 크기를 찾아야 한다.

▶ 표본 평균의 표준 편차는 모집단의 표준 편차가 σ이고 샘플 수가 n일 때 $\frac{\sigma}{\sqrt{n}}$이다.

퀴즈로 정리해 보세요.

01. 관측 데이터는 훈____ 데이터셋, 검____ 데이터셋, 테____ 데이터셋으로 나뉘며 각 데이터셋은 관측 데이터의 분포를 따르도록 분할해야 한다. 또한 훈련된 모델의 일반화 성능을 검증하려면 반드시 세 데이터셋을 상호 배타적으로 분할해야 한다.

02. 신경망 훈련 방식은 입력 데이터의 단위에 따라 배____ 방식, 미____ 방식, 확____ 방식으로 나뉜다. 신경망을 미니배치 방식으로 훈련하면 배치 방식보다 학습 속도가 빨라지고 확률적 성질을 갖게 되어 더 좋은 최적해를 찾을 수 있다.

정답: 01. 훈련, 검증, 테스트 02. 배치, 미니배치, 확률적

3.6 손실 함수 정의(*)

앞에서 회귀 모델과 분류 모델을 학습하기 위한 최적화 문제를 정의해 보았다. 그렇다면 최적화 문제의 손실 함수는 어떤 기준으로 정의해야 하며 어떤 의미로 해석해야 할까? 이번 절에서는 손실 함수를 정의하는 기준을 살펴보고 회귀 모델과 분류 모델의 손실 함수를 직접 유도해 보겠다.

▶ 수학적인 유도 과정이 어렵다고 느낀다면 이번 절은 생략하고 다음 장으로 넘어가도 좋다.

▶ 최적화 문제에 제약 조건이 있을 경우 명시적으로 제약 조건을 손실 함수의 일부에 포함시키거나 암묵적인 정규화 방식으로 처리하기도 한다. 이 책에서 다루지는 않지만, 제약 조건이 있는 최적화 문제를 처리하는 최적화 알고리즘을 적용할 수도 있다. 이처럼 제약 조건은 다양한 방식으로 처리될 수 있으므로 이 책에서는 관련 내용이 나올 때마다 처리 방식을 설명한다.

3.6.1 손실 함수를 정의하는 기준

신경망 모델이 정확하게 예측하려면 모델은 관측 데이터를 잘 설명하는 함수를 표현해야 한다. 이때 모델이 표현하는 함수의 형태를 결정하는 것이 바로 손실 함수이다. 따라서 손실 함수는 모델이 관측 데이터를 잘 표현하도록 정의되어야 한다.

손실 함수가 다음 그림과 같은 모양일 때는 파란색 동그라미 지점의 파라미터값이 손실 함수의 최적해가 되고, 모델은 손실 함수의 최적해로 파라미터화 된 함수를 표현한다. 만일 손실 함수가 바뀐다면 모델이 표현하는 함수는 어떻게 될까? 손실 함수의 모양이 달라지면 최적해의 위치가 바뀌므로 모델이 표현하는 함수도 달라진다. 결국 모델이 관측 데이터를 잘 설명하는 함수를 표현하려면, 손실 함수는 '최적해가 관측 데이터를 잘 설명할 수 있는 함수의 파라미터값이 되도록' 정의되어야 한다.

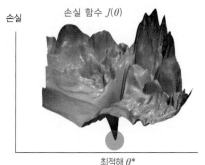

그림 3-23 모델이 표현하는 함수의 모양을 결정하는 손실 함수[20]

손실 함수가 '최적해가 관측 데이터를 잘 설명할 수 있는 함수의 파라미터값이 되도록' 하려면 어떤 기준으로 정의해야 할까? 1) 모델이 **오차 최소화**^{error minimization} 되도록 정의하거나 2) 모델이 추정하는 관측 데이터의 확률이 최대화되도록 **최대우도추정**^{maximum likelihood estimation} 방식으로 정의하는 방법이 있다.

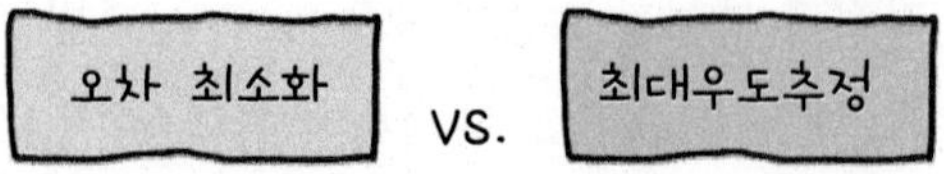

오차 최소화 VS. 최대우도추정

그림 3-24 손실 함수 정의 기준

오차 최소화 관점

모델의 오차는 모델의 예측과 관측 데이터의 타깃의 차이를 말한다. 손실 함수의 목표가 모델의 오차를 최소화하는 것이므로 직관적이고 이해하기 쉽다. 따라서 손실 함수를 정의할 때 어떤 방식으로 오차의 크기를 측정할지만 정하면 된다.

최대우도추정 관점

우도^{likelihood}는 모델이 추정하는 관측 데이터의 확률을 말한다. 손실 함수의 목표는 관측 데이터의 확률이 최대화되는 확률분포 함수를 모델이 표현하도록 만드는 것이다. 이 방식은 확률 모델인 경우에만 적용할 수 있으며 **최대우도추정(MLE)** 방식이라고 한다. 대부분의 신경망 모델은 확률 모델을 가정하므로 최대우도추정 방식으로 손실 함수를 유도할 수 있다.

두 방식이 손실 함수를 정의하는 관점은 다르지만, 손실 함수를 유도해 보면 동일한 최적해를 갖는 함수가 된다는 것을 확인할 수 있다. 결국 오차를 최소화하는 관점과 관측 데이터의 확률을 최대화하는 관점은 같은 대상을 다르게 해석하는 것이라고 볼 수 있다. 이제 각 관점에 따라 신경망의 학습을 위한 손실 함수를 유도해 보자.

3.6.2 오차 최소화 관점에서 손실 함수 정의

오차 최소화 관점에서 모델의 예측과 타깃과의 오차가 최소화되도록 손실 함수를 정의해 보자.

모델의 오차와 손실 함수

신경망 모델은 파라미터 θ로 이뤄져 있고 학습 데이터 $\mathcal{D} = \{(\boldsymbol{x}_i, t_i) : i = 1, ..., N\}$가 있다고 하자. 모델의 예측을 $y(\boldsymbol{x}_i; \theta)$라고 하고 타깃을 t_i라고 하면 오차 ε_i는 다음과 같다.

$$\varepsilon_i = t_i - y(\boldsymbol{x}_i; \theta)$$

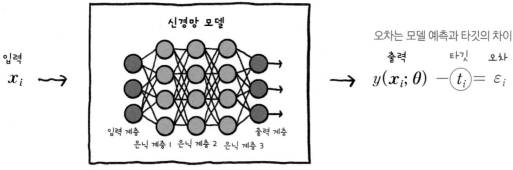

그림 3-25 모델의 예측 오차

오차 최소화 관점에서 손실 함수 $J(\theta)$는 오차 ε_i의 크기를 나타내는 함수로 정의하면 된다. 따라서 손실 함수 $J(\theta)$의 성질은 어떤 함수로 오차의 크기를 표현하는지에 따라 달라진다. 오차의 크기를 나타내는 대표적인 함수는 벡터의 크기를 나타내는 **노름**^{norm}이다. 주로 L_2 노름과 L_1 노름을 사용하며 이때 손실함수를 **평균제곱오차**^{MSE: mean squared error}와 **평균절대오차**^{MAE: mean absolute error}라고 부른다.

▶ 노름의 정의는 이 뒤에서 설명할 '노름과 거리 함수'를 참고하자.

▶ 손실 함수 $J(f(\boldsymbol{x}; \theta), t)$는 간단히 $J(\theta)$로 표시했다.

평균제곱오차(MSE)

평균제곱오차는 N개의 데이터에 대해 오차의 L_2 노름의 제곱의 평균으로 정의되며 l_2 손실^{loss}로 표기한다.

$$J(\theta) = \frac{1}{N} \sum_{i=1}^{N} \| t_i - y(x_i; \theta) \|_2^2$$

평균제곱오차는 모델이 타깃 t_i의 **평균**^{mean}을 예측하도록 만든다. 오차가 커질수록 손실이 제곱승으로 증가하므로 이상치에 민감하게 반응하는 단점이 있다.

평균절대오차(MAE)

평균절대오차는 N개의 데이터에 대해 오차의 L_1 노름의 평균으로 정의하며 l_1 손실로 표기한다.

$$J(\theta) = \frac{1}{N} \sum_{i=1}^{N} \|t_i - y(x_i; \ \theta)\|_1$$

평균절대오차는 모델이 타깃 t_i의 **중앙값**^{median}을 예측하도록 만든다. 오차가 커질수록 손실이 선형적으로 증가하므로 이상치에 덜 민감하다. 하지만 미분가능 함수가 아니기 때문에 구간별로 미분을 처리해야 하는 단점이 있다.

오차 최소화 관점에서 최적화 문제 정의

오차 최소화 관점에서 신경망 학습을 위한 최적화 문제를 정의해 보자. 평균제곱오차를 예로 정의해 보면 다음과 같은 최적화 문제로 정의할 수 있다.

$$\theta^* = \underset{\theta}{\mathrm{argmin}} \ \ J(\theta) = \underset{\theta}{\mathrm{argmin}} \ \ \frac{1}{N} \sum_{i=1}^{N} \|t_i - y(x_i; \ \theta)\|_2^2$$

🧑 노름과 거리 함수

노름은 벡터의 크기를 나타내며 다음과 같은 p-노름의 식으로 정의된다. p의 값에 따라 노름의 종류가 달라진다.

$$\|\boldsymbol{x}\|_p = \left(\sum_{i=0}^{n} |x_i|^p \right)^{\frac{1}{p}}, \ p \geq 1$$

$$\boldsymbol{x}^T = (x_1, \ x_2, \ \cdots, \ x_n)$$

먼저 $p=1$일 때 L_1 노름이라고 한다. 벡터 $\boldsymbol{x}$의 각 요소에 절댓값을 취해서 합산한 값이다.

$$\|\boldsymbol{x}\|_1 = \sum_{i=0}^{n} |\boldsymbol{x}_i|$$

그리고 $p=2$일 때 L_2 노름이라고 한다. 벡터 $\boldsymbol{x}$의 각 요소에 절댓값을 취해서 제곱한 후 합산해서 제곱근을 취한 값이다.

$$\|\boldsymbol{x}\|_2 = \left(\sum_{i=0}^{n} |\boldsymbol{x}_i|^2 \right)^{\frac{1}{2}}$$

노름은 **거리 함수**^{distance function}로도 사용할 수 있다. 두 점 사이의 거리를 계산할 때 두 점의 차 벡터를 구한 후 노름을 계산하면 거리가 되기 때문이다.

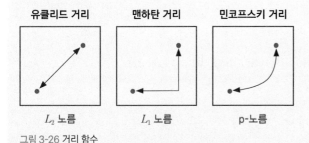

그림 3-26 거리 함수

유클리드 거리^{Euclidean distance}는 두 점 사이에 가장 짧은 거리를 나타내며 두 벡터의 차에 L_2 노름을 적용한 것과 같다. **맨하탄 거리**^{Manhattan distance}는 각 축을 따라 직각으로 이동하는 거리로 두 벡터의 차에 L_1 노름을 적용한 것과 같다. 임의의 p 값에 대한 **민코프스키 거리**^{Minkowski distance}는 두 벡터의 차에 p-노름을 적용한 것과 같다.

3.6.3 최대우도추정 관점에서 손실 함수 정의

이번에는 최대우도추정 관점에서 모델이 예측하는 우도가 최대화되도록 손실 함수를 정의해 보자.

관측 데이터의 우도와 손실 함수

신경망 모델은 파라미터 θ로 이뤄진 확률 모델이고, 학습 데이터 $\mathcal{D} = \{(x_i, t_i): i = 1, ..., N\}$의 각 샘플 (x_i, t_i)는 같은 분포에서 독립적으로 샘플링되어 i.i.d 성질을 만족한다고 하자. 이때 신경망 모델로 추정한 관측 데이터의 확률이 우도 $p(\mathcal{D}|\theta)$이다. 샘플 (x_i, t_i)가 서로 독립이므로 관측 데이터의 우도 $p(\mathcal{D}|\theta)$는 N개의 샘플의 우도의 곱으로 표현할 수 있다.

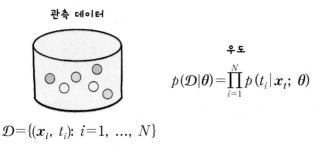

$$p(\mathcal{D}|\theta) = \prod_{i=1}^{N} p(t_i|x_t; \theta)$$

$\mathcal{D} = \{(x_i, t_i): i = 1, ..., N\}$

그림 3-27 데이터와 우도

최대우도추정 관점에서 최적화 문제 정의

최대우도추정 관점에서 신경망 학습을 위한 최적화 문제를 정의해 보자. 목적 함수인 우도 $p(\mathcal{D}|\theta)$를 최대화하는 확률 모델의 파라미터 θ를 찾는 문제로 다음과 같이 정의할 수 있다.

$$\theta^{\star} = \underset{\theta}{\mathrm{argmax}}\ p(\mathcal{D}|\theta) = \underset{\theta}{\mathrm{argmax}} \prod_{i=1}^{N} p(t_i|\boldsymbol{x}_i;\ \boldsymbol{\theta})$$

최대우도추정 관점의 최적화 문제 개선

최대우도추정의 경우 최적화 문제를 개선된 형태로 바꿔야 한다. 앞에서 정의한 최적화 문제를 조금만 변형하면 수치적으로 다루기 쉬워질 뿐만 아니라 안정적으로 최적화할 수 있기 때문이다. 또한 표준 형태의 최소화 문제로 통일할 수도 있다. 그러려면 다음과 같은 두 단계의 변환 과정을 거쳐서 문제를 재정의한다.

1. 목적 함수를 개선된 형태로 만들기 위해 우도 대신 **로그 우도**^{log likelihood}를 사용한다.
2. 최대화 문제를 최소화 문제로 변환하기 위해 목적 함수에 **음의 로그 우도**^{negative log likelihood}를 사용한다.

그림 3-28 표준 형태로 변환

목적 함수를 로그 우도로 변환

로그 우도는 우도에 로그를 취한 형태를 말한다. 목적 함수에 사용했던 관측 데이터의 우도 대신 로그 우도를 사용하면 다음과 같은 식으로 변환한다.

$$J(\boldsymbol{\theta}) = \log p(\mathcal{D}|\theta) = \log \prod_{i=1}^{N} p(t_i|\boldsymbol{x}_i;\ \boldsymbol{\theta}) = \sum_{i=1}^{N} \log p(t_i|\boldsymbol{x}_i;\ \boldsymbol{\theta})$$

우도 대신 로그 우도를 사용하는 이유는 다음과 같다.

1. 가우시안 분포 또는 베르누이 분포와 같은 지수 함수 형태로 표현되는 지수족^{exponential family} 확률분포의 경우 로그를 취하면 지수 항이 상쇄되어 다항식으로 변환되기 때문에 함수 형태가 다루기 쉬워진다.
2. N개 샘플에 대한 우도의 곱을 로그 우도의 합산으로 바꾸면 언더플로를 방지할 수 있다. 확률은 1보다 작기 때문에 확률을 N번 곱하면 N이 커질수록 언더플로가 쉽게 생긴다. 따라서 우도 대신 로그 우도를 사용하면 곱이 합산 형태로 바뀌므로 언더플로를 방지할 수 있다.

3. 우도 대신 로그 우도를 사용해도 최적해는 달라지지 않는다. 최적화 문제는 목적 함수에 $\log$와 같은 증가 함수를 적용하더라도 동일한 해를 얻을 수 있기 때문이다.

최대화 문제를 최소화 문제로 변환

최대화 문제를 표준 형태의 최소화 문제로 변환해 보자. 이때는 로그 우도에 음수를 취한 음의 로그 우도, 즉 $\text{NLL}^{\text{negative log likelihood}}$로 손실 함수가 정의된다.

$$\text{NLL}(\boldsymbol{\theta}) = -\log p(\mathcal{D}|\boldsymbol{\theta}) = -\sum_{i=1}^{N}\log p(t_i|\boldsymbol{x}_i;\ \boldsymbol{\theta})$$

이제 최대우도추정 문제가 다음과 같은 표준 형태의 최소화 문제로 재정의되었다.

$$\boldsymbol{\theta}^{\star} = \operatorname*{argmin}_{\theta} -\sum_{i=1}^{N}\log p(t_i|\boldsymbol{x}_i;\ \boldsymbol{\theta})$$

 우도와 최대우도추정

우도는 파라미터 $\boldsymbol{\theta}$로 추정된 확률분포에서 관측 데이터 $\boldsymbol{x}$의 확률을 의미한다.

$$\mathcal{L}(\boldsymbol{\theta}|x) = p(x|\boldsymbol{\theta})$$

관측 데이터를 이용해서 확률분포를 추정한다고 가정해 보자. 이때 추정된 확률분포가 관측 데이터를 가장 잘 표현한다고 말할 수 있으려면 관측 데이터의 확률을 최대화해야 한다. 다시 말하면 우도 $\mathcal{L}(\boldsymbol{\theta}|\boldsymbol{x})$를 최대화하도록 확률분포를 추정하는 것이 관측 데이터를 가장 잘 표현하는 확률분포를 추정하는 것이다.

예를 들어 다음 그림과 같은 히스토그램을 갖는 관측 데이터가 있다고 해보자. 이 관측 데이터의 확률분포를 네 개의 가우시안 분포로 추정한다고 하면 어떤 분포가 관측 데이터를 가장 잘 표현한다고 말할 수 있을까?

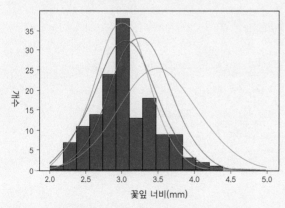

그림 3-29 확률분포 추정과 관측 데이터의 우도

히스토그램의 모양과 비슷한 모양으로 추정된 가우시안 분포가 관측 데이터를 가장 잘 표현한다고 직관적으로 말할 수 있을 것이다. 관측 데이터가 많다면 사건이 발생할 확률이 높은 것이므로 해당 부분의 가우시안 분포의 곡선도 높아야 하고, 반대로 관측 데이터가 적다면 사건이 발생할 확률이 낮은 것이므로 가우시안 분포의 곡선은 낮아야 한다. 즉, 관측 데이터의 히스토그램의 모양을 따르는 가우시안 분포 곡선이 만들어질 때 관측 데이터를 가장 잘 표현한다.

따라서 관측 데이터가 많으면 확률이 높고 관측 데이터가 적으면 확률이 낮게 추정된 확률분포에서 우도는 최대화된다. 반대로 관측 데이터가 많은데 확률이 낮게 추정되어 있거나, 관측 데이터가 적은데 확률이 높게 추정되어 있으면 관측 데이터의 우도는 작을 수밖에 없다. 관측 데이터의 우도가 클수록 추정된 확률분포가 관측 데이터를 잘 표현하고 있다고 말할 수 있다.

우도는 추정된 분포가 관측 데이터의 분포를 얼마나 잘 나타내는지 또는 일관되는지를 나타내는 측도^{measure}이며, 우도를 최대화하는 확률분포를 추정하는 방식을 **최대우도추정** 방식이라고 한다.

회귀 문제에서 최대우도추정을 위한 손실 함수 정의

이제 회귀 문제에서 최대우도추정을 위한 손실 함수를 정의해 보자. 회귀 모델이 추정하는 가우시안 분포 $p(t_i|\boldsymbol{x}_i; \boldsymbol{\theta})$는 신경망 모델이 출력한 평균 $y(\boldsymbol{x}_i; \boldsymbol{\theta})$와 정밀도의 역수 β^{-1}를 분산으로 하는 분포로 정의된다.

$$p(t_i|\boldsymbol{x}_i; \boldsymbol{\theta}) = \mathcal{N}(t_i|y(\boldsymbol{x}_i; \boldsymbol{\theta}), \beta^{-1})$$

$$= \frac{1}{\sqrt{\beta^{-1}2\pi}}e^{-\frac{(t_i-y(\boldsymbol{x}_i; \boldsymbol{\theta}))^2}{2\beta^{-1}}}$$

이제 신경망 모델을 통해 추정된 가우시안 분포의 음의 로그 우도를 손실 함수로 정의해 보자.

$$J(\boldsymbol{\theta}) = -\log\prod_{i=1}^{N} p(t_i|\boldsymbol{x}_i; \boldsymbol{\theta})$$

$$= -\log\prod_{i=1}^{N}\frac{1}{\sqrt{\beta^{-1}2\pi}}e^{-\frac{(t_i-y(\boldsymbol{x}_i; \boldsymbol{\theta}))^2}{2\beta^{-1}}}$$

$$= -\sum_{i=1}^{N}\log\frac{1}{\sqrt{\beta^{-1}2\pi}}e^{-\frac{(t_i-y(\boldsymbol{x}_i; \boldsymbol{\theta}))^2}{2\beta^{-1}}}$$

$$= \frac{\beta}{2}\sum_{i=1}^{N}(t_i-y(\boldsymbol{x}_i; \boldsymbol{\theta}))^2 + \frac{N}{2}\log\beta^{-1}2\pi$$

$$= \frac{\beta}{2}\sum_{i=1}^{N}\|t_i-y(\boldsymbol{x}_i; \boldsymbol{\theta})\|_2^2 + \text{const}$$

네 번째 식은 로그 함수가 지수 항을 상쇄했다. 다섯 번째 식은 $(t_i - y(x_i;\ \boldsymbol{\theta}))^2 = \|t_i - y(x_i;\ \boldsymbol{\theta})\|_2^2$로 만들고 $\frac{N}{2}\log\beta^{-1}2\pi$는 const로 만들었다. 이 식에서 $\frac{\beta}{2}$는 1로 변경하고 const를 없애면 다음과 같이 **오차제곱합**^{sum of squared error} 또는 SSE가 된다.

▶ 최적화 문제에서 목적 함수에 상수 배를 해도 최적해는 동일하기 때문에 $\frac{\beta}{2}$는 1로 변경할 수 있다. 마찬가지로 목적 함수에 상수를 더하거나 빼도 최적해는 동일하기 때문에 const는 없애도 된다.

$$J(\boldsymbol{\theta}) = \sum_{i=1}^{N} \|t_i - y(x_i;\ \boldsymbol{\theta})\|_2^2$$

이 식에 $\frac{1}{N}$로 곱하면 앞에서 오차 최소화 관점에서 유도했던 평균제곱오차로 변환한다. 평균제곱오차는 오차제곱합의 상수 배를 한 식이므로 둘의 최적해는 동일하다. 따라서 우도를 최대화하는 것은 오차를 최소화하는 것과 같다는 것을 알 수 있다.

▶ 만약 예측 분포가 라플라스 분포^{Laplacian distribution}라면 평균절대오차와 같은 결과를 얻을 수 있다.

이진 분류 문제에서 최대우도추정을 위한 손실 함수 정의

이진 분류 문제에서 최대우도추정을 위한 손실 함수를 정의해 보자. 이진 분류 모델이 추정하는 베르누이 분포 $p(t_i|x_i;\ \boldsymbol{\theta})$는 신경망 모델이 출력한 첫 번째 클래스의 발생 확률인 $\mu(x_i;\ \boldsymbol{\theta})$로 정의된다.

$$p(t_i|\boldsymbol{x}_i;\ \boldsymbol{\theta}) = \mathcal{B}ern(t_i;\ \mu(\boldsymbol{x}_i;\ \boldsymbol{\theta}))$$

$$= \mu(\boldsymbol{x}_i;\ \boldsymbol{\theta})^{t_i}(1 - \mu(\boldsymbol{x}_i;\ \boldsymbol{\theta}))^{1-t_i},\ t_i \in \{0,\ 1\}$$

이제 신경망 모델을 통해 추정된 베르누이 분포의 음의 로그 우도를 손실 함수로 정의해 보자.

$$J(\boldsymbol{\theta}) = -\log\prod_{i=1}^{N} p(t_i|\boldsymbol{x}_i;\ \boldsymbol{\theta})$$

$$= -\log\prod_{i=1}^{N} \mu(\boldsymbol{x}_i;\ \boldsymbol{\theta})^{t_i}(1 - \mu(\boldsymbol{x}_i;\ \boldsymbol{\theta}))^{1-t_i}$$

$$= -\sum_{i=1}^{N} \log\mu(\boldsymbol{x}_i;\ \boldsymbol{\theta})^{t_i}(1 - \mu(\boldsymbol{x}_i;\ \boldsymbol{\theta}))^{1-t_i}$$

$$= -\sum_{i=1}^{N} t_i \cdot \log\mu(\boldsymbol{x}_i;\ \boldsymbol{\theta}) + (1-t_i) \cdot \log(1 - \mu(\boldsymbol{x}_i;\ \boldsymbol{\theta}))$$

네 번째 식은 지수 t_i와 $1-t_i$를 log 함수의 밖으로 옮긴 것이다. 이 식을 **이진 크로스 엔트로 피**^{binary cross entropy}라고 한다.

▶ 이진 크로스 엔트로피는 $K=2$인 크로스 엔트로피로, 크로스 엔트로피의 정의는 3.6.5에서 확인해 보자.

최적화할 때는 이 식에 $\frac{1}{N}$을 곱해서 샘플에 대한 합산을 평균으로 바꿔 사용하기도 한다. 두 손실 함수의 최적해는 동일하지만, 평균을 사용하면 최적화 과정에서 손실이 작아지므로 수치상 안정화될 수 있다.

$$J(\theta) = -\frac{1}{N}\sum_{i=1}^{N}\sum_{k=1}^{K} t_i \cdot \log\mu(\boldsymbol{x}_i;\ \theta) + (1-t_i) \cdot \log(1-\mu(\boldsymbol{x}_i;\ \theta))$$

다중 분류 문제에서 최대우도추정을 위한 손실 함수 정의

다중 분류 문제에서 최대우도추정을 위한 손실 함수를 정의해 보자. 다중 분류 모델이 추정 하는 카테고리 분포 $p(t_i|\boldsymbol{x}_i;\ \theta)$는 신경망 모델이 출력한 각 클래스가 발생할 확률인 $\mu(\boldsymbol{x}_i;\ \theta)$로 정의된다.

$$p(\boldsymbol{t}_i|\boldsymbol{x}_i;\ \theta) = \text{Category}(\boldsymbol{t}_i;\ \mu(\boldsymbol{x}_i;\ \theta)) = \prod_{k=1}^{K}\mu(\boldsymbol{x}_i;\ \theta)_k^{t_{ik}}$$

$$\mu(\boldsymbol{x}_i;\ \theta) = (\mu(\boldsymbol{x}_i;\ \theta)_1,\ \mu(\boldsymbol{x}_i;\ \theta)_2,\ ...,\ \mu(\boldsymbol{x}_i;\ \theta)_K)^T,\ \sum_{k=1}^{K}\mu(\boldsymbol{x}_i;\ \theta)_k = 1$$

$$\boldsymbol{t}_i = (t_{i1},\ t_{i2},\ ...,\ t_{iK})^T,\ t_{ik} = \begin{cases} 1,\ k=j \\ 0,\ k \neq j \end{cases},\ j \in \{1,\ 2,\ ...,\ K\}$$

이제 신경망 모델을 통해 추정된 카테고리 분포의 음의 로그 우도를 손실 함수로 정의해 보자.

$$J(\theta) = -\log\prod_{i=1}^{N} p(t_i|\boldsymbol{x}_i;\ \theta)$$

$$= -\log\prod_{i=1}^{N}\prod_{k=1}^{K}\mu(\boldsymbol{x}_i;\ \theta)_k^{t_{ik}}$$

$$= -\sum_{i=1}^{N}\log\prod_{k=1}^{K}\mu(\boldsymbol{x}_i;\ \theta)_k^{t_{ik}}$$

$$= -\sum_{i=1}^{N}\sum_{k=1}^{K} t_{ik} \cdot \log\mu(\boldsymbol{x}_i;\ \theta)_k$$

네 번째 식은 지수 t_{ik}를 log 함수의 밖으로 옮긴 것이다. 이 식을 **크로스 엔트로피**^{cross entropy}
라고 한다.

▶ 크로스 엔트로피의 정의는 3.6.5에서 확인해 보자.

최적화할 때는 이 식에 $\dfrac{1}{N}$을 곱해서 샘플에 대한 합산을 평균으로 바꿔 사용하기도 한다.
두 손실 함수의 최적해는 동일하지만, 평균을 사용할 경우 최적화 과정에서 손실이 작아지
므로 수치적으로 안정화될 수 있다.

$$J(\boldsymbol{\theta}) = -\frac{1}{N}\sum_{i=1}^{N}\sum_{k=1}^{K} t_{ik} \cdot \log\mu(\boldsymbol{x}_i;\ \boldsymbol{\theta})_k$$

3.6.4 신경망 학습을 위한 손실 함수

신경망을 학습하기 위해 오차를 최소화하거나 우도를 최대화하는 방법으로 손실 함수를 유
도해 보았다. 지도 학습에서 대부분의 문제가 기본 회귀 문제와 분류 문제를 확장하거나 변
형 또는 혼합한 형태인 만큼, 손실 함수에 평균제곱오차와 크로스 엔트로피가 포함될 때가
많다. 요약해 보면 회귀 문제에서는 평균제곱오차를 사용하고 분류 문제에서는 이진 크로스
엔트로피 또는 크로피 엔트로피를 사용한다.

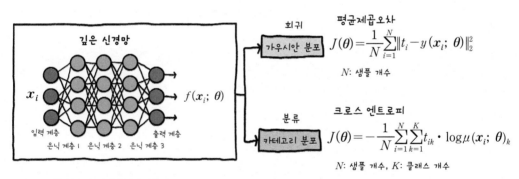

그림 3-30 확률분포 문제 유형별 손실 함수

3.6.5 정보량, 엔트로피, 크로스 엔트로피

이번 절에서는 분류 문제의 손실 함수로 정의된 크로스 엔트로피를 설명하겠다. 관련 개념인 **정보량**self-Information과 **엔트로피**entropy를 살펴보고 **크로스 엔트로피**를 알아보자. 정보량은 확률을 표현하는 데 필요한 비트 수로 사건이 얼마나 자주 발생하는지를 나타내며, 엔트로피는 확률 변수가 얼마나 불확실한지를, 크로스 엔트로피는 두 분포의 차이가 어느 정도인지를 판단하는 데 사용한다. 이후 9장에서 소개할 쿨백-라이블러 발산KLD: Kullback-Leibler divergence과 함께 확률에 관련된 기초 개념들이므로 알아 두자.

정보량

정보는 놀라움의 정도에 비례한다. 확률이 낮은 사건이 발생하면 놀라움의 정도가 커지므로 정보가 많다고 볼 수 있다. 따라서 정보량은 확률에 반비례하면서 독립 사건들의 정보량은 더해져야 하므로, 정보량은 확률의 역수에 로그를 취한 값으로 정의된다.

$$I(x) = \log \frac{1}{p(x)} = -\log p(x)$$

확률 변수 관점에서 정보량은 확률을 표현하는 데 필요한 비트 수이다. 다음 그래프를 보면 확률이 0이면 정보량은 무한대가 되고 확률이 1이면 정보량은 0이다. 즉, 발생하지 않는 사건의 정보량은 무한대이며 100% 발생하는 사건의 정보량은 없다.

▶ 이진로그 $\log_2$를 사용하는 경우 정보량의 단위는 비트이고, 자연로그 $\ln$을 사용하는 경우 단위 내트nat를 사용한다.

$$I(x) = -\log p(x)$$

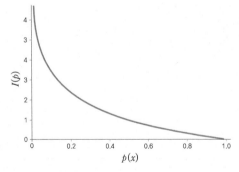

그림 3-31 정보량

엔트로피

엔트로피란 확률 변수 또는 확률분포가 얼마나 **불확실**^{uncertain}한지 혹은 **무작위**^{random}한지를 나타낸다. 다음 그림의 왼쪽 그래프는 분산이 큰 확률분포로, 넓은 범위에서 사건이 발생하기 때문에 어떤 사건이 발생할지 불확실하다. 따라서 엔트로피가 높은 상태이다. 오른쪽 그래프는 분산이 작은 확률분포로, 좁은 범위에서 사건이 발생하기 때문에 어떤 사건이 발생할지 확실하다. 따라서 엔트로피가 낮은 상태이다.

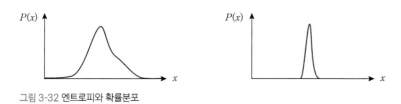

그림 3-32 엔트로피와 확률분포

엔트로피는 확률 변수의 정보량의 기댓값으로 정의된다.

$$\mathcal{H}(p) = \mathbb{E}_{x \sim p(x)}[-\log p(x)]$$

$$= -\int_x p(x)\log p(x)\,dx$$

$p(x)$를 $-\log p(x)$의 가중치로 생각하면 $p(x) = 0$이면 $-\log p(x) = \infty$이므로 두 값의 곱인 $-p(x)\log p(x) = 0$이 되고, $p(x) = 1$이면 $-\log p(x) = 0$이므로 두 값의 곱인 $-p(x)\log p(x) = 0$이 된다. 따라서 $p(x) = 0$ 또는 $p(x) = 1$일 때 엔트로피는 0이 되고 $p(x) = 0.5$일 때 엔트로피는 가장 커진다.

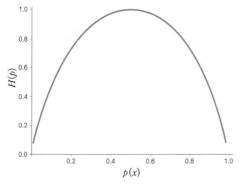

그림 3-33 엔트로피

동전을 던졌을 때 앞면이 나올 확률로 정의되는 베르누이 분포에 대한 엔트로피를 생각해보면, 동전의 앞면이 나올 확률이 0.5인 경우 앞면이 나올지 뒷면이 나올지 불확실하므로 엔트로피가 가장 높다. 다음은 베르누이 분포의 엔트로피 식이다. 동전의 앞면이 나올 확률은 $p(x=1)=\mu$이고 동전의 뒷면이 나올 확률은 $p(x=0)=1-\mu$라고 하자. 이 식에 동전의 앞면이 나올 확률 $\mu=0.5$를 대입하면 엔트로피가 1이 되는 것을 확인할 수 있다.

▶ 다음 식은 정보량을 이진로그 $\log_2$를 사용해서 비트 수로 표현했다.

$$
\begin{aligned}
\mathcal{H}(p) &= -\mathbb{E}_{x \sim p(x)}\left[\log p(x)\right] \\
&= -(p(x=1)\log p(x=1) + p(x=0)\log p(x=0)) \\
&= -(\mu \log \mu + (1-\mu)\log(1-\mu)) \\
&= -(0.5\log 0.5 + 0.5\log 0.5) \\
&= -\log 0.5 \\
&= 1
\end{aligned}
$$

크로스 엔트로피

크로스 엔트로피는 두 확률분포의 차이 또는 유사하지 않은 정도^{dissimilarity}를 나타낸다. 확률분포 q로 확률분포 p를 추정한다고 해보자. 크로스 엔트로피는 q의 정보량을 p에 대한 기댓값을 취하는 것으로 정의된다.

$$
\begin{aligned}
\mathcal{H}(p,\ q) &= -\mathbb{E}_{x \sim p(x)}\log q(x) \\
&= -\int_{x} p(x)\log q(x)\,\mathrm{d}x
\end{aligned}
$$

q가 p를 정확히 추정해서 두 분포가 같아지면 크로스 엔트로피는 최소화되고 q가 p를 잘못 추정하면 크로스 엔트로피는 높아진다. 따라서 크로스 엔트로피는 q와 p의 유사하지 않은 정도를 나타내는 지표로 볼 수 있다.

손실 함수로서 이진 크로스 엔트로피의 동작

신경망의 예측 분포와 타깃 분포가 같을 때와 다를 때 크로스 엔트로피가 어떻게 달라지는 지 확인해 보자. 다음과 같은 이진 크로스 엔트로피 손실 함수의 타깃값이 $t_i=1$인 경우와 $t_i=0$인 경우를 별도로 살펴보자. 단, 하나의 데이터 샘플 (x_i, t_i)에 대해서만 살펴본다.

$$J(\theta) = -\frac{1}{N}\sum_{i=1}^{N}t_i \cdot \log \mu(x_i;\ \theta) + (1-t_i) \cdot \log(1-\mu(x_i;\ \theta)$$

$t_i=1$일 때는 첫 번째 항만 남기 때문에 다음 그림과 같은 그래프 모양이 된다.

$$J(\theta) = -\log(\mu(x_i;\ \theta))$$

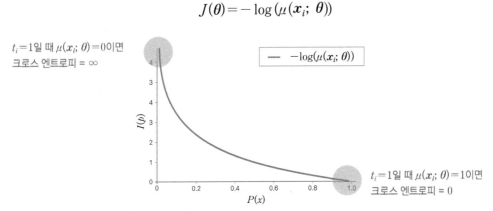

그림 3-34 $t_i=1$일 때 이진 크로스 엔트로피 손실 함수

이 경우 모델의 예측값 $\mu(x_i;\ \theta)$가 1이면 크로스 엔트로피는 0이고 $\mu(x_i;\ \theta)$가 0이면 크로스 엔트로피는 ∞가 된다. 따라서 예측 분포와 타깃 분포가 같으면 크로스 엔트로피는 0이 된다는 것을 알 수 있다. 반면 $t_i=1$이고 $\mu(x_i;\ \theta)=0$이면 두 값이 반대이므로 크로스 엔트로피는 ∞가 된다.

$t_i=0$일 때는 두 번째 항만 남기 때문에 다음 그림과 같은 그래프 모양이 된다.

$$J(\theta) = -\log(1-\mu(x_i;\ \theta))$$

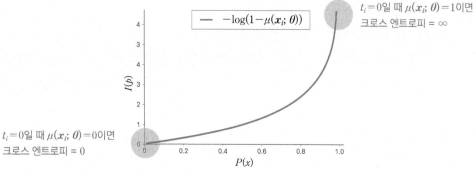

그림 3-35 $t_i=0$일 때 이진 크로스 엔트로피 손실 함수

이 경우 $\mu(\boldsymbol{x_i};\,\boldsymbol{\theta})=0$이면 크로스 엔트로피는 0이 되고 $\mu(\boldsymbol{x_i};\,\boldsymbol{\theta})=1$이면 크로스 엔트로피는 ∞가 된다. 이때 예측 분포와 타깃 분포가 크로스 엔트로피는 0이 된다는 것을 알 수 있다. 반면 $t_i=0$이고 $\mu(\boldsymbol{x_i};\,\boldsymbol{\theta})=1$이면 두 값이 반대이므로 크로스 엔트로피는 ∞가 된다.

따라서 신경망의 예측 분포와 타깃 분포가 같으면 크로스 엔트로피는 최소화되고, 예측 분포와 타깃 분포가 0과 1로 서로 반대가 되면 크로스 엔트로피는 ∞가 된다.

퀴즈로 정리해 보세요.

01. 신경망 모델이 정확하게 예측하려면 모델은 관측 데이터를 잘 설명하는 함수를 표현해야 한다. 이때 모델이 표현하는 함수의 형태를 결정하는 것이 바로 손　　　　　이다.

02. 손실 함수가 관측 데이터를 잘 설명할 수 있는 함수의 파라미터값을 최적해로 가지려면, 손실 함수를 ① 모델의 오　　　　가 최소화되도록 정의하거나 ② 모델이 추정하는 관측 데이터의 확률이 최대화되도록 최　　　　　방식으로 정의한다.

정답: 01. 손실 함수　02. 오차, 최대우도추정

도전! ▶ 딥러닝 대표 문제

 이 장에서 배운 내용을 실습해 보세요. 아래 문제의 URL에서 <구글 코랩에서 실행하기> 버튼을 누르세요. 실습을 진행할 수 있으며 정답도 확인할 수 있습니다.

실습 01 패션 MNIST 이미지 분류하기

이제 신경망 학습까지 배웠으므로 데이터를 읽어서 모델을 학습하고 성능을 측정하는 과정을 제대로 실습해 볼수 있다. 패션fashion MNIST 데이터셋을 이용해서 운동화나 셔츠 같은 옷 이미지를 분류하는 2계층 순방향 신경망 모델을 만들어 보자.

[텐서플로 튜토리얼] 첫 번째 신경망 훈련하기: 기초 분류 문제

www.tensorflow.org/tutorials/keras/classification

실습 02 자동차 연비 예측하기

지금까지는 순방향 신경망으로 분류 모델을 만들어보았는데 이제 회귀 모델을 만들어보자! Auto MPG 데이터셋을 사용하여 1970년대 후반과 1980년대 초반의 자동차 연비를 예측하는 2계층 순방향 신경망 모델을 만들어 보자.

[텐서플로 튜토리얼] 자동차 연비 예측하기: 회귀

www.tensorflow.org/tutorials/keras/regression

실습 03 영화 리뷰 감성 분석하기

50,000개의 영화 리뷰가 들어있는 IMDB 데이터셋을 사용해서 영화 리뷰가 긍정인지 부정인지 분류해보고, 내가 작성한 영화 리뷰가 긍정으로 분류되는지 부정으로 분류되는지 확인해 보자.

[텐서플로 튜토리얼] 영화 리뷰를 사용한 텍스트 분류

www.tensorflow.org/tutorials/keras/text_classification

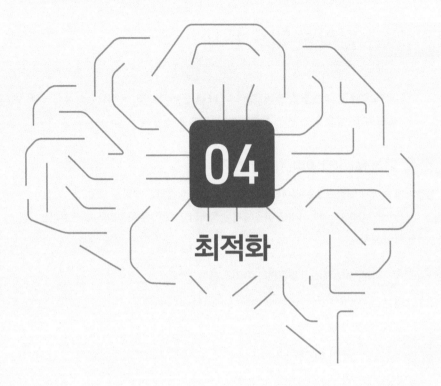

04

최적화

3장에서는 신경망 학습의 기본 최적화 알고리즘인 경사 하강법과 미니배치 훈련 방식으로 변형된 확률적 경사 하강법을 살펴보았다. 신경망의 손실 함수는 우리 예상보다 훨씬 복잡해서 가장 가파른 곳을 찾아 내려가는 방식 만으로는 최적해를 찾지 못하기도 하고 찾는 속도도 느리다. 이런 한계를 극복하기 위해 확률적 경사 하강법을 변형한 많은 알고리즘이 제안되었다. 그중 주요 최적화 알고리즘인 SGD 모멘텀, 네스테로프 모멘텀, AdaGrad, RMSProp, Adam을 이번 장에서 살펴본다.

4.1 확률적 경사 하강법

확률적 경사 하강법은 손실 함수의 곡면에서 '경사가 가장 가파른 곳으로 내려가다 보면 언젠가 가장 낮은 지점에 도달한다'는 가정으로 만들어졌다. 알고리즘의 가정이 단순한 만큼 다양한 상황에 잘 대처하지 못하고 학습 속도도 느리기 때문에 성능에 한계가 있다. 확률적 경사 하강법에 어떤 문제점이 있고 어떤 방향으로 개선되었는지 살펴보자.

4.1.1 고정된 학습률

학습률이란 최적화할 때 한 걸음의 폭을 결정하는 스텝 크기를 말하며 학습 속도를 결정한다. 확률적 경사 하강법은 지정된 학습률을 사용하는 알고리즘이므로 경험적으로 학습률을 조정할 수밖에 없다. 최적화가 어떻게 진행되는지 확인해 봐야 학습률을 어떻게 조정할지 감이 생기지만, 감에 의존하는 방식은 최적이 아니므로 효율적이지 않다. 그만큼 최적의 학습률을 정하기란 어려운 일이다.

학습률을 조정하지 않으면 무슨 일이 생길까?

학습률이 고정되어 있기 때문에 최적화가 비효율적으로 진행된다. 학습률이 낮으면 학습 속도가 느리고, 반대로 학습률이 높으면 최적해로 수렴하지 못하거나 심지어는 손실이 점점 커지는 방향으로 발산하기도 한다. 다음 그림에서 이 현상을 확인해 볼 수 있다.

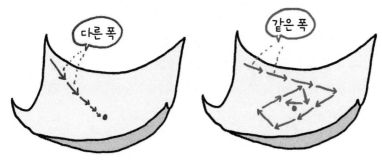

그림 4-1 가변 학습률과 고정 학습률

왼쪽 그림은 학습률이 잘 조절되어 최적해에 정확하고 빠르게 도달한다. 처음에는 큰 폭으로 이동하다가 최적해에 가까워질수록 이동 폭을 줄여서 안정적으로 수렴한다. 반면 오른쪽 그림은 고정된 학습률을 사용하는 경우로 최소 지점 근처에서 진동한다. 최적해에 가까이 갔을 때 남은 거리보다 걸음의 폭이 크기 때문에 최소 지점에 정확히 도달하지 못하며, 학습률이 낮아지지 않는 한 최적해에 영원히 도달할 수 없으므로 모델의 성능은 떨어진다.

학습률 감소

일반적으로 학습 초기에는 큰 폭으로 이동해서 최대한 빠르게 내려가고, 어느 정도 내려가면 작은 폭으로 천천히 이동해서 최적해에 조심스럽게 접근하는 것이 좋다. 그래서 처음에는 높은 학습률로 학습을 시작하고 학습이 진행되는 상황에 따라 학습률을 조금씩 낮추는데 이런 방식을 **학습률 감소**^{learning rate decay}라고 한다.

적응적 학습률

또한 경사가 가파를 때 큰 폭으로 이동하면 최적화 경로를 벗어나거나 최소 지점을 지나칠 수 있으므로 적은 폭으로 천천히 이동하는 것이 좋고, 경사가 완만하면 큰 폭으로 빠르게 이동하는 것이 좋다. 따라서 곡면의 변화에 따라 학습률이 적응적으로 조정된다면 안정적으로 학습할 수 있다. 이와 같이 학습의 진행 상황이나 곡면의 변화를 알고리즘 내에서 고려해서 학습률을 자동으로 조정하는 방식을 **적응적 학습률**^{adaptive learning rate}이라고 한다.

▶ 적응적이라는 의미는 어떤 연산 또는 실행이 필요한지 지속해서 판단하면서 연산을 하거나 실행하는 과정을 말한다. 적응적 학습률은 AdaGrad와 RMSProp에서 살펴보자.

4.1.2 협곡에서 학습이 안 되는 문제

다음 그림과 같이 가로 방향으로는 경사가 매우 가파르고 세로 방향으로는 경사가 거의 없는 폭이 좁고 깊은 협곡이 있다고 하자. 확률적 경사 하강법은 이런 지형을 만나면 계곡의 벽면 사이를 왔다 갔다 하면서 진동만 하고 아래쪽으로는 잘 내려가지 못한다. 결국 최적해가 있는 곳에 도달하지 못하고 정체된 상태로 학습이 종료될 수 있다.

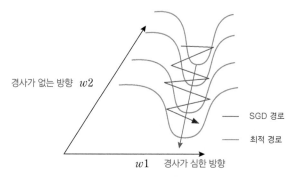

경사가 없는 방향 $w2$

SGD 경로

최적 경로

$w1$ 경사가 심한 방향

그림 4-2 협곡 모양의 곡면에서 학습

이러한 협곡을 등고선으로 표현해 보면 장축이 아주 길고 단축이 아주 짧은 타원형 모양이 된다. 다음 그림은 타원형 $f(x) = \frac{1}{2}(x_1^2 + 10x_2^2)$으로 표현된 협곡의 등고선이다. 확률적 경사 하강법으로 $x^{(0)}$에서부터 출발하여 $x^{(1)}$, $x^{(2)}$, ..., $x^{(n)}$ 순서로 이동한다면, 단계마다 등고선의 직각 방향으로 이동하여 이동 궤적이 진동하는 모습이 된다.

▶ 함수에서 등고선은 같은 함숫값을 갖는 점들을 연결한 선이다. 경사 하강법은 가장 가파른 방향으로 이동하기 때문에 항상 등고선의 직각 방향으로 이동한다.

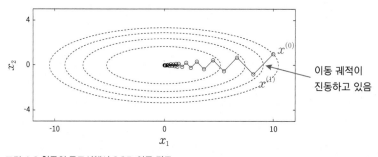

이동 궤적이
진동하고 있음

그림 4-3 협곡의 등고선에서 SGD 이동 경로

손실 곡면의 등고선이 장축과 단축 비율이 높은 타원형이 될 때 1차 미분인 기울기만 사용하면 장축을 따라 매끄럽게 진행할 수 없다. 근본적으로 2차 미분인 곡률을 사용해야 차원별로 지형의 형태를 정확히 파악해서 최적의 경로로 수렴할 수 있다. 만일 기울기만 사용해야 한다면 진행하던 속도에 관성을 추가해서 이동 경로가 덜 진동하게 만들 수 있다.

▶ 관성에 관한 내용은 SGD 모멘텀과 네스테로프 모멘텀에서 다시 살펴보도록 하자.

4.1.3 안장점에서 학습 종료

손실 함수 곡면에서 **임계점**^{critical point}은 미분값이 0인 지점으로 **최대점**^{maximum point}, **최소점**^{minimum point}, **안장점**^{saddle point}이 된다. 안장점은 한쪽 축에서 보면 최소인데 다른 축에서 보면 최대인 지점으로 말의 안장과 같이 생겼다고 해서 붙여진 이름이다. 확률적 경사 하강법은 임계점을 만나면 최대점, 최소점, 안장점을 구분하지 못하고 학습을 종료한다. 문제는 손실 함수 곡면에는 안장점이 무수히 많다는 점이다. 따라서 안장점을 만나더라도 학습이 계속 진행될 방법이 필요하다.

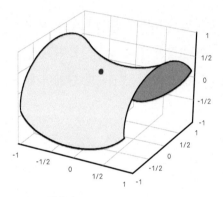

그림 4-4 안장점

손실 함수 곡면에는 안장점이 얼마나 많을까?

n차원 공간에서 임계점을 만났을 때 차원별로 최대일 확률이 $\frac{1}{2}$이고 최소일 확률이 $\frac{1}{2}$이라고 하자. 임계점이 최소점일 확률은 모든 차원에서 최소이어야 하므로 $\frac{1}{2^n}$이고, 같은 논리로 지역 최대점일 확률도 $\frac{1}{2^n}$이다. 나머지 경우는 모두 안장점이기 때문에 임계점이 안장점일 확률은 $P(\text{안장점}) = 1 - \frac{1}{2^{n-1}}$가 되어 차원이 높아질수록 안장점일 확률은 점점 높아진다.

$$P(\text{최소점}) = \frac{1}{2^n}$$

$$P(\text{최대점}) = \frac{1}{2^n}$$

$$P(\text{안장점}) = 1 - \frac{1}{2^{n-1}}$$

임계점을 만났을 때 최대점·최소점·안장점을 어떻게 구분할까?

임계점에서 손실^{loss}을 확인해 보면 최대점·최소점·안장점을 어느 정도 구분할 수 있다. 손실이 매우 낮다면 최소점일 가능성이 크고 손실이 매우 높다면 최대점일 가능성이 크다. 반면 손실이 수렴했다고 보기에 매우 낮지 않으면 안장점이라고 추정할 수 있다.

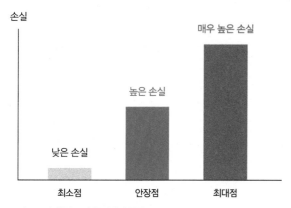

그림 4-5 손실의 크기와 임계점 종류

손실 함수의 차원이 높을수록 안장점을 쉽게 만날 수 있는 만큼, 확률적 경사 하강법이 학습을 중단할 가능성도 커진다. 다행히 안장점은 최대와 최소가 만나는 지점이므로 조금만 움직여도 내리막길이 나타난다. 안장점은 이러한 지형적 특성이 있으므로 진행하던 속도에 관성을 주면 안장점에서 쉽게 탈출할 수 있다.

▶ 관성에 관한 내용은 SGD 모멘텀과 네스테로프 모멘텀에서 다시 살펴보도록 하자.

4.1.4 학습 경로의 진동

확률적 경사 하강법에서 미니배치 단위로 그레이디언트를 근사하면 원래의 손실 함수보다 거친 표면을 갖는 손실 함수를 근사하는 셈이다. 따라서 기울기가 자주 바뀌는 거친 표면에서 이동하므로 최적화 경로가 진동한다. 다음 그림을 보면 오른쪽 경사 하강법은 그레이디언트가 정확하기 때문에 최적해를 향해 곧바로 내려가지만, 왼쪽 확률적 경사 하강법은 그레이디언트가 부정확하기 때문에 실제 내리막길이 아닌 근사된 내리막길로 가느라 여기저기 둘러서 최적해로 간다. 따라서 최적화 경로는 길어지고 수렴 속도는 느려질 수밖에 없다. 최적화 경로가 최적해를 향해 일관성 있게 진행하려면, 손실 함수의 표면이 거칠더라도 민감하게 경로를 바꾸지 말아야 한다.

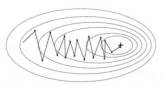
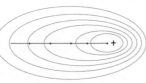

그림 4-6 SGD의 수렴 경로가 진동하는 모습

이제 새로운 최적화 알고리즘들을 살펴보면서 확률적 경사 하강법의 문제점이 어떻게 해결되는지 확인해 보자.

▶ 확률적 경사 하강법은 이후 SGD로 표기를 통일하겠다.

퀴즈로 정리해 보세요.

01. 확   경사 하강법은 손실 함수의 곡면에서 '경사가 가장 가파른 곳으로 내려가다 보면 언젠가 가장 낮은 지점에 도달한다' 라는 단순한 가정으로 만들어진 만큼 성능에 한계가 있다.

02. 확률적 경사 하강법은 지정된 학   을 사용하는 알고리즘이므로 경험적으로 학   을 조정해야 한다. 학   을 작게 설정하면 학습이 느리게 진행되며 학   을 크게 설정하면 최적해로 수렴하지 못할 수 있다.

정답: 01. 확률적 02. 학습률

4.2 SGD 모멘텀

SGD 모멘텀^{momentum}은 최적해를 향해 진행하던 속도에 관성을 주어 SGD의 느린 학습 속도와 협곡과 안장점을 만났을 때 학습이 안 되는 문제, 거친 표면에서 진동하는 문제를 해결한 최적화 알고리즘이다. 이 알고리즘의 핵심 개념과 장단점을 살펴보자.

4.2.1 핵심 개념

SGD가 가장 가파른 곳으로 내려가는 방식이라면 SGD 모멘텀은 지금까지 진행하던 속도에 관성이 작용하도록 만든 방식이다. 이를 벡터로 표현하면 좀 더 직관적으로 이해할 수 있다. 다음 그림에서 그레이디언트 벡터는 현재 위치에서 가장 가파른 방향이고 속도 벡터는 현재 이동하는 속도를 나타낸다. SGD 모멘텀은 현재의 속도 벡터와 그레이디언트 벡터를 더해서 다음 위치를 정한다.

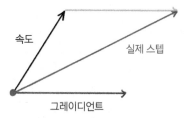

그림 4-7 이동 방향에 관성을 주는 방식

이렇게 속도에 관성이 작용하면 지금까지 진행하던 방향과 다른 방향에 내리막길이 나타나더라도 갑자기 방향을 바꾸지 않는다. 관성이 작용하면서 학습 경로가 전체적으로 매끄러워지고 가파른 경사를 만나면 가속도가 생겨서 학습이 매우 빨라진다.

SGD 모멘텀을 수식으로 표현하면 다음과 같다. 여기서 v_t는 현재 속도이고 ρ는 **마찰 계수**^{friction coefficient}로서 보통 0.9나 0.99를 사용한다.

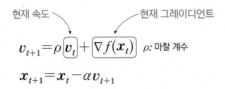

$$v_{t+1} = \rho \boxed{v_t} + \boxed{\nabla f(x_t)} \quad \rho\text{: 마찰 계수}$$

$$x_{t+1} = x_t - \alpha v_{t+1}$$

다음 속도 v_{t+1}은 현재 속도에 마찰 계수를 곱한 뒤 그레이디언트를 더해서 계산한다. 파라미터 업데이트 식은 SGD의 파라미터 업데이트 식과 같은 형태이며 그레이디언트 대신 속도를 사용한다.

4.2.2 관성을 이용한 임계점 탈출과 빠른 학습

진행하던 속도에 관성이 작용하면 이동 경로가 어떻게 개선되는지 살펴보자. 관성이 생기면 진행하던 속도로 계속 진행하려고 하므로, 안장점을 만나거나 깊이가 얕은 지역 최소에 빠지더라도 그 지점을 벗어날 수 있다. 손실 함수의 표면이 울퉁불퉁하면 기울기가 계속 바뀌기 때문에 다른 쪽으로 튕겨 나갈 수 있는데, 이때 관성이 작용하면 진행하던 속도를 유지하며 부드럽게 이동할 수 있다.

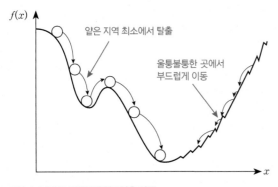

그림 4-8 SGD 모멘텀의 매끄러운 이동

또한 경사가 가파르면 속도에 그레이디언트가 더해져서 가속도가 생기므로 매우 빠르게 이동한다. 다음 그림에서 왼쪽은 SGD로 이동했을 때이고 오른쪽은 SGD 모멘텀으로 이동했을 때이다. 두 경우 모두 세 걸음을 이동했지만 SGD는 최소에 도달하지 못했고 SGD 모멘텀은 최소에 도달했다. 경로를 결정할 때 SGD는 기울기만 적용했고 SGD 모멘텀은 기울기에 속도의 관성을 적용했기 때문이다.

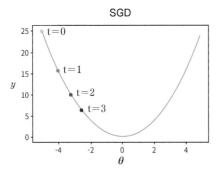
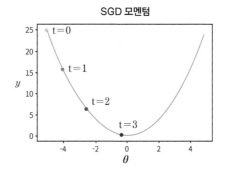

그림 4-9 SGD 모멘텀의 수렴 속도

4.2.3 오버 슈팅 문제

SGD 모멘텀은 **오버 슈팅**[overshooting]이 되는 단점이 있다. 경사가 가파르면 빠른 속도로 내려
오다가 최소 지점을 만나면 그레이디언트는 순간적으로 작아지지만 속도는 여전히 크기 때
문에 최소 지점을 지나쳐 오버 슈팅이 된다. 다음 그림의 왼쪽은 최적화 경로가 최소 지점을
지나쳐서 반대편으로 높이 올라간 상황이다. 이를 벡터로 표현하면 오른쪽과 같다. 그레이
디언트 벡터는 작지만 속도 벡터가 크기 때문에 실제 이동 스텝도 커져서 오버 슈팅이 된다.

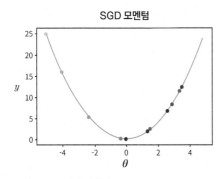

그림 4-10 오버 슈팅 현상

최소 지점이 평평한 평지 위에 있다면 그레이디언트와 속도가 모두 작으므로 오버 슈팅이
되지 않는다. 하지만 최소 지점 주변의 경사가 가파르다면 속도가 크기 때문에 오버 슈팅이
될 수밖에 없다. 이때 최적해 주변을 평평하게 만들어 주는 정규화 기법을 사용하면 오버 슈
팅을 막을 수 있다.

▶ 최적해 주변을 평평하게 만들어주는 정규화 기법은 5장에서 설명한다.

SGD 모멘텀은 두 종류의 식으로 표현할 수 있다. 두 식의 차이점은 속도를 계산할 때 그레이디언트 누적 방향이 반대라는 점이다. 그에 따라 파라미터 업데이트 방향도 반대로 되어 있다.

$$v_{t+1}=\rho v_t + \nabla f(x_t) \qquad v_{t+1}=\rho v_t - \alpha \nabla f(x_t)$$
$$x_{t+1}=x_t - \alpha v_{t+1} \qquad\quad x_{t+1}=x_t + v_{t+1}$$

다음에 소개할 네스테로프 모멘텀은 SGD 모멘텀의 오버 슈팅 문제를 개선한 알고리즘으로 두 식 중 오른쪽 식을 사용한다.

퀴즈로 정리해 보세요.

01. SGD가 가장 가파른 곳으로 내려가는 방식이라면 S⬜⬜⬜⬜⬜⬜⬜은 지금까지 진행하던 속도에 관성을 주면서 내려가는 방식이다.

02. 관성이 작용하면 안⬜⬜⬜을 만나거나 깊이가 얕은 지역 최소에 빠지더라도 벗어날 수 있으며, 손실 함수의 표면이 울퉁불퉁하더라도 진행하던 속도를 유지하며 부드럽게 이동하면서 학습 경로가 전체적으로 매끄러워진다.

정답: 01. SGD 모멘텀 02. 안장점

4.3 네스테로프 모멘텀

네스테로프 모멘텀$^{\text{Nesterov momentum}}$은 진행하던 속도에 관성을 준다는 점은 SGD 모멘텀과 같지만 오버 슈팅을 막기 위해 현재 속도로 한 걸음 미리 가보고 오버 슈팅이 된 만큼 다시 내리막길로 내려가기 때문에 이동 방향에 차이가 있다.

4.3.1 핵심 개념

네스테로프 모멘텀은 관성을 이용해서 현재 속도로 한 걸음 미리 간 지점에서 내리막길로 내려가는 방식이다. 오버 슈팅이 생기지 않도록 한 걸음 미리 갔을 때 높이 올라간 만큼 다시 내려오도록 그레이디언트로 교정해 준다. 이를 다음 그림으로 설명하면 속도 벡터는 현재 이동하는 속도를 나타내고 그레이디언트 벡터는 현재 속도로 한 걸음 미리 가 본 위치에서 내리막길 방향을 의미한다. 네스테로프 모멘텀은 현재의 속도 벡터와 현재 속도로 한 걸음 미리 가 본 위치의 그레이디언트 벡터를 더해서 다음 위치를 정한다.

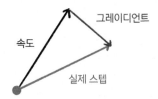

그레이디언트

속도

실제 스텝

그림 4-11 네스테로프 모멘텀의 이동 방향

네스테로프 모멘텀을 수식으로 표현하면 다음과 같다. 여기서 v_t는 현재 속도이고 ρ는 마찰 계수로 0.9나 0.99를 사용한다.

한 걸음 미리 가기

$$v_{t+1} = \rho v_t - \alpha \nabla f(\boxed{x_t + \rho v_t})$$ ρ: 마찰 계수

$$x_{t+1} = x_t + v_{t+1}$$

다음 속도 v_{t+1}은 현재 속도에 마찰 계수를 곱한 뒤 현재 속도로 한 걸음 미리 가 본 위치의 그레이디언트를 빼서 계산한다.

▶ 파라미터 업데이트 식은 SGD 모멘텀의 파라미터 업데이트를 반대 방향으로 하는 식으로 표현되었다.

4.3.2 오버 슈팅 억제

다음 그림은 네스테로프 모멘텀이 오버 슈팅을 억제하는 단계를 벡터로 표현한 것이다.

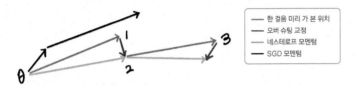

그림 4-12 오버 슈팅을 억제하는 과정

검정색은 SGD 모멘텀으로 두 번 이동한 경로이고 녹색은 네스테로프 모멘텀으로 두 번 이동한 경로이다. 녹색은 갈색과 빨간색이 더해져서 계산되며, 갈색은 현재 속도로 한 걸음 미리 가 본 위치이고, 빨간색은 갈색 지점에서 그레이디언트로 이동한 위치로 오버 슈팅을 교정한다. 이런 방식으로 네스테로프 모멘텀은 관성이 커지더라도 오버 슈팅이 될지 미리 살펴보고 교정하기 때문에 오버 슈팅이 억제된다.

네스테로프 모멘텀은 정말 오버 슈팅을 잘 억제할까? 다음 그림과 같이 SGD 모멘텀과 네스테로프 모멘텀의 이동 경로를 비교해 보면, SGD 모멘텀은 최소 지점을 지나쳐서 오버 슈팅이 되지만 네스테로프 모멘텀은 최소 지점을 조금만 지나쳐서 오버 슈팅을 억제하고 있음을 알 수 있다.

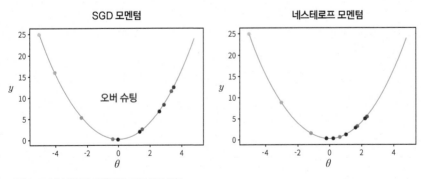

그림 4-13 네스테로프 모멘텀의 오버 슈팅 억제

4.3.3 그레이디언트 계산 트릭

네스테로프 모멘텀 식에서 한 걸음 미리 가 본 지점의 그레이디언트를 계산하려면, 한 걸음 미리 갔다가 돌아와야 하기 때문에 계산이 조금 복잡하다. 계산을 단순화하기 위해 한 걸음 미리 가 본 위치를 현재 위치로 바꾸는 트릭을 사용해 보자. 트릭의 핵심 아이디어는 $x_t + \rho v_t$를 새로운 변수 $\tilde{x}_t = x_t + \rho v_t$로 치환하는 것이다. 전체적인 변수 치환 과정은 다음과 같다.

$$v_{t+1} = \rho v_t - \alpha \nabla f(\boxed{x_t + \rho v_t})$$
$$x_{t+1} = x_t + v_{t+1}$$

$$\Downarrow \quad \tilde{x}_t = x_t + \rho v_t$$

$$v_{t+1} = \rho v_t - \alpha \nabla f(\tilde{x}_t)$$
$$\tilde{x}_{t+1} = \tilde{x}_t - \rho v_t + (1+\rho) v_{t+1}$$
$$= \tilde{x}_t + v_{t+1} + \boxed{\rho(v_{t+1} - v_t)}$$
교정 요소

$$\begin{cases} x_{t+1} = x_t + v_{t+1} \\ \tilde{x}_{t+1} - \rho v_{t+1} = \tilde{x}_t - \rho v_t + v_{t+1} \\ \tilde{x}_{t+1} = \tilde{x}_t - \rho v_t + v_{t+1} + \rho v_{t+1} \\ \tilde{x}_{t+1} = \tilde{x}_t - \rho v_t + (1+\rho) v_{t+1} \end{cases}$$

그림 4-14 변수 치환 과정

각 스텝을 설명해 보면 먼저 네스테로프 모멘텀 식은 다음과 같다.

$$v_{t+1} = \rho v_t - \alpha \nabla f(x_t + \rho v_t)$$
$$x_{t+1} = x_t + v_{t+1}$$

첫 번째 식에서 $x_t + \rho v_t$를 $\tilde{x}_t = x_t + \rho v_t$로 치환해 보자.

$$v_{t+1} = \rho v_t - \alpha \nabla f(\tilde{x}_t)$$

두 번째 식에 $x_{t+1} = \tilde{x}_{t+1} - \rho v_{t+1}$와 $x_t = \tilde{x}_t - \rho v_t$를 각각 대입한다.

$$\tilde{x}_{t+1} - \rho v_{t+1} = \tilde{x}_t - \rho v_t + v_{t+1}$$

그리고 $\tilde{x}_{t+1}$를 좌변에 놓고 나머지를 모두 우변으로 정리하면 다음과 같다.

$$\tilde{x}_{t+1} = \tilde{x}_t - \rho v_t + v_{t+1} + \rho v_{t+1}$$
$$= \tilde{x}_t - \rho v_t + (1+\rho) v_{t+1}$$
$$= \tilde{x}_t + v_{t+1} + \rho (v_{t+1} - v_t)$$

이제 한 걸음 미리 가 본 위치가 현재 위치로 바뀌었다.

$$v_{t+1} = \rho v_t - \alpha \nabla f(\tilde{x}_t)$$
$$\tilde{x}_{t+1} = \tilde{x}_t + v_{t+1} + \rho (v_{t+1} - v_t)$$

바뀐 식은 표준 SGD 모멘텀 식과 거의 동일한데 두 번째 식에 $\rho (v_{t+1} - v_t)$만 추가되었다. 이 부분이 오버 슈팅을 억제하는 역할을 한다.

퀴즈로 정리해 보세요.

01. 네▦▦▦▦▦▦▦▦은 진행하던 속도에 관성을 준다는 점은 SGD 모멘텀과 같지만, 오버 슈팅을 막기 위해 현재 속도로 한 걸음 미리 가 보고 오버 슈팅이 된 만큼 다시 내리막길로 내려가는 방식이다.

02. 네스테로프 모멘텀은 관성이 커지더라도 오▦▦▦▦ 이 될지 미리 살펴보고 교정하기 때문에 오▦▦▦▦ 이 억제된다.

정답: 01. 네스테로프 모멘텀 02. 오버 슈팅

4.4 AdaGrad

AdaGrad^{adaptive gradient}는 손실 함수의 곡면의 변화에 따라 적응적으로 학습률을 정하는 알고리즘이다.

4.4.1 핵심 개념

손실 함수의 경사가 가파를 때 큰 폭으로 이동하면 최적화 경로를 벗어나거나 최소 지점을 지나칠 수 있으므로 작은 폭으로 이동하는 것이 좋고, 경사가 완만하면 큰 폭으로 빠르게 이동하는 것이 좋다. 그러려면 곡면의 변화량에 학습률이 적응적으로 조정되어야 한다.

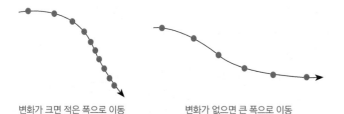

변화가 크면 적은 폭으로 이동　　　　　변화가 없으면 큰 폭으로 이동

그림 4-15 곡면의 변량을 고려하여 적응적으로 이동

곡면의 변화량은 어떻게 계산할까? 곡면의 변화가 크다는 것은 기울기의 변화가 크다는 의미이므로, 모든 단계에서 계산했던 기울기를 모아서 크기를 측정해보면 된다. 먼저 모든 단계의 기울기를 하나의 벡터로 표현해 보자.

곡면 기울기

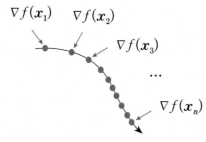

그림 4-16 전체 경로의 기울기

$$\text{기울기 벡터} = (\nabla f(\boldsymbol{x_1}),\ \nabla f(\boldsymbol{x_2}),\ \nabla f(\boldsymbol{x_3}),\ ...,\ \nabla f(\boldsymbol{x_t}))$$

각 기울기의 제곱합을 계산해서 곡면의 변화량으로 사용할 수 있다.

$$\text{곡면의 변화량} = \boldsymbol{r}_{t+1} = \nabla f(\boldsymbol{x_1})^2 + \nabla f(\boldsymbol{x_2})^2 + ... + \nabla f(\boldsymbol{x_t})^2$$

SGD의 파라미터 업데이트 식에서 학습률 α를 곡면의 변화량의 제곱근 $\sqrt{r_{t+1}}$로 나눠주면 **적응적 학습률**이 된다. 적응적 학습률은 곡면의 변화량에 반비례하므로, 곡면의 변화가 크면 천천히 학습하고 곡면에 변화가 작으면 빠르게 학습한다. 다음 수식은 적응적 학습률이 반영된 파라미터 업데이트 식으로 '그레이디언트의 제곱을 누적하는 식'과 '파라미터 업데이트 식'으로 정의된다.

▶ ϵ은 분모가 0이 되지 않게 더해주는 아주 작은 상수로 보통 1e-7이나 1e-8를 사용한다.

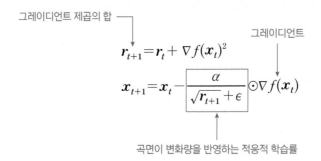

AdaGrad는 모델의 파라미터별로 곡면의 변화량을 계산하기 때문에 파라미터별로 개별 학습률을 갖는 효과가 생긴다. 손실 함수에서 파라미터의 차원별로 곡면의 변화량이 다를 수 있기 때문에 파라미터별로 개별 학습률을 가지면 좀 더 정확하고 빠르게 최적해로 수렴할 수 있다.

4.4.2 학습 초반에 학습이 중단되는 현상

AdaGrad에는 한 가지 치명적인 문제가 있다. 곡면의 변화량을 전체 경로의 기울기 벡터의 크기로 계산하므로 학습이 진행될수록 곡면의 변화량은 점점 커지고 반대로 적응적 학습률은 점점 낮아진다는 점이다. 만일 경사가 매우 가파른 위치에서 학습을 시작한다면, 초반부터 적응적 학습률이 급격히 감소하기 시작해서 조기에 학습이 중단될 수 있다. 이처럼 조기에 학습이 중단되는 문제를 해결하기 위해 RMSProp이 제안되었다.

그림 4-17 훈련 초반에 학습이 중단되는 문제

4.5 RMSProp

RMSProp^{root mean square propagation}은 최근 경로의 곡면 변화량에 따라 학습률을 적응적으로 결정하는 알고리즘이다. AdaGrad가 조기에 학습이 중단되는 문제를 해결하기 위해 RMSProp은 곡면 변화량을 개선된 방식으로 측정한다.

4.5.1 핵심 개념

곡면 변화량을 측정할 때 전체 경로가 아닌 최근 경로의 변화량을 측정하면 곡면 변화량이 누적되어 계속해서 증가하는 현상을 없앨 수 있다.

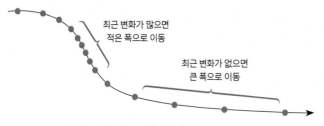

최근 변화가 많으면
적은 폭으로 이동

최근 변화가 없으면
큰 폭으로 이동

그림 4-18 곡면의 최근 변화량을 고려한 적응적 이동

RMSProp은 최근 경로의 곡면 변화량을 측정하기 위해 **지수가중이동평균**^{exponentially weighted moving average}을 사용한다. 다음 수식을 보면 r_{t+1}를 계산할 때 r_t와 그레이디언트의 제곱 $\nabla f(\boldsymbol{x}_t)^2$을 가중 합산해서 지수가중이동평균을 계산했다. 이 식이 왜 지수가중이동평균인지는 첫 번째 식의 점화식을 풀어보면 쉽게 알 수 있다.

▶ β는 가중치로 보통 0.9를 사용하며, ϵ은 분모가 0이 되지 않게 더해주는 아주 작은 상수로 보통 1e-7이나 1e-8를 사용한다.

그레이디언트 제곱의 지수가중이동평균

$$r_{t+1} = \beta r_t + (1-\beta)\, \nabla f(\boldsymbol{x}_t)^2$$

그레이디언트

$$\boldsymbol{x}_{t+1} = \boldsymbol{x}_t - \boxed{\frac{\alpha}{\sqrt{r_{t+1}} + \epsilon}} \odot \nabla f(\boldsymbol{x}_t)$$

최근 곡면의 변화량을 반영하는 적응적 학습률

4.5.2 최근 경로의 곡면 변화량

RMSProp의 첫 번째 식인 r_{t+1}에 대한 점화식을 풀어보자. 먼저 $r_t = \beta r_{t-1} + (1-\beta) \nabla f(x_{t-1})^2$ 를 첫 번째 식에 대입한다.

$$r_{t+1} = \beta \boxed{r_t} + (1-\beta) \nabla f(x_t)^2 \qquad\qquad r_t = \beta r_{t-1} + (1-\beta) \nabla f(x_{t-1})^2 \text{를 대입}$$

$$= \beta \left(\beta r_{t-1} + (1-\beta) \nabla f(x_{t-1})^2 \right) + (1-\beta) \nabla f(x_t)^2$$

$$= \beta^2 r_{t-1} + \beta(1-\beta) \nabla f(x_{t-1})^2 + (1-\beta) \nabla f(x_t)^2$$

$$= \beta^2 r_{t-1} + (1-\beta)(\nabla f(x_t)^2 + \beta \nabla f(x_{t-1})^2)$$

같은 방식으로 r_{t-1} 부터 r_1 까지 순서대로 대입하면 다음과 같이 식이 정리된다.

$$r_{t+1} = \beta^t r_1 + (1-\beta)(\underline{\nabla f(x_t)^2} + \beta \nabla f(x_{t-1})^2 + \cdots + \underline{\beta^{t-1} \nabla f(x_1)^2})$$

최근 변화는 많이 반영됨   오래된 변화는 적게 반영됨

이 식의 괄호 안을 보면 x_1 지점에서 첫 번째 그레이디언트 제곱 $\nabla f(x_1)^2$의 가중치는 β^{t-1} 이고, x_2 지점에서 두 번째 그레이디언트 제곱 $\nabla f(x_2)^2$의 가중치는 β^{t-2}이다. 현재 시점에서 멀어질수록 가중치가 1, β^1, ..., β^{t-2}, β^{t-1}와 같이 $\beta = 0.9$의 지수승으로 변화하면서 점점 0으로 수렴한다. 따라서 최근 경로의 그레이디언트는 많이 반영되고 오래된 경로의 그레이디언트는 작게 반영된다.

그레이디언트 제곱에 곱해지는 가중치가 지수승으로 변화하기 때문에 지수가중평균이라고 부르며, 단계마다 새로운 그레이디언트 제곱의 비율을 반영하여 평균이 업데이트되기 때문에 지수가중이동평균이라고 부른다.

4.6 Adam

Adam^{adaptive moment estimation}은 SGD 모멘텀과 RMSProp이 결합된 형태로, 진행하던 속도에 관성을 주고 동시에 최근 경로의 곡면의 변화량에 따라 적응적 학습률을 갖는 알고리즘이다.

그림 4-19 관성과 적응적 학습률을 갖는 Adam

4.6.1 핵심 개념

Adam은 관성에 대한 장점과 적응적 학습률에 대한 장점을 모두 갖는 전략을 취한다. 그래서 최적화 성능이 우수하고 잡음 데이터에 대해 민감하게 반응하지 않는 성질이 있다. 그리고 두 알고리즘을 합치면서 학습 초기 경로가 편향되는 RMSProp의 문제를 제거했다.

Adam을 식으로 표현하면 다음 수식과 같다. 첫 번째 식은 **1차 관성**^{first momentum}으로서 속도를 계산한다. SGD 모멘텀의 첫 번째 식에 해당하는데, 속도에 마찰 계수 ρ 대신 가중치 β_1을 곱해서 그레이디언트의 지수가중이동평균을 구하는 형태로 수정되었다. 두 번째 식은 **2차 관성**^{second momentum}으로서 그레이디언트 제곱의 지수가중이동평균을 구하는 식이다. RMSProp의 첫 번째 식과 동일하다. 세 번째 식은 파라미터 업데이트 식으로 1차 관성과 2차 관성을 사용한다.

▶ 가중치 β_1과 β_2는 보통 0.9나 0.99를 사용하며 ϵ은 분모가 0이 되지 않게 더해주는 상수로 보통 1e-7이나 1e-8를 사용한다.

$$v_{t+1} = \beta_1 v_t + (1-\beta_1)\nabla f(\boldsymbol{x}_t) \quad \text{1차 관성(속도)}$$

$$r_{t+1} = \beta_2 r_t + (1-\beta_2)\nabla f(\boldsymbol{x}_t)^2 \quad \text{2차 관성(그레이디언트 제곱의 지수가중이동평균)}$$

$$\boldsymbol{x}_{t+1} = \boldsymbol{x}_t - \boxed{\frac{\alpha}{\sqrt{r_{t+1}}+\epsilon}} \odot v_{t+1} \longleftarrow \text{관성을 갖는 속도}$$

최근 경로의 곡면의 변화량

4.6.2 학습 초기 경로 편향 문제

이 식으로 학습하면 첫 번째 단계에서 출발 지점으로부터 멀리 떨어진 곳으로 이동하는 초기 경로의 편향 문제가 생긴다.

초기 경로에 편향이 발생하는 이유

다음 알고리즘을 따라가 보면서 이런 현상이 왜 나타나는지 확인해 보자.

$$\beta_1 = 0.9, \ \beta_2 = 0.99$$
$$\boldsymbol{v}_0 = 0, \ \boldsymbol{r}_0 = 0$$

for t in range(1, num_iterations):

$$\boldsymbol{v}_{t+1} = \underset{0}{\beta_1} \boldsymbol{v}_t + \underset{0.9}{(1-\beta_1)} \nabla f(\boldsymbol{x}_t)$$

$$\boldsymbol{r}_{t+1} = \underset{0}{\beta_2} \boldsymbol{r}_t + \underset{0.99}{(1-\beta_2)} \nabla f(\boldsymbol{x}_t)^2$$

$$\boldsymbol{x}_{t+1} = \boldsymbol{x}_t - \frac{\alpha}{\sqrt{\boldsymbol{r}_{t+1}} + \epsilon} \odot \boldsymbol{v}_{t+1}$$

r_1이 매우 작은 숫자가 됨

훈련을 시작할 때는 1차 관성 v_0과 2차 관성 r_0 모두 0이다. 이 상태에서 첫 번째 단계를 실행하면 $v_1 = 0.1 * \nabla f(x_0)$, $r_1 = 0.01 * \nabla f(x_0)^2$이 된다. 이때 r_1의 식에 있는 0.01이 값이 작기 때문에 r_1도 작아질 수 있다. r_1이 작아지면 적응적 학습률이 커져서 출발 지점에서 멀리 떨어진 곳으로 이동하게 되고 운이 나쁘면 최적화에 좋지 않은 곳으로 갈 수도 있다.

초기 경로의 편향 제거

초기 경로의 편향 문제는 RMSProp이 가지는 문제이다. Adam은 이 편향을 제거하기 위해 $v_{t+1} = \dfrac{v_{t+1}}{(1-\beta_1^t)}$, $r_{t+1} = \dfrac{r_{t+1}}{(1-\beta_2^t)}$를 적용해서 다음과 같이 알고리즘을 개선했다. 편향이 어떻게 사라지는지 첫 번째 단계를 다시 따라가 보자.

$$\beta_1 = 0.9, \ \beta_2 = 0.99$$

$$v_0 = 0, \ r_0 = 0$$

for t in range(1, num_iterations) :

$$v_{t+1} = \beta_1 v_{t_0} + (1 \not= \beta_1) \nabla f(x_t)$$

$$r_{t+1} = \beta_2 r_{t_0} + (1 \not= \beta_2) \nabla f(x_t)^2$$

$$v_{t+1} = \frac{v_{t+1}}{(1 \not= \beta_1^t)}$$

$$r_{t+1} = \frac{r_{t+1}}{(1 \not= \beta_2^t)}$$

$$x_{t+1} = x_t - \frac{\alpha}{\sqrt{r_{t+1} + \epsilon}} \odot v_{t+1}$$

첫 번째 단계에서 $v_1 = 0.1 \nabla f(x_0)$, $r_1 = 0.01 \nabla f(x_0)^2$이 계산되면 추가된 식에서 0.1과 0.01을 상쇄하고 $v_1 = \nabla f(x_0)$, $r_1 = \nabla f(x_0)^2$이 된다. 따라서 r_1은 그레이디언트의 제곱이므로 아주 작아질 일은 없다. 이로써 학습 초반에 학습률이 급격히 커지는 편향이 제거되고, 훈련이 진행될수록 β_1과 β_2가 1보다 작기 때문에 두 식의 분모 $(1 - \beta_1^t)$와 $(1 - \beta_2^t)$는 1에 수렴하므로 원래 알고리즘으로 바뀐다.

퀴즈로 정리해 보세요.

01. A‏⬚⬚⬚⬚⬚ 은 SGD 모멘텀과 같이 진행하던 속도에 관성을 주고 RMSProp과 같이 학습률을 적응적으로 조정하는 알고리즘이다.

02. R⬚⬚⬚⬚⬚ 은 출발 지점에서 멀리 떨어진 곳으로 이동하는 초기 경로의 편향 문제가 있는데, Adam 은 초기 경로의 편향을 제거하였다.

정답: 01. Adam 02. RMSProp

05

초기화와 정규화

신경망은 복잡한 문제를 잘 풀어내지만 쉽게 과적합되는 구조 때문에 최적의 모델로 학습하기가 까다롭다. 딥러닝 방식이 등장하기 전까지 과적합은 해결하기 어려운 문제였고, 지금까지도 과적합을 막기 위해 매우 다양한 기법들이 연구되고 있다. 근본적으로 모델이 과적합되지 않게 하려면 모델의 파라미터 수에 비례해서 학습 데이터를 충분히 늘려주면 된다. 하지만 현실적으로 학습 데이터가 한정된 경우가 많으므로 단순히 학습 데이터를 늘려주는 방식으로는 문제를 해결하기 어렵다. 또한 가급적 적은 데이터로 빠르게 학습할 수 있다면 시간과 비용을 절감할 수 있다.

이번 장에서는 3장과 4장에 이어 신경망 학습을 원활히 해주는 모델의 초기화 방법과 과적합을 방지하고 모델의 성능을 향상하는 다양한 정규화 기법을 살펴보겠다.

5.1 가중치 초기화

신경망을 학습할 때 손실 함수의 어느 위치에서 출발해야 최적해가 있는 곳으로 쉽게 갈 수 있을까? 최적해 근처에서 출발할 수 있다면 빠르고 정확하게 최적해를 찾을 수 있겠지만, 최적해가 어디에 있는지 모른다면 어떤 위치에서 출발하는 게 가장 좋을까?

그림 5-1 손실 함수[20]

신경망을 학습할 때 손실 함수에서 출발 위치를 결정하는 방법이 모델 **초기화**initialization다. 특히 가중치는 모델의 파라미터에서 가장 큰 비중을 차지하므로 가중치의 초기화 방법에 따라 학습 성능이 크게 달라질 수 있다. 이번 절에서는 가중치 초기화 방법을 살펴보고자 한다.

5.1.1 상수 초기화

최적해에 관한 사전 정보가 없을 때 생각할 수 있는 가중치 초기화 방법 중 하나가 임의의 상수로 초기화하는 것이다.

가중치를 0으로 초기화한다면?

신경망의 가중치를 모두 0으로 초기화했다고 해보자. 과연 어떤 일이 일어날까?

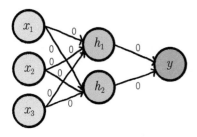

그림 5-2 가중치의 0 초기화

뉴런의 가중치가 0이면 가중 합산 결과는 항상 0이 되고, 활성 함수는 가중 합산 결과인 0을 입력받아서 늘 같은 값을 출력한다.

$$z = \boldsymbol{w}^T \boldsymbol{x} + b = 0$$
$$a = \text{activation}(z) \in \{0, 0.5\}$$

예를 들어 활성 함수가 ReLU나 하이퍼볼릭 탄젠트면 출력은 0이 되고 시그모이드면 출력은 0.5가 된다. 또한 출력 뉴런의 활성 함수가 소프트맥스라면 모든 클래스의 확률이 동일한 균등 분포를 출력한다. 결과적으로 의미 없는 출력이 만들어지며 가중치가 0이면 학습도 진행되지 않는다. 다음 식과 같이 역전파 과정에서 뉴런의 지역 미분 $\frac{\partial z}{\partial \boldsymbol{x}}$ 는 $\boldsymbol{w}$ 이므로 항상 0이 되고, 다음 뉴런에 전달할 전역 미분 $\frac{\partial J}{\partial \boldsymbol{x}}$ 도 0이 되기 때문에 학습이 진행되지 않는다.

$$\frac{\partial z}{\partial \boldsymbol{x}} = \boldsymbol{w} = \boldsymbol{0}$$

$$\frac{\partial J}{\partial \boldsymbol{x}} = \frac{\partial J}{\partial z} \cdot \frac{\partial z}{\partial \boldsymbol{x}} = 0$$

가중치를 0이 아닌 상수로 초기화한다면?

이번에는 가중치를 0이 아닌 다른 상수로 초기화해 보자. 오른쪽 그림과 같이 가중치를 0.1로 초기화하면 괜찮을까?

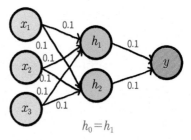

그림 5-3 가중치의 상수 초기화와 신경망의 대칭성

두 개의 은닉 뉴런 h_1과 h_2는 입력 (x_1, x_2, x_3)과 가중치가 $(0.1, 0.1, 0.1)$로 같기 때문에 가중 합산 결과도 같고 활성 함수의 실행 결과도 같다. 실제 뉴런은 두 개지만 마치 하나의 뉴런만 있는 것처럼 둘이 똑같이 작동한다. 출력 뉴런 y는 h_1과 h_2에서 같은 값을 입력받으므로 정보가 반으로 줄어들고 연산 결과도 그만큼 부정확해진다.

가중치를 모두 같은 상수로 초기화하면 신경망에 **대칭성**symmetry이 생겨서 같은 계층의 모든 뉴런이 똑같이 작동하므로, 여러 뉴런을 사용하는 효과가 사라지고 하나의 뉴런만 있는 것과 같아진다. 모델을 크게 설계했더라도 모든 계층에 뉴런이 하나인 아주 작은 모델과 같아진 만큼 성능에 심각한 제약이 생긴다.

5.1.2 가우시안 분포 초기화

대칭성을 피하려면 가중치를 모두 다른 값으로 초기화해야 한다. 이제 가중치를 균등 분포나 가우시안 분포를 따르는 **난수**random number를 이용해서 초기화해 보자. 가중치 초기화가 계층별 데이터 분포와 학습에 미치는 현상을 설명하기 위해 다음과 같은 10계층 모델을 가정해 보자. 각 계층에는 500개 뉴런이 있고 활성 함수는 하이퍼볼릭 탄젠트를 사용한다. 입력 데이터는 크기가 500인 실수 벡터로 표준 가우시안 분포 $N(0, 1)$를 따르는 난수로 생성한다.

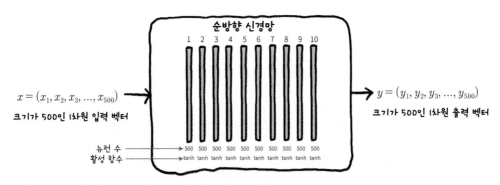

그림 5-4 10계층 순방향 신경망 모델

가중치를 아주 작은 난수로 초기화한다면?

먼저 모델의 가중치를 가우시안 분포 $N(0, 0.01)$을 따르는 난수로 초기화해 보자. 가중치가 평균이 0이고 분산이 0.01인 난수로 되어 있기 때문에 아주 작은 값으로 초기화되었다. 신경망에 입력된 데이터는 10개의 계층을 지나면서 다음과 같은 분포로 변화한다. 계층이 깊어질수록 출력이 점점 0으로 변하는 현상을 확인할 수 있다.

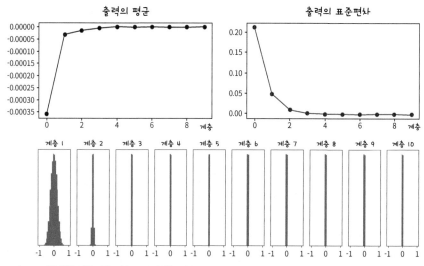

그림 5-5 가중치를 아주 작은 난수로 초기화한 경우

이런 현상이 생기는 이유는 무엇일까? 가중치가 너무 작기 때문이다. 가중치가 작으면 뉴런의 출력이 작아질 수밖에 없다. 따라서 입력 데이터가 여러 계층을 지날수록 점점 0에 가깝게 변하며, 값이 0이 되는 순간 뉴런의 가중 합산이 0이 되기 때문에 가중치를 0으로 초기화했을 때와 비슷한 현상이 일어난다. 신경망이 의미 있는 출력을 만들지 못하고 학습도 진행되지 않는다.

가중치를 큰 난수로 초기화한다면?

가중치가 아주 작을 때 신경망 모델이 정상적으로 학습하지 못한다면, 가중치를 크게 만들면 어떻게 될까? 이번에는 가중치를 평균이 0이고 분산이 1인 가우시안 분포 $N(0, 1)$로 초기화해 보자. 이 경우 다음 그림과 같이 입력 데이터가 각 계층을 지나면서 점점 1이나 -1로 변하는 현상을 확인할 수 있다.

이번에는 가중치가 너무 크기 때문에 그림과 같은 현상이 발생한다. 가중치가 크면 뉴런의 출력이 커지므로 데이터가 계층을 여러 번 통과할수록 출력은 점점 커진다. 다만 활성 함수가 하이퍼볼릭 탄젠트이기 때문에 출력이 더 커지지 못하고 1과 -1로 포화하는 것이다. 문제는 하이퍼볼릭 탄젠트의 그레이디언트도 0으로 포화하여 그레이디언트 소실이 생기고 학습이 중단된다는 점이다.

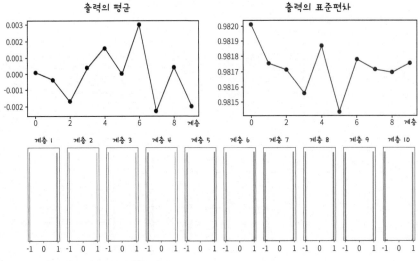

그림 5-6 가중치를 큰 난수로 초기화한 경우

적정한 가중치는 어떤 값일까?

가중치가 작아도 문제이고 커도 문제라면, 적정한 가중치는 어떤 값이어야 할까? 적어도 데이터의 크기를 점점 작게 만들거나 점점 크게 만들지 않는 값이어야 한다. 다시 말하면 데이터가 계층을 통과하더라도 데이터의 크기를 유지해주는 가중치로 초기화해야 한다. 그렇다면 과연 어떤 방법으로 데이터 크기를 유지할 수 있을까?

5.1.3 Xavier 초기화

Xavier 초기화Xavier Initialization는 시그모이드 계열의 활성 함수를 사용할 때 가중치를 초기화하는 방법으로, 입력 데이터의 분산이 출력 데이터에서 유지되도록 가중치를 초기화한다. 데이터가 계층을 통과하더라도 같은 크기를 유지하려면 분산이 점점 작아지거나 커지지 않아야 하기 때문이다.

Xavier 초기화 방식의 가정사항

Xavier 초기화 방식을 유도하기 위해 몇 가지 가정해 보자.

1. **활성 함수를 선형 함수로 가정한다.**
   - 입력 데이터가 0 근처의 작은 값으로 되어 있다고 하자.
   - 이 경우 입력 데이터는 시그모이드 계열의 활성 함수의 가운데 부분을 지난다.

- 시그모이드 계열의 활성 함수의 가운데 부분은 직선에 가깝기 때문에 선형 함수로 가정할 수 있다.

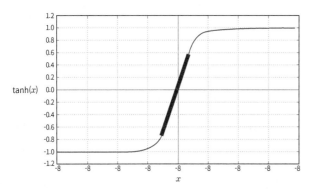

그림 5-7 하이퍼볼릭 탄젠트 함수의 선형성

2. 입력 데이터와 가중치는 다음과 같은 분포의 성질을 가진다.

- 입력 데이터 $(x_1, x_2, ..., x_n)$와 가중치 $(w_1, w_2, ..., w_n)$는 서로 독립이다.

- 입력 데이터의 각 차원 x_i는 같은 분포이고 서로 독립인 i.i.d를 만족한다.

- 가중치의 각 차원 w_i도 같은 분포이고 서로 독립인 i.i.d를 만족한다.

- 각 x_i와 $w_i (i=1, 2, ..., n)$는 평균이 0인 분포를 따른다. 즉, $E(w_i)=0$이고 $E(x_i)=0$이다.

Xavier 초기화 식의 유도 과정

이제 Xavier 초기화 식을 유도해 보자. 활성 함수를 선형 함수로 가정했으므로 뉴런의 출력 y는 가중 합산 z와 같다.

$$y=z=w_1x_1+w_2x_2+...+w_nx_n+b$$

이 식의 양변에 분산을 계산해 보면 x_i와 w_i가 서로 독립이므로 두 번째 줄이 유도된다. n은 입력 데이터의 개수이다.

$$\begin{aligned} \text{Var}(y) &= \text{Var}(w_1x_1+w_2x_2+...+w_nx_n) \\ &= \text{Var}(w_1x_1)+\text{Var}(w_2x_2)+...+\text{Var}(w_nx_n) \\ &= \sum_{i=1}^{n}\text{Var}(w_ix_i) \end{aligned}$$

$E(w_i)=0$이고 $E(x_i)=0$이므로 다음과 같이 $\mathrm{Var}(x_i w_i)=\mathrm{Var}(x_i)\,\mathrm{Var}(w_i)$를 만족한다.

$$\mathrm{Var}(y)=\sum_{i=1}^{n}E((w_i x_i)^2)-E(w_i x_i)^2$$

$$=\sum_{i=1}^{n}E(w_i^2)E(x_i^2)-E(w_i)^2 E(x_i)^2$$

$$=\sum_{i=1}^{n}(\mathrm{Var}(w_i)+E(w_i)^2)(\mathrm{Var}(x_i)+E(x_i)^2)-E(w_i)^2 E(x_i)^2$$

$$=\sum_{i=1}^{n}E(w_i)^2\,\mathrm{Var}(x_i)+E(x_i)^2\,\mathrm{Var}(w_i)+\mathrm{Var}(x_i)\,\mathrm{Var}(w_i)$$

$$=\sum_{i=1}^{n}\mathrm{Var}(x_i)\,\mathrm{Var}(w_i)$$

▶ 두번째 식에서 세번째 식은 $\mathrm{Var}(w_i)=E(w_i^2)-E(w_i)^2$이므로 $E(w_i^2)=\mathrm{Var}(w_i)+E(w_i)^2$로 치환되었다. 마찬가지로 $\mathrm{Var}(x_i)=E(x_i^2)-E(x_i)^2$이므로 $E(x_i^2)=\mathrm{Var}(x_i)+E(x_i)^2$로 치환되었다.

모든 x_i는 같은 분포를 따르므로 분산이 같고 모든 w_i도 같은 분포를 따르므로 분산이 같아서 다음과 같이 식이 간단히 바뀐다.

$$\mathrm{Var}(y)=n\,\mathrm{Var}(x_i)\,\mathrm{Var}(w_i)$$

가중치 초기화를 통해 입력과 출력의 분산을 같게 만들려면 $\mathrm{Var}(x_i)=\mathrm{Var}(y)$라고 가정해서 양변에서 소거한다. 따라서 가중치의 분산 $\mathrm{Var}(w_i)$는 $\dfrac{1}{n}$이 되었다.

$$\mathrm{Var}(w_i)=\frac{1}{n}$$

Xavier 초기화는 가중치의 분산이 입력 데이터에 개수 n에 반비례하도록 초기화하는 방식이다. 가중치 분포는 가우시안 분포 또는 균등 분포로 정의할 수 있으며, 다음 그림은 가중치의 분포가 가우시안 분포일 때 정의이다.

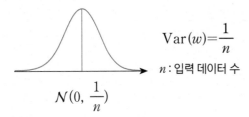

$$\mathrm{Var}(w)=\frac{1}{n}$$

n : 입력 데이터 수

$\mathcal{N}(0,\dfrac{1}{n})$

그림 5-8 Xaiver 초기화를 위한 가우시안 분포

Xavier 초기화를 이용해서 신경망을 초기화했을 때 실행 결과를 확인해 보자. 이제 입력 데이터가 계층을 여러 번 통과하더라도 분산이 잘 유지되는 것을 확인할 수 있다.

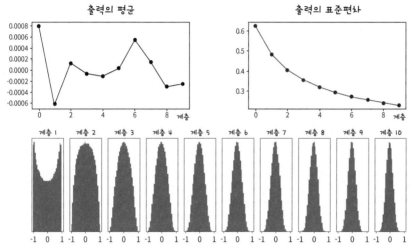

그림 5-9 하이퍼볼릭 탄젠트 사용 시 Xavier 초기화

신경망의 활성 함수가 시그모이드 계열일 때 Xavier 초기화를 적용하면 입력 데이터가 분산을 유지하면서 흘러가게 되므로 출력값이 0으로 변하는 현상도, 1과 −1로 포화되는 현상도 없어진다. 결과적으로 그레이디언트 소실이 사라져서 신경망의 학습이 원활히 진행된다.

5.1.4 He 초기화

활성 함수가 ReLU일 때 Xavier 초기화를 사용하면 데이터의 크기가 점점 작아진다. 애초에 Xavier 초기화는 시그모이드 계열의 활성 함수를 사용한다는 전제하에 활성 함수를 선형 함수로 가정했기 때문이다. 반면 ReLU는 양수 구간에서는 이 가정이 유효하지만, 음수 구간에서는 이 가정과 맞지 않는다. 음수 구간에서 입력 데이터가 0으로 변하므로 50%가량의 데이터가 0이 된다면 입력 데이터의 크기, 즉 분산이 절반으로 줄어들기 때문이다.

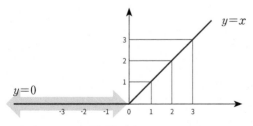

그림 5-10 ReLU의 비활성화 영역

활성 함수가 ReLU일 때 Xavier 초기화를 적용해 보면, 입력 데이터가 계층을 통과하면서 분산이 점점 줄어들어 출력이 0이 되는 현상을 확인할 수 있다.

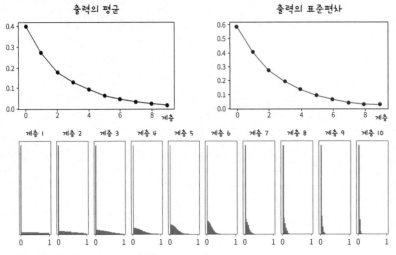

그림 5-11 ReLU 사용 시 Xavier 초기화

활성 함수가 ReLU일 때 Xavier 초기화의 한계점을 개선한 방식이 **He 초기화**^{He Initialization}이다. He 초기화도 Xavier 초기화와 같이 뉴런의 입력 데이터와 출력 데이터의 분산을 같게 만들어준다. 다만 ReLU를 사용했을 때의 분산을 모델링했다는 점이 다르다. He 초기화는 ReLU를 사용했을 때 출력의 분산이 절반으로 줄어들기 때문에 가중치의 분산을 두 배로 키운다. 즉, Xavier 초기화는 가중치의 분산을 $\frac{1}{n}$로 하면, He 초기화는 가중치의 분산을 $\frac{2}{n}$로 한다.

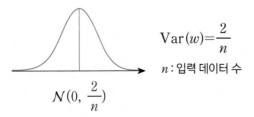

$$\text{Var}(w) = \frac{2}{n}$$

n : 입력 데이터 수

$$\mathcal{N}(0, \frac{2}{n})$$

그림 5-12 He 초기화를 위한 정규 분포

다음 그림과 같이 He 초기화를 적용해 보면 입력 데이터가 계층을 통과하면서 데이터의 분산이 잘 유지되는 것을 확인할 수 있다. ReLU의 특성상 데이터가 0에 몰려 있지만, 나머지 데이터는 양수 구간에 골고루 퍼져 있는 모습이다.

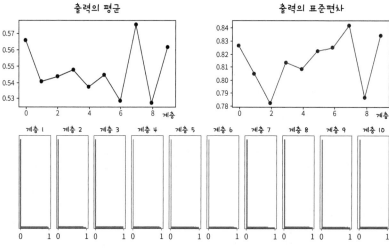

그림 5-13 ReLU 사용 시 He 초기화

퀴즈로 정리해 보세요.

01. 신경망을 학습할 때 모델 초⬚⬚⬚⬚는 손실 함수에서 출발 위치를 결정하며, 특히 가중치 초⬚⬚⬚는 학습 성능에 크게 영향을 미친다.

02. 신경망의 가⬚⬚⬚를 0으로 초기화하면 학습이 진행되지 않으며, 0이 아닌 상수로 초기화하면 같은 계층에 있는 뉴런은 마치 하나의 뉴런만 있는 것처럼 똑같이 작동한다. 따라서 신경망의 가⬚⬚⬚는 모두 다른 값으로 초기화해야 하며 일반적으로 난수를 이용해서 초기화한다.

정답: 01. 초기화 02. 가중치

5.2 정규화

신경망을 학습할 때는 최적화에 좋은 위치에서 출발하도록 초기화를 잘하는 것과 더불어, 최적해로 가는 길을 잘 찾을 수 있도록 **정규화**^{regularization}하는 것이 중요하다. 정규화는 최적화 과정에서 최적해를 잘 찾도록 정보를 추가하는 기법으로, 최적화 과정에서 성능을 개선할 수 있는 포괄적인 기법들을 포함한다.

정규화는 최적해가 어떤 공간에 있는지 알려주어 빠르게 찾을 수 있도록 하거나, 손실 함수를 부드럽게 만들어 최적해로 가는 길을 잘 닦아주기도 하고, 최적해 주변을 평평하게 만들어서 새로운 데이터에 대해서도 모델이 좋은 성능을 갖도록 만들어 주기도 한다. 또한 모델과 데이터에 확률적 성질을 부여해서 비슷하지만 조금씩 다른 다양한 상황에서 학습하는 효과를 줄 수 있다. 이럴 경우 손실 함수가 더 넓은 범위에서 세밀하게 표현되므로 정확한 해를 찾을 수 있다.

5.2.1 일반화 오류

모델의 성능이 좋다는 말은 일반화가 잘 되었다는 의미이다. **일반화**^{generalization}란 훈련 데이터가 아닌 새로운 데이터에 대해 모델이 예측을 얼마나 잘하는지를 가리킨다. 모델의 훈련 성능과 검증/테스트 성능의 차를 **일반화 오류**^{generalization error}라고 하며 일반화 오류가 적을수록 일반화가 잘 된 모델이다. 검증/테스트 성능은 훈련 성능보다 낮을 수밖에 없지만, 두 성능의 차이가 작아야 모델이 훈련 데이터에 과적합되지 않고 새로운 데이터에 대해 일반화를 잘하는 모델이 된다. 그래서 정규화는 일반화를 잘하는 모델을 만드는 기법이라고도 한다.

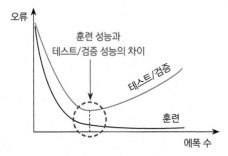

그림 5-14 일반화 오류

신경망은 모델이 크고 복잡하기 때문에 파라미터 공간이 크고 학습 데이터가 많이 필요하다. 이런 이유로 과적합되기 쉬우므로 신경망을 학습할 때는 반드시 정규화를 적용해야 하며, 여러 정규화 기법을 조합해서 성능을 높여줘야 한다.

5.2.2 정규화 접근 방식

정규화의 정의가 포괄적인 만큼 정규화 기법도 다양하지만, 기본적인 접근 방법은 다음과 같이 몇 가지로 정리해 볼 수 있다.

첫째, 모델을 최대한 단순하게 만든다. 단순한 모델은 복잡한 모델보다 파라미터 수가 적어서 과적합이 덜 생긴다. 예를 들어 학습 과정에서 필요한 가중치만 남기고 필요하지 않은 가중치는 0이 되도록 만들면 과적합을 막을 수 있다. 이번 장에서 살펴볼 L_1 정규화 기법이 여기에 해당한다.

▶ 이 책에서 다루지는 않지만 베이지안 정규화 같은 기법으로 유효 파라미터 수를 찾을 수도 있다.

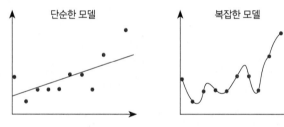

그림 5-15 단순한 모델과 복잡한 모델

둘째, 사전 지식을 표현해서 최적해를 빠르게 찾도록 한다. 사전 지식을 표현하는 방법은 다양하며 그중 한 예가 데이터나 모델에 대한 사전 분포를 이용해서 정확하고 빠르게 해를 찾는 방법이다. 이번 장에서 살펴볼 가중치 감소는 가중치의 사전 분포를 손실 함수의 일부 항으로 표현해서 가중치의 크기를 조절하는 정규화 기법이다.

▶ 전이 학습과 메터 학습과 같이 미리 학습한 모델의 파라미터로 초기화해서 세부 튜닝하는 학습 방법도 사전 지식을 표현한 방식이다. 이때는 학습된 모델의 파라미터값이 사전 지식이 된다.

셋째, 확률적 성질을 추가한다. 데이터 또는 모델, 훈련 기법 등에 확률 성질을 부여하여 조금씩 변화된 형태로 데이터를 처리함으로써 다양한 상황에서 학습하는 효과를 줄 수 있다. 이럴 경우 손실 함수는 풍부한 데이터를 이용해서 넓은 범위에서 세밀하게 표현되므로 더 정확한 해를 찾을 수 있고 모델이 잡음에 대해 민감하게 반응하지 않는다. 이번 장에서 다룰 데이터 증강이나 잡음 주입, 드롭아웃이 여기에 해당한다.

▶ 강건성robustness은 어떤 변화가 있더라도 모델이 성능을 유지하는 성질이다. 따라서 모델이 잡음에 대해 민감하게 반응하지 않으면 강건성이 높아진다.

그림 5-16 데이터에 랜덤성을 추가

넷째, 여러 가설을 고려하여 예측한다. 하나의 모델로 예측하지 않고 여러 모델로 동시에 예측해서 그 결과에 따라 최종 예측하는 방식이다. 이 경우 하나의 모델이 가질 수 있는 편향을 제거하여 오차를 최소화하고 공정하게 예측할 수 있다. 이번 장에서 다룰 앙상블 기법 중 하나인 배깅이 여기에 해당한다.

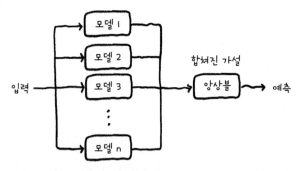

그림 5-17 여러 가설을 함께 고려해서 예측

이번 장에서는 기본 정규화 기법인 배치 정규화, 가중치 감소, 학습 조기 종료, 데이터 증강, 배깅, 드롭아웃, 잡음 주입에 관해 살펴보겠다.

5.3 배치 정규화

신경망 학습이 어려운 이유 중 하나는 계층을 지날 때마다 데이터 분포가 보이지 않는 요인에 의해 조금씩 왜곡되기 때문이다. 데이터 왜곡을 막으려면 가중치 초기화를 잘해야 하고 학습률도 작게 사용해야 하는데 이 경우 학습 속도가 느려지는 문제가 있다.

5.3.1 내부 공변량 변화

데이터 분포가 보이지 않는 요인에 의해 왜곡되는 현상을 **내부 공변량 변화**^{Internal covariate shift}라고 한다. 분포를 결정하는 보이지 않는 요인을 내부 공변량이라고 하며, 내부 공변량이 바뀌면 다음 그림과 같이 각 계층의 데이터 분포가 원래 분포에서 조금씩 멀어진다. 그 결과 하위 계층의 작은 변화가 상위 계층으로 갈수록 큰 영향을 미치게 된다.

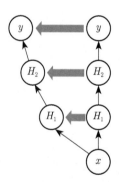

그림 5-18 내부 공변량 변화

5.3.2 배치 정규화 단계

배치 정규화^{batch normalization}는 데이터가 계층을 지날 때마다 매번 정규화해서 내부 공변량 변화를 없애는 방법이다. 배치 정규화가 기존 데이터 정규화 방식과 다른 점은 모델의 계층 형태로 데이터 정규화를 실행한다는 점이다. 따라서 배치 정규화를 하면 모델이 실행될 때마다 해당 계층에서 매번 데이터 정규화가 일어난다. 또한 전체 데이터에 대해 정규화하지 않고 미니배치에 대해 정규화한다는 점도 다르다.

표준 가우시안 분포로 정규화

다음과 같이 d 차원의 입력 데이터 $x = (x^{(1)}, x^{(2)}, ..., x^{(d)})$가 있다면 배치 정규화는 차원별로 평균과 분산을 구해서 표준 가우시안 분포 $\mathcal{N}(0, 1)$로 정규화한다. 표준 가우시안 분포로 정규화하므로 데이터의 크기가 작아지면서 내부 공변량의 변화도 작게 만들 수 있다.

$$\hat{x}^{(k)} = \frac{x^{(k)} - \mathbb{E}\left[x^{(k)}\right]}{\sqrt{\mathrm{Var}\left[x^{(k)}\right]}}, \quad k = 1, 2, ..., d$$

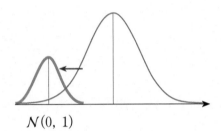

$\mathcal{N}(0, 1)$

그림 5-19 표준 정규화

배치 정규화를 모든 계층에 적용하면 데이터가 계층을 지날 때마다 표준 가우시안 분포로 바뀌고 그에 따라 내부 공변량의 변화를 최소화할 수 있다. 원리적으로는 계층을 지나면서 생기는 데이터 오차의 크기를 줄임으로써 누적 오차도 작게 만드는 작업을 한 것이다.

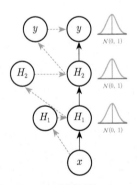

그림 5-20 배치 정규화

원래 분포로 복구

그런데 데이터를 표준 가우시안 분포로 정규화하면 모델이 표현하려던 비선형성을 제대로 표현할 수 없는 문제가 생긴다. 예를 들어 활성 함수가 시그모이드라면 표준 가우시안 분포로 정규화된 데이터는 시그모이드 함수의 가운데 부분인 선형 영역을 통과하므로 비선형성이 사라진다.

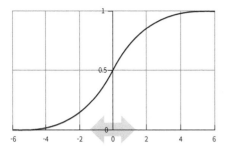

그림 5-21 시그모이드 함수에서 표준 정규화를 할 때 데이터 범위

활성 함수가 ReLU인 경우에도 문제가 되는데, 표준 가우시안 분포로 정규화된 데이터의 절반은 음수이고 나머지 절반은 양수이므로 50% 데이터의 출력이 0이 되어 뉴런의 절반이 죽은 ReLU가 되면 정상적인 학습이 이루어지지 않는다.

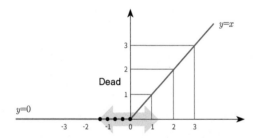

그림 5-22 ReLU에서 표준 정규화를 할 때 데이터 범위

따라서 배치 정규화를 하면서 모델의 비선형성을 잘 표현하려면 데이터를 표준 가우시안 분포로 정규화한 뒤 다시 원래 데이터의 분포로 복구해야 한다. 정규화된 데이터가 $\hat{x}^{(k)}$이고 원래 데이터 분포의 평균과 표준편차가 $\beta^{(k)}$와 $\gamma^{(k)}$이라면 원래 데이터 분포를 따르는 데이터는 $y^{(k)}=\gamma^{(k)}\hat{x}^{(k)}+\beta^{(k)}$ 식으로 복구할 수 있다.

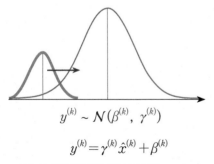

$$y^{(k)} \sim \mathcal{N}(\beta^{(k)}, \gamma^{(k)})$$

$$y^{(k)}=\gamma^{(k)}\hat{x}^{(k)}+\beta^{(k)}$$

그림 5-23 정규화된 데이터의 선형 변환

문제는 평균 $\beta^{(k)}$과 표준편차 $\gamma^{(k)}$을 어떻게 구할 것인가이다. 이상적으로 미니배치에 대한 평균과 표준편차가 $\beta^{(k)} = \mathbb{E}\left[x^{(k)}\right]$와 $\gamma^{(k)} = \sqrt{\mathrm{Var}\left[x^{(k)}\right]}$와 같이 원래 데이터 분포를 표현한다면 이 값들을 이용해서 바로 복구할 수 있겠지만, 실제 미니배치에 대한 평균과 표준편차가 원래 데이터 분포를 표현하지 못한다. 따라서 평균 $\beta^{(k)}$과 표준편차 $\gamma^{(k)}$는 모델의 학습 과정에서 따로 구해야 한다.

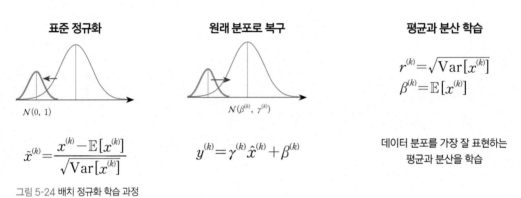

그림 5-24 배치 정규화 학습 과정

5.3.3 배치 정규화 알고리즘

배치 정규화의 학습 알고리즘은 다음과 같다. 미니배치 $\mathcal{B}$의 평균 μ_B과 분산 σ_B^2을 구해서 표준 가우시안 분포로 정규화를 수행한다. 그리고 다시 학습된 평균 β과 표준편차 γ을 이용해서 원래 분포로 복구한다.

입력: 미니배치 : $\mathcal{B} = \{x_1 \cdots {}_m\}$;
학습 파라미터: γ, β

출력: $\{y_i = \mathrm{BN}_{\gamma,\beta}(x_i)\}$

$$\mu_B \leftarrow \frac{1}{m}\sum_{i=1}^{m} x_i \qquad \text{// 미니배치 평균}$$

$$\sigma_B^2 \leftarrow \frac{1}{m}\sum_{i=1}^{m}(x_i - \mu_B)^2 \qquad \text{// 미니배치 분산}$$

$$\hat{x}_i \leftarrow \frac{1}{\sqrt{\sigma_B^2 + \epsilon}} \odot (x_i - \mu_B) \qquad \text{// 표준 정규화}$$

$$y_i \leftarrow \gamma \odot \hat{x}_i + \beta \equiv \mathrm{BN}_{\gamma,\beta}(x_i) \qquad \text{// 원래 분포로 복구}$$

그림 5-25 배치 정규화 학습 알고리즘[45]

학습 단계에서는 미니배치 단위의 평균과 분산으로 정규화를 수행하지만, 테스트 단계에서는 전체 데이터의 평균과 분산으로 정규화해야 한다. 전체 데이터의 평균 $\mathbb{E}[x]$과 분산 $\text{Var}[x]$은 다음과 같은 식으로 구할 수 있다. 이 식은 표본의 평균과 분산을 이용해서 모분포의 평균과 분산을 구하는 식이다. 구현할 때는 학습 단계에서 미니배치 단위로 구한 평균 μ_B과 분산 σ_B^2에 대해 이동 평균$^{\text{moving average}}$을 구해서 전체 데이터의 평균과 분산을 계산한다.

$$\mathbb{E}[x] \longleftarrow \mathbb{E}_B[\mu_B]$$
$$\text{Var}[x] \leftarrow \frac{m}{m-1}\mathbb{E}_B[\sigma_B^2]$$

배치 정규화 수행 위치

그렇다면 배치 정규화는 모델의 어느 위치에서 실행하면 좋을까? 배치 정규화를 처음 제안했을 때는 뉴런의 가중 합산과 활성 함수 사이에서 수행하는 것으로 제안했다. 하지만 여러 후속 연구에 따르면 활성 함수를 실행한 뒤에 배치 정규화를 수행했을 때 더 나은 성능을 보이기도 했다. 일반적으로는 가중 합산한 뒤에 배치 정규화를 적용하지만, 모델의 성능을 세밀하게 개선하려면 활성 함수 이후에 적용했을 때 성능도 검증해 볼 필요가 있다.

5.3.4 이미지 정규화 기법

배치 정규화를 이미지에 적용할 때는 채널 단위로 정규화를 수행한다. 이미지의 경우 배치 정규화 이외에 응용에 따라 좀 더 세분된 정규화 방식을 사용한다. RNN에서는 **계층 정규화**$^{\text{layer normalization}}$를 사용한다. 계층 정규화는 이미지 샘플별로 정규화하는 방식으로 미니배치 크기와 무관하다는 특징이 있다. 스타일 변환이나 GAN에서는 샘플의 채널별로 정규화하는 **인스턴스 정규화**$^{\text{instance normalization}}$를 사용하고, 미니배치 크기가 작을 때는 샘플의 채널 그룹을 나눠서 정규화하는 **그룹 정규화**$^{\text{group normalization}}$를 사용하기도 한다.

▶ 이미지의 경우 차원이 높기 때문에 뉴런 단위보다는 뉴런의 모음인 채널 단위로 배치 정규화를 수행한다.

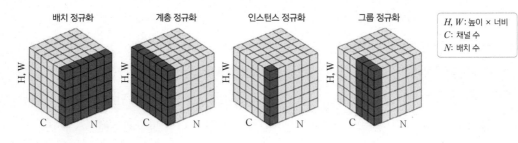

그림 5-26 다양한 이미지 정규화 방법[52]

5.3.5 배치 정규화의 우수성

배치 정규화를 하면 내부 공변량 변화가 최소화되므로 그레이디언트의 흐름이 원활해지고 그에 따라 학습이 안정적으로 진행된다. 또한 지속적으로 데이터 분포를 유지하기 때문에 초기화 방법에 대한 의존도가 낮아지고 높은 학습률을 사용해도 된다. 미니배치 단위로 정규화하므로 어떤 샘플의 조합으로 미니배치를 구성하는지에 따라 데이터가 조금씩 변형되어 확률적 성질이 생기고 그에 따라 모델의 성능이 높아진다. 최근 연구 결과에 따르면 배치 정규화가 내부 공변량 변화를 없애기보다는 손실과 그레이디언트 변화를 제약하여 곡면을 부드럽게 만들어 줌으로써 모델의 학습 성능이 향상한다는 것이 증명되었다.

퀴즈로 정리해 보세요.

01. 배　　　　　　　는 모델을 실행할 때마다 계층 형태로 미니배치를 정규화하여 내부 공변량 변화를 최소화한다.

02. 학습 단계에서는 계층별로 미니배치의 평균과 분산을 계산하여 표준 가　　　　　　　로 정규화를 한다. 그리고 원래 데이터의 분포를 나타내는 평균과 표준편차를 학습해서 정규화된 데이터를 원래 분포로 복구한다.

정답: 01. 배치 정규화　02. 가우시안 분포

5.4 가중치 감소

두 개 클래스를 직선으로 분류하는 선형 분류기가 있다고 가정하자. 이때 두 클래스를 분류하는 결정 경계는 뉴런의 가중 합산 식으로 표현되는 직선의 방정식 $w^T x + b = 0$에 해당한다.

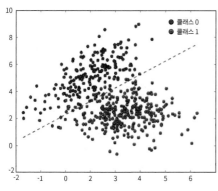

그림 5-27 선형 분류

이 직선의 방정식 $w^T x + b = 0$의 양변에 2를 곱하면 $2w^T x + 2b = 0$이 된다. 이 두 방정식은 같은 직선을 표현한다. 사실 0이 아닌 어떤 값을 곱해도 모두 같은 직선을 표현한다는 것을 알고 있다. 하나의 직선을 표현하는 방정식은 무한히 많다. 그렇다면 이 중 어떤 방정식을 사용하는 것이 좋을까?

최적화할 때는 다루는 숫자의 크기^{scale}가 작을수록 오차의 변동성이 낮아지므로 파라미터 공간이 원점 근처에 있을 때 정확한 해를 빠르게 찾을 수 있다. 그래서 직선의 방정식 $w^T x + b = 0$ 식을 표현할 때 가중치와 편향이 작은 게 좋다. **가중치 감소**$^{weight\ decay}$는 학습 과정에서 작은 크기의 가중치를 찾게 만드는 정규화 기법이다.

5.4.1 가중치 감소 적용 방식

가중치 감소는 가중치의 크기를 제한하는 제약 조건으로서 손실 함수의 일부 항으로 표현할 수 있다. 다음 식과 같이 손실 함수로 확장해서 가중치의 크기를 표현하는 **정규화 항**$^{regularization\ term}$을 더하면, 최적화 과정에서 원래의 손실 함수와 함께 정규화 항도 같이 최소화되므로 크기가 작은 가중치 해를 구할 수 있다.

$$\tilde{J}(w) = \underbrace{J(w)}_{\text{데이터 손실}} + \underbrace{\lambda R(w)}_{\text{정규화}} \qquad \text{λ: 정규화 상수}$$

w는 가중치 벡터이고 $J(w)$는 손실 함수이며 $\tilde{J}(w)$는 확장된 손실 함수이고 $R(w)$는 정규화 항이다. λ는 정규화 상수로서 가중치 크기를 조절하는 역할을 한다. λ가 커질수록 정규화 항의 비중이 커지면서 가중치 크기는 작아지고, λ가 작을수록 정규화 항의 비중이 작아지면서 가중치 크기는 커진다. 따라서 λ에 따라 유효한 가중치의 개수가 달라질 수 있어서 λ는 모델의 복잡도를 조정하는 역할을 한다고 볼 수 있다.

▶ 가중치의 사전 분포를 알고 있다면 가중치의 분산에 따라 λ을 정해서 가중치의 크기를 사전 분포로 제약할 수 있다.

정규화 항 $R(w)$은 가중치의 크기를 나타내는 노름으로 정의한다. L_2 노름을 사용하면 L_2 정규화라 하고 L_1 노름을 사용하면 L_1 정규화라 한다. 회귀 문제에서는 각각 리지 회귀^{Ridge} regression와 라소 회귀^{Lasso regression}라고 부른다.

L_2 정규화	L_1 정규화
$\tilde{J}(w) = J(w) + \dfrac{\lambda}{2}\lVert w \rVert_2^2$	$\tilde{J}(w) = J(w) + \lambda \lVert w \rVert_1$
리지 회귀	라소 회귀

만일 가중치 그룹별로 가중치 크기를 조절하고 싶다면 다음 식과 같이 가중치 그룹 w_i별로 정규화 항을 분리해서 합산 형태로 표현한다. 예를 들어 신경망의 계층별로 가중치 크기가 다르다면 이런 방식으로 통제할 수 있다.

$$\tilde{J}(w) = J(w) + \sum_{i=1}^{L} \frac{\lambda_i}{2}\lVert w_i \rVert_2^2 \qquad \text{L: 신경망 계층 수}$$

5.4.2 가중치의 사전 분포와 노름

정규화 항에 L_1 노름을 사용할지 L_2 노름을 사용할지는 가중치의 사전 분포에 따라 달라진다. 만일 가중치의 사전 분포가 가우시안 분포라면 L_2 노름을 사용하고, 라플라스 분포^{Laplace distribution}라면 L_1 노름을 사용한다. 가중치의 사전 분포를 모른다면 보통 L_2 노름을 사용한다.

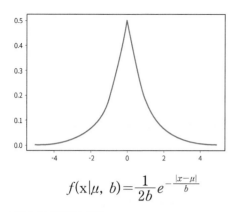

$$f(\mathrm{x}|\mu,\ b)=\frac{1}{2b}\,e^{-\frac{|x-\mu|}{b}}$$

그림 5-28 라플라스 분포

가중치 감소 정규화 항의 노름 유도 과정

가중치의 사전 분포에 따라 정규화 항의 노름이 어떻게 정해지는지 유도 과정을 살펴보자.

정규화 항은 손실 함수의 일부이므로 최대 우도 추정 방식에 따라 가중치의 사전 분포에 음의 로그 우도를 구해서 표현할 수 있다. 먼저 다변량 가우시안 분포^{Multivariate Gaussian distribution}의 정의는 다음과 같다.

$$\mathcal{N}(\boldsymbol{x}|\boldsymbol{\mu},\ \boldsymbol{\Sigma})=\frac{1}{\sqrt{2\pi^{D}}|\boldsymbol{\Sigma}|^{1/2}}\,e^{-\frac{1}{2}(\boldsymbol{x}-\boldsymbol{\mu})^{T}\boldsymbol{\Sigma}^{-1}(\boldsymbol{x}-\boldsymbol{\mu})}$$

$\boldsymbol{\mu}$: 평균 벡터, $\boldsymbol{\Sigma}$: 공분산 행렬, D : 변수 $\boldsymbol{x}$의 차원

가중치의 사전 분포가 가우시안 분포 $\mathcal{N}(\mathrm{w}|\mathbf{0},\ \mathbf{I})$이고 $\boldsymbol{w}$가 D차원이면 음의 로그 우도를 취했을 때 가중치의 L_2 노름의 제곱이 도출되는 것을 알 수 있다.

▶ 최적화 문제에서 목적 함수에 상수를 더하거나 빼도 최적해는 동일하기 때문에 const는 없앨 수 있다.

$$-\log\mathcal{N}(\boldsymbol{w}|\mathbf{0},\ \mathbf{I})=-\log\frac{1}{\sqrt{2\pi^{D}}}\,e^{-\frac{1}{2}(w-0)^{T}(w-0)}$$

$$=\frac{1}{2}\|\boldsymbol{w}\|_{2}^{2}+\mathrm{const}$$

라플라스 분포에도 음의 로그 우도를 취하면 L_1 노름이 유도된다.

▶ 앞의 설명과 마찬가지로 최적화 문제에서 const는 없앨 수 있다.

$$-\log f(\boldsymbol{w}|\boldsymbol{0},\ \mathbf{I}) = -\log\frac{1}{2}e^{-|\boldsymbol{w}-0|}$$

$$= \|\boldsymbol{w}\|_1 + \mathrm{const}$$

5.4.3 정규화 효과

L_2 정규화와 L_1 정규화의 효과는 약간 다르다. 다음 그림에서 왼쪽은 L_2 정규화를, 오른쪽은 L_1 정규화를 보여준다. 원형 등고선은 원래 손실 함수 $J(\boldsymbol{w})$를 나타내며 등고선의 중점이 원래 손실 함수의 최적해가 있는 부분이다. 원점을 중심으로 하는 동그라미와 다이아몬드는 각각 L_2 정규화 항과 L_1 정규화 항을 나타낸다.

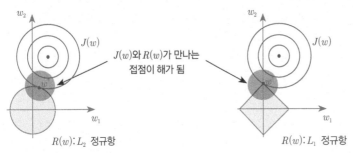

그림 5-29 가중치 감소 정규화를 적용했을 때 해의 위치

원형 등고선과 동그라미와 다이아몬드가 만나는 접점이 가중치 감소를 적용한 확장된 손실 함수 $\tilde{J}(\boldsymbol{w})$의 해가 된다. L_2 정규화의 경우 손실 함수 $J(\boldsymbol{w})$가 어떤 방향에 있든 손실 함수 $J(\boldsymbol{w})$가 주황색 동그라미에 닿을 확률은 같기 때문에 최적해는 원점 주변에 존재한다. 반면 L_1 정규화의 경우 손실 함수가 다이아몬드의 모서리에 먼저 닿을 확률이 사선에 닿을 확률보다 높기 때문에 최적해가 특정 차원의 축 위에 있을 가능성이 높다. 이 경우 최적해가 존재하는 축을 제외한 나머지 축의 좌푯값은 0이 되므로, 좌표의 대부분이 0으로 채워진 희소한 해를 가진다. 가중치가 희소해지면 일부 가중치가 0이 되어 유효 파라미터 수가 줄어들고 작은 모델이 되어 성능도 빨라진다. 또한 이 과정을 유효한 특징을 선택^{Feature Selection}하는 과정으로도 볼 수도 있다.

5.5 조기 종료

조기 종료early stopping는 모델이 과적합되기 전에 훈련을 멈추는 정규화 기법이다. 다음 그림과 같이 훈련 성능과 테스트/검증 성능을 비교해 보면 모델이 과적합되는 걸 알 수 있다. 과적합이 일어나면 훈련 성능은 계속 좋아지지만 테스트/검증 성능은 좋아지다가 다시 나빠지기 때문이다.

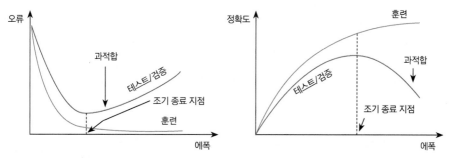

그림 5-30 조기 종료

조기 종료는 과적합이 일어나기 전에 훈련을 멈춤으로써 과적합을 피하는 정규화 기법이다. 훈련하는 동안 주기적으로 성능 검증을 하다가 성능이 더 좋아지지 않으면 과적합이 시작되었다고 판단하고 훈련을 멈춘다. 보통 에폭epoch 단위로 성능 검증을 하며 에폭보다 자주 검증해야 할 때는 배치 실행 단위로 검증하기도 한다.

▶ 에폭은 전체 훈련 데이터를 한 번 사용해서 훈련하는 주기를 말한다. 전체 훈련 데이터를 한 번 사용하면 1 에폭이라고 하며, 훈련할 때는 보통 여러 에폭에 걸쳐서 훈련한다.

5.5.1 조기 종료 기준

한 가지 유의해야 할 점은 모델의 성능이 향상하지 않더라도 바로 종료해서는 안 된다는 점이다. 신경망을 학습할 때 단계마다 미니배치로 근사한 그레이디언트는 실제 그레이디언트와 차이가 있으므로 성능이 조금씩 좋아졌다 나빠졌다 할 수 있다. 따라서 일시적인 성능 변동이 아닌, 지속적인 성능의 정체 또는 하락이 판단되면 그때 종료하는 것이 바람직하다. 보통 일정 횟수 동안 성능이 연속적으로 좋아지지 않는지 모니터링해서 훈련을 종료하며, 문제의 특성에 따라 훈련이 민감하게 종료되지 않도록 모니터링 횟수를 충분히 크게 정해야한다.

또한 어떤 성능을 기준으로 조기 종료를 할 것인지도 정해야 한다. 보통 모델 오차를 기준으로 조기 종료를 하지만, 정확도와 같은 다른 성능 측도를 사용할 수도 있다. 테스트 시점에는 훈련이 끝난 마지막 상태의 모델을 사용하거나, 훈련 성능이 가장 좋은 모델 상태를 저장해두었다가 사용한다.

5.5.2 조기 종료의 정규화 효과

조기 종료는 파라미터 공간을 작게 만드는 효과가 있다. 다음 그림과 같이 파라미터 공간에서 초기 파라미터 위치가 w_0이고 최적화 스텝 수가 τ, 학습률이 α라면 파라미터 공간은 w_0를 중심으로 $\tau\alpha$ 크기의 반경을 갖는 공간으로 제약된다.

그림 5-31 파라미터 공간에서 조기 종료의 영향

조기 종료와 L_2 정규화의 관계

조기 종료로 파라미터 공간의 크기가 제약되면 L_2 정규화와 동일한 효과가 있다. 다음 그림의 왼쪽은 조기 종료를 했을 때 최적화 경로를, 오른쪽은 L_2 정규화를 했을 때 최적화 경로를 보여준다.

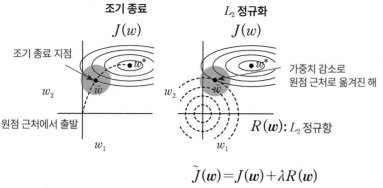

그림 5-32 조기 종료의 L_2 정규화 효과

조기 종료가 L_2 정규화와 같은 정규화 효과를 보는 이유는 다음과 같다. 왼쪽 그림부터 살펴보면 조기 종료를 할 때는 원점 근처에서 출발해서 최적해가 있는 방향으로 진행하다가 도중에 멈춘다. 이때 조기 종료 위치는 오른쪽 그림과 같이 L_2 정규화를 했을 때 손실 함수와 정규화 항이 만나는 지점과 비슷한 위치이다. 손실 함수가 2차 함수로 정의되는 선형 모델의 경우 조기 종료와 L_2 정규화는 동일하다는 것이 증명되었다.

퀴즈로 정리해 보세요.

01. 조 는 모델이 과적합되기 전에 훈련을 멈추는 정규화 기법으로, 훈련하는 동안 주기적으로 성능 검증을 하다가 성능이 더 좋아지지 않으면 과적합이 시작되었다고 판단하고 훈련을 멈춘다.

02. 조기 종료는 파라미터 공간을 작게 만들기 때문에 L 와 동일한 효과를 가진다.

정답: 01. 조기 종료 02. L_2 정규화

5.6 데이터 증강

모델은 복잡한데 그만큼 충분한 훈련 데이터가 제공되지 않으면 모델이 데이터를 암기해서 과적합이 생긴다. 과적합을 막는 가장 근본적인 방법은 훈련 데이터의 양을 늘리는 것이다. 다음 그림을 보면 훈련 데이터셋의 크기가 커질수록 훈련 오류는 증가하고 테스트 오류는 감소하여 두 곡선의 차가 나타내는 일반화 오류 또는 과적합의 정도는 줄어든다. 따라서 훈련 데이터셋이 커질수록 과적합이 일어나지 않는다.

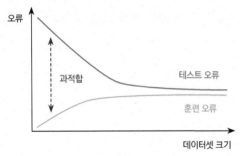

그림 5-33 훈련 데이터셋 크기와 과적합의 관계

하지만 현실적으로 데이터 레이블을 만드는 비용이 만만치 않은 데다가 의료 데이터나 신약 데이터, 로봇 제어 데이터, 개인화된 데이터, 희소한 언어로 된 번역 데이터와 같은 일부 데이터는 수집이 매우 까다롭다. 따라서 데이터를 수집해서 큰 데이터셋을 만드는 방법보다 좀 더 쉽게 데이터를 늘려주는 방법이 필요한데, 대표적인 방법이 훈련 데이터셋을 이용해서 새로운 데이터를 생성하는 **데이터 증강**data augmentation 기법이다.

5.6.1 데이터 증강 기법

데이터 증강 기법은 점점 다양해지고 고도화되고 있다. 가장 기본적인 증강 방법은 훈련 데이터를 조금씩 변형transformation해서 새로운 데이터를 만드는 방법이다. 데이터 증강 규칙을 사람이 정할 경우 증강된 데이터가 성능에 최적인지는 검증이 필요하다. 좀 더 고도화된 방법으로는 훈련 데이터의 분포를 학습해서 생성 모델generative model을 만든 뒤에 새로운 데이터를 생성하는 방법이 있다. 이 경우에는 훈련 데이터의 분포를 따르는 검증된 데이터를 바로 얻을 수 있다. 또한 생성 모델을 이용하면 더 쉽게 현실감 있는 데이터로 합성하거나 변환할 수 있다.

▶ 생성 모델은 9장에서 설명한다.

데이터 증강은 어떤 방식으로 실행해야 할까?

데이터를 증강해서 미리 훈련 데이터셋에 추가해둘 수도 있겠지만, 데이터를 확률적으로 변형하면 무한히 많은 변형이 생기므로 일반적으로는 훈련 과정에서 실시간으로 데이터를 증강한다. 다음 그림과 같이 훈련 데이터를 읽어서 모델에 입력하기 전에 데이터를 증강하며, 이때 확률적인 방식으로 매번 다른 형태가 되도록 변형함으로써 마치 무한히 많은 데이터가 있는 것과 같은 효과를 본다.

그림 5-34 데이터 증강이 결합된 학습 과정

5.6.2 클래스 불변 가정

데이터 증강을 할 때는 **클래스 불변 가정**class-invariance assumption을 따라야 한다. 클래스 불변 가정은 데이터를 증강할 때 클래스가 바뀌지 않도록 해야 한다는 가정이다. 만일 데이터 증강 과정에서 클래스의 결정 경계를 넘어서면 다른 클래스로 인식하므로, 각자의 결정 경계 안에서 데이터를 변형해야 한다.

예를 들어 필기체 숫자를 인식하는 모델에서 다음 그림과 같이 숫자 이미지를 회전해서 데이터를 증강한다고 해보자. 클래스 6의 이미지를 90° 정도로 회전하면 클래스 9와 구분이 애매모호해진다. 왜냐하면 변형된 이미지가 두 클래스의 경계 지점에 있기 때문이다. 만일 90° 이상 회전한다면 클래스 6의 경계를 넘어가서 더는 클래스 6으로 인식되지 않을 것이다. 따라서 데이터를 변형할 때 자신의 클래스 경계 안에서 변형이 되도록 주의해야 한다.

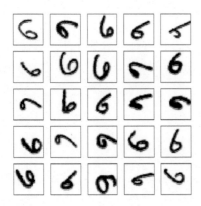

그림 5-35 클래스 6과 클래스 9의 경계가 애매한 경우

5.6.3 데이터 증강 방식 선택

데이터를 증강하는 방식은 데이터의 종류와 문제에 따라 매우 다양하다. 만일 이미지 분류 문제를 푼다면 이미지 이동, 회전, 늘리기, 좌우/상하 대칭, 카메라 왜곡하기, 잡음 추가, 색깔 변환, 잘라내기, 떼어내기와 같은 다양한 이미지 변형 방법을 사용할 수 있다.

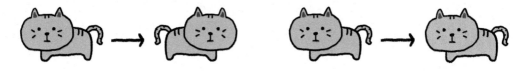

그림 5-36 이미지 확장 기법들 (좌우 대칭, 색깔 변환)

데이터 증강을 어떤 조합으로 할지는 성능 검증을 통해 찾아내야 한다. 최근에는 데이터 증강 방식을 자동으로 찾아주는 **자동 데이터 증강**automatic data augmentation 기법들이 연구되고 있다. 모델의 성능을 최대화하는 데 필요한 데이터 증강 정책을 강화 학습이나 진화 알고리즘 등으로 학습해서 자동으로 생성한다.

5.7 배깅

앙상블^{ensemble}은 여러 모델을 실행해서 하나의 강한 모델을 만드는 방법이다. 개별 모델의 성능은 약하지만, 약한 모델이 모여서 하나의 팀을 이루면 성능이 좋은 강한 모델이 될 수 있다. 앙상블 기법 중 **배깅**$^{bagging: bootstrap aggregating}$은 독립된 여러 모델을 동시에 실행한 뒤 개별 모델의 예측을 이용해서 최종으로 예측하는 방법이다. 배깅이 정규화 방법인 이유는 모델이 서로 독립일 때 예측 오차가 모델 수에 비례해서 줄어들기 때문이다.

5.7.1 배깅의 원리

배깅은 모델의 종류와 관계없이 다양한 모델로 팀을 구성할 수 있다. 같은 종류의 모델로 팀을 구성하기도 하고 다른 모델로 팀을 구성하기도 한다. 단, 성능을 높이려면 모델 간에 독립을 보장해야만 한다. 모델의 독립성을 보장하기 위해 훈련 데이터를 **부트스트랩**^{bootstrapping} 하여 모델별로 부트스트랩 데이터를 생성한다. 부트스트랩 데이터는 훈련 데이터에서 복원 추출해서 훈련 데이터와 같은 크기로 만든다.

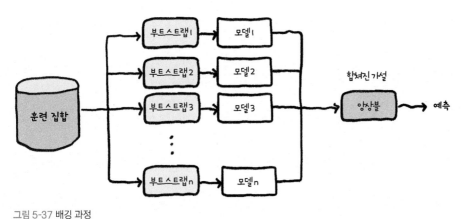

그림 5-37 배깅 과정

부트스트랩

통계에서 부트스트랩은 표본 데이터로 모집단의 통계량을 추정할 때 통계량을 여러 번 측정해서 오차 및 신뢰 구간을 추정하는 방식이다.

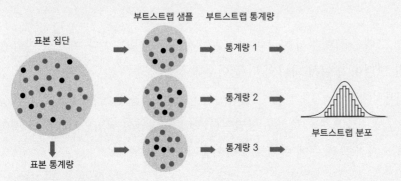

그림 5-38 부트스트랩 과정

통계량을 측정할 때 원래의 표본 데이터에서 복원 추출 방식으로 새롭게 부트스트랩 샘플을 구성한 뒤 통계량을 측정한다. 매번 새롭게 구성된 부트스트랩 샘플로 통계량을 구하면 통계량의 분포를 구성할 수 있으므로 통계량의 오차와 신뢰 구간을 구할 수 있다.

여러 모델의 추론 결과를 이용하는 배깅의 추론 방식

추론 단계에서는 개별 모델의 결과를 집계해서 예측한다. 일반적으로 회귀 모델의 경우 개별 모델의 결과를 평균해서 예측하는데, 때에 따라 모델의 비중을 다르게 두고 가중 합산을 하기도 한다. 분류 모델의 경우 가장 많이 나온 값으로 예측하는 **다수결 투표 방식**^{majority voting}을 사용한다. 때에 따라 개별 모델을 임의로 선택해서 예측하거나 투표 방식을 변형해서 사용하기도 한다.

신경망 모델로 배깅할 때 다른 점

신경망 모델로 배깅할 때는 부트스트랩을 사용하지 않아도 된다. 모델의 가중치를 랜덤하게 초기화하는 만큼 마치 다른 모델인 것과 같은 효과가 생기고, 미니배치 방식을 사용함으로써 모델별로 다른 훈련 데이터셋을 사용하는 효과가 있기 때문이다. 인공 신경망 모델은 다른 모델에 비해 크므로 보통 앙상블 크기가 20이 넘지 않게 사용한다.

5.7.2 배깅의 정규화 효과

배깅의 정규화 효과를 확인하기 위해 개별 모델의 예측 오차가 배깅에서 어떻게 줄어드는지 살펴보자. k개의 회귀 모델로 배깅한다고 가정해 보자. 이때 개별 회귀 모델의 예측 오차 ϵ_i는 평균이 0이고 분산이 v이며 모델 간의 공분산이 c인 가우시안 분포를 따른다.

$$\epsilon_i \sim \mathcal{N}(0, \Sigma)(i=1,\ 2,\ ...,\ k)$$
$$\mathbb{E}[\epsilon_i^2]=v,\ \mathbb{E}[\epsilon_i\epsilon_j]=c$$

회귀 모델에서 배깅의 예측은 개별 모델의 평균으로 계산하므로 배깅의 오차 ϵ_b는 개별 모델 오차의 평균이 된다.

$$\epsilon_b=\frac{1}{k}\sum_{i=1}^{k}\epsilon_i$$

배깅의 오차 크기

배깅을 해서 오차가 줄었는지 확인하기 위해 오차 ϵ_b의 분산을 구해 보자. 이때 ϵ_b의 평균은 0이고 분산은 다음과 같다.

$$\mathrm{Var}(\epsilon_b)=\mathbb{E}\left[\left(\frac{1}{k}\sum_{i=1}^{k}\epsilon_i\right)^2\right]$$

다음과 같이 분산 $\mathrm{Var}(\epsilon_b)$를 전개해 보면 $\frac{1}{k}v+\frac{k-1}{k}c$로 정리된다.

$$\mathrm{Var}(\epsilon_b) = \mathbb{E}\left[\left(\frac{1}{k}\sum_{i=1}^{k}\epsilon_i\right)^2\right]$$

$$= \frac{1}{k^2}\mathbb{E}\left[\sum_{i=1}^{k}\left(\epsilon_i^2 + \sum_{j \neq i}\epsilon_i\epsilon_j\right)\right]$$

$$= \frac{1}{k^2}\left[\sum_{i=1}^{k}\mathbb{E}(\epsilon_i^2) + \sum_{i=1}^{k}\sum_{j \neq i}\mathbb{E}(\epsilon_i\epsilon_j)\right]$$

$$= \frac{1}{k^2}kv + \frac{1}{k^2}k(k-1)c$$

$$= \frac{1}{k}v + \frac{k-1}{k}c$$

모델이 서로 독립이 아니라면?

먼저 개별 모델 간에 상관성이 커서 공분산과 분산이 같다고 가정해 보자. 앞의 식에 $c=v$ 를 대입하면 다음과 같이 배깅 오차는 모델의 오차와 같은 분산을 가진다. 따라서 모델 간에 상관성이 높으면 배깅했을 때 오차가 줄어들지 않는다.

$$\mathrm{Var}(\epsilon_b) = \frac{1}{k}v + \frac{k-1}{k}v = v$$

모델이 서로 독립이라면?

반대로 모델이 서로 독립이라면 공분산이 0이므로 $c=0$가 되어 앙상블 오차는 다음과 같이 모델 수에 비례해서 줄어든다.

$$\mathrm{Var}(\epsilon_b) = \frac{1}{k}v + \frac{k-1}{k}0 = \frac{v}{k}$$

따라서 배깅을 할 때 개별 모델의 독립을 보장한다면 모델 수에 비례해서 오차를 줄일 수 있다. 마치 팀에서 팀원들이 맡은 역할은 작지만, 이들이 모여 한 팀으로 일할 때 큰 성과를 낼 수 있는 것과 같다. 여러 모델이 팀을 이루면 개별 모델의 편향과 취약점을 없앨 수 있고 좀 더 공정하고 좋은 성과를 낼 수 있다.

5.8 드롭아웃

드롭아웃^{dropout}은 미니배치를 실행할 때마다 뉴런을 랜덤하게 잘라내서 새로운 모델을 생성하는 정규화 방법이다. 드롭아웃은 하나의 신경망 모델에서 무한히 많은 모델을 생성하는 배깅과 같다. 드롭아웃은 계산 시간이 거의 들지 않고 다양한 모델에 쉽게 적용할 수 있는 강력한 정규화 기법이다.

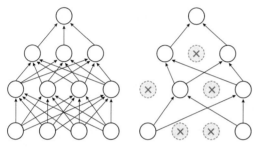

그림 5-39 드롭아웃의 적용[40]

드롭아웃은 배깅보다 성능이 좋을까?

드롭아웃으로 무한히 많은 모델을 생성할 수 있다면, 드롭아웃은 배깅보다 성능이 좋을까? 배깅은 서로 독립된 모델을 병렬로 실행해서 예측 오차를 줄이지만, 드롭아웃은 모델 간에 파라미터를 공유하기 때문에 모델 간에 상관성이 생긴다. 따라서 모델 간의 독립성을 전제로 하는 배깅보다 더 좋은 성능을 갖기는 어렵다. 하지만 드롭아웃은 배깅보다 실용적이다. 모델을 병렬로 실행하지 않고도 무한히 많은 모델의 평균으로 예측하는 효과가 있기 때문에 적은 자원으로 배깅의 정규화 효과를 볼 수 있기 때문이다.

5.8.1 학습 단계

드롭아웃은 미니배치를 실행할 때마다 뉴런을 랜덤하게 잘라내서 매번 다른 모델을 생성한다. 뉴런을 드롭아웃할 때는 뉴런의 50% 이상은 유지되어야 한다. 드롭아웃은 입력 계층과 은닉 계층에 적용하며, 뉴런을 유지할 확률은 입력 뉴런은 0.8, 은닉 뉴런은 0.5 정도로 지정한다.

드롭아웃을 하면 어떤 모델이 생성될까?

다음 그림과 같이 입력 뉴런이 2개, 은닉 뉴런이 2개인 신경망에 드롭아웃을 적용해 보자. 뉴런의 50%는 유지하고 나머지 50%는 드롭아웃 한다면 2^4개에 해당하는 16종류의 모델이 생성될 수 있다.

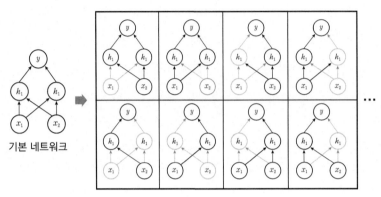

드롭아웃이 적용된 네트워크

그림 5-40 드롭아웃으로 생성된 다양한 모델

이진 마스크를 활용한 뉴런의 드롭아웃

훈련 단계에서 드롭아웃을 어떻게 적용하는지 살펴보자. 먼저 미니배치를 실행할 때마다 계층별로 뉴런의 이진 마스크$^{binary\ mask}$를 생성한다. 이진 마스크는 뉴런별 드롭아웃 여부를 나타내며, 뉴런의 마스크값이 1이면 뉴런은 유지되고 마스크값이 0이면 드롭아웃 된다. 이러한 이진 마스크의 1과 0의 비율은 뉴런이 유지될 확률에 따라 정한다. 계층의 출력에 이진 마스크를 곱하면 드롭아웃이 실행된다. 계층 l의 드롭아웃은 다음과 같이 정의된다. 변수 p는 뉴런을 유지할 확률이다.

$$a^{(l)} = \text{activation}\left(W^{(l)T} x^{(l)} + b^{(l)}\right)$$
$$r^{(l)} \sim Bern(p)$$
$$\tilde{a}^{(l)} = a^{(l)} \odot r^{(l)}$$

계층 l에서 가중 합산과 활성 함수를 실행한 결과를 $a^{(l)}$에 저장한다. 계층의 뉴런별로 베르누이 분포에서 난수를 발생시켜서 0 또는 1을 갖는 이진 마스크 $r^{(l)}$을 생성한다. 그리고 $a^{(l)}$에 $r^{(l)}$을 요소별로 곱해서 드롭아웃을 적용한다.

5.8.2 추론 단계

추론 단계에서는 뉴런을 드롭아웃하지 않고 훈련 과정에서 확률적으로 생성했던 다양한 모델의 평균을 예측해야 한다. 모델 평균을 어떻게 구하는지 살펴보자.

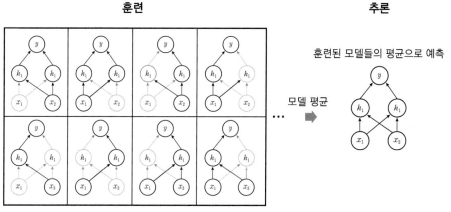

그림 5-41 훈련 과정에서 생성했던 모델들의 평균으로 예측

무한히 많은 모델의 평균 계산

다음과 같이 입력 뉴런이 2개이고 출력 뉴런이 하나인 신경망에 뉴런을 유지할 확률 $p=0.5$로 드롭아웃을 적용한다고 해보자.

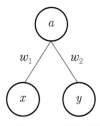

그림 5-42 드롭아웃 예제

이 경우 훈련 과정에서 다음과 같은 네 종류의 모델이 확률적으로 생성된다.

$$w_1 x + w_2 y$$
$$w_1 x + 0 y$$
$$0 x + 0 y$$
$$0 x + w_2 y$$

각 모델이 생성될 확률은 $\frac{1}{4}$이므로 네 모델의 평균을 계산하면 다음과 같은 결과를 얻을 수 있다. 즉, 모델 평균의 결과는 드롭아웃을 하지 않은 전체 모델의 출력 $w_1 x + w_2 y$와 뉴런 유지 확률 p의 곱으로 표현된다.

$$\mathbb{E}[a] = \frac{1}{4}(w_1 x + w_2 y) + \frac{1}{4}(w_1 x + 0y) + \frac{1}{4}(0x + 0y) + \frac{1}{4}(0x + w_2 y)$$
$$= \frac{1}{2}(w_1 x + w_2 y)$$

즉, 모델의 가중치를 p로 스케일링해서 모델 평균을 계산하는 **가중치 비례 추론 규칙**Weight scaling inference rule을 따른다. 따라서 추론 시에는 각 계층 l의 출력에 뉴런 유지 확률 p를 곱해 주기만 하면 된다.

$$\boldsymbol{a}^{(l)} = \text{activation}(\boldsymbol{W}^{(l)T} \boldsymbol{x}^{(l)} + \boldsymbol{b}^{(l)}) \times p$$

역드롭아웃

뉴런을 유지할 확률 p를 반드시 추론 시점에 곱해야 할까? 훈련 시점에 각 계층의 출력을 미리 p로 나눠 두면 원래의 추론 코드를 그대로 사용할 수 있다. 이런 아이디어를 적용한 방법이 역 드롭아웃Inverted dropout이다. 다음 식과 같이 훈련 단계에서 각 계층 l의 출력을 p로 나눠 주면 된다.

$$\boldsymbol{a}^{(l)} = \text{activation}(\boldsymbol{W}^{(l)T} \boldsymbol{x}^{(l)} + \boldsymbol{b}^{(l)})$$
$$\boldsymbol{r}^{(l)} \sim Bern(p)$$
$$\tilde{\boldsymbol{a}}^{(l)} = (\boldsymbol{a}^{(l)} \odot \boldsymbol{r}^{(l)}) / p$$

퀴즈로 정리해 보세요.

01. 드⬚⬚⬚⬚⬚은 미니배치를 실행할 때마다 뉴런을 랜덤하게 잘라내서 새로운 모델을 생성하는 정규화 방법이다. 드⬚⬚⬚⬚⬚은 계산 시간이 거의 들지 않고 다양한 모델에 쉽게 적용할 수 있는 강력한 정규화 기법이다.

02. 뉴런을 드롭아웃 할 때는 뉴런의 5⬚⬚⬚⬚ 이상은 유지되도록 주의해야 한다.

정답: 01. 드롭아웃 02. 50%

5.9 잡음 주입

데이터나 모델을 확률적으로 정의할 수 있다면 더 정확하게 추론할 수 있다. 하지만 애초에 데이터나 모델이 확률적으로 정의되지 않았다면 간단히 **잡음**^{noise}을 넣어서 확률적 성질을 부여할 수 있다. 즉, 현재 상태를 평균으로 보고 잡음으로 변형된 데이터를 생성해서 특정한 분포를 따르도록 만든다. 데이터나 모델에 확률적 성질이 생기면 다양성이 생기면서 정규화 효과가 생긴다.

5.9.1 잡음 주입 방식

확률적 성질을 부여하고 싶은 대상에 따라서 잡음을 주입하는 형태도 다양하다. 확률적 성질은 입력 데이터, 은닉 계층에서 추출된 특징, 모델 가중치, 레이블 등에 부여할 수 있으며 그만큼 다양한 정규화 기법이 잡음 주입 방식에 포함된다.

입력 데이터에 잡음 주입

입력 데이터에 잡음을 추가하는 것은 데이터 증강 기법에 해당한다. 입력 데이터에 아주 작은 분산을 갖는 잡음을 넣으면 가중치 감소와 동일한 정규화 효과를 얻을 수 있다.

특징에 잡음 주입

은닉 계층에서 추출된 특징에 잡음을 넣는 것은 데이터가 추상화된 상태에서 데이터 증강을 하는 것으로 생각해 볼 수 있다. 추상화된 데이터에 확률적 성질을 부여하기 때문에 객체와 같은 상대적으로 의미 있는 단위로 데이터 증강이 일어나서 성능이 크게 향상한다.

모델 가중치에 잡음 주입

가중치에 잡음을 주입하는 대표적인 예가 드롭아웃이다. 드롭아웃에서 뉴런을 제거할 때 확률적으로 가중치를 조절하기 때문에 가중치에 잡음을 넣는 것이다. 또한, 가중치에 잡음을 주입하는 것은 가중치의 불확실성^{uncertainty}과 관련이 있다. 베이지언 신경망은 가중치의 분포를 학습하며 가중치의 불확실성을 표현한다. 만일 가중치 분포의 분산이 크다면 가중치의 불확실성이 높고 분산이 작으면 불확실성이 낮은 것이다. 학습된 가중치 분포에서 가중치를 샘플링하는 과정은 가중치에 잡음을 주입하는 과정과 같다.

가중치에 잡음을 직접 더해서 가중치에 조금씩 변화를 주기도 한다. 이 경우 가중치의 그레이디언트 크기를 작게 만드는 정규화 효과가 있다. 따라서 학습이 진행될수록 그레이디언트 크기가 점점 작아지므로 평평한 평지 위에 있는 최소 지점을 찾게 된다. 다음 그림과 같이 원래 최소 지점 주변의 경사가 가파르더라도 가중치에 잡음을 넣어주면 최소 지점 주변이 평지로 변해서 새로운 데이터에 대한 일반화 성능이 향상한다.

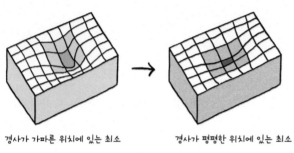

경사가 가파른 위치에 있는 최소   경사가 평평한 위치에 있는 최소

그림 5-43 평평한 위치에 있는 최소[44]

최적해가 평지 위에 있으면 좋은 이유

최소 지점이 평지에 있으면 왜 일반화 성능이 향상할까? 다음 그림의 그래프와 같이 2차원 함수로 설명해 보면 직관적으로 이해할 수 있다. 검은색 함수는 훈련 데이터의 손실 함수이고 빨간색 함수는 테스트 데이터의 손실 함수이다. 빨간색 함수의 최소는 검은색 함수의 최소에서 오른쪽으로 조금 이동한 곳에 있다고 하자.

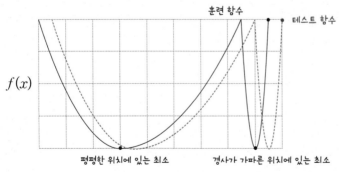

훈련 함수

테스트 함수

$f(x)$

평평한 위치에 있는 최소   경사가 가파른 위치에 있는 최소

그림 5-44 평지 위의 최소와 일반화 오류의 관계

훈련된 모델이 테스트 데이터에 대해 좋은 예측 성능을 가지려면 빨간색 함수의 최소 지점에서 발생하는 손실이 작아야 한다. 이때 훈련된 모델의 손실은 검은색 함수의 함숫값이다. 만일 검은색 함수의 최소가 왼쪽에 있는 최소와 같이 평평한 곳에 있다면 빨간색 함수의 최소가 조금 이동한 위치에 있더라도 발생하는 손실은 작아진다. 반면 오른쪽에 있는 최소와 같이 최소 주변의 경사가 가파르다면 최소가 조금만 이동하더라도 발생하는 손실은 커진다.

5.9.2 소프트 레이블링

분류 문제에서 훈련 데이터의 레이블에 오차가 있다고 해보자. 이런 경우 레이블에 일정한 크기의 오차를 반영해 주면 더 정확하게 예측할 수 있다.

레이블이 정확하지 않다면?

레이블이 정확하지 않다면 어떤 현상이 발생할까? 분류 모델의 학습 과정에서 모델이 타깃 클래스의 확률을 1로, 나머지 클래스의 확률을 0으로 예측하도록 만들 것이다. 그런데 레이블에 오차가 있다면 모델이 정확히 1이나 0으로 예측하지 못하기 때문에 계속해서 일정량의 손실이 발생하고 최적화가 이루어지지 않을 수 있다.

레이블에 잡음 주입

레이블이 정확하지 않다면 ϵ만큼의 오차가 있다고 가정하고, 타깃 클래스의 확률은 ϵ만큼 작게 만들고 나머지 클래스들의 확률은 ϵ을 배분해서 확률을 부여한다. 이런 방식을 **소프트 레이블링**soft labeling이라고 한다. 레이블에 오차를 반영한 후 학습하면 모델 성능이 높아진다. 소프트 레이블링은 80년대부터 지금까지 사용하고 있는 정규화 방법이다.

▶ 레이블을 0과 1로 만드는 것을 **하드 레이블링**hard labeling이라고 한다.

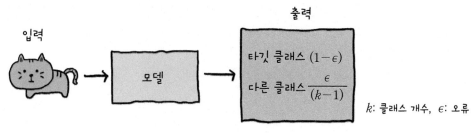

그림 5-45 소프트 레이블링

도전! ▶ 딥러닝 대표 문제

 이 장에서 배운 내용을 실습해 보세요. 아래 문제의 URL에서 〈구글 코랩에서 실행하기〉 버튼을 누르세요. 실습을 진행할 수 있으며 정답도 확인할 수 있습니다.

실습 01 영화 리뷰 감성 분석 모델에 가중치 감소 및 드롭아웃 적용하기

IMDB 영화 리뷰 분류 모델에서 훈련하는 동안 검증 성능이 향상되다가 다시 감소하기 시작했다면 과적합이 발생한 것이다. IMDB 영화 리뷰 분류 모델의 과적합을 방지하기 위해 가중치 감소와 드롭아웃 정규화 기법을 적용해보도록 하자.

[텐서플로 튜토리얼] 과대적합과 과소적합

www.tensorflow.org/tutorials/keras/overfit_and_underfit

실습 02 꽃 이미지 분류를 위한 이미지 데이터 증강

꽃 데이터셋에 좌우 대칭, 회전, 늘리기와 같은 이미지 데이터 증강 기법을 적용해서 이미지 분류 모델의 성능을 향상시켜보자.

[텐서플로 튜토리얼] 데이터 증강

www.tensorflow.org/tutorials/images/data_augmentation

06
콘벌루션 신경망

순방향 신경망은 데이터에 특별한 구조를 가정하지 않으므로 이미지와 같은 공간 데이터를 처리한다면 공간적인 특성을 무시하게 된다. 또한 고차원 공간을 표현하려면 데이터는 커질 수밖에 없고 모델도 같이 커지기 때문에 모델의 파라미터 수가 급격히 증가하는 문제가 있다. 이와 같은 순방향 신경망의 한계를 극복하기 위해 1979년에 생체 신경망의 시각 정보 처리 방식을 모방해서 이미지를 처리하는 인공 신경망인 **네오코그니트론**neocognitron이 제안되었다. 1998년에는 네오코그니트론의 설계 사상과 역전파 알고리즘을 접목한 **콘벌루션 신경망**convolution neural network, 즉 CNN이 나오면서 지금까지 컴퓨터 비전 분야의 비약적인 발전을 견인하고 있다.

이번 장에서는 콘벌루션 신경망이 이미지 데이터를 처리하기 위해 생체 신경망의 어떤 점을 모방했고 어떤 방식으로 데이터를 처리하는지, 그리고 모델이 갖는 성질은 무엇인지 살펴본다. 또한 표준 콘벌루션 연산의 한계를 극복하고자 제안된 다양한 콘벌루션 방법들을 살펴본다.

6.1 시각 패턴 인식을 위한 신경망 모델

순방향 신경망으로 MNIST 필기체 숫자를 인식하려면 28×28 이미지를 784 크기의 1차원 벡터로 변환해서 모델에 입력해야 한다. 다음 그림과 같이 2차원 이미지를 1차원으로 펼치면 6자 형태가 사라지므로 어떤 숫자인지 인식하기가 어렵다. 공간 데이터를 1차원으로 변환하는 순간 형상 정보가 분산되기 때문에 정확한 패턴을 인식하기 어려운 것이다.

▶ MNIST는 0에서 9까지 필기체 숫자로 된 데이터셋으로 미국 중고등 학생들의 손글씨를 취합해서 만들었다.

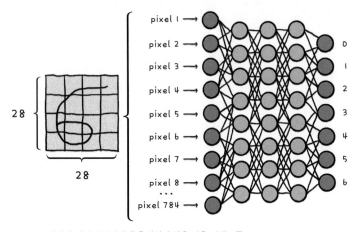

그림 6-1 이미지 데이터 처리에 효율적이지 않은 다층 퍼셉트론

그뿐만 아니라 이미지와 같은 고차원 데이터는 차원별로 크기가 조금씩만 커져도 전체 데이터 크기가 기하급수적으로 증가한다. 입력 데이터가 커질수록 더 많은 특징을 포함하기 때문에 그에 따라 모델의 파라미터 수가 급격히 증가한다. 이런 이유로 순방향 신경망은 이미지 데이터를 처리하기에 효율적이지 않다.

6.1.1 생체 시각 시스템을 모방한 인공 신경망

이미지를 효율적으로 처리하려면 인공 신경망은 어떤 모습이어야 할까? 일본의 NHK 방송 기술 연구소에서 근무하던 **쿠니히코 후쿠시마**^{Kunihiko Fukushima}는 생체 신경망의 시각 정보 처리 방식을 인공 신공망에 도입한다면 이미지를 더 효율적으로 인식할 수 있을 것으로 생각했다. 전기 공학자로서 생체 신경망에 관심이 많았던 그는 허블과 비셀이 1959년 발견한 동물 시각 시스템의 계층적 모델을 인공 신경망으로 모델링하고, 이를 통해 필기체 인식과 패턴 인식에 성공한다. 그 결과 1979년 제안한 모델이 바로 **네오코그니트론** neocognitron으로, 이후 콘벌루션 신경망이 탄생하는 데 지대한 영향을 미친다.

그림 6-2 쿠니히코 후쿠시마

생체 신경망의 계층적 시각 정보 처리

데이비드 허블David H. Hubel과 토르스텐 닐스 비셀Torsten N. Wiesel은 1959년 동물 시각 피질의 구조와 기능에 관한 연구를 발표했다.

그림 6-3 데이비드 허블과 토르스텐 닐스 비셀

이들은 고양이의 두뇌에 전극을 꽂고 다양한 형태의 자극을 보여주면서 뉴런의 전기적인 반응을 관찰했다. 뉴런이 어떤 자극에 반응하는지 일일이 확인하면서 시각 뉴런의 기능과 역할을 파악하고 시각 피질의 구조를 분석하여 시각 피질 지도를 완성했다. 그 공헌을 인정받아 1981년에 노벨 생리의학상을 수상했다.

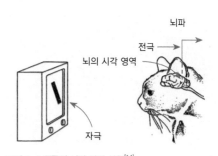

그림 6-4 동물의 시각 피질 실험[14]

이들이 실험을 통해 발견한 사실은 다음과 같은 세 가지로 요약할 수 있다.

첫째, 뉴런은 아주 좁은 영역의 자극에 반응한다. 뉴런이 자극을 받아들이는 영역을 **수용 영역**receptive field이라고 하는데, 뉴런은 좁은 영역의 자극에 반응하는 국소적인 수용 영역을 갖는다.

둘째, 뉴런마다 다른 모양의 특징을 인식하도록 뉴런의 역할이 나뉜다. 고양이에게 여러 모양의 형체를 보여주었을 때 모양에 따라 서로 다른 뉴런이 반응했다.

셋째, 뉴런은 계층 구조를 이루며 시각 정보를 계층적으로 처리한다. 상위 뉴런은 하위 뉴런으로부터 시각 정보를 받아서 특징을 인식하는 만큼 더 넓은 수용 영역을 가지며, 계층이 높아질수록 수용 영역이 점점 넓어져서 최종적으로 전체 시각 영역을 형성한다. 계층 구조의 가장 하위에 있는 뉴런으로서 **단순 세포**simple cell는 선분segment을 탐지하며, **복합 세포**complex cell는 여러 단순 세포로부터 시각 정보를 받는 뉴런으로서 선분의 움직임에 대해 반응하는 위치불변성을 갖는다. **초복합 세포**hypercomplex cell는 복합 세포의 상위 뉴런으로서 두 개의 선분이 이루는 모서리나 곡선 또는 선분의 끝을 탐지한다.

시각 시스템의 계층적 구조

다음 그림은 사람의 시각 시스템의 계층적 구조를 보여준다. 뇌의 시각 피질은 V1, V2, V4, IT 등의 영역으로 나뉘며 이들은 계층적 구조로 연결된다. V1 영역의 뉴런은 국소적 수용 영역을 가지므로 선이나 덩어리와 같은 단순한 특징에 반응하지만, V2 영역은 V1 영역의 여러 뉴런으로부터 신호를 받기 때문에 더 넓어진 수용 영역을 가지며 모양을 가진 특징에 반응한다. V4 역시 V2 영역의 여러 뉴런으로부터 신호를 받으므로 훨씬 넓은 수용 영역을 가지며 사람의 얼굴이나 특정 물체에 특이적 반응을 한다.

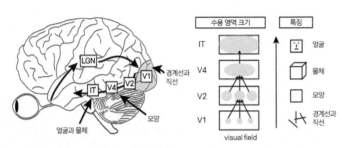

그림 6-5 시각 정보의 계층적 인식[37]

허블 & 비셀 모델에 영감을 받은 네오코그니트론

후쿠시마는 허블과 비셀의 연구에 영감을 받아 생체 신경망의 시각 처리를 위한 계층 구조를 모방하여 네오코그니트론의 구조를 고안했다. 다음 그림은 시각 시스템의 계층 구조에 대응하는 네오코그니트론의 구조다. 위쪽은 생체 신경망이 시각 신호를 계층적으로 처리하는 단계를, 아래쪽은 그에 대응되는 네오코그니트론의 신호 처리 단계를 보여준다.

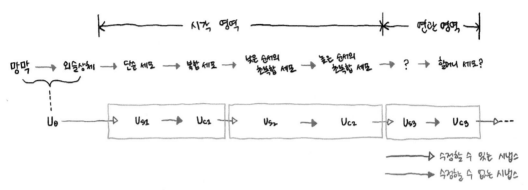

그림 6-6 시각 시스템의 계층 구조를 모방[33]

생체 신경망에서 시각 신호가 처리되는 단계

시각 신호는 눈의 망막을 통해 들어와서 외측슬상체^{LGB: lateral geniculate body}에 1차 투영되고 다시 후두엽의 시각 피질^{visual cortex}에 2차 투영된다. 시각 피질에서는 V1 영역부터 시작해서 영역별로 단순 세포는 복합 세포로, 복합 세포는 초복합 세포로 시각 정보를 전달하면서 처리한다. 시각 영역^{visual area}에서 처리된 정보는 측두엽과 하정두엽과 같은 연관 영역^{association area}을 통해 두 갈래로 전달되어 사물의 움직임과 형태와 색깔을 인지하며, 최종적으로 전전두엽의 할머니 세포^{grandmother cell}에 도달하면 시각 정보를 인지한다. 할머니 세포는 동일한 사물에 대한 자극이 여러 감각 기관을 통해 다양한 형태로 들어와도 동일한 대상으로 인지하는 세포이다.

네오코그니트론의 구조

후쿠시마는 생체 신경망의 처리 경로를 모방해서 단순 세포 계층과 복합 세포 계층을 정의하고 이 둘을 묶어서 여러 계층으로 쌓은 신경망 구조를 만들었다. 그 결과 다음 그림과 같은 구조의 네오코그니트론이 탄생했다. 단순 세포 계층은 시각 정보의 다양한 특징을 학습하며, 복합 세포 계층은 특징의 크기를 줄이는 방식으로 수용 영역을 넓히고 특징에 대한 위치 불변성을 제공한다. 네오코그니트론의 학습 알고리즘은 비지도 학습이 결합한 자체 알고리즘이다.

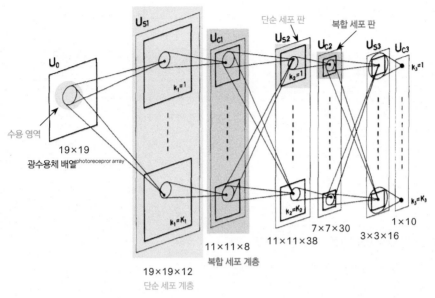

그림 6-7 네오코그니트론 구조[33]

6.1.2 콘벌루션 신경망의 탄생

얀 르쿤^{Yann Le Cun}은 네오코그니트론에 영향을 받아 1998년 **콘벌루션 신경망**을 제안한다. 콘벌루션 신경망은 네오코그니트론의 설계 사상과 모델 구조를 따르며, 얀 르쿤 자신이 1985년에 제안했던 역전파 알고리즘을 학습 알고리즘으로 채택했다. 이로써 콘벌루션 신경망은 보편적인 인공 신경망으로 활용되기 시작한다. 콘벌루션 신경망이라고 부르는 이유는 특징을 인식하는 주요 연산이 콘벌루션 연산이기 때문이다.

그림 6-8 얀 르쿤

그는 최초의 콘벌루션 신경망 모델인 **르넷-5**^{LeNet-5}를 제안하여 우편물에 필기체로 쓰인 우편번호를 인식하는 데 성공했다. 르넷-5는 콘벌루션 연산으로 특징을 학습하는 **콘벌루션**

convolution 계층과, 풀링 연산으로 위치불변성을 제공하는 **서브샘플링**subsampling 계층으로 이루어진다. 콘벌루션 계층과 서브샘플링 계층은 각각 네오코그니트론의 단순 세포 계층과 복합 세포 계층에 해당하며, 생체 신경망의 시각 영역을 모델링한 것이다. 그리고 완전 연결 계층으로 연결하여 생체 신경망의 연관 영역을 모델링했다.

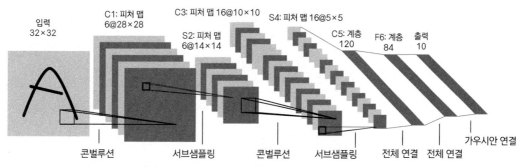

그림 6-9 최초의 CNN 모델인 르넷-5[51]

퀴즈로 정리해 보세요.

01. 순_____으로 이미지를 처리하면 공간 정보가 분산되고 모델의 파라미터 수가 급격히 증가하여 추론 성능이 떨어진다. 따라서 이미지와 같은 공간 정보를 효율적으로 처리하는 신경망 모델이 필요하다.

02. 1979년 쿠니히코 후쿠시마는 허블과 비셀이 발견한 동물 시각 시스템의 계층적 모델을 인공 신경망으로 모델링한 네_____를 발명하고 필기체 인식과 패턴 인식에 성공했다.

03. 얀 르쿤은 1998년 네오코그니트론의 설계 사상과 모델 구조를 따르며 역전파 알고리즘으로 학습하는 콘_____ 신경망을 제안했고, 최초의 콘_____ 신경망 모델인 르넷-5로 우편물에 필기체로 쓰인 우편번호를 인식하는 데 성공했다.

정답: 01. 순방향 신경망 02. 네오코그니트론 03. 콘벌루션

6.2 콘벌루션 신경망의 구조

르넷-5와 같이 현대의 콘벌루션 신경망도 콘벌루션 계층과 서브샘플링 계층으로 이루어진다. 다음 그림은 간단한 콘벌루션 신경망의 예로, 콘벌루션 계층과 서브샘플링 계층이 번갈아 가면서 반복되고 완전 연결 계층으로 이어지는 구조다.

▶ 보통 콘벌루션 신경망은 계층을 박스로 표현하는데 왜 이런 모습으로 표현하는지는 잠시 뒤에 콘벌루션 연산 부분에서 확인해 보자.

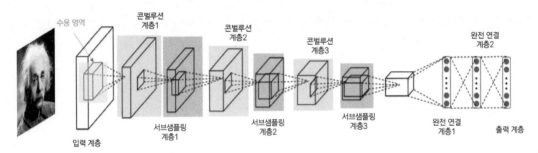

그림 6-10 콘벌루션 신경망 구조

콘벌루션 계층은 콘벌루션 연산을 통해 이미지의 다양한 특징을 학습하며, 서브샘플링 계층은 풀링 연산을 통해 이미지의 크기를 줄여서 특징의 작은 이동에 대한 위치불변성을 갖도록 한다. 콘벌루션 신경망에서 수용 영역은 뉴런이 데이터를 전달받은 입력 이미지의 영역이다. 콘벌루션 연산과 서브샘플링 연산이 더 많이 실행될수록 뉴런의 수용 영역은 점점 넓어지면서 작은 영역의 단순한 특징부터 넓은 영역의 복잡한 특징까지 계층적으로 인식한다. 그럼 이제부터 콘벌루션 신경망의 주요 연산과 콘벌루션 신경망이 갖는 성질을 알아보자.

▶ 뉴런의 수용 영역을 어떻게 계산하고 계층이 높아질수록 어떤 요인으로 커지는지 6.2.7에서 살펴본다.

6.2.1 콘벌루션 연산

콘벌루션^{convolution}은 두 함수를 곱해서 적분하는 연산으로, 함수 f에 다른 함수 g를 적용하여 새로운 함수 f'를 만들 때 사용한다. 콘벌루션 과정을 자세히 설명하면 다음과 같다.

콘벌루션 연산

두 연속 함수 $f(t)$와 $g(t)$가 있다고 하자. 두 함수 $f(t)$와 $g(t)$의 콘벌루션 연산 $(f*g)(t)$는 다음과 같은 적분식으로 정의한다. 이때 함수 $g(t)$는 **콘벌루션 필터**^{convolution filter} 또는 **콘벌루션 커널**^{convolution kernel}이라고 부른다.

▶ $(f*g)(t)$와 $(g*f)(t)$의 결과는 같으므로 변형하려는 함수와 콘벌루션 필터 함수의 역할을 반대로 해도 상관없다.

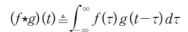

$$(f \star g)(t) \triangleq \int_{-\infty}^{\infty} f(\tau) g(t-\tau) d\tau$$

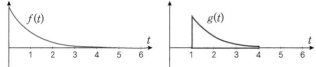

그림 6-11 함수 $f(t)$와 $g(t)$

콘벌루션 연산을 위해 두 함수 $f(t)$와 $g(t)$를 임시 변수 τ에 대한 함수로 재정의하고 $g(\tau)$를 반전시켜서 $g(-\tau)$로 만든다.

그림 6-12 콘벌루션 필터 $g(t)$의 반전

다시 $g(-\tau)$를 t만큼 이동해서 $g(t-\tau)$를 만들고 $f(\tau)$와 $g(t-\tau)$를 **내적**^{inner product}한다. 내적은 두 함수 $f(\tau)$와 $g(t-\tau)$의 곱을 적분한 형태로 $\int_{-\infty}^{\infty} f(\tau) g(t-\tau) d\tau$로 표현한다.

▶ 내적 연산은 가중 합산 연산과 동일하므로 두 용어를 혼용하겠다.

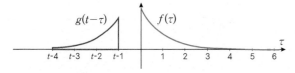

그림 6-13 반전된 콘벌루션 필터를 t만큼 이동

$(f*g)(t)$는 시간 t에 대한 함수이므로, 두 함수를 t의 전구간 $[-\infty, \infty]$에서 내적을 하면 새로운 함수 $f'(t)$가 만들어진다. 이때 $f(\tau)$는 t의 함수가 아니므로 고정되어 있고 $g(t-\tau)$는 시간축 t를 따라 $[-\infty, \infty]$ 구간에서 슬라이딩하며 내적한다.

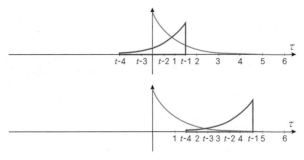

그림 6-14 시간축을 따라 $g(t-\tau)$를 슬라이딩하며 함수 $f(\tau)$와 내적

교차상관 연산

콘벌루션 연산과 유사한 연산이 **교차상관**$^{cross\ correlation}$ 연산이다. 교차상관 연산은 두 함수의 유사도를 측정하는 연산으로, $g(\tau)$를 반전시키지 않는다는 점만 제외하고 콘벌루션 연산과 같다. 따라서 $g(\tau)$가 τ에 대해 대칭인 경우 콘벌루션 연산과 교차상관 연산은 동일하다.

$$(f \star g)(t) \triangleq \int_{-\infty}^{\infty} f(\tau)\,g(t+\tau)\,d\tau$$

이미지 콘벌루션을 할 때는 이름과 달리 교차상관 연산을 한다.

6.2.2 이미지 콘벌루션 연산

이미지에 대한 콘벌루션은 이미지의 특징을 추출하거나 이미지를 변환할 때 사용한다. 예를 들어 **경계선 검출**$^{edge\ detection}$, **스무딩**^{smoothing}, **샤프닝**^{sharpening}과 같은 이미지 처리를 한다면 콘벌루션 필터는 다음 그림의 행렬과 같이 설계한다.

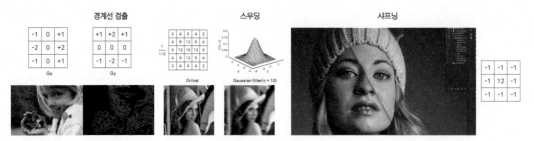

그림 6-15 이미지 콘벌루션

경계선 검출 이미지 콘벌루션 연산 정의

이미지에 대한 콘벌루션 연산을 식으로 정의해 보자. 2차원 이미지가 I이고 콘벌루션 필터가 K라면 이미지에 대한 콘벌루션 연산 $(I * K)(i, j)$는 다음과 같이 정의된다. 함수의 인자 (i, j)는 픽셀 인덱스이다. 이미지는 입력 함수가 되고 콘벌루션 필터는 가중치 함수가 되어 픽셀 단위로 가중 합산을 한다.

$$(I * K)(i, j) = \sum_m \sum_n I(m, n) K(i-m, j-n)$$

이미지 처리를 할 때는 필터를 반전시키지 않기 때문에 콘벌루션 연산이 아닌 교차상관 연산을 한다. 필터가 대칭적인 경우 두 연산은 동일하다. 이미지에 대한 교차상관 연산은 다음과 같이 정의한다.

$$(I * K)(i, j) = \sum_m \sum_n I(m, n) K(i+m, j+n)$$

따라서 콘벌루션 신경망도 교차상관 연산을 하지만 콘벌루션 연산을 한다고 표현한다. 콘벌루션 신경망은 둘 중 어떤 연산을 사용해도 그에 맞춰서 필터가 학습되는 만큼 결과에는 차이가 없다. 다만 필터를 반전하지 않는 편이 간단하므로 교차상관을 사용한다.

이미지 콘벌루션 연산 과정

이미지 콘벌루션 연산 과정을 그림으로 확인해 보면 수식의 의미를 쉽게 이해할 수 있다. 다음과 같이 7×7 이미지와 3×3 콘벌루션 필터가 있다고 하자.

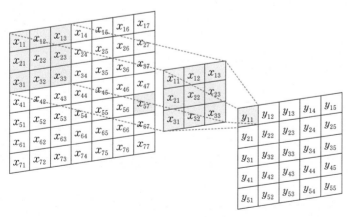

그림 6-16 이미지 콘벌루션 연산의 첫 번째 가중 합산

콘벌루션 연산의 첫 번째 가중 합산은 다음과 같은 식으로 계산한다. 이미지와 콘벌루션 필터를 왼쪽 위 모서리에 맞춰서 픽셀 단위로 가중 합산을 하면 새로운 이미지의 첫 번째 픽셀 y_{11}이 생성된다.

$$y_{11} = w_{11}x_{11} + w_{12}x_{12} + w_{13}x_{13}$$
$$+ w_{21}x_{21} + w_{22}x_{22} + w_{23}x_{23}$$
$$+ w_{31}x_{31} + w_{32}x_{32} + w_{33}x_{33}$$

두 번째 픽셀 y_{12}는 콘벌루션 필터를 오른쪽으로 한 칸 슬라이딩한 뒤에 다음과 같은 식으로 가중 합산해서 생성한다.

$$y_{12} = w_{11}x_{12} + w_{12}x_{13} + w_{13}x_{14}$$
$$+ w_{21}x_{22} + w_{22}x_{23} + w_{23}x_{24}$$
$$+ w_{31}x_{32} + w_{32}x_{33} + w_{33}x_{34}$$

같은 방식으로 한 줄에 대해 연산이 완료되면 다음 줄로 한 칸 내려가서 처리하다가 모든 줄에 대해 연산이 완료되면 콘벌루션 연산도 완료된다.

콘벌루션 필터의 슬라이딩 순서

이미지에서 콘벌루션 필터를 슬라이딩할 때는 2차원 공간에서 슬라이딩하므로 가로 방향과 세로 방향의 순서를 정해야 한다. 보통 가로 방향으로 한 줄을 슬라이딩하고 나서 세로 방향으로 한 칸씩 아래로 이동하는 순서로 진행된다. 다음 그림에서 화살표는 콘벌루션 필터의 슬라이딩 방향을 나타낸다.

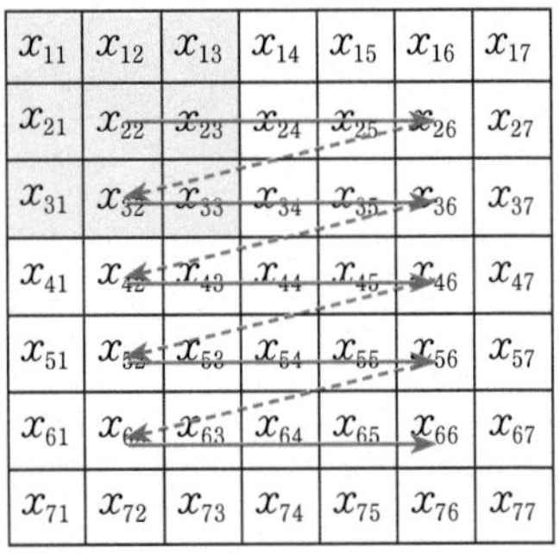

그림 6-17 콘벌루션 필터 슬라이딩 순서

이미지 콘벌루션 필터 설계 예시

이미지 변환을 할 때 콘벌루션 필터를 어떻게 설계하는지 [그림 6-15]에 나오는 세 가지 콘벌루션 연산을 예시로 살펴보자. 이미지는 2차원의 픽셀로 구성되므로 콘벌루션 필터도 2차원 픽셀로 구성된다.

먼저 **경계선 검출**은 이미지에서 사물의 경계를 찾는 연산이다. 사물의 경계는 빛의 강도가 크게 변화하기 때문에 인접한 픽셀의 변화량을 계산하는 미분 필터를 사용한다. 미분 필터는 다음과 같이 좌우 또는 상하 픽셀값의 변화량을 계산하도록 설계한다.

좌우 변화량

-1	0	+1
-2	0	+2
-1	0	+1

상하 변화량

+1	+2	+1
0	0	0
-1	-2	-1

그림 6-18 경계선 검출 필터

스무딩은 이미지의 색깔이 부드럽게 변하도록 만드는 연산으로, 선명한 이미지가 몽환적인 느낌의 흐릿한 이미지로 바뀐다. 이미지를 부드럽게 만들기 위해 주변 픽셀을 가중 합산하며 주로 가우시안 필터를 사용한다. 가우시안 필터는 종 모양의 '가우시안 함수' 형태로 가중치를 설계한 필터로, 필터의 중심에 가까울수록 큰 가중치를 갖고 멀어질수록 작은 가중치를 갖는다.

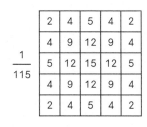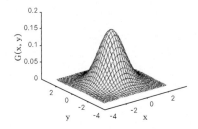

그림 6-19 가우시안 필터

샤프닝은 이미지를 선명하게 만드는 연산이다. 선명한 윤곽을 갖는 이미지를 만들기 위해 2차 미분을 계산하는 라플라스 필터$^{Laplace filter}$를 사용한다. 라플라스 필터는 좌우 또는 상하 픽셀값의 변화량에 대한 변화량을 계산하도록 설계한다.

-1	-1	-1
-1	12	-1
-1	-1	-1

그림 6-20 라플라스 필터

이와 같이 이미지 처리를 할 때는 연산의 목적에 맞게 콘벌루션 필터를 설계해야 한다.

6.2.3 콘벌루션 신경망의 콘벌루션 연산

콘벌루션 신경망은 이미지의 특징을 추출하기 위해 콘벌루션 필터를 학습하며, 특징의 추상화 수준에 따라 콘벌루션 연산을 여러 단계로 계층화해서 실행한다. 신경망 모델에서 이미지 콘벌루션 연산을 어떤 방식으로 활용하는지 살펴보면 다음과 같다.

- 데이터에 내포된 다양한 특징을 추출하도록 특징에 따라 별도의 콘벌루션 필터를 둔다. 콘벌루션 필터별로 서로 다른 특징을 추출하므로, 데이터의 특징이 다양하다면 그만큼 콘벌루션 필터 개수를 늘려줘야 한다. 하지만 이미지가 몇 개의 특징을 내포하는지 미리 알기는 어렵기 때문에 검증 과정을 통해 필터 개수를 조절한다.
- 콘벌루션 필터의 크기와 개수는 계층별로 특징의 추상화 수준에 따라 다르게 설계해야 한다. 추상화 수준이 높아질수록 특징이 세분화되므로 더 많은 종류의 필터가 필요하다.
- 콘벌루션 필터의 값은 데이터의 특징을 잘 추출하도록 학습을 통해 정한다. 즉, 미리 설계된 콘벌루션 필터를 사용하지 않고, 이미지의 특징에 따라 최적의 값으로 정의되도록 학습 과정에서 결정한다.

이제 콘벌루션 신경망에서 콘벌루션 연산이 실행되는 과정을 자세히 살펴보자.

입력 데이터의 형태

콘벌루션 신경망의 입력 데이터가 이미지라고 가정하자. 이미지는 눈으로 볼 때는 2차원이지만, 색깔별로 빛의 강도를 나타내는 채널^{channel}이 있기 때문에 3차원으로 표현한다. 컬러 이미지의 경우 RGB 채널을 가지며 투명도를 나타내는 알파^{alpha} 채널까지 포함해서 RGBA로 표현하기도 한다. 그리고 흑백 이미지의 경우에는 한 개의 채널로 정의된다. 따라서 다음 그림과 같이 콘벌루션 신경망의 입력 데이터는 [Width]×[Height]×[Depth]로 표현되는 3차원 텐서^{tesnor}로 나타낼 수 있다.

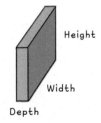

그림 6-21 입력 데이터

▶ 텐서는 다차원 배열로 표현되는 데이터 형태를 말한다.

[Width]×[Height]는 공간 특징$^{spatial\ feature}$을 표현하며 [Depth]는 채널 특징$^{channel\ feature}$을 표현한다. 따라서 흑백 이미지는 [Depth]=1이 되고, 컬러 이미지는 [Depth]=3이 되며, 투명도를 포함하는 컬러 이미지는 [Depth]=4가 된다.

콘벌루션 필터의 형태

콘벌루션 필터도 [Width]×[Height]×[Depth]로 표현되는 3차원 텐서로 정의된다. 표준 콘벌루션 연산은 채널 방향으로 슬라이딩하지 않으므로 콘벌루션 필터의 [Depth]는 입력 데이터의 [Depth]와 같아야 한다. 다음 그림과 같이 32×32×3 이미지에 대해 콘벌루션 연산을 하려면 5×5×3와 같이 [Depth]=3인 콘벌루션 필터가 필요하다.

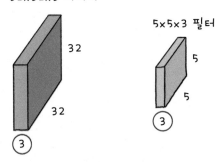

그림 6-22 콘벌루션 필터

콘벌루션 필터의 크기와 개수

뉴런의 수용 영역은 콘벌루션 필터의 크기에 따라 달라진다. 만일 모든 계층에서 작은 콘벌루션 필터를 사용한다면 수용 영역을 조금씩 늘려가며 특징을 학습하게 되고, 모든 계층에서 큰 콘벌루션 필터를 사용한다면 수용 영역을 빠르게 확장하며 특징을 학습하게 된다. 따라서 콘벌루션 필터의 크기에 따라 신경망의 성능도 달라지며, 콘벌루션 필터의 크기는 신경망의 성능이 최대화되도록 정해야 한다. 일반적으로 3×3, 5×5, 7×7 크기를 사용한다.

▶ 주요 콘벌루션 신경망 모델이 어떤 콘벌루션 필터를 사용하는지는 7장에서 확인해 보자.

콘벌루션 필터의 개수는 이미지의 복잡도에 따라 달라진다. 콘벌루션 필터마다 다른 특징을 학습하기 때문에 이미지의 특징이 다양할수록 더 많은 콘벌루션 필터를 사용해야 한다.

표준 콘벌루션 연산

콘벌루션 신경망에서 표준 콘벌루션 연산은 모든 채널에 대해 한꺼번에 가중 합산을 한다. 다음 그림과 같이 이미지와 콘벌루션 필터가 채널이 딱 맞게 3차원으로 겹쳐진 상태에서 픽셀별로 가중 합산을 하게 된다.

▶ 콘벌루션 필터의 슬라이딩 방식은 앞에서 설명했던 이미지 콘벌루션 연산의 2차원 슬라이딩 방식과 같다.

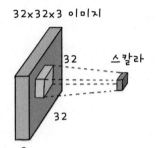

그림 6-23 표준 콘벌루션 연산

콘벌루션 신경망의 뉴런은 어디에 있을까?

지금까지 콘벌루션을 설명했지만, 뉴런이 어디에도 보이지 않았다. 눈에는 보이지 않았지만 사실 콘벌루션 연산 과정을 자세히 들여다보면 수많은 뉴런이 실행되고 있다. 이미지와 콘벌루션 필터가 가중 합산 연산을 할 때마다 하나의 뉴런이 실행된 것이다. 왜 그렇게 생각할 수 있을까?

콘벌루션을 할 때 겹쳐진 $5 \times 5 \times 3$ 이미지 영역과 $5 \times 5 \times 3$ 콘벌루션 필터를 크기가 75인 1차원 벡터로 변환해 보자. 이미지 영역은 입력 벡터 x이고 콘벌루션 필터는 가중치 벡터 w라고 하면, 이미지와 콘벌루션 필터의 가중 합산 연산은 뉴런에서 입력과 가중치의 가중 합산 $w^T x$가 된다. 여기에 콘벌루션 필터의 편향 b를 더하면 정확히 뉴런의 가중 합산 $w^T x + b$로 표현된다.

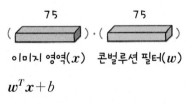

$$w^T x + b$$

그림 6-24 콘벌루션 연산의 벡터의 내적 표현

지역 연결을 갖고 가중치를 공유하는 뉴런

뉴런 관점에서 보면 이미지 영역과 콘벌루션 필터가 가중 합산될 때 뉴런의 가중 합산 연산이 실행된 것이다. 다만 지금까지 봤던 뉴런과 달리 이 뉴런은 입력 데이터의 모든 차원과 연결되는 대신 콘벌루션 필터와 겹쳐진 영역에만 연결되는 지역 연결^{local connectivity}을 갖는 뉴런이다. 또한 뉴런의 가중치에 해당하는 콘벌루션 필터는 모든 뉴런에서 재사용된다. 따라서 콘벌루션 신경망의 뉴런은 지역 연결을 가지면서 가중치를 공유하는 뉴런이다.

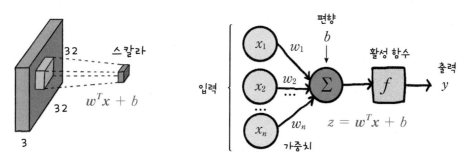

그림 6-25 콘벌루션과 뉴런의 관계

액티베이션 맵의 생성

콘벌루션 연산 결과로 만들어지는 이미지를 **액티베이션 맵**^{activation map}이라고 한다. 뉴런의 출력을 '액티베이션'이라고 하고, 뉴런의 출력이 '맵'의 모양으로 만들어지기 때문에 액티베이션 맵이라고 부른다. 또한 입력 데이터의 특징을 추출한 결과이기 때문에 **피처 맵**^{feature map}이라고도 한다.

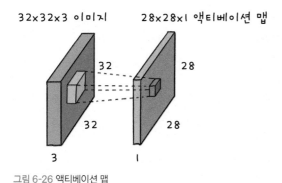

그림 6-26 액티베이션 맵

액티베이션 맵의 픽셀은 각 뉴런의 출력이다. 따라서 한 계층에는 액티베이션 맵과 같은 3차원 텐서 형태로 뉴런들이 모여 있다고 생각할 수 있다. 이들 뉴런은 콘벌루션 필터 크기만큼의 지역 연결을 가지며 입력 데이터의 지역 특성을 학습한다. 또한 콘벌루션 필터의 가중치를 공유하기 때문에 학습된 특징이 나타나면 위치에 상관없이 인식한다. 학습된 특징에 대한 일종의 패턴 매칭을 하는 것이다. 이 성질을 이동등변성translation equivariance이라고 하는데 6.3에서 다시 설명할 것이다.

콘벌루션 필터 개수와 같은 액티베이션 맵의 채널 수

이제 첫 번째 계층의 또 다른 콘벌루션 필터로 콘벌루션 연산을 해보자. 두 번째 콘벌루션 연산을 통해 다음과 같이 새로운 액티베이션 맵이 추가된다.

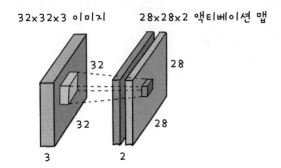

그림 6-27 두 번째 콘벌루션 연산 결과

만일 첫 번째 계층에 N개의 콘벌루션 필터가 있다면 각각의 필터로 콘벌루션을 하게 되므로 다음과 같이 N개의 채널을 갖는 액티베이션 맵이 만들어진다.

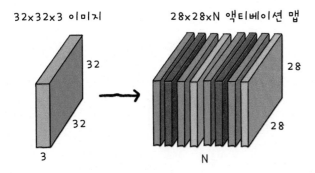

그림 6-28 첫 번째 계층의 콘벌루션 연산 결과

새로운 콘벌루션 필터로 콘벌루션을 할 때마다 액티베이션 맵이 추가되므로, 콘벌루션 필터의 개수와 액티베이션 맵의 채널 수는 같다.

▶ 콘벌루션 신경망의 구조를 표현할 때 계층별로 콘벌루션 필터의 크기와 개수를 표시하는데, 콘벌루션 필터의 개수를 보고 액티베이션 맵의 채널 수를 바로 떠올릴 수 있도록 하자.

두 번째 계층의 콘벌루션 연산

첫 번째 계층에서 출력된 $28 \times 28 \times N$ 액티베이션 맵은 두 번째 계층의 입력 데이터가 되어 또 다른 콘벌루션 연산을 수행한다. 이때 두 번째 계층의 콘벌루션 필터의 채널 수는 입력 데이터의 채널 수와 같아야 하므로 N이어야만 한다.

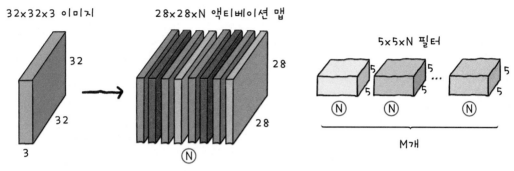

그림 6-29 두 번째 계층 콘벌루션 연산

두 번째 계층의 콘벌루션 필터가 M개라면 다음과 같이 채널 개수가 M인 액티베이션 맵이 만들어진다. $28 \times 28 \times N$ 입력 데이터를 M개의 $5 \times 5 \times N$ 콘벌루션 필터로 콘벌루션해서 $24 \times 24 \times M$의 액티베이션 맵이 생성되었다.

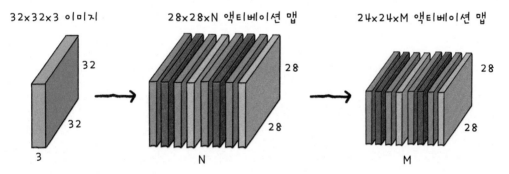

그림 6-30 두 번째 계층 콘벌루션 연산 결과

뉴런의 활성 함수 실행

각 계층의 뉴런은 액티베이션 맵과 동일한 3차원 텐서 형태로 배열되어 있다. 지금까지 콘벌루션 연산만 수행했기 때문에 각 뉴런은 가중 합산만 실행했고 활성 함수는 아직 실행하지 않은 상태이다. 따라서 이 3차원 텐서에 활성 함수를 실행하면 모든 뉴런에 활성 함수가 일괄로 실행된다.

다음 그림과 같이 계층별로 콘벌루션 연산을 실행한 뒤에 활성 함수를 실행하면 뉴런의 기본 연산이 완료된다. 그림에서는 3차원 텐서인 액티베이션 맵을 간단히 직육면체로 표현했는데, 이 직육면체는 액티베이션 맵이자 뉴런이 모인 계층이라고 생각하면 된다.

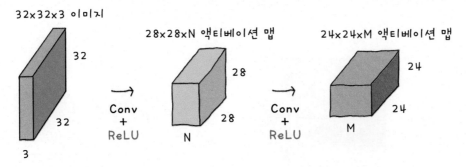

그림 6-31 활성 함수 추가

순방향 신경망의 계층과 비교

순방향 신경망의 계층과 비교해 보면, 콘벌루션 신경망의 계층은 모든 입력 데이터와 출력 데이터가 1차원에서 3차원으로 확장되어 있고 그에 따라 뉴런의 배열도 3차원으로 확장되어 있다. 또한 뉴런은 콘벌루션 필터 크기의 지역 연결을 가지며, 같은 채널의 뉴런들은 콘벌루션 필터의 가중치를 공유한다.

6.2.4 콘벌루션 신경망에서 서브샘플링 연산

서브샘플링 subsampling 은 데이터를 낮은 빈도로 샘플링했을 때의 샘플을 근사하는 연산이다. 데이터가 이미지라면 이미지 크기를 줄이는 연산이 되어 다운샘플링 downsampling 이라고도 부른다. 콘벌루션 신경망은 이미지 크기를 줄이기 위해 르넷-5에서부터 풀링 pooling 연산을 사용했다. 또 다른 서브샘플링 방법으로 콘벌루션 연산을 할 때 슬라이딩 간격을 2보다 크게 하는 방법이 있다.

풀링 연산을 이용한 서브샘플링

풀링 연산은 이미지상에서 풀링 필터를 슬라이딩하면서 요약 통계량을 구하는 연산이다. 주로 평균이나 최댓값과 같은 요약 통계량을 사용하지만 최소, 가중 합산, L_2 노름 등도 사용할 수 있다.

풀링 연산에 사용하는 요약 통계량에 따라 추출하는 특징이 달라진다. 최댓값을 사용하는 풀링 연산을 **맥스 풀링**max pooling이라고 한다. 맥스 풀링은 입력 데이터의 가장 두드러진 특징을 추출한다. 한편 평균을 사용하는 풀링 연산을 **평균 풀링**average pooling이라고 한다. 평균 풀링은 입력 데이터의 평균적인 특징을 추출한다.

다음 그림과 같이 4×4 이미지에 2×2 풀링 필터로 맥스 풀링과 평균 풀링을 수행하다고 해보자. 파란색, 주황색, 녹색, 노란색 영역이 풀링 필터와 이미지가 겹쳐지는 영역이며, 각 영역에서 최댓값과 평균을 구하면 오른쪽의 2×2 이미지가 생성된다.

1	1	2	4
5	6	7	8
3	2	1	0
1	2	3	4

맥스 풀링

6	8
3	4

평균 풀링

0.43	5.25
2	2

2×2 필터, 스트라이드 2

그림 6-32 맥스 풀링과 평균 풀링

풀링 연산을 사용해 서브샘플링을 하면 보통 2×2 필터를 사용하고 필터 크기만큼 슬라이딩한다. 예를 들어 2×2 풀링 필터를 사용한다면 두 칸씩 슬라이딩해서 이미지 크기를 절반으로 줄인다.

▶ 풀링 연산을 이미지 크기를 줄이지 않고 특징 추출의 용도로만 사용할 수도 있다. 이 경우에는 필터를 한 칸씩 슬라이딩해서 이미지 크기가 작아지지 않게 만들면 된다.

콘벌루션을 이용한 서브샘플링 연산

콘벌루션 연산으로도 슬라이딩 간격을 조정해서 서브샘플링을 할 수 있다. 이미지 크기를 절반으로 줄이려면 두 칸씩 슬라이딩하면 된다.

▶ 슬라이딩 간격과 관련된 내용은 이어서 스트라이드에 관해 설명할 6.2.5에서 자세히 다룬다.

콘벌루션 신경망에서 풀링 연산

콘벌루션 신경망에서 풀링 연산을 할 때는 계층별로 풀링 필터의 크기와 슬라이딩 간격을 지정해준다. 풀링 필터는 지정된 요약 통계량만 구하면 되므로 콘벌루션 필터와 달리 학습을 하지 않는다. 단, 풀링 연산은 콘벌루션 연산과 같은 방식으로 슬라이딩하며 채널별로 요약 통계를 구하기 때문에 채널 수는 유지된다. 다음 그림은 콘벌루션 연산과 활성 함수를 실행한 뒤에 풀링 연산까지 실행한 모습이다.

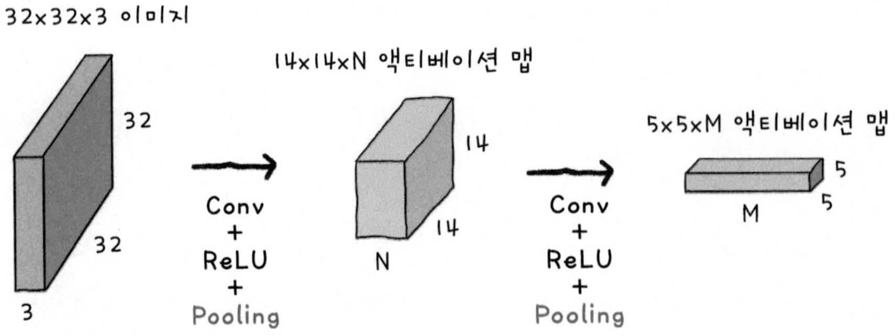

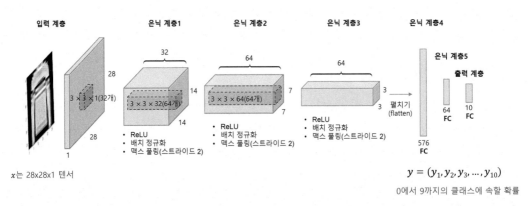

그림 6-33 풀링 추가

풀링 필터의 크기와 위치불변성

초기 콘벌루션 신경망 모델에서는 콘벌루션 연산을 한 번 하고 풀링 연산을 했지만, 최근에 나오는 콘벌루션 신경망 모델에서는 계층을 깊게 쌓기 위해 콘벌루션 연산을 여러 번 하고 풀링 연산을 수행한다. 풀링 필터의 크기를 정하는 문제는 어떤 크기의 수용 영역 내에서 위치불변성을 줄 것인가를 결정하는 문제이다. 보통 2×2 필터를 많이 사용하지만 풀링 필터의 크기는 콘벌루션 신경망의 성능이 최대화되도록 정해야 한다.

▶ 위치불변성에 관해서는 6.3에서 다시 설명하겠다.

콘벌루션 신경망 구성 예시

다음 그림은 간단한 콘벌루션 신경망 구성 예시를 보여준다. 입력 데이터는 $28 \times 28 \times 1$ 이미지이다. 각 계층의 직육면체는 액티베이션 맵이자 뉴런이며 그 안의 점선으로 된 직육면체는 다음 계층의 콘벌루션 필터를 나타낸다. 각 계층은 3×3 콘벌루션 필터로 콘벌루션 연산을 하며 ReLU와 배치 정규화를 실행한다. 그리고 맥스 풀링을 실행해서 크기를 반으로 줄인다. 좀 더 다양한 콘벌루션 신경망 모델은 9장에서 살펴보도록 하자.

그림 6-34 콘벌루션 신경망 구성 예시

계층이 깊어지면 뉴런의 수용 영역이 넓어지며 서브샘플링을 하면 수용 영역은 더 빠르게 넓어진다. 단, 서브샘플링을 하면 이미지 크기가 줄어들기 때문에 공간 특징이 손실되므로 대신 콘벌루션 필터 개수를 늘려서 다양한 특징을 학습하게 만든다. 특히 계층이 깊어질수록 데이터는 추상화된 전역적인 특징으로 변하며, 추상화된 전역적 특징은 세분되고 다양해지므로 채널 특징을 늘려줘야 정확하게 인식할 수 있다. 따라서 대부분의 콘벌루션 신경망은 계층이 깊어질수록 액티베이션 맵의 크기는 줄어들지만 채널 수는 늘어나는 형태를 가진다.

6.2.5 스트라이드

콘벌루션 연산과 풀링 연산을 할 때 필터의 슬라이딩 간격을 **스트라이드**[stride]라고 한다. 대부분 서브샘플링 없이 특징을 학습할 때는 한 칸씩 슬라이딩하고 서브샘플링을 할 때는 두 칸씩 슬라이딩하지만, 종종 슬라이딩 간격을 더 크게 두기도 한다. 스트라이드 간격에 따라 출력 이미지의 크기가 어떻게 달라지는지 살펴보자.

▶ 콘벌루션 연산과 풀링 연산을 스트라이드와 함께 표기할 때 '필터 크기, 스트라이드'와 같이 간결하게 표기하겠다. 예를 들어 3×3 콘벌루션 필터로 스트라이드 2인 콘벌루션 연산을 한다면 '3×3, 2' 콘벌루션 연산으로 표기한다.

스트라이드 크기별 콘벌루션 연산

다음과 같이 7×7 이미지와 3×3 콘벌루션 필터가 있다고 하자. 스트라이드 1로 콘벌루션 연산을 한다면 출력 이미지의 크기는 어떻게 될까?

7×7 이미지, 3×3 필터

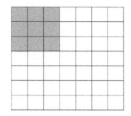

그림 6-35 7×7 이미지와 3×3 콘벌루션 필터

콘벌루션 필터를 왼쪽 위 모서리에 맞춘 뒤 오른쪽으로 한 칸씩 슬라이딩하면서 가중 합산을 하면 다음 그림과 같이 총 5픽셀이 생성된다. 다음 줄도 같은 방법으로 가중 합산 연산을 실행하고 총 5줄에 걸쳐서 가중 합산 연산이 끝나면 5×5 이미지가 생성된다.

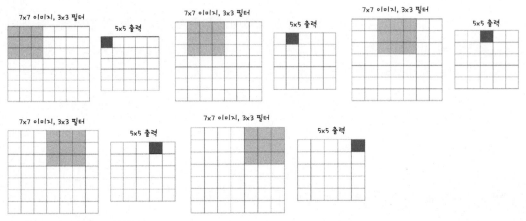

그림 6-36 스트라이드가 1인 콘벌루션

이번에는 스트라이드가 2인 경우를 살펴보자. 콘벌루션 필터를 두 칸씩 슬라이딩하므로 총 3픽셀이 생성된다. 그리고 총 3줄에 걸쳐서 가중 합산을 실행하면 3×3 이미지가 생성된다.

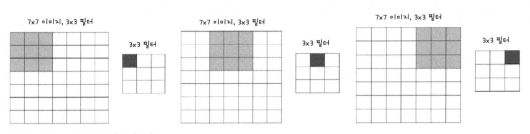

그림 6-37 스트라이드가 2인 콘벌루션

스트라이드가 3인 경우에는 콘벌루션 필터를 3칸씩 슬라이딩하므로 두 번째 슬라이딩을 하려고 할 때 남아 있는 픽셀이 한 픽셀뿐이다. 슬라이딩을 더 할 수 없으므로 스트라이드 3은 유효하지 않다.

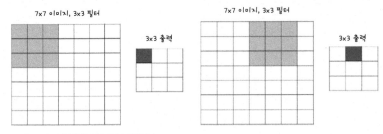

그림 6-38 스트라이드가 3인 콘벌루션

콘벌루션 연산의 출력 크기

콘벌루션 연산의 출력 크기는 수식으로 간단히 계산할 수 있다. 다음과 같이 $N \times N$ 이미지와 $F \times F$ 콘벌루션 필터가 있다고 하자.

▶ 계산 식을 설명할 때 이미지와 콘벌루션 필터의 가로 크기와 세로 크기가 같다고 가정하고 한 변의 크기만 계산하겠다. 용어는 '이미지의 가로 또는 세로 크기' 대신 '이미지의 크기'로 '콘벌루션 필터의 가로 또는 세로 크기' 대신 '콘벌루션 필터의 크기'로 표기하겠다.

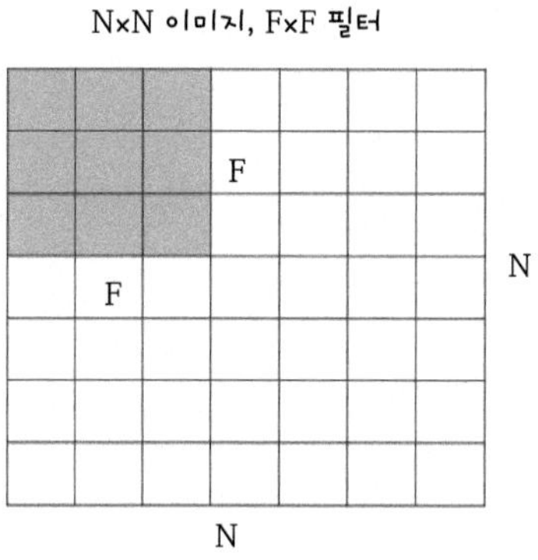

N×N 이미지, F×F 필터

그림 6-39 N × N 이미지에 F × F 필터가 놓인 모습

스트라이드 S로 콘벌루션을 한다면 이미지의 크기 N에서 콘벌루션 필터의 크기 F를 뺀 나머지 흰색 영역의 픽셀 수는 $N-F$이다. 이 값을 스트라이드 S로 나누면 슬라이딩 횟수가 된다. 따라서 출력 이미지의 크기는 (슬라이딩 횟수 $+1$)이므로 다음과 같은 식으로 계산할 수 있다.

$$O = \frac{N-F}{S} + 1$$

N: 입력 데이터 크기, F: 콘벌루션 필터 크기, S: 스트라이드, O: 출력 데이터 크기

콘벌루션 연산의 출력 크기 계산 예시

앞의 식을 이용해서 이미지가 7×7, 콘벌루션 필터가 3×3, 스트라이드 1일 때 출력의 크기를 계산해 보자. $N=7$, $F=3$, $S=1$을 대입해서 계산해 보면 다음과 같이 $O=5$가 되므로 그림으로 확인했던 크기와 같다는 것을 알 수 있다.

$$O = \frac{N-F}{S} + 1 = \frac{7-3}{1} + 1 = 5$$

또한 스트라이드가 2인 경우에도 출력의 크기는 3×3이 되는 것을 확인할 수 있다.

$$O=\frac{N-F}{S}+1=\frac{7-3}{2}+1=3$$

6.2.6 패딩

콘벌루션 연산을 하면 콘벌루션 필터가 입력 이미지 안에서만 슬라이딩하므로 출력 이미지의 크기는 입력 이미지의 크기보다 작아질 수밖에 없다. 따라서 콘벌루션 연산을 여러 번 하면 이미지 크기가 점점 줄어들어 어느 순간 콘벌루션 연산을 할 수 없는 크기로 변한다. 즉, 이미지 크기와 콘벌루션 필터의 크기에 따라 콘벌루션 연산 횟수가 제한되는 문제가 있다.

콘벌루션 연산 횟수가 제한되면 콘벌루션 신경망에서는 콘벌루션 계층 수가 제한되기 때문에 신경망을 원하는 대로 깊게 만들 수가 없다. 따라서 콘벌루션 연산 뒤에도 이미지 크기를 유지하려면 이미지에 픽셀을 추가해서 크기를 늘려줘야 하는데, 이와 같은 방법을 이미지 패딩^{padding}이라고 한다. 패딩은 데이터를 일정 크기로 만들기 위해 더미 데이터를 추가하는 방법이다.

콘벌루션 연산 후 이미지 크기가 줄어드는 현상

다음 그림에서는 콘벌루션 연산 후 이미지 크기가 줄어드는 현상을 설명하기 위해 이미지를 1차원으로 표현했다. 동그라미는 이미지의 픽셀을 표현한 것이다. 크기가 7인 입력 이미지가 있고 크기가 3인 콘벌루션 필터가 있다고 하자.

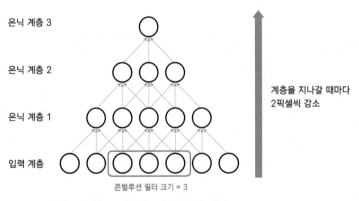

그림 6-40 콘벌루션 연산으로 이미지 크기가 줄어드는 현상

첫 번째 은닉 계층에서 크기가 7인 입력 이미지에 대해 콘벌루션 연산을 수행하면 출력 이미지의 크기는 5가 되어 2픽셀이 줄어든다. 두 번째 은닉 계층에서 크기 5의 출력 이미지에 대해 콘벌루션 연산을 수행하면 이미지 크기는 3이 되어 2픽셀이 줄어든다. 여기에 세 번째 은닉 계층에서 콘벌루션 연산을 수행하면 크기는 1이 되어 콘벌루션을 더 수행할 수 없다. 이처럼 콘벌루션 연산을 수행할 때마다 이미지 크기가 2씩 감소한다. 콘벌루션 필터의 크기가 F라면 콘벌루션 연산을 수행할 때마다 이미지 크기가 $F-1$씩 작아진다.

이미지 크기를 유지하기 위한 패딩 처리

콘벌루션 연산 후에도 이미지 크기를 유지하려면 줄어들 픽셀만큼 이미지 패딩을 하면 된다. 즉, 콘벌루션 연산 후에 $F-1$ 픽셀만큼 이미지가 작아진다면 이미지에 $F-1$ 픽셀을 패딩한다. 앞의 예에서 콘벌루션 필터의 크기 F가 3이므로 입력 이미지에 2픽셀을 패딩하면 출력 이미지의 크기는 7로 유지된다. 이 과정이 다음 그림에 나타나 있다. 모든 계층에서 이미지의 양쪽 끝에 1픽셀씩 패딩하면 콘벌루션 연산을 하더라도 이미지 크기가 계속 유지된다. 이제 콘벌루션 연산 횟수의 제한이 사라지고 신경망의 계층도 깊게 쌓을 수 있다.

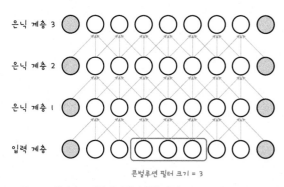

그림 6-41 이미지 크기를 유지하기 위한 패딩

패딩을 고려한 콘벌루션 연산의 출력 크기

패딩을 하고 콘벌루션 연산을 했을 때 출력 이미지의 크기는 다음 식으로 계산할 수 있다. 이미지 크기가 N이고 패딩이 P일 때 패딩된 이미지의 크기는 $N+2\times P$가 되므로 다음 식과 같이 정리된다.

▶ 패딩은 상하좌우 서로 다른 값으로 지정할 수 있지만, 이 식에서는 상하좌우 패딩이 같다고 가정하고 P로 표현했다.

$$O=\frac{(N+2\times P)-F}{S}+1$$

N: 입력 데이터 크기, P: 패딩, F: 콘벌루션 필터 크기, S: 스트라이드, O: 출력 데이터 크기

7×7 이미지 패딩 예시

이제 7×7 이미지에 패딩을 해서 9×9 이미지로 만들어 보자. 7×7이미지를 상하좌우로 1 픽셀씩 패딩해서 9×9 이미지로 만든다.

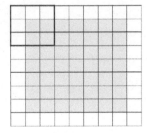

그림 6-42 7×7 이미지에 상하좌우로 1픽셀씩 패딩

앞의 식에 $N=7$, $P=1$, $F=3$, $S=1$을 대입하면 콘벌루션 연산 후에도 이미지 크기가 7로 유지되는 것을 알 수 있다.

$$O=\frac{(N+2\times P)-F}{S}+1=\frac{(7+2\times 1)-3}{1}+1=7$$

이미지 크기를 유지하기 위한 패딩 크기 계산

콘벌루션 연산 후 이미지 크기를 유지하기 위한 패딩 크기는 어떻게 계산해야 할까? 먼저 앞의 출력 계산식을 P에 대해 정리해 보자. 다음과 같이 출력 이미지를 원하는 크기로 만들기 위한 입력 이미지의 패딩 크기를 계산하는 식이 된다.

$$P=\frac{(O-1)\times S-(N-F)}{2}$$

이미지 크기를 유지하기 위한 패딩 크기를 계산하려면 이 식에 O와 N을 같은 값으로 입력 하면 된다.

이미지 크기를 유지하기 위한 패딩 크기 계산 예시

7×7 이미지를 3×3, 5×5, 7×7 콘벌루션 필터로 각각 콘벌루션 연산한 후 이미지 크기를 유지하기 위한 패딩 크기를 계산해 보자. 단, $S=1$로 계산한다.

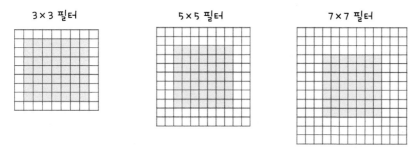

그림 6-43 이미지 크기를 유지하기 위한 패딩 크기

다음과 같이 3×3 콘벌루션 필터의 경우 입력 이미지의 패딩 크기는 1이 된다. 5×5 콘벌루션 필터의 경우 패딩 크기는 2가 되고 7×7 콘벌루션 필터의 경우 패딩 크기는 3이 된다.

$$P=\frac{(O-1)\times S-(N-F)}{2}=\frac{(7-1)\times 1-(7-3)}{2}=\frac{6-4}{2}=1$$

$$P=\frac{(O-1)\times S-(N-F)}{2}=\frac{(7-1)\times 1-(7-5)}{2}=\frac{6-1}{2}=2$$

$$P=\frac{(O-1)\times S-(N-F)}{2}=\frac{(7-1)\times 1-(7-7)}{2}=\frac{6-0}{2}=3$$

스트라이드가 1인 경우 콘벌루션 연산 후 이미지 크기를 유지하기 위한 패딩 크기 $2p$는 콘벌루션 필터 크기에서 1을 뺀 $F-1$이라는 것을 다시 한번 확인할 수 있다.

6.2.7 신경망 깊이와 수용 영역의 관계

콘벌루션 신경망에서 뉴런의 수용 영역을 어떻게 계산하는지 살펴보자.

뉴런의 수용 영역이 계층에 따라 변화하는 과정

다음과 같은 1차원으로 표현된 2계층 콘벌루션 신경망이 있다고 하자. 입력 데이터의 크기는 5이고, 각 은닉 계층은 크기가 3인 콘벌루션 필터로 스트라이드 1의 콘벌루션 연산을 한다. 이때 계층별로 뉴런의 수용 영역을 계산해 보자.

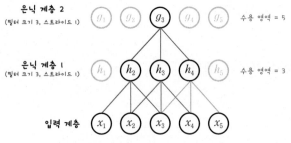

그림 6-44 3 콘벌루션 필터의 수용 영역

- 은닉 계층 1에는 뉴런이 $h_2 \sim h_4$가 있다. 은닉 계층 1은 콘벌루션 연산을 한 번 수행하기 때문에 뉴런의 수용 영역은 콘벌루션 필터의 크기와 같은 3이 된다. 즉, h_2의 수용 영역은 $x_1 \sim x_3$이고 h_3의 수용 영역은 $x_2 \sim x_5$이며 h_4의 수용 영역은 $x_3 \sim x_5$이다.

- 은닉 계층 2에는 뉴런 g_3이 있다. g_3는 은닉 계층 1을 콘벌루션한 결과에 다시 콘벌루션을 했기 때문에 두 번의 콘벌루션 연산이 수행된 입력 범위가 수용 영역이 된다. 즉, g_3는 $h_2 \sim h_4$를 콘벌루션한 결과이고 $h_2 \sim h_4$는 $x_1 \sim x_5$를 콘벌루션한 결과이므로 뉴런 g_3의 수용 영역은 $x_1 \sim x_5$로 5가 된다.

이처럼 계층이 깊어질수록 콘벌루션 연산 횟수가 많아지므로 뉴런의 수용 영역이 점점 커지는 것을 확인할 수 있다.

계층 L의 출력 크기를 알 때 입력 데이터의 크기 계산

이제 일반화된 수식으로 뉴런의 수용 영역을 계산해 보자. 먼저 임의의 계층 L의 출력 크기 O_L를 알 때 입력 데이터의 크기 N을 계산하는 식을 유도한 뒤, 이 식을 이용해서 계층 L에 있는 뉴런의 수용 영역을 계산하려고 한다. 앞에서 살펴본 콘벌루션 연산 후 출력 이미지의 크기를 계산했던 다음 식에서 출발해 보자.

$$O = \frac{N-F}{S} + 1$$

N: 입력 데이터 크기, F: 콘벌루션 필터 크기, S: 스트라이드, O: 출력 데이터 크기

먼저 이 식을 입력 이미지의 크기 N에 대해 정리하면, 출력 크기 O에서 입력의 크기 N을 계산하는 식이 된다.

$$N = (O-1) \times S + F$$

이 식을 모든 계층에 적용해서 임의의 계층 L의 출력 크기 O_L를 알 때 입력 데이터의의 크기 N을 계산하는 식을 유도해보려고 한다. 단, 모든 계층에서 같은 F와 S를 사용한다고 가정하고 각 계층의 출력 크기가 $O_l(1 \leq l \leq L)$일 때 입력 크기 N_l은 이전 계층의 출력 크기 O_{l-1}로 대체해서 다음과 같이 계산할 수 있다.

$$O_{L-1} = (O_L - 1) \times S + F$$
$$O_{L-2} = (O_{L-1} - 1) \times S + F$$
$$O_{L-3} = (O_{L-2} - 1) \times S + F$$
$$\dots$$
$$N = (O_1 - 1) \times S + F$$

앞의 점화식을 전개해서 N과 O_L의 식으로 정리해 보자.

$$O_{L-1} = (O_L - 1) \times S + F$$
$$O_{L-2} = (O_{L-1} - 1) \times S + F$$
$$= ((O_L - 1) \times S + F - 1) \times S + F$$
$$= (O_L - 1) \times S^2 + (F - 1) \times S + F$$
$$O_{L-3} = (O_{L-2} - 1) \times S + F$$
$$= ((O_L - 1) \times S^2 + (F - 1) \times S + F - 1) \times S + F$$
$$= (O_L - 1) \times S^3 + (F - 1) \times S^2 + (F - 1) \times S + F$$
$$\dots$$
$$N = (O_L - 1) \times S^L + (F - 1) \times S^{L-1} + \dots + (F - 1) \times S^1 + F$$

결과적으로 L 번째 계층의 출력 크기가 O_L일 때 입력의 크기 N은 다음 식으로 구할 수 있다.

$$N = (O_L - 1) \times S^L + (F - 1) \times S^{L-1} + \dots + (F - 1) \times S^1 + F$$

뉴런의 수용 영역 계산

L번째 계층에 있는 뉴런의 수용 영역을 계산하려면 출력 이미지 크기 O_L을 1로 지정하면 된다.

$$L\text{번째 계층의 뉴런 수용 영역} = (F-1) \times S^{L-1} + \cdots + (F-1) \times S^1 + F$$

앞에서 봤던 예시로 간단히 식을 검증해 보자. $F=3$, $S=1$이므로 두 번째 계층 $L=2$의 뉴런의 수용 영역을 계산해 보면 5가 되는 것을 확인할 수 있다.

$$\begin{aligned} 2\text{번째 계층의 뉴런 수용 영역} &= (F-1) \times S^1 + F \\ &= (3-1) \times 1^1 + 3 \\ &= 5 \end{aligned}$$

스트라이드 $S=1$이면 한 계층을 지날 때마다 수용 영역은 $(F-1)$만큼 커진다. 계층이 깊어질수록 콘벌루션 연산에 의해 뉴런의 수용 영역이 넓어지고, 특히 $S \geq 2$이면 수용 영역은 더 빠른 속도로 넓어진다.

▶ 수용 영역의 계산 식에서 풀링 연산은 고려하지 않았지만, 풀링 필터의 크기와 슬라이딩도 각각 F와 S로 두고 같은 식으로 계산할 수 있다.

퀴즈로 정리해 보세요.

01. 콘￼￼￼￼￼￼￼￼￼￼은 이미지의 다양한 특징을 추출하기 위해 콘벌루션 연산을 하는 콘벌루션 계층과, 특징의 작은 이동에 대한 위치불변성을 제공하기 위해 풀링 연산을 하는 서브샘플링 계층으로 이루어진다.

02. 콘벌루션 신경망에서는 이미지의 특징을 추출하기 위해 콘￼￼￼￼￼￼￼￼를 학습해서 콘벌루션 연산을 하며, 콘벌루션 연산을 여러 단계로 계층화해서 특징의 추상화 수준을 점점 높여간다.

03. 콘벌루션 신경망의 입력 데이터는 3차원 텐￼￼로 가로×세로는 공간 특징을 표현하며 깊이는 채널 특징을 표현한다.

정답: 01. 콘벌루션 신경망 02. 콘벌루션 필터 03. 텐서

6.3 콘벌루션 신경망의 가정 사항

콘벌루션 신경망은 뉴런이 지역 연결을 갖는 모델이므로 파라미터를 일부만 사용한다. 사용하지 않는 파라미터는 해당 파라미터의 확률이 없는 것으로 간주하는 **매우 강한 사전 분포**^{infinitely strong prior}를 가정하는 것이다. 이런 가정에서 콘벌루션 연산과 풀링 연산이 정의되었기 때문에 콘벌루션 신경망은 **희소 연결**^{sparse connectivity}을 갖고 **파라미터 공유**^{parameter sharing}를 하는 구조를 이루며 그에 따라 **이동등변성**^{translation equivariance}과 **위치불변성**^{positional invariance}을 갖는다. 이러한 구조와 성질 때문에 콘벌루션 신경망은 공간 데이터를 처리할 때 성능이 극대화된다. 그럼 지금부터 각 성질에 관해서 알아보자.

6.3.1 콘벌루션 연산의 성질

콘벌루션 연산은 일부 파라미터를 사용하지 않는 매우 강한 사전 분포를 가정한다. 다음 그림과 같이 콘벌루션 연산 과정에서 콘벌루션 필터는 입력 데이터와 겹치는 영역에만 연결되고 나머지 영역에서는 연결이 없는 **희소 연결**을 가진다. 또한 동일한 콘벌루션 필터로 콘벌루션을 하므로 같은 계층의 모든 뉴런은 **파라미터를 공유**한다. 콘벌루션 신경망은 희소 연결을 가지고 파라미터 공유를 하므로 위치에 상관없이 동일한 지역 특징을 인식할 수 있는 **이동등변성**을 가진다.

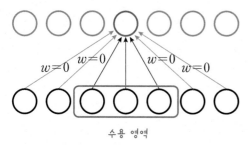

수용 영역

그림 6-45 콘벌루션 연산의 가정 사항

희소 연결 성질

만일 매우 강한 사전 분포가 가정되지 않았다면 뉴런이 모든 입력에 대해 연결을 갖는 완전 연결[full connectivity]을 가진다. 이때 입력이 m개이고 뉴런이 n개이면 전체 파라미터 수는 $O(m \times n)$이 된다.

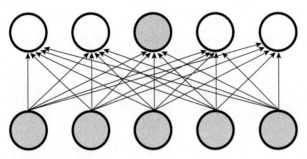

그림 6-46 완전 연결

반면 매우 강한 사전 분포가 가정된 콘벌루션 신경망에서는 뉴런이 입력 데이터의 국소 지역에만 연결을 갖는 희소 연결을 가진다. 이때 뉴런의 개수가 n이고 뉴런에 연결된 입력의 개수가 k이면 전체 파라미터 수는 $O(k \times n)$이다. 완전 연결과 비교했을 때 뉴런의 연결 개수 k는 입력 수 m에 비해 아주 작은 $k \ll m$가 되므로, 희소 연결을 가지면 파라미터가 줄고 메모리와 계산이 절약된다.

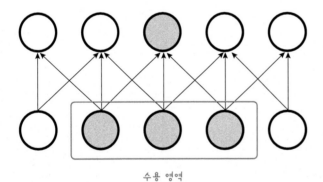

수용 영역

그림 6-47 희소 연결

파라미터 공유 성질

희소 연결 상태에서 파라미터 공유를 하면 어떻게 될까? 뉴런의 개수가 n이고 뉴런에 연결된 입력의 개수가 k이면 전체 파라미터 수는 $O(k)$이다. 파라미터 수가 입력과 뉴런 개수에 더 영향을 받지 않게 되면서 메모리와 계산이 극적으로 감소한다.

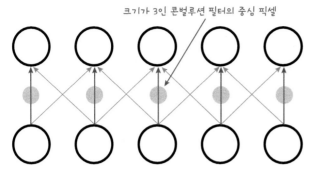

크기가 3인 콘벌루션 필터의 중심 픽셀

그림 6-48 파라미터 공유

이동등변성

희소 연결과 파라미터 공유 성질로 인해 생기는 콘벌루션 연산의 주요 성질이 **이동등변성**이다. 이동등변성은 위치에 상관없이 특징을 인식하는 성질이다. 예를 들어 다음 그림과 같이 입력 데이터 2가 약간 오른쪽으로 이동하더라도 콘벌루션 연산으로 추출된 특징은 같다. 입력 데이터에서 이동한 만큼 추출된 특징도 이동해서 나타날 뿐이다. 이동등변성은 특징이 어느 위치에 나타나든 동일한 방식으로 특징을 인식하는 성질을 말한다.

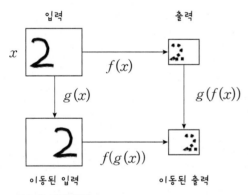

그림 6-49 이동등변성

이동등변성을 함수 관계로 표현하면 좀 더 명확하게 개념을 이해할 수 있다. 이동 변환을 $g(x)$라고 하고 콘벌루션 연산을 $f(x)$라고 하자. 입력 데이터 x를 이동한 뒤에 콘벌루션한 결과는 $f(g(x))$가 되고, 입력 데이터 x를 콘벌루션한 뒤에 이동한 결과는 $g(f(x))$가 된다. 다음과 같이 이 두 결과가 같으면 이동등변성을 갖는다.

$$f(g(x))=g(f(x))$$

콘벌루션 연산은 이동등변성을 가지므로 이미지상에 같은 패턴이 어떤 위치에 나타나더라도 모두 추출할 수 있다. 예를 들어 콘벌루션 연산으로 빛의 강도가 급격히 바뀌는 패턴을 추출한다면 이미지상에 존재하는 모든 경계선[edge]이 검출된다. 콘벌루션 신경망은 콘벌루션 연산의 이동등변성을 이용해서 동시에 여러 특징을 추출하고, 그다음 계층에서 이들을 조합한 더 복잡한 특징을 추출하는 방식으로 구성된다. 낮은 계층에서는 지역적인 특성을 인식하더라도 계층이 높아질수록 수용 영역이 넓어지면서 전역적인 특징을 인식할 수 있다. 최종적으로 출력 계층에서 전체적인 특징을 인식한다.

한편 콘벌루션 연산은 이동 변환에 대해서는 등가 성질을 갖지만 크기 조정[scale]과 회전[rotation]에 대해서는 등가 성질을 갖지 않는다. 따라서 입력 데이터의 크기를 조정하거나 회전했을 때도 동일한 특징으로 인식하도록 하려면 간단히 데이터를 증강하거나, 좀 더 나은 성능을 기대하려면 이미지 내의 객체를 다양한 크기로 인식하거나 여러 각도로 회전되어도 인식하도록 개선된 신경망 모델을 사용해야 한다.

6.3.2 풀링 연산의 성질

풀링 연산 역시 매우 강한 사전 분포를 가정하므로 수용 영역 외의 파라미터는 사용하지 않는다. 풀링 연산은 **위치불변성**을 가진다. 다음 그림과 같이 맥스 풀링을 한다면, 가운데 있는 최댓값이 왼쪽으로 한 칸 이동하든 오른쪽으로 한 칸 이동하든 결과는 동일하다.

왼쪽으로 한 칸 이동   원래 최댓값 위치   오른쪽으로 한 칸 이동

그림 6-50 풀링 연산의 가정 사항

이처럼 입력이 아주 작게 이동했을 때 출력이 바뀌지 않는 성질을 위치불변성이라고 한다. 위치불변성을 함수적으로 표현하기 위해 아주 작은 이동 변환을 $g(x)$라고 하고 풀링 연산을 $f(x)$라고 하자. 풀링 연산 $f(x)$가 작은 이동에 대한 불변성을 갖는다면 이동 후 풀링한 결과 $f(g(x))$와 풀링 결과 $f(x)$는 같다.

$$f(x) = f(g(x))$$

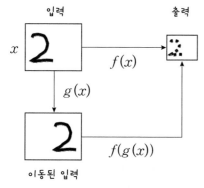

입력   출력

x

$f(x)$

$g(x)$

$f(g(x))$

이동된 입력

그림 6-51 작은 이동에 대한 불변성

콘벌루션 신경망은 풀링 연산으로 작은 이동에 대한 위치불변성을 가지며 입력 데이터가 조금 이동해도 같은 특징을 인식한다. 위치불변성은 특징의 정확한 위치보다 특징의 존재에 대해 관심이 많을 때 유용하므로 주로 인식 모델에서 활용한다.

퀴즈로 정리해 보세요.

01. 콘벌루션 신경망은 모델에 매우 강한 사전 분포를 가정한다. 이런 가정에서 뉴런이 희소 연결을 갖고 파라미터를 공유하며 그에 따라 이   과 위   을 갖는다.

02. 뉴런이 희   연결을 가지면 파라미터가 줄고 메모리와 계산이 절약되는데, 파라미터 공유까지 하면 입력과 뉴런 개수에 상관없이 파라미터 수가 일정해지면서 메모리와 계산이 극적으로 감소한다.

03. 이   은 특징이 어느 위치에 있든 동일하게 인식하는 성질로 뉴런의 희소 연결과 파라미터 공유로 생긴다. 콘벌루션 연산은 이   을 갖기 때문에 이미지상에 특정 패턴이 어떤 위치에 나타나더라도 모두 추출할 수 있다.

정답: 01. 이동등변성, 위치불변성   02. 희소   03. 이동등변성

6.4 개선된 콘벌루션 연산

지금까지 살펴본 표준 콘벌루션 연산에는 다음과 같은 몇 가지 성능적인 한계가 있다. **첫째,** 파라미터 수와 계산량이 많다. 3차원 공간에서 한꺼번에 가중 합산을 하므로 필터도 크고 계산량도 많다. **둘째,** 죽은 채널^{dead channel}이 발생해도 알기 어렵다. 채널이 죽으면 의미 있는 특징이 생성되지 않기 때문에 출력에 대한 영향이 사라지고 성능이 낮아진다. **셋째, 여러 채널에 대해 한꺼번에 연산하므로 공간 특징과 채널 특징이 구분되지 않는다.** 특히 채널 간 상관관계가 낮은 채널은 마치 잡음과 같아서 학습 속도를 떨어뜨린다.

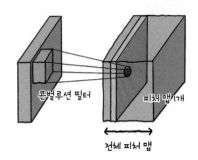

그림 6-52 표준 콘벌루션

이러한 표준 콘벌루션 연산의 한계를 극복하기 위해 새로운 콘벌루션 방법들이 제안되어 왔다. 어떤 방법들이 제안되고 어떠한 방향으로 발전해 왔는지 지금부터 살펴보도록 하자.

6.4.1 팽창 콘벌루션

뉴런의 수용 영역을 넓힐 때 문제점

신경망에서 뉴런의 수용 영역을 넓히려면 콘벌루션 필터의 크기를 키우거나, 신경망의 깊이를 늘리거나, 서브샘플링 계층을 추가하면 된다. 그런데 이 방법들은 몇 가지 문제점이 있다. 콘벌루션 필터의 크기를 키우거나 신경망의 깊이를 늘리면 파라미터 수와 계산량이 많아지고, 서브샘플링 계층을 추가하면 이미지의 공간 특징이 손실되기 때문에 세그멘테이션^{segmentation}과 같이 공간 특징을 활용하는 모델에는 성능에 좋지 않은 영향을 미친다.

공간 특징을 유지하며 수용 영역을 넓히는 팽창 콘벌루션

그렇다면 파라미터 수와 계산량을 늘리지 않고 공간 특징을 유지하면서 수용 영역을 넓히는 콘벌루션 방법은 없을까? 한 가지 방법은 콘벌루션 필터의 수용 픽셀 간격을 띄워서 필터를 넓게 만드는 것이다. 다음 그림과 같이 콘벌루션 필터의 수용 픽셀 수는 같더라도 수용 픽셀 사이의 간격을 넓히면 수용 영역을 넓힐 수 있다.

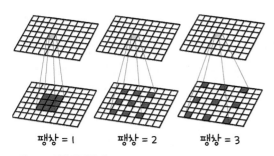

그림 6-53 팽창 콘벌루션

이러한 종류의 콘벌루션 필터를 **팽창 콘벌루션 필터**^{dilated convolution filter}라고 하고 팽창 콘벌루션 필터로 콘벌루션하는 방법을 **팽창 콘벌루션**^{dilated convolution}이라고 한다. 또한 수용 픽셀간 간격을 **팽창**^{dilation}이라고 하는데 팽창을 크게 할수록 수용 영역이 넓어진다. 이처럼 서브샘플링 대신 팽창 콘벌루션을 사용하면 공간 특징을 잘 유지할 수는 있지만, 액티베이션 맵의 크기가 줄어들지 않기 때문에 메모리 사용량이 증가하는 단점이 있다.

6.4.2 점별 콘벌루션

점별 콘벌루션^{pointwise convolution}은 가로×세로 크기가 1×1인 콘벌루션 필터를 사용하므로 1 ×1 콘벌루션이라고 부르기도 한다. 픽셀별로 채널에 대해서만 콘벌루션하기 때문에 액티베이션 맵의 가로×세로 크기는 변하지 않고 채널 수만 달라진다.

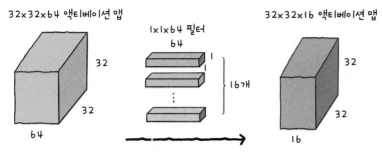

그림 6-54 점별 콘벌루션

점별 콘벌루션을 사용하면 채널 특징을 학습할 수 있으며 죽은 채널의 영향을 줄일 수 있다. 또한 채널 수를 줄이거나 늘릴 수 있어서 콘벌루션 계산량을 조절할 때 사용한다. 점별 콘벌루션은 인셉션^{inception}, 레즈넷^{ResNet}, 모바일넷^{MobileNet}, 스퀴즈넷^{SqueezeNet}과 같은 모델에서 사용한다.

6.4.3 그룹 콘벌루션

그룹 콘벌루션$^{grouped\ convolution}$은 채널을 여러 그룹으로 나눠서 콘벌루션하는 방식이다. 표준 콘벌루션보다 파라미터와 계산이 절약되며, 채널 간에 상관관계를 갖는 구조를 학습할 수 있다. 2012년 알렉스넷^{AlexNet}에서 두 개의 GPU로 모델을 병렬 처리하기 위해 처음으로 제안되었으며 최신 모델 중에는 레즈넥스트^{ResNext}에서 사용한다.

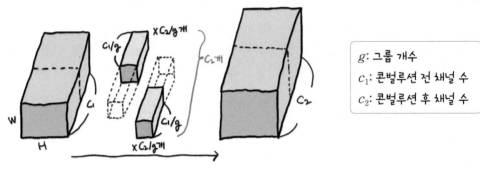

그림 6-55 그룹 콘벌루션

표준 콘벌루션의 경우 인접한 두 계층의 콘벌루션 필터 간에 상관관계가 잘 생기지 않지만, 그룹 콘벌루션은 인접한 두 계층의 필터 그룹 간에 높은 상관관계가 있으며 구조적인 학습을 할 수 있다. 따라서 상관관계가 낮은 채널 간에는 연결되어 있지 않으므로 파라미터 수가 줄어들고 과적합이 방지되는 정규화 효과가 생긴다.

6.4.4 깊이별 콘벌루션

표준 콘벌루션의 경우 여러 채널에 대해 한꺼번에 콘벌루션 연산을 하게 되므로 채널별로 공간 특징을 학습할 수 없다. **깊이별 콘벌루션**$^{depthwise\ convolution}$ 방법에서는 각 채널의 공간 특징을 학습할 수 있도록 채널별로 콘벌루션 연산을 수행하고 그 결과를 다시 결합한다.

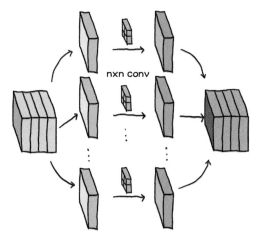

그림 6-56 깊이별 콘벌루션

깊이별 콘벌루션은 입력과 출력의 채널 수가 동일하며 표준 콘벌루션보다 파라미터와 계산이 절약된다. 그룹 콘벌루션의 그룹별 채널 수가 1개이면 깊이별 콘벌루션과 같다. 따라서 깊이별 콘벌루션은 그룹 콘벌루션의 특별한 경우이다.

6.4.5 깊이별 분리 콘벌루션

깊이별 분리 콘벌루션^{depthwise seperable convolution}은 깊이별 콘벌루션과 점별 콘벌루션을 결합한 방식이다. 공간 특징과 채널 특징을 별도로 학습하며 표준 콘벌루션보다 8~9배 정도 계산량이 줄어든다.

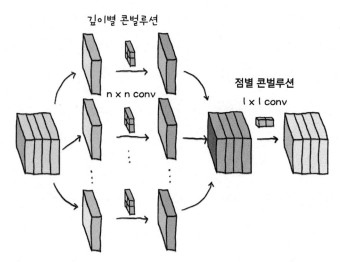

그림 6-57 깊이별 분리 콘벌루션

깊이별 분리 콘벌루션은 모바일넷^{MobileNet}에서 사용한다. 모바일넷에서는 다음 그림과 같이 3×3 콘벌루션 필터로 깊이별 콘벌루션을 실행한 뒤 배치 정규화와 ReLU를 실행하고, 다시 점별 콘벌루션을 실행한 뒤 배치 정규화와 ReLU를 실행한다.

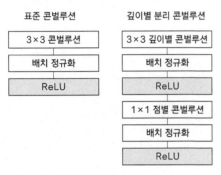

그림 6-58 모바일넷 사용 방식

6.4.6 셔플 그룹 콘벌루션

그룹 콘벌루션은 같은 채널 그룹 안에서만 정보가 흐르고 그룹 간에 서로 정보를 교환하지 않는다. 하지만 채널 그룹 간에 정보를 교환하면 표현이 강화될 수 있는데 이런 아이디어는 셔플넷^{ShuffleNet}의 **셔플 그룹 콘벌루션**^{shuffled grouped convolution}이란 이름으로 제안되었다. 셔플 그룹 콘벌루션은 주기적으로 그룹 간에 채널을 섞어서 정보가 교환되도록 만든 그룹 콘벌루션 방식이다.

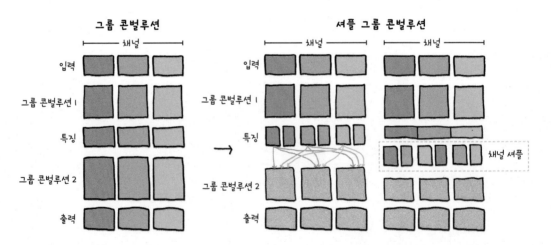

그림 6-59 셔플 그룹 콘벌루션[49]

6.4.6 공간 분리 콘벌루션

공간 분리 콘벌루션^{spatially separable convolution}은 정사각형 콘벌루션 필터를 가로 방향 필터와 세로 방향 필터로 인수분해한 방법이다. 예를 들어 다음 그림과 같이 3×3 콘벌루션 필터가 있다면 1×3 콘벌루션 필터와 3×1 콘벌루션 필터로 인수분해한다. 이 방식은 인셉션^{Inception} V3와 V4에서 사용한다.

그림 6-60 공간 분리 콘벌루션

공간 분리 콘벌루션은 계산량을 낮출 수는 있지만 모든 콘벌루션 필터를 인수분해할 수는 없는 만큼 최적해^{optimal solution}가 아닌 준최적해^{sub-optimal solution}를 찾을 수도 있다.

퀴즈로 정리해 보세요.

01. 팽____ 콘벌루션은 콘벌루션 필터의 수용 픽셀 간격을 띄워서 필터를 넓게 만든 방식으로 뉴런의 수용 영역을 넓힐 때 파라미터 수와 계산량을 늘리지 않고도 공간 특징을 유지한다.

02. 점____ 콘벌루션은 가로×세로 크기가 1×1인 콘벌루션 필터를 사용하여 채널 특징을 학습한다. 따라서 점별 콘벌루션을 하면 죽은 채널의 영향을 줄일 수 있다.

03. 그____ 콘벌루션은 채널을 여러 그룹으로 나눠서 콘벌루션하는 방식으로, 모델 파라미터 수와 계산량을 줄이고 채널 간에 상관관계를 갖는 구조를 학습할 수 있다.

정답: 01. 팽창 02. 점별 03. 그룹

6.5 업샘플링 연산

콘벌루션 신경망에는 이미지 크기를 줄이는 연산뿐만 아니라 이미지 크기를 키우는 연산도 필요하다. 이미지 크기를 키우는 연산을 **업샘플링**upsampling 연산이라고 하며, 주로 이미지 생성 모델이나 세그멘테이션 모델에서 사용한다. 이미지 생성 모델은 다음 그림과 같이 저차원의 고양이 잠재 벡터를 고차원의 고양이 이미지로 변환하며 저차원에서 고차원으로 데이터도 변환할 때 콘벌루션 신경망에서는 업샘플링 연산을 수행한다.

▶ 생성 모델은 9장에서 다시 살펴본다.

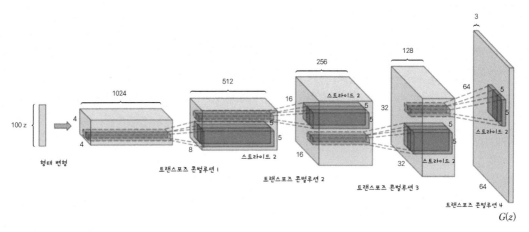

그림 6-61 생성 모델

세그멘테이션segmentation은 이미지 영역을 분할하는 방법으로, 각 영역에 속하는 픽셀들을 영역을 나타내는 클래스로 분류한다. 예를 들어 다음 그림과 같은 왼쪽 이미지를 입력하면 소, 나무, 하늘과 땅으로 영역을 분할해서 출력한다. 보통 세그멘테이션 모델은 다운샘플링 단계와 업샘플링 단계로 구성되는데, 다운샘플링 단계에서는 이미지의 특징을 학습하고 업샘플링 단계에서는 학습된 특징을 이용해서 픽셀 단위로 클래스를 분류해 나간다. 업샘플링 단계에서 원래 이미지 크기로 복구할 때 업샘플링 연산을 수행한다.

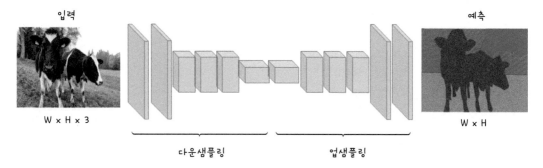

그림 6-62 세그멘테이션

콘벌루션 신경망에서는 **언풀링**^{unpooling}이나 **트랜스포즈 콘벌루션**^{transposed convolution}과 같은 방법으로 업샘플링 연산을 수행한다. 각 연산에 관해 자세히 살펴보자.

6.5.1 언풀링

언풀링은 풀링의 반대 연산으로, 요약된 통계 데이터를 요약하기 전 크기의 데이터로 복구하는 연산이다. 예를 들어 2×2 이미지를 2×2 필터를 사용해서 4×4 이미지로 언풀링한다고 해보자. 픽셀별로 2×2 영역을 복구할 때 각 픽셀을 어떤 값으로 채울지에 따라 다른 종류의 언풀링이 된다.

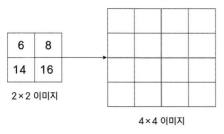

그림 6-63 언풀링

바늘방석 언풀링

바늘방석^{bed of nails} 언풀링은 2×2 영역의 첫 번째 픽셀은 원래의 값으로 채우고 나머지 픽셀은 0으로 채우는 방법이다. 바늘방석 모양과 같이 특정 위치의 픽셀값이 튀어나와 있고 나머지는 픽셀에는 값이 없는 상태로 평평하기 때문에 바늘방석 언플링이라고 부른다.

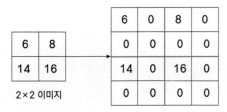

그림 6-64 바늘방석 언풀링

최근접 이웃 언풀링

최근접 이웃nearest neighbor 언풀링은 2×2 영역을 모두 원래의 픽셀값으로 채우는 방법이다. 이름과 같이 첫 번째 픽셀은 원래의 값으로 채우고, 나머지 픽셀에는 가장 가까운 이웃인 첫 번째 픽셀과 같은 값으로 채운다. 블록을 같은 값으로 채우므로 전체 이미지에 블록 모양의 패턴이 생긴다.

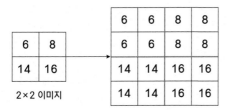

그림 6-65 최근접 이웃 언풀링

맥스 언풀링

맥스 언풀링max unpooling은 다운샘플링과 업샘플링이 대칭을 이루는 모델 구조에서만 사용할 수 있는 방식이다. 맥스 풀링을 할 때 최댓값의 위치를 기억해 두었다가 언풀링을 할 때 기억해 둔 위치로 값을 복원하고 나머지는 0으로 채운다.

▶ 8장에서 소개할 디콘벌루션 네트워크deconvolution network에서 사용하는 언풀링 방식이다.

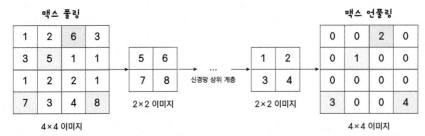

그림 6-66 맥스 언풀링

6.5.2 트랜스포즈 콘벌루션

언플링 방식은 사전에 정의된 규칙에 따라 업샘플링을 한다. 하지만 이런 규칙이 과연 모든 경우에 가장 적합한 방식일까? 때에 따라서는 더 나은 업샘플링 결과를 만들도록 규칙을 학습할 수도 있을 것이다. 마치 콘벌루션 필터를 학습하듯이 업샘플링 필터도 학습하도록 만든 방식이 트랜스포즈 콘벌루션이다.

콘벌루션과 트랜스포즈 콘벌루션 비교

다음 그림은 콘벌루션 과정과 트랜스포즈 콘벌루션 과정을 보여준다. 왼쪽의 콘벌루션 과정은 '3×3, 2' 콘벌루션 연산으로 4×4 이미지를 2×2 이미지로 만든다. 2×2 이미지로 만들기 위해 가로, 세로 1픽셀씩 패딩했다. 오른쪽 트랜스포즈 콘벌루션 과정은 '3×3, 2' 트랜스포즈 콘벌루션 연산으로 2×2 이미지를 4×4 이미지로 만든다.

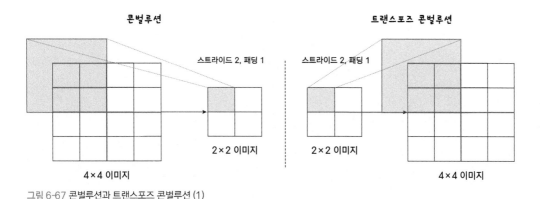

그림 6-67 콘벌루션과 트랜스포즈 콘벌루션 (1)

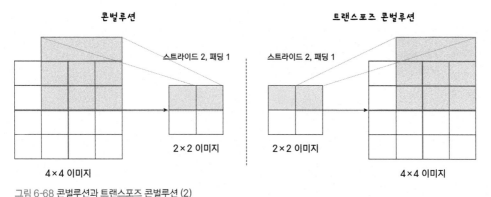

그림 6-68 콘벌루션과 트랜스포즈 콘벌루션 (2)

트랜스포즈 콘벌루션 연산

트랜스포즈 콘벌루션 연산 과정을 살펴보면 먼저 입력 이미지의 첫 번째 픽셀과 트랜스포즈 콘벌루션 필터를 곱해서 3×3 출력 이미지 영역을 생성한다. 그리고 입력 데이터의 두 번째 픽셀과 트랜스포즈 콘벌루션 필터를 곱해서 오른쪽으로 두 칸 이동한 위치에 3×3 출력 이미지 영역을 생성한 뒤, 두 영역을 더해서 5×5 이미지를 만든다. 출력을 4×4 이미지로 맞추기 위해 1픽셀을 삭제한다.

이 과정에서 트랜스포즈 콘벌루션 필터는 3×3인데 스트라이드는 2이므로 생성되는 영역 간에 상하좌우로 1픽셀씩 겹친다. 이미지 영역이 겹쳐지면 그 부분의 픽셀값은 더해준다.

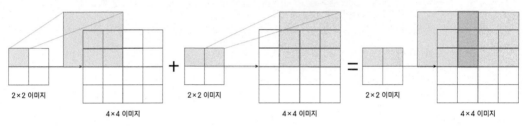

그림 6-69 겹쳐진 영역의 합산

바둑판무늬 제거를 위한 스트라이드 조절

트랜스포즈 콘벌루션 연산에서 주의할 점은 겹쳐진 부분의 픽셀값이 더해지면서 바둑판무늬checkerboard artifact가 생길 수 있다는 것이다. 예를 들어 3×3 필터를 스트라이드 2로 트랜스포즈 콘벌루션을 하면 다음과 같은 바둑판무늬가 생긴다.

그림 6-70 바둑판무늬 생성

바둑판무늬를 없애려면 모든 픽셀이 같은 횟수로 겹쳐지도록 필터와 스트라이드의 크기를 조절해야 한다. 앞의 예제에서 트랜스포즈 콘벌루션 필터를 2×2로 하고 스트라이드를 1로 주거나 트랜스포즈 콘벌루션 필터를 4×4로 하고 스트라이드를 2로 주면 모든 픽셀이 동일하게 2번씩 겹쳐지므로 바둑판무늬가 생기지 않는다.

그림 6-71 모든 픽셀을 동일하게 겹쳐서 바둑판무늬 제거

트랜스포즈 콘벌루션이라고 부르는 이유

트랜스포즈 콘벌루션이란 이름이 붙여진 이유는 콘벌루션 행렬의 전치 행렬로 연산을 표현할 수 있기 때문이다. 다음 1차원 트랜스포즈 콘벌루션 연산 결과가 행렬곱 형태로 변환한 트랜스포즈 콘벌루션 연산 결과와 같다는 것을 확인해 보자.

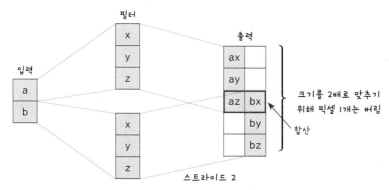

그림 6-72 1차원 트랜스포즈 콘벌루션 예제

입력 벡터가 $x^T = (a, b)$, 트랜스포즈 콘벌루션 필터가 $w^T = (x, y, z)$이고 스트라이드는 2라고 하자. 먼저 입력 벡터의 첫 번째 픽셀 a와 필터를 곱하면 $(ax, ay, az)^T$가 만들어지고, 두 번째 픽셀 b와 필터를 곱하면 $(bx, by, bz)^T$가 만들어진다. 스트라이드가 2이므로 생성된 두 벡터를 두 픽셀 띄워서 더하면 한 픽셀이 겹쳐서 크기가 5인 벡터 $(ax, ay, az+bx, by, bz)^T$가 된다. 스트라이드가 2이므로 크기가 4인 벡터가 되어야 하므로 마지막 요소를 버리고 $(ax, ay, az+bx, by)^T$를 생성한다.

콘벌루션 행렬의 전치 행렬로 표현되는 트랜스포즈 콘벌루션 연산

콘벌루션 연산과 트랜스포즈 콘벌루션 연산의 관계를 살펴보기 위해 두 연산을 **행렬곱**^{matrix}
matrix multiplication으로 표현해 보겠다. 먼저 콘벌루션을 행렬곱 형태로 표현하기 위해 입력 벡터가 $x^T = (a, b, c, d)$, 콘벌루션 필터가 $w^T = (x, y, z)$, 스트라이드가 1일 때 콘벌루션을 해보자. 콘벌루션 필터의 슬라이딩 과정을 행렬로 표현하면 다음과 같이 대각선 방향으로 띠 모양을 갖는 행렬로 정의할 수 있다. 각 행은 콘벌루션 필터를 입력 데이터의 크기로 만든 뒤 슬라이딩한 모습으로 행렬곱 연산을 할 때 입력 데이터의 영역별로 가중 합산되도록 표현한 것이다. 이 행렬과 입력 벡터를 곱하면 전체 이미지에 대한 콘벌루션 연산을 행렬곱 연산으로 한 번에 수행할 수 있다.

▶ 이렇게 대각 성분이 모두 같은 값으로 이뤄진 행렬을 퇴플리츠 행렬$^{Toeplitz\ matrix}$이라고 한다.

$$W = \begin{bmatrix} x & y & z & 0 & 0 & 0 \\ 0 & x & y & z & 0 & 0 \\ 0 & 0 & x & y & z & 0 \\ 0 & 0 & 0 & x & y & z \end{bmatrix}$$

출력 벡터의 크기가 입력 벡터의 크기와 같아지도록 입력 벡터에 양쪽에 1씩 패딩해서 콘벌루션 연산을 행렬곱 연산으로 표현하면 다음과 같다.

$$w * x = Wx$$

$$\begin{bmatrix} x & y & z & 0 & 0 & 0 \\ 0 & x & y & z & 0 & 0 \\ 0 & 0 & x & y & z & 0 \\ 0 & 0 & 0 & x & y & z \end{bmatrix} \begin{bmatrix} 0 \\ a \\ b \\ c \\ d \\ 0 \end{bmatrix} = \begin{bmatrix} ay+bz \\ ax+by+cz \\ bx+cy+dz \\ cx+dy \end{bmatrix}$$

이번에는 트랜스포즈 콘벌루션을 행렬곱 연산으로 표현해 보자. 트랜스포즈 콘벌루션 필터의 슬라이딩 과정을 행렬로 표현하면 콘벌루션 행렬의 전치 행렬과 같다. 따라서 트랜스포즈 콘벌루션을 행렬곱 형태로 표현하면 다음과 같다.

$$w *^T x = W^T x$$

$$\begin{bmatrix} x & 0 & 0 & 0 \\ y & x & 0 & 0 \\ z & y & x & 0 \\ 0 & z & y & x \\ 0 & 0 & z & y \\ 0 & 0 & 0 & z \end{bmatrix} \begin{bmatrix} a \\ b \\ c \\ d \end{bmatrix} = \begin{bmatrix} ax \\ ay+bx \\ az+by+cx \\ bz+cy+dx \\ cz+dy \\ dz \end{bmatrix}$$

출력 크기가 같도록 첫 번째 픽셀과 마지막 픽셀을 버리면 크기가 4인 벡터가 생성된다. 이 결과를 보면 트랜스포즈 콘벌루션은 스트라이드가 1이면 일반적인 콘벌루션 연산이 된다.

이번에는 스트라이드가 2일 때 콘벌루션과 트랜스포트 콘벌루션을 행렬곱으로 어떻게 표현할 수 있는지 살펴보자. 콘벌루션을 행렬곱 형태로 표현하기 위해 콘벌루션 필터를 행렬로 만들면 다음과 같다.

$$W = \begin{bmatrix} x & y & z & 0 & 0 \\ 0 & 0 & x & y & z \end{bmatrix}$$

스트라이드가 2이면 출력 크기가 반으로 줄어들기 때문에 입력 벡터에 패딩 1을 추가해야 한다. 따라서 콘벌루션을 행렬곱으로 표현하면 다음과 같다.

$$\begin{bmatrix} x & y & z & 0 & 0 \\ 0 & 0 & z & y & z \end{bmatrix} \begin{bmatrix} 0 \\ a \\ b \\ c \\ d \end{bmatrix} = \begin{bmatrix} ay + bz \\ bx + cy + dz \end{bmatrix}$$

이번에는 스트라이드 2일 때 트랜스포즈 콘벌루션을 행렬곱으로 표현해 보자. 트랜스포즈 콘벌루션 필터는 콘벌루션 행렬의 전치 행렬로 표현된다. 입력 벡터를 $x^T = (a, b)$라고 하고 트랜스포즈 콘벌루션을 행렬곱으로 표현하면 다음과 같다.

$$\begin{bmatrix} x & 0 \\ y & 0 \\ z & x \\ 0 & y \\ 0 & z \end{bmatrix} \begin{bmatrix} a \\ b \end{bmatrix} = \begin{bmatrix} ax \\ ay \\ az + bx \\ by \\ bz \end{bmatrix}$$

출력 크기가 2배가 되도록 마지막 픽셀은 버리면 크기가 4인 벡터가 생성된다. 이 결과는 앞에서 봤던 1차원 트랜스포즈 콘벌루션 예제의 결과와 같다. 즉 트랜스포즈 콘벌루션이란 이름이 붙여진 이유는 콘벌루션 행렬의 전치 행렬로 연산을 표현할 수 있기 때문이다. 스트라이드가 2 이상이 되면 트랜스포트 콘벌루션은 더 이상 표준 콘벌루션 연산과 같지 않다.

이 장에서 배운 내용을 실습해 보세요. 아래 문제의 URL에서 〈구글 코랩에서 실행하기〉 버튼을 누르세요. 실습을 진행할 수 있으며 정답도 확인할 수 있습니다.

실습 01 MNIST 필기체 숫자 인식을 위한 콘벌루션 신경망 만들기

MNIST 필기체 숫자는 이미지 데이터이므로 콘벌루션 신경망으로 인식을 하면 성능이 향상될 수 있다. 콘벌루션 3계층과 완전 연결 2계층으로 구성된 콘벌루션 신경망 모델을 만들어보고 정확도 99% 성능을 달성할 수 있다는 사실을 확인해보자.

[텐서플로 튜토리얼] 합성곱 신경망

www.tensorflow.org/tutorials/images/cnn

실습 02 꽃 이미지 분류 및 정규화 적용

꽃 이미지 파일로 구성된 꽃 데이터셋을 읽어서 꽃의 종류를 분류하는 콘벌루션 신경망 모델을 만들어보자. 모델은 콘벌루션 3계층과 완전 연결 2계층으로 구성하되 과적합을 방지하기 위해 데이터 증강과 드롭아웃 정규화를 적용한다.

[텐서플로 튜토리얼] 이미지 분류

www.tensorflow.org/tutorials/images/classification

07

콘벌루션 신경망 모델

콘벌루션 신경망의 대표적인 모델을 살펴보면 콘벌루션 신경망이 어느 방향으로 발전해 왔는지 알 수 있다. 콘벌루션 신경망은 1998년 르넷-5LeNet5로 세상에 처음 소개되었고, 2012년부터 2017년까지 이미지 분류 및 객체 인식 경진대회인 ILSVRCImageNet Large Scale Visual Recognition Challenge를 통해 매년 혁신적인 모델이 제안되면서 사람의 인지 능력을 추월하는 성능을 갖추게 되었다. 2012년에 대회 최초로 콘벌루션 신경망 모델을 사용해 우승을 차지한 알렉스넷AlexNet부터 2013년 우승을 차지한 제트에프넷ZFNet, 2014년 1등과 2등을 차지한 구글넷GoogLeNet과 브이지지넷VGGNet, 2015년 우승을 차지한 레즈넷ResNet에 이르기까지 모두 현대 콘벌루션 신경망의 토대가 된 모델이다. 특히 구글넷과 레즈넷의 설계 사상과 모델 구조의 우수성은 이후 등장한 수많은 모델에 영향을 미쳤다. 최근에는 네트워크 구조 탐색NAS: network architecture search 방식으로 찾아내는 모델들이 등장하면서 사람이 경험적으로 설계한 모델보다 뛰어난 성능을 보인다.

7.1 르넷-5

얀 르쿤은 1998년 우편물에 필기체로 쓰인 우편번호를 인식하는 최초의 콘벌루션 신경망 모델인 **르넷-5**를 세상에 선보였다.

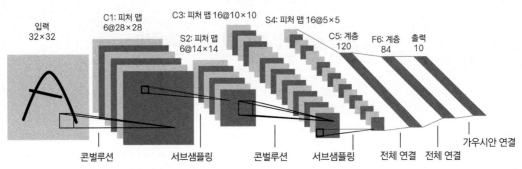

그림 7-1 최초의 콘벌루션 신경망 모델 르넷-5[51]

7.1.1 모델 구조

르넷-5를 간단히 박스 형태로 그려보면 다음 그림과 같다. 르넷-5은 'CONV-POOL-CONV-POOL-FC-FC-FC'로 구성된 7계층 모델이다. 콘벌루션 계층과 풀링 계층을 2번씩 반복한 뒤 완전 연결 3계층으로 연결되는 구조다. 콘벌루션 계층과 풀링 계층은 생체 신경망의 시각 영역을, 완전 연결 계층은 연관 영역을 모델링했다.

▶ CONV는 콘벌루션 계층을, POOL은 풀링 계층을, FC는 완전 연결 계층을 말한다.

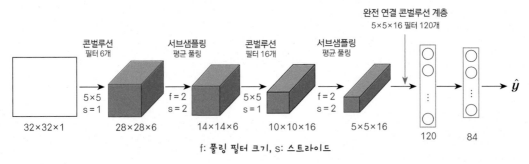

그림 7-2 르넷-5 구조

르넷–5의 입력 데이터는 우편번호 필기체 숫자인 32×32×1 이미지이다. 콘벌루션 계층은 '5×5, 1' 콘벌루션 연산을 수행하고 활성 함수는 시그모이드 또는 하이퍼볼릭 탄젠트를 사용한다. 풀링 계층은 '2×2, 2' 평균 풀링 연산을 수행하며 액티베이션 맵의 크기를 절반으로 줄인다.

완전 연결 계층으로 전환할 때는 액티베이션 맵과 같은 크기의 5×5×16 콘벌루션 필터를 120개 사용해서 크기가 120인 1차원 벡터로 변환한다. 액티베이션 맵과 콘벌루션 필터가 같은 크기이므로 완전 연결 계층과 같다. 르넷–5는 전체 파라미터 수가 60K에 불과한 작은 모델이다.

1분 퀴즈

퀴즈로 정리해 보세요.

01. 최초의 콘벌루션 신경망 모델인 르_____는 우편물에 필기체로 쓰인 우편번호를 인식하기 위해 만든 모델로 전체 파라미터 수가 60K에 불과하다.

02. 모델은 'CONV-POOL-CONV-POOL-FC-FC-FC'의 7계층으로 구성된다. 콘벌루션 계층과 풀링 계층은 생체 신경망의 시_____ 영역을, 완전 연결 계층은 연_____ 영역을 모델링했다.

정답: 01. 르넷-5 02. 시각, 연관

7.2 알렉스넷

이미지넷[ImageNet]은 약 1,400만 개의 이미지로 구성된 세계에서 가장 방대한 이미지 데이터 베이스로서 2만여 개의 카테고리를 포함한다. 2009년 발표된 이미지넷 프로젝트의 일환으로 2010년부터 매년 ILSVRC 대회가 개최되고 있다. ILSVRC 대회는 1,000개의 클래스에 대한 이미지 분류 및 객체 인식 부문으로 이루어지며, 이 대회를 통해 역사적인 콘벌루션 신경망 모델들이 제안되었다. 특히 **알렉스넷**[AlexNet]은 ILSVRC 2012 대회에서 객체 인식 오류율을 25.8%에서 16.4%로 낮추며 압도적인 1위를 차지한 최초의 콘벌루션 신경망 모델이다.

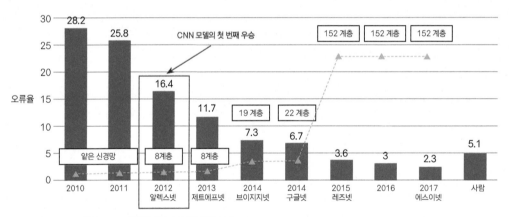

그림 7-3 ILSVRC 최초 CNN 기반의 우승 모델인 알렉스넷

7.2.1 모델 구조

알렉스넷은 2개의 GPU에서 실행되는 병렬처리 구조로 설계되었다. 당시 GTX 580 GPU를 사용했는데, 한 개의 GPU로는 모델을 실행할 수 없어서 병렬처리 구조로 설계하고 2개의 GPU에서 실행하도록 했다. 알렉스넷은 콘벌루션 필터를 두 그룹으로 나눈 뒤 그룹별로 GPU를 할당하여 처리하고 중간 계층에서 정보를 교환하며 최종 결과를 한쪽 그룹으로 합친다.

병렬처리 방식

다음 그림은 병렬처리 구조로 설계된 알렉스넷으로, 동일한 구조로 이루어진 모델이 병렬 실행되면서 정보를 교환하는 구조다. 첫 번째 계층에 227×227×3 입력 데이터가 들어오면 그룹별로 48개 콘벌루션 필터가 콘벌루션 연산을 수행한다. 정보를 교환하기 위해 CONV3과 CONV5, FC6, FC7 계층에서 그룹 간에 출력을 교환하며 출력 계층인 FC8에서 전체 결과를 합친다.

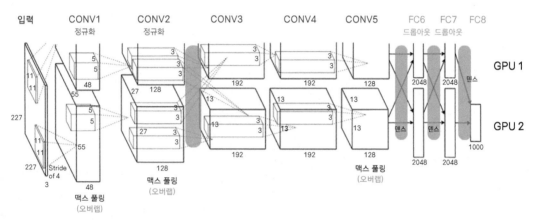

그림 7-4 알렉스넷의 병렬처리 구조[5]

이미지넷으로 알렉스넷을 훈련했을 때 5~6일 정도가 소요되었다. 알렉스넷에서 콘벌루션 필터를 그룹으로 나눠 처리하는 방식은 훗날 그룹 콘벌루션이란 이름으로 레즈넥스트 모델에 도입되어 그룹 내에서 채널 간의 상관관계 구조를 학습하는 용도로 활용되고 있다.

모델 구조

알렉스넷의 병렬처리 구조를 하나의 구조로 합치면 다음 그림과 같다. 알렉스넷은 'CONV-CONV-CONV-CONV-CONV-FC-FC-FC'로 구성된 8계층 모델이다. 콘벌루션 5계층이 완전 연결 3계층과 연결된 구조이다. 단, 풀링은 콘벌루션 계층에 포함된다.

▶ CONV는 콘벌루션 계층을, FC는 완전 연결 계층을 말한다.

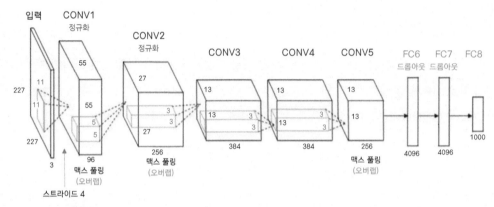

그림 7-5 알렉스넷 구조

알렉스넷의 첫 번째 계층은 '11×11, 4' 콘벌루션 연산을 한다. 상대적으로 큰 콘벌루션 필터와 스트라이드를 사용하므로 학습이 잘 안 되는 문제가 있다. 나머지 콘벌루션 계층은 '3×3, 1' 콘벌루션 연산을 한다. CONV1, CONV2, CONV5에서는 '3×3, 2'로 맥스 풀링을 하며 한 픽셀씩 겹치게 풀링한다.

CONV1과 CONV2에서는 지역 응답 정규화라고 불리는 LRN[local response normalization] 방식으로 출력을 정규화한다. LRN 정규화는 픽셀별로 이웃 채널의 픽셀을 이용하여 정규화하는 방식으로 지금은 쓰이지 않는다. ReLU의 출력이 무한히 커질 수 있으므로 이를 막기 위한 정규화로 도입되었다. 227×227×3 입력이 들어왔을 때 첫 번째 계층은 콘벌루션–맥스 풀링–정규화 순서로 실행한다. 드롭아웃은 FC6, FC7 계층에만 적용되어 있다.

모델의 파라미터 수

알렉스넷의 파라미터 수는 6천 2백만 개에 달한다. 다음 표는 각 계층의 연산별 출력 크기와 파라미터 수다.

표 7-1 알렉스넷의 계층별 출력 크기와 파라미터 수

계층	텐서 크기	가중치	편향	파라미터
입력 이미지	227×227×3	0	0	0
CONV1	55×55×96	34,848	96	34,944
MaxPool-1	27×27×96	0	0	0
CONV2	27×27×256	614,400	256	614,656

계층	텐서 크기	가중치	편향	파라미터
MaxPool-2	13×13×256	0	0	0
CONV3	13×13×384	884,736	384	885,120
CONV4	13×13×384	1,327,104	384	1,327,488
CONV5	13×13×256	884,736	256	884,992
MaxPool-3	6×6×256	0	0	0
FC1	4096×1	37,748,736	4,096	37,752,832
FC2	4096×1	16,777,216	4,096	16,781,312
FC3	1000×1	4,096,000	1,000	4,097,000
출력	1000×1	0	0	0
전체				62,378,344

이 표를 보면 파라미터가 FC 계층에 집중되었음을 알 수 있다. 초기 콘벌루션 신경망 모델들은 생체 신경망의 연관 영역을 모델링하기 위해 FC 계층을 포함하지만, 그 결과 파라미터가 과도하게 쓰이는 문제가 있다. 구글넷 이후 나온 모델들은 파리미터를 줄이기 위해 출력 계층을 제외하고 모든 계층을 콘벌루션 계층으로 구성한다.

7.2.2 훈련 방식

알렉스넷은 제프리 힌턴 연구실에서 제안한 모델이다. 같은 연구실에서 제안한 ReLU, 드롭아웃, LGN 등의 기법들을 접목했으며 훈련할 때 GPU를 활용함으로써 압도적인 성능 향상을 보여주었다. 알렉스넷은 LRN, 드롭아웃($p=0.5$), L_2 정규화($\lambda=5e-4$), 데이터 증강과 같은 다양한 정규화 기법을 적용한다. 특히 모델 7개로 구성된 앙상블을 사용해서 오류율을 18.2%에서 15.4%로 줄였다. 최적화 알고리즘은 SGD 모멘텀($\rho=0.9$)을 사용하고 배치 크기는 128이다. 학습률은 $1e-2$로 시작해서 검증 정확도가 증가하지 않을 때 학습률 감소 learning rate decay를 실행한다.

7.3 제트에프넷

제트에프넷^{ZFNet}은 ILSVRC 2013 대회에서 우승한 모델로 상위 5개 클래스 기준 오류율을 16.4%에서 11.7%로 낮췄다. 제트에프넷은 모델 시각화 방식으로 알렉스넷의 문제점을 분석하고 개선했다.

▶ '상위 5개 클래스 기준 오류율'이란 상위 5개 예측 결과에 타깃 클래스가 포함되었는지 여부로 오류율을 판단하는 방식이다.

7.3.1 모델 구조

제트에프넷의 기본 모델 구조는 알렉스넷과 같지만, 다음과 같이 일부 개선되었다.

- CONV1의 콘벌루션을 '11×11, 4'에서 '7×7, 2'로 바꿨다.

- CONV3, CONV4, CONV5의 필터 개수를 384, 384, 256에서 512, 1024, 512로 조정했다.

- 모델을 GTX 580 GPU 하나로 훈련하기 위해 두 그룹을 하나로 합쳤다.

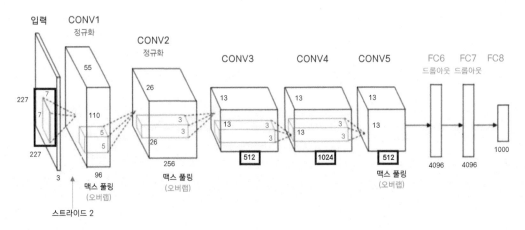

그림 7-6 제트에프넷 구조

▶ 그림에서 빨간색 네모로 구분한 부분이 알렉스넷과 달라진 부분이다.

제트에프넷에서 CONV1 콘벌루션 연산을 '11×11, 4'에서 '7×7, 2'로 바꾼 이유는, 알렉스넷을 시각화해본 결과 첫 번째 계층이 잘 학습되지 않는다는 사실을 발견했기 때문이다.

지나치게 크게 설계된 수용 영역 때문이었는데, 콘벌루션 필터의 크기와 스트라이드를 조정한 뒤 정상적으로 학습이 되었고 이를 시각화해서 확인했다. 시각화 결과는 다음 그림과 같다. (b)와 (d)는 알렉스넷의 특징으로 까맣게 죽은 특징이 많고 특징에 잡음이 섞여 있지만, (c)와 (e)는 제트에프넷의 특징으로 선명하게 특징이 포착된 것을 확인할 수 있다.

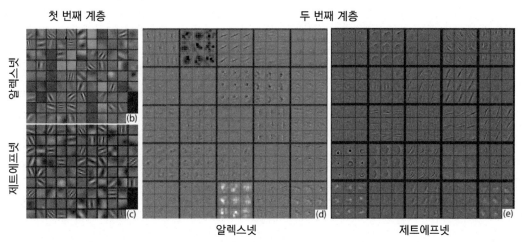

그림 7-7 알렉스넷과 제트에프넷의 첫 번째 계층과 두 번째 계층 시각화[36]

이미지넷으로 제트에프넷을 훈련할 때 GTX 580 GPU로 12일 동안 훈련하였으며 130만 개의 이미지를 사용했다. 알렉스넷의 10%에 해당하는 데이터만을 사용해서 성능을 4.7%p 높였다. 제트에프넷의 결과는 하이퍼파라미터 튜닝만 잘해도 모델 성능이 매우 향상될 수 있음을 말해준다.

7.3.2 모델 시각화 방식

제트에프넷의 가장 인상적인 성과는 콘벌루션 신경망을 시각화해서 그동안 알지 못했던 모델의 학습 과정과 학습 내용을 이해할 수 있게 되었다는 점이다.

학습 과정과 학습 내용의 시각화

제트에프넷의 발명자들은 논문[36]을 통해 콘벌루션 신경망의 시각화 방식과 함께 시각화를 통해 새롭게 알게 된 콘벌루션 신경망의 학습 과정과 학습 방식을 소개했다. 그들은 콘벌루션 신경망의 계층별 학습 내용을 시각화함으로써 다음과 같은 사실을 입증했다.

- 콘벌루션 신경망의 계층이 높아질수록 수용 영역이 넓어지고 지역적 특징에서 전역적 특징으로 학습 내용이 바뀐다.
- 콘벌루션 신경망 학습은 낮은 계층에서 먼저 학습되기 시작해서 점점 높은 계층으로 학습이 진행된다.
- 콘벌루션 신경망은 입력에 작은 변화가 있어도 동일한 결과를 출력하는 **위치불변성**을 갖는다.
- 콘벌루션 신경망은 특징을 포착할 때 모양은 물론이고 위치까지 가능한다.

제트에프넷 논문[36]은 콘벌루션 신경망이 어떤 원리로 작동하는지를 알려주어 콘벌루션 신경망의 연구에 새로운 지평을 열어준 중요한 논문이다.

디콘벌루션 네트워크

이들이 사용한 시각화 방법은 콘벌루션의 역연산으로 액티베이션 맵을 픽셀 공간으로 투영하는 방법이다. 이를 위해 **디콘벌루션 네트워크**^{deconvolutional network}를 만들었는데, 다음 그림과 같이 콘벌루션 신경망과 짝을 이루며 콘벌루션 연산의 역연산인 디콘벌루션을 수행한다. 특정 계층에 액티베이션 맵을 시각화하려면, 짝을 이루는 디콘벌루션 계층에 액티베이션 맵을 입력해서 입력 계층 방향으로 디콘벌루션을 수행하면 된다.

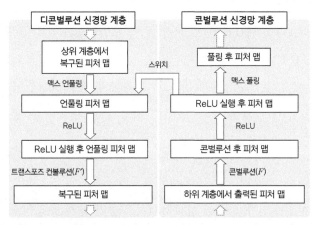

그림 7-8 디콘벌루션 네트워크[36]

디콘벌루션 연산은 다음과 같은 순서로 실행된다.

- 콘벌루션 계층을 '콘벌루션→ ReLU→맥스 풀링' 순서로 실행하면서 스위치^{switch} 변수에 맥스 풀링한 최댓값의 위치를 기억해 둔다.
- 디콘벌루션 계층은 반대로 '맥스 언풀링 → ReLU → 트랜스포즈 콘벌루션' 순서로 실행하며 스위치 변수를 사용해서 '맥스 언풀링'을 수행한다. 이때 트랜스포즈 콘벌루션 필터는 콘벌루션 필터를 전치해서 사용한다.

계층별 시각화 결과

콘벌루션 신경망의 계층별 시각화 결과를 살펴보자. 액티베이션 맵에서 가장 활성화된 영역을 보면 해당 콘벌루션 필터가 어떤 패턴을 학습했는지 알 수 있다. 다음 시각화 결과를 보면 두 번째 계층부터 다섯 번째 계층까지는 액티베이션 맵에서 가장 활성화된 영역을 9군데 찾아서 픽셀 공간으로 투영한 결과와 입력 이미지의 해당 영역을 같이 보여준다. 반면 첫 번째 계층의 경우 콘벌루션 필터를 시각화할 수 있으므로 액티베이션 맵 대신 콘벌루션 필터를 직접 보여준다.

첫 번째 계층은 주로 에지와 색을 인식한다. 기울기가 상이한 에지를 구분하고 서로 다른 색도 구분한다. 두 번째 계층은 에지들로 이뤄진 모양을 인식한다.

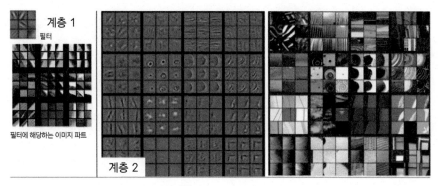

그림 7-9 첫 번째 계층과 두 번째 계층의 시각화[36]

세 번째 계층은 비슷한 질감을 갖는 복잡한 형태를 인식하기 시작한다. 특히 **위치불변성**에 따라 객체가 약간 이동해도 같은 콘벌루션 필터로 인식한다.

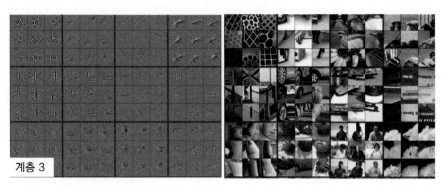

그림 7-10 세 번째 계층의 시각화[36]

네 번째 계층은 개의 얼굴이나 새의 다리와 같은 사물이나 개체의 일부를 특징으로 인식하며, 다섯 번째 계층은 사물이나 개체의 위치 및 자세 변화를 포함한 전체적인 모습을 인식한다.

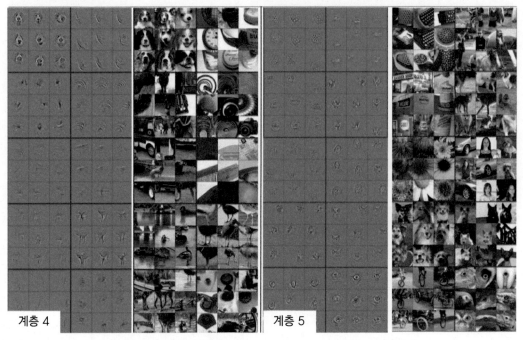

그림 7-11 네 번째 계층과 다섯 번째 계층의 시각화[36]

퀴즈로 정리해 보세요.

01. 제   은 '콘벌루션 신경망은 낮은 계층에서부터 높은 계층으로 학습이 진행되며, 계층이 깊어질 수록 수용 영역이 넓어지고 지역적 특징에서 전역적 특징으로 학습 내용이 바뀐다. 입력에 작은 변화가 있어도 같은 결과를 출력하는 위치불변성을 가지며, 특징을 포착할 때 모양은 물론이고 위치까지 가늠한다.' 와 같은 콘벌루션 신경망의 작동 원리를 규명하여 콘벌루션 신경망의 연구에 새로운 지평을 열었다.

정답: 01. 제트에프넷

7.4 브이지지넷

브이지지넷^{VGGNet}은 ILSVRC 2014 대회에서 2위를 수상한 모델로 '작은 필터를 사용하는 대신 깊은 신경망을 만들자'는 아이디어로 설계되었다. 성능은 상위 5개 클래스 기준 오류율 7.3%로 당시 우승한 구글넷의 6.7%에는 조금 못 미치지만, 모델 구조의 단순함 덕분에 지금까지도 많이 쓰인다. 브이지지넷은 3×3 콘벌루션 필터만을 사용하며, 콘벌루션 연산과 맥스 풀링 연산이 규칙적으로 배치되어 다음 그림과 같이 매우 단순한 구조로 이루어진다.

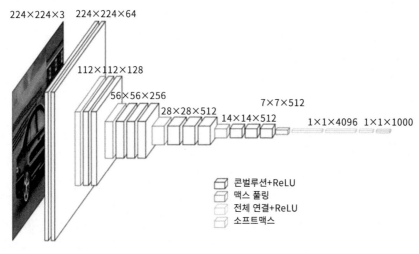

그림 7-12 브이지지넷 구조

7.4.1 설계 사상

브이지지넷은 신경망이 깊어질수록 수용 영역이 넓어지는 원리를 이용하여, 필터를 작게 만들어서 파라미터 수를 줄이고 대신 신경망을 깊게 하여 수용 영역이 충분하도록 설계했다.

큰 콘벌루션 필터 vs. 작은 콘벌루션 필터

뉴런의 수용 영역은 콘벌루션 필터의 크기, 스트라이드, 계층에 따라 정해진다. 예를 들어 수용 영역이 5인 뉴런을 만들려면 한 계층에 크기가 5인 콘벌루션 필터를 사용해도 되지만,

두 계층에 각각 크기가 3인 콘벌루션 필터를 사용할 수도 있다. 같은 수용 영역을 나타내는 두 방식 중 어떤 방식이 성능상 더 좋다고 단정적으로 말하기는 어렵지만, 작은 필터를 사용해서 여러 계층으로 쌓는 방식이 파라미터 수를 줄이는 방식이라고 말할 수는 있다.

다음 그림을 보면서 두 방식의 파라미터 수를 비교해 보자. 뉴런의 수용 영역이 3×3, 5×5, 7×7인 경우에 대해 왼쪽 열은 수용 영역과 같은 크기의 콘벌루션 필터를 한 개 사용할 때의 파라미터 수이고, 오른쪽 열은 3×3 콘벌루션 필터를 여러 계층에서 사용할 때의 파라미터 수이다.

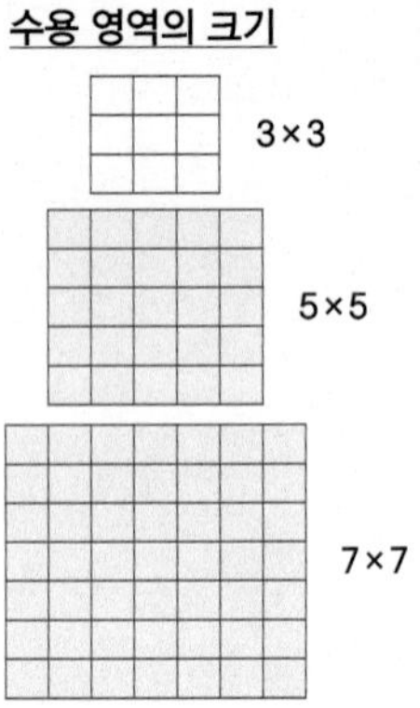

	필터 1개 사용	여러 계층에 3×3 필터 사용
	3×3 필터	3×3 필터×1개 계층
파라미터 수:	9개	9×1 = 9개
	5×5 필터	3×3 필터×2개 계층
파라미터 수:	25개	9×2 = 18개
	7×7 필터	3×3 필터×3개 계층
파라미터 수:	49개	9×3 = 27개

그림 7-13 작은 필터의 파라미터 감소 효과

수용 영역이 3×3일 때는 두 방식의 파라미터 수가 같지만, 수용 영역이 5×5일 때는 두 번째 방식의 파라미터 수가 25개에서 18개로 줄고, 수용 영역이 7×7일 때는 두 번째 방식의 파라미터 수가 49개에서 27개로 줄어든다. 작은 콘벌루션 필터로 신경망을 깊게 만들면 모델의 파라미터 수가 줄어드는 것을 확인할 수 있다.

브이지지넷은 이런 원리로 작은 콘벌루션 필터를 사용하면서 신경망을 깊게 만드는 설계 방식을 취한다. 2014년 ILSVRC 대회에 브이지지넷이 나오면서 콘벌루션 신경망의 깊이는 8계층에서 19계층으로 더 깊어졌다.

7.4.2 모델 구조

브이지지넷은 11계층부터 13계층, 16계층, 19계층까지 총 6가지 종류의 모델로 구성된다.

다양한 계층으로 구성된 브이지지넷 모델

그중 16계층 모델이 가장 많이 쓰이며 짧게 'VGG16'이라고 부른다. 19계층 모델인 'VGG19'의 경우 'VGG16'보다 파라미터 수는 많지만 성능 차가 크지 않아 많이 쓰이지 않는다.

ConvNet Configuration					
A	A-LRN	B	C	D	E
11 weight layers	11 weight layers	13 weight layers	16 weight layers	16 weight layers	19 weight layers
input (224 × 224 RGB image)					
conv3-64	conv3-64	conv3-64	conv3-64	conv3-64	conv3-64
	LRN	conv3-64	conv3-64	conv3-64	conv3-64
maxpool					
conv3-128	conv3-128	conv3-128	conv3-128	conv3-128	conv3-128
		conv3-128	conv3-128	conv3-128	conv3-128
maxpool					
conv3-256	conv3-256	conv3-256	conv3-256	conv3-256	conv3-256
conv3-256	conv3-256	conv3-256	conv3-256	conv3-256	conv3-256
			conv1-256	conv3-256	conv3-256
					conv3-256
maxpool					
conv3-512	conv3-512	conv3-512	conv3-512	conv3-512	conv3-512
conv3-512	conv3-512	conv3-512	conv3-512	conv3-512	conv3-512
			conv1-512	conv3-512	conv3-512
					conv3-512
maxpool					
conv3-512	conv3-512	conv3-512	conv3-512	conv3-512	conv3-512
conv3-512	conv3-512	conv3-512	conv3-512	conv3-512	conv3-512
			conv1-512	conv3-512	conv3-512
					conv3-512
maxpool					
FC-4096					
FC-4096					
FC-1000					
soft-max					

그림 7-14 브이지지넷 모델 구성[30]

VGG16 모델 구조

대표적 모델인 VGG16의 구조를 자세히 살펴보자. VGG16은 계층별로 특징을 추출해서 사용할 때가 많으므로 계층마다 이름이 있다. 또한 출력 크기에 따라 콘벌루션 계층을 그룹으로 묶어서 부른다. 따라서 5개의 그룹 Conv1-Conv2-Conv3-Conv4-Conv5이 완전 연결 계층으로 연결되는 구조를 이룬다.

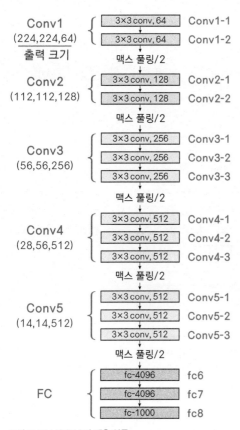

그림 7-15 VGG16과 계층 이름

그룹마다 3×3 콘벌루션을 2회 또는 3회 수행한다. 그룹이 바뀔 때는 맥스 풀링을 하므로 액티베이션 맵의 크기는 1/2이 되지만 깊이는 2배씩 늘어난다. 콘벌루션 필터 개수가 64, 128, 256, 512, 512개로 Conv5를 제외하면 2배씩 늘어나기 때문이다. 모델 구조에 이러한 규칙성이 있으므로 모델을 이해하고 다루기가 쉽다.

FC7 계층의 활용

브이지지넷은 이미지의 특징을 추출할 때 많이 사용한다. 예를 들어 스타일 변환style transfer을 할 때 브이지지넷을 이용해서 일부 계층의 특징으로 스타일을 생성한다. 특히 FC7의 특징은 이미지를 설명하는 콘텍스트 벡터로 쓰이곤 한다. FC7이 출력 직전의 계층이므로 FC7에서 이미지 표현이 가장 추상화된 상태이기 때문이다. 예를 들어 이미지 캡션을 생성할 때 이미지의 콘텍스트 벡터로 사용하거나, GAN 기반으로 이미지를 변환할 때 원래 이미지와 변환된 이미지의 유사도 측정에 사용하기도 한다.

모델 파라미터 수

브이지지넷은 초기 계층의 메모리 사용량이 많고 후반 FC 계층에 파라미터가 집중되어 있다. 전체 메모리 사용량은 96M이고 전체 파라미터 수는 138M이다.

표 7-2 브이지지넷의 계층별 출력 크기와 파라미터 수

구분 계층	계층 이름	출력 크기	액티베이션 맵	파라미터 수
	입력 이미지	224×224×3	224×224×3=150K	0
Conv1	Conv1-1	224×224×64	224×224×64=3.2M	(3×3×3)×64 = 1,728
	Conv1-2	224×224×64	224×224×64=3.2M	(3×3×64)×64 = 36,864
	MaxPool-1	112×112×64	112×112×64=800K	0
Conv2	Conv2-1	112×112×128	112×112×128=1.6M	(3×3×64)×128 = 73,728
	Conv2-2	112×112×128	112×112×128=1.6M	(3×3×128)×128 = 147,456
	MaxPool-2	56×56×128	56×56×128=400K	0
Conv3	Conv3-1	56×56×256	56×56×256=800K	(3×3×128)×256 = 294,912
	Conv3-2	56×56×256	56×56×256=800K	(3×3×256)×256 = 589,824
	Conv3-3	56×56×256	56×56×256=800K	(3×3×256)×256 = 589,824
	MaxPool-3	28×28×256	28×28×256=200K	0
Conv4	Conv4-1	28×28×512	28×28×512=400K	(3×3×256)×512 = 1,179,648
	Conv4-2	28×28×512	28×28×512=400K	(3×3×512)×512 = 2,359,296
	Conv4-3	28×28×512	28×28×512=400K	(3×3×512)×512 = 2,359,296
	MaxPool-4	14×14×512	14×14×512=100K	
Conv5	Conv5-1	14×14×512	4×14×512=100K	(3×3×512)×512 = 2,359,296
	Conv5-2	14×14×512	4×14×512=100K	(3×3×512)×512 = 2,359,296
	Conv5-3	14×14×512	4×14×512=100K	(3×3×512)×512 = 2,359,296
	MaxPool-5	7×7×512	7×7×512=25K	
FC	FC-1	4096	4096	7×7×512×4096 = 102,760,448
	FC-2	4096	4096	4096×4096 = 16,777,216
	FC-3	1000	1000	4096×1000 = 4,096,000
	출력	1000	0	
	전체		24M × 4 bytes ~= 96MB	138MB

7.5 구글넷

구글넷^{GoogLeNet}은 ILSVRC 2014 대회에서 우승을 차지한 모델로서 상위 5개 클래스 기준 오류율 6.7%를 달성했다. 구글넷이 인셉션 v4로 발전했기 때문에 구글넷을 **인셉션 v1**이라고 부르기도 한다. 구글넷은 전형적인 콘벌루션 신경망의 구조를 탈피하여 네트워크 모듈을 쌓는 방식의 **네트워크 속 네트워크** $^{\text{NIN: network in network}}$ 구조로 설계되었다. 전체 파라미터 수는 5M으로 알렉스넷보다 12배 적으면서도 깊은 신경망을 실현할 수 있는 효율적인 구조를 이룬다.

구글넷의 네트워크 모듈을 **인셉션**^{inception}이라고 부른다. 오른쪽 그림의 구글넷 구조에서 빨간색 박스로 표시된 부분이 인셉션 모듈이다.

인셉션 모듈을 확대해 보면 다음과 같이 구성된다.

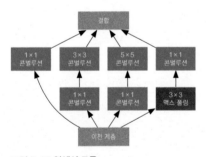

그림 7-17 **인셉션 모듈**

그림 7-16 **구글넷 구조**[13]

7.5.1 설계 사상

인셉션 모듈은 어떤 아이디어로 설계되었을까? 인셉션 모듈의 설계 사상을 이해하면 콘벌루션 신경망의 효율성이 어디에서 기인하는지 알 수 있다.

희소 성질과 조밀 성질

시스템이 희소^{sparsity} 성질을 가지면 극히 일부 구성 요소 사이에서만 상호작용이 일어나고, 반대로 조밀^{density} 성질을 가지면 대부분의 구성 요소 사이에 상호 작용이 일어난다. 생체 신경망은 연관성 있는 뉴런끼리 연결된 희소 연결 구조로 이루어진다. 인공 신경망도 완전 연결 구조보다 상관성이 있는 출력끼리 연결된 희소 연결 구조를 갖는 편이 성능이나 컴퓨팅 자원의 효율성 측면에서 바람직하다. 하지만 하드웨어의 연산 효율 측면에서 보면 조밀 성질을 갖는 구조가 희소 성질을 갖는 구조보다 훨씬 효율적이다. 예를 들어 행렬 연산할 때 0이 아닌 요소만 저장하는 희소 행렬보다는 모든 요소를 연속 메모리에 저장하는 조밀 행렬이 빠른 연산에 유리하다.

인셉션 모듈은 성능과 컴퓨팅 자원의 효율성을 높이기 위한 '희소 연결' 구조를 가지면서 동시에 하드웨어의 연산 효율을 위해 '조밀 연산'을 하도록 설계되었다. 그리고 효율적으로 설계된 인셉션 모듈을 쌓아서 만든 모델 역시 효율적일 것이라고 가정한다.

역할의 분리

인셉션 모듈은 역할을 다양하게 구성해 두고 상황에 따라 필요한 역할을 선택하도록 설계되었다. 다음 그림을 보면 인셉션 모듈은 네 가지 역할로 구성된다. 각 역할은 1×1 콘벌루션, 3×3 콘벌루션, 5×5 콘벌루션, 맥스 풀링이다. 1×1 콘벌루션은 채널 특징을 인식하며, 3×3과 5×5 콘벌루션은 서로 다른 크기의 수용 영역에서 공간 특징과 채널 특징을 통합적으로 인식한다. 또한 맥스 풀링은 가장 두드러진 특징을 인식한다.

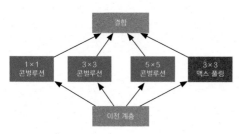

그림 7-18 기본 인셉션 모듈

희소 연결

인셉션 모듈이 어느 계층을 구성하는지에 따라 필요한 역할이 달라지며 필요 없는 역할은 연결할 필요가 없으므로 연결이 희소해진다. 예를 들어 인셉션 모듈에 정의된 네 가지 역할 중 하나만 필요한 계층에서는 필요 없는 나머지 세 종류의 역할은 연결할 필요가 없다.

조밀 연산

인셉션 모듈은 하드웨어 연산 효율을 높이기 위해 모든 역할의 결과를 합쳐서 조밀 연산을 한다. 희소 연산을 한다면 필요한 역할에 대한 연산만 수행하면 되지만, 인셉션 모듈은 모든 역할의 결과를 합쳐서 조밀 연산을 함으로써 연산 효율을 높이는 방식을 택했다.

7.5.2 인셉션 모듈

기본 인셉션 모듈

다음 그림은 역할 분리, 희소 연결, 조밀 연산이라는 인셉션 모듈의 설계 사상에 따라 정의된 **기본 인셉션 모듈**^{naïve inception module}이다. 기본 인셉션 모듈은 좋은 설계 사상을 가졌지만 한 가지 문제점이 있다.

예를 들어 다음 그림과 같이 인셉션 모듈의 입력 크기가 $28 \times 28 \times 256$이고 1×1 콘벌루션 필터는 128개, 3×3 콘벌루션 필터는 192개, 5×5 콘벌루션 필터는 96개라고 하자. 1×1 콘벌루션, 3×3 콘벌루션, 5×5 콘벌루션, 맥스 풀링 연산을 실행해서 출력을 계산해 보면 출력의 채널 수는 128 + 192 + 92 + 256로 총 672개가 된다. 입력이 256채널인데 출력이 672채널이 되었으니 채널 수가 2.5배가량 증가한 것이다.

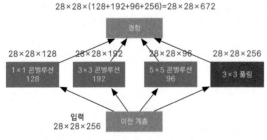

그림 7-19 기본 인셉션 모듈의 채널 증가

기본 인셉션 모듈은 데이터의 채널 수가 과도하게 증가하는 문제가 있다. 구조적으로 맥스 풀링은 입력과 출력의 채널 수가 같으므로 다른 콘벌루션 결과를 합치면 채널 수가 증가할 수밖에 없다. 채널 수가 증가하면 그에 비례하여 연산량도 증가한다. 앞의 예시로 콘벌루션 연산 횟수를 계산해 보면 총 854M 연산이 필요하다.

$$콘벌루션\ 연산\ 횟수 = [28 \times 28 \times 256] \times ([1 \times 1] \times 128 + [3 \times 3] \times 192 + [5 \times 5] \times 96) = 854M$$

개선된 인셉션 모듈

기본 인셉션 모듈의 문제를 해결하기 위해 개선된 인셉션 모듈은 **병목 계층**^{bottleneck layer}을 두어 채널 수와 연산량을 대폭 줄였다. 병목 계층은 1×1 콘벌루션으로 채널의 차원을 축소하는 계층이다. 병목 계층을 갖는 개선된 인셉션 모듈의 모습은 다음 그림과 같다. 콘벌루션은 연산 전에 병목 계층을 두어 채널 수를 줄이고, 반대로 맥스 풀링은 연산 후에 병목 계층을 두어 차원을 줄인다.

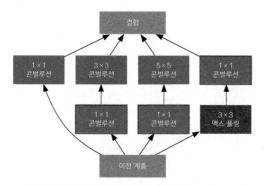

그림 7-20 병목 계층을 갖는 개선된 인셉션 모듈

병목 계층을 적용하면 연산량은 얼마나 줄어들까? 앞의 예시로 콘벌루션 연산 횟수를 계산해 보면 총 358M가 된다. 기본 인셉션 모듈의 연산량과 비교했을 때 개선된 인셉션 모듈의 연산량은 854M에서 358M로 절반 이하로 줄어들었다.

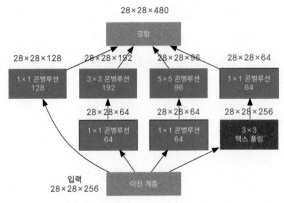

그림 7-21 개선된 인셉션 모듈의 채널 수 계산

콘벌루션 연산 횟수 $= [28 \times 28 \times 256] \times ([1 \times 1] \times 128 + [1 \times 1] \times 64 + [1 \times 1] \times 64)$
$$+ [28 \times 28 \times 64] \times ([3 \times 3] \times 192 + [5 \times 5] \times 96) + [28 \times 28 \times 256] \times ([1 \times 1] \times 64)$$
$$= 358\text{M}$$

7.5.3 모델 구조

구글넷 구조는 스템^{stem}, 몸체^{body}, 최종 분류기$^{final\ classifier}$, 보조 분류기$^{auxiliary\ classifier}$로 나뉘며 22계층으로 구성된다. 인셉션 모듈을 2계층으로 계산하면 9개 인셉션 모듈은 18계층이 되고, 콘벌루션 3계층과 FC 1계층을 더하면 총 22계층이 된다. 22계층에는 파라미터를 갖는 계층만 포함되고 풀링 계층은 제외된다.

- **스템^{stem}**: 신경망 도입부로서 콘벌루션과 풀링으로 구성된다. 신경망 도입부에는 인셉션 모듈의 효과가 없어서 일반적인 구조로 구성한다(Conv-Pool-Conv-Conv-Pool).

- **몸체^{body}**: 인셉션 모듈을 9개 쌓은 구조이다. 1, 3, 8번째 인셉션 모듈 전에 맥스 풀링을 두어 액티베이션 맵의 크기를 줄인다.

- **최종 분류기$^{final\ classifier}$**: 완전 연결 계층 대신 평균 풀링을 사용해서 파라미터 수를 대폭 줄였다(AvgPool-FC-Softmax).

- **보조 분류기$^{auxiliary\ classifiers}$**: 2개의 보조 분류기를 사용한다. 하위 계층에 그레이디언트를 원활히 공급하는 역할과 모델 정규화 역할을 한다. 다만 훈련 용도로만 사용하고 테스트할 때는 사용하지 않는다(AvgPool-1×1Conv-FC-FC-Softmax).

▶ Conv는 콘벌루션 계층을, Pool은 풀링 계층을, FC는 완전 연결 계층을, AvgPool은 평균 풀링 계층을, 1×1Conv은 1×1 콘벌루션 계층을, Softmax는 출력 계층의 소프트맥스 함수를 의미한다.

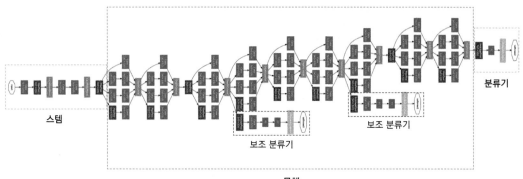

그림 7-22 구글넷 스템, 몸체, 분류기

구글넷 구조의 세부 사항은 다음 표와 같다. 표에서 행은 계층과 인셉션 모듈을 구분한다. 9개의 인셉션 모듈은 인셉션(3a)부터 인셉션(5b)까지 표시되어 있다.

type	필터 크기/ 스트라이드	출력 크기	깊이	1×1 필터수	3×3 병목계층 필터수	3×3 필터수	5×5 병목계층 필터수	5×5 필터수	맥스 풀링 병목계층 필터수	파라미터 수	연산 횟수
콘벌루션	7×7/2	112×112×64	1							2.7k	34M
맥스 풀링	3×3/2	56×56×64	0								
콘벌루션	3×3/1	56×56×192	2		64	192				112k	360M
맥스 풀링	3×3/2	28×28×192	0								
인셉션(3a)		28×28×256	2	64	96	128	16	32	32	159k	128M
인셉션(3b)		28×28×480	2	128	128	192	32	96	64	380k	304M
맥스 풀링	3×3/2	14×14×480	0								
인셉션(4a)		14×14×512	2	192	96	208	16	48	64	364k	73M
인셉션(4b)		14×14×512	2	160	112	224	24	64	64	437k	88M
인셉션(4c)		14×14×512	2	128	128	256	24	64	64	463k	100M
인셉션(4d)		14×14×528	2	112	144	288	32	64	64	580k	119M
인셉션(4e)		14×14×832	2	256	160	320	32	128	128	840k	170M
맥스 풀링	3×3/2	7×7×832	0								
인셉션(5a)		7×7×832	2	256	160	320	32	128	128	1072k	54M
인셉션(5b)		7×7×1024	2	384	192	384	48	128	128	1388k	71M
평균 풀링	7×7/1	1×1×1024	0								
드롭 아웃(40%)		1×1×1024	0								
완전 연결		1×1×1000	1							1000k	1M
소프트맥스		1×1×1000	0								

그림 7-23 구글넷 구조 세부사항[13]

7.6 레즈넷

레즈넷^{ResNet}은 2015년 ILSVRC 대회와 COCO 대회의 분류 및 탐지 모든 부문에서 우승을 차지한 모델이다. 2위와 현격한 성능 차이를 보이며 우승했으며, ILSVRC 분류 부분에서 상위 5개 클래스 기준 오류율 3.57%를 달성하여 처음으로 인간의 평균 인지 능력인 5.1% 오류율을 추월했다. 레즈넷도 구글넷과 마찬가지로 네트워크 모듈을 여러 계층으로 쌓는 '네트워크 속 네트워크(NIN)' 구조로 설계되었다.

레즈넷은 152계층의 매우 깊은 신경망이다. ILSVRC 대회에서 2014년에 우승한 구글넷의 22계층과 비교했을 때, 신경망이 152계층의 깊이를 갖는다는 것은 딥러닝의 역사를 바꾸는 혁신적인 결과였다. 레즈넷이 이처럼 깊은 신경망을 구성할 수 있었던 비결은 **잔차 연결**$^{residual\ connection}$을 가지는 구조 때문이다. 레즈넷 Cifar-10 모델은 성능 손실 없이 1202계층까지 구성된다.

레즈넷의 네트워크 모듈을 **레즈 블록**$^{residual\ block}$이라고 한다. 다음 레즈넷 구조에서 빨간 박스로 표시된 부분이 레즈 블록이다.

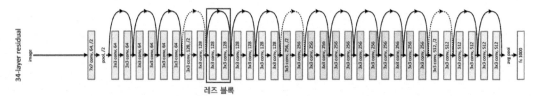

그림 7-24 레즈넷 구조[29]

레즈 블록을 확대해 보면 그 구성은 다음과 같다.

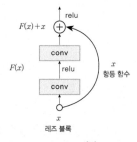

그림 7-25 레즈 블록[29]

7.6.1 설계 사상

학습을 통해 좋은 성능을 갖게 된 20계층 신경망 모델이 있다고 가정해 보자. 이 모델에 계층을 추가해서 56계층 모델로 만들면 성능이 더 좋아질까? 실험해 보면 56계층 모델의 경우 훈련과 테스트 오류가 모두 오히려 커지는 현상이 생긴다.

실제로 다음 실험 결과를 보면 56계층 모델이 20계층 모델보다 전반적으로 높은 오류 곡선을 그리고 있음을 알 수 있다. 그러나 56계층 모델의 테스트 오류가 훈련이 진행될수록 감소하고 있기 때문에 과적합을 원인으로 보기는 어렵다. 따라서 신경망이 깊어지면서 그레이디언트 소실이 발생했다고 보는 편이 더 합리적일 것이다.

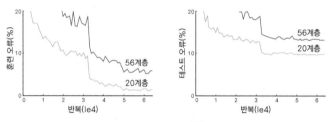

그림 7-26 깊은 신경망의 그레이디언트 소실 문제[29]

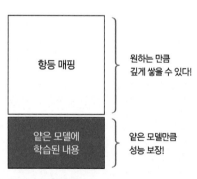

그림 7-27 항등 매핑

모델을 깊게 하더라도 최소한 얕은 모델 이상의 성능이 나오게 할 수는 없을까? 이를 구현하는 간단한 방법이 있다. 다음 그림과 같이 얕은 모델을 낮은 계층에 복사하고 그 위에 **항등 매핑**identity mapping 계층을 쌓는다면 최소한 얕은 모델만큼은 성능을 보장할 수 있을 것이다. 항등 매핑 계층은 입력을 그대로 출력하고 그레이디언트도 그대로 전달하기 때문에 성능을 떨어뜨리지 않는다.

이 구조에서 한 단계 더 나아가 학습이 필요하면 입/출력 매핑을 학습하고, 학습이 필요 없으면 입력을 그대로 통과하게 해보자. 학습 여부에 따라 두 개의 경로를 만들어서 한쪽 경로는 학습하는 경로로 삼고 다른 쪽 경로는 항등 매핑 경로로 삼으면 될 것이다.

7.6.2 레즈 블록

이런 설계 사상으로 만들어진 것이 바로 **레즈 블록**이다. 다음 그림은 레즈 블록의 모습으로, 콘벌루션 계층이 포함된 학습 경로와 항등 함수로 정의된 항등 매핑 경로로 구성된다. 입력 데이터는 두 경로를 따라 실행되며 실행 결과는 더해져 출력 데이터가 된다. 레즈 블록의 항등 매핑을 **잔차 연결**이라고 부른다. 전차 연결은 학습이 필요 없을 때 입력을 그대로 전달하는 역할을 하면서 동시에 그레이디언트가 잘 흐를 수 있는 지름길 역할도 한다.

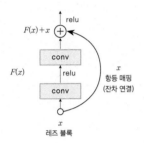

그림 7-28 레즈 블록

레즈 블록의 학습 내용

레즈 블록은 어떤 내용을 학습할까? 다음 그림에서 왼쪽의 일반적인 콘벌루션 계층 구조에서는 x를 입력하면 $H(x)$를 출력하는 매핑을 학습한다. 반면 오른쪽의 레즈 블록은 x를 입력하면 항등 매핑 경로에서는 x를 출력하고 학습 경로에서는 $F(x)$를 출력하므로, 레즈 블록은 두 경로의 출력을 더한 $H(x) = F(x) + x$를 출력한다. 따라서 학습 경로에서는 모듈의 입력과 출력의 차이인 잔차 $F(x) = H(x) - x$를 학습한다. 학습 경로에서 잔차를 학습하기 때문에 학습 경로를 **잔차 경로**residual path라고 부른다.

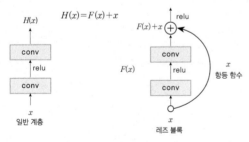

그림 7-29 일반 블록 vs. 레즈 블록의 학습 내용

이제 신경망을 깊이 쌓을 수 있는 네트워크 모듈이 완성되었다!

레즈넷의 앙상블 효과

레즈 블록에는 두 가지 경로가 있으므로 블록을 깊게 쌓을수록 입력에서 출력까지 갈 수 있는 경로가 다양해진다. 레즈 블록을 n개 쌓으면 2^n개의 경로가 생긴다. 모델을 실행할 때마다 매번 입력 데이터가 다른 경로로 갈 수 있으므로 마치 여러 모델을 실행하는 것과 같은 앙상블 효과가 있다.

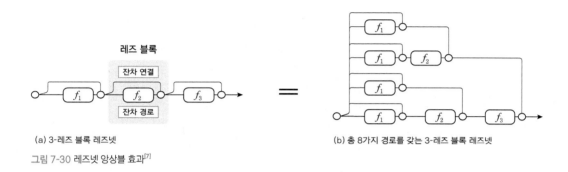

(a) 3-레즈 블록 레즈넷

(b) 총 8가지 경로를 갖는 3-레즈 블록 레즈넷

그림 7-30 레즈넷 앙상블 효과[7]

7.6.3 모델 구조

레즈넷 구조는 스템, 몸체, 분류기로 나뉘며 18계층부터 34계층, 50계층, 101계층, 152계층까지 다섯 가지 모델로 구성된다.

- **스템**: 신경망 도입부로 7×7 콘벌루션 계층으로 구성된다.

- **몸체**: 레즈 블록을 쌓은 부분으로 모델 구성에 따라 쌓는 규칙이 달라진다.

- **분류기**: FC 계층을 제거하고 **전역 평균 풀링**global average pooling을 사용해서 파라미터 수를 대폭 줄였다. FC 계층은 클래스 출력을 위한 FC 1000계층만 있다(GlobalAvgPool-FC-Softmax).

▶ GlobalAvgPool는 전역 평균 풀링 계층을, FC는 완전 연결 계층을, Softmax는 출력 계층의 소프트맥스 함수를 의미한다.

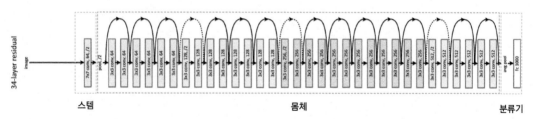

스템   몸체   분류기

그림 7-31 레즈넷 구조[29]

모델 세부 구성

모델 구성별로 레즈 블록을 쌓는 방식이 다르다. 출력 크기에 따라 conv1, conv2_x, conv3_x, conv4_x, conv5_x로 계층 그룹을 나누고 그룹별로 레즈 블록을 여러 번 반복한다. 그룹이 바뀔 때는 스트라이드 2 콘벌루션으로 크기는 반으로 줄이고 깊이는 2배 늘린다.

계층 이름	출력 크기	18계층	34계층	50계층	101계층	152계층
conv1	112×112	7×7, 64, stride 2				
conv2_x	56×56	3×3 max pool, stride 2				
		$\begin{bmatrix} 3×3, 64 \\ 3×3, 64 \end{bmatrix}$×2	$\begin{bmatrix} 3×3, 64 \\ 3×3, 64 \end{bmatrix}$×3	$\begin{bmatrix} 1×1, 64 \\ 3×3, 64 \\ 1×1, 256 \end{bmatrix}$×3	$\begin{bmatrix} 1×1, 64 \\ 3×3, 64 \\ 1×1, 256 \end{bmatrix}$×3	$\begin{bmatrix} 1×1, 64 \\ 3×3, 64 \\ 1×1, 256 \end{bmatrix}$×3
conv3_x	28×28	$\begin{bmatrix} 3×3, 128 \\ 3×3, 128 \end{bmatrix}$×2	$\begin{bmatrix} 3×3, 128 \\ 3×3, 128 \end{bmatrix}$×4	$\begin{bmatrix} 1×1, 128 \\ 3×3, 128 \\ 1×1, 512 \end{bmatrix}$×4	$\begin{bmatrix} 1×1, 128 \\ 3×3, 128 \\ 1×1, 512 \end{bmatrix}$×4	$\begin{bmatrix} 1×1, 128 \\ 3×3, 128 \\ 1×1, 512 \end{bmatrix}$×8
conv4_x	14×14	$\begin{bmatrix} 3×3, 256 \\ 3×3, 256 \end{bmatrix}$×2	$\begin{bmatrix} 3×3, 256 \\ 3×3, 256 \end{bmatrix}$×6	$\begin{bmatrix} 1×1, 256 \\ 3×3, 256 \\ 1×1, 1024 \end{bmatrix}$×6	$\begin{bmatrix} 1×1, 256 \\ 3×3, 256 \\ 1×1, 1024 \end{bmatrix}$×23	$\begin{bmatrix} 1×1, 256 \\ 3×3, 256 \\ 1×1, 1024 \end{bmatrix}$×36
conv5_x	7×7	$\begin{bmatrix} 3×3, 512 \\ 3×3, 512 \end{bmatrix}$×2	$\begin{bmatrix} 3×3, 512 \\ 3×3, 512 \end{bmatrix}$×3	$\begin{bmatrix} 1×1, 512 \\ 3×3, 512 \\ 1×1, 2048 \end{bmatrix}$×3	$\begin{bmatrix} 1×1, 512 \\ 3×3, 512 \\ 1×1, 2048 \end{bmatrix}$×3	$\begin{bmatrix} 1×1, 512 \\ 3×3, 512 \\ 1×1, 2048 \end{bmatrix}$×3
	1×1	average pool, 1000-d fc, softmax				
FLOPs		$1.8×10^9$	$3.6×10^9$	$3.8×10^9$	$7.6×10^9$	$11.3×10^9$

그림 7-32 레즈넷 세부 구성[29]

병목 계층이 추가된 레즈 블록

50계층 이상인 경우 계산 효율을 위해 병목 계층을 추가한 레즈 블록을 사용한다. 다음 그림은 병목 계층이 추가된 레즈 블록으로서 3×3 콘벌루션 전후로 1×1 콘벌루션이 있다. 입력 채널이 256개라면 1×1 콘벌루션으로 채널을 64개로 줄여서 3×3 콘벌루션 연산을 한 뒤에 1×1 콘벌루션으로 채널을 256개로 복구한다.

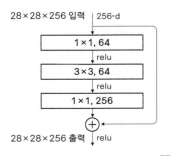

그림 7-33 병목 계층이 추가된 레즈 블록[29]

전역 평균 풀링

전역 평균 풀링은 채널별로 평균을 구해서 1차원 벡터로 차원을 축소하는 방법이다. 따라서 축소된 1차원 벡터의 크기는 채널 수와 같다.

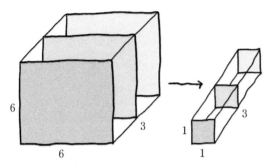

그림 7-34 전역 평균 풀링

7.6.4 훈련 방식

레즈넷은 배치 정규화를 기본 정규화 기법으로 사용하며, 콘벌루션 연산 뒤에는 항상 배치 정규화를 실행한다. 레즈넷을 이미지넷으로 훈련할 때는 정규화 기법으로 L_2 가중치 감소($\lambda=1e-5$)와 데이터 확장을 사용했다. 활성 함수로 ReLU를 사용하기 때문에 He 초기화를 하며, 최적화 알고리즘은 SGD 모멘텀($\rho=0.9$)을 사용하고 배치 크기는 256으로 훈련했다. 학습률은 $1e-1$로 시작해서 검증 오류가 감소하지 않을 때 학습률 감소를 실행했다.

퀴즈로 정리해 보세요.

01. 레□□□□□ 은 2015년 ILSVRC 대회와 COCO 대회의 분류 및 탐지 모든 부문에서 2위와 현격한 성능 차이를 보이며 우승을 차지한 모델이다. ILSVRC 분류 부분에서 상위 5개 클래스 기준 오류율 3.57%를 달성하여 인간의 평균 인지 능력인 5.1% 오류율을 추월했다.

02. 레즈넷은 구글넷과 마찬가지로 레즈 블록을 여러 계층으로 쌓는 네□□□□□□□□□□ 구조이며 152 계층 의 매우 깊은 신경망을 구성한다.

정답: 01. 레즈넷 02. 네트워크 속 네트워크

7.7 콘벌루션 신경망 비교

콘벌루션 신경망을 모델의 크기, 정확도, 연산량으로 비교해 보면 각 모델의 특성을 파악할 수 있다. 다음 그래프는 주요 모델을 비교한 그래프로 가로축은 연산량을, 세로축은 정확도를, 원의 크기는 모델의 크기를 나타낸다.

모델별 정확도, 연산량, 크기 비교

알렉스넷은 초기 모델인 만큼 모델은 크고 연산량과 정확도는 낮은 편이다. 브이지지넷은 모델이 크고 연산량도 가장 많지만 구조가 단순하다는 장점이 있다. 구글넷은 모델도 작고 연산량도 적은 효율적인 모델이다. 레즈넷은 모델 크기와 연산량은 중간 정도지만 정확도가 매우 높다. 구글넷이 발전된 모델인 인셉션v4는 레즈넷보다 모델 크기와 연산량이 조금 커졌고 정확도도 높아졌다.

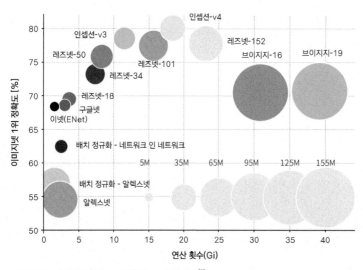

그림 7-35 모델별 정확도 vs. 연산량 vs. 모델 크기[6]

모델 정확도와 파라미터 수 비교

다음 그래프는 모델을 세 가지 유형으로 분류해서 개별 모델의 정확도 대비 파라미터 수를 보여준다. 가장 아래쪽 그래프는 사람이 직접 설계한 모델 유형이고, 중간 그래프는 네트워크 구조 검색(NAS)으로 찾은 모델 유형이며, 가장 위쪽 그래프는 NAS로 찾은 기본 모델을 깊이, 폭, 입력 해상도에 대해 동시에 스케일링한 최적 모델 유형에 관한 그래프이다.

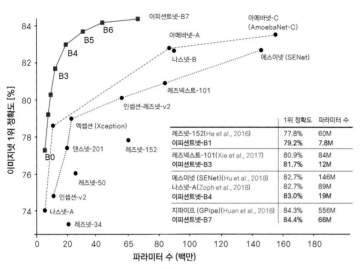

그림 7-36 모델 별 정확도 vs. 파라미터 수[38]

이 그래프를 보면 사람이 경험적으로 설계한 모델보다 NAS로 찾은 모델이 더 우수한 성능을 보이는 걸 알 수 있다. 또한 NAS로 새롭게 찾은 모델보다 NAS로 찾은 모델을 최적의 방식으로 스케일링한 모델이 더 좋은 성능을 보인다. 모델을 잘 설계해서 성능을 높이는 방식에는 한계가 있고, 모델 스케일링을 최적화해서 성능을 높여야 한다는 것도 보여준다. 실제로 **이피션트넷**^{EfficientNet}은 세 번째 유형의 모델로 2019년 기준으로 최고의 성능을 보여주었다.

1분 퀴즈

퀴즈로 정리해 보세요.

01. 알 은 초기 모델인 만큼 모델은 크지만 연산량과 정확도는 낮다. 브 은 모델이 크고 연산량도 가장 많지만 구조가 단순하다는 장점이 있다.

02. 구 은 모델도 작고 연산량도 적은 효율적인 모델이다. 레 은 모델 크기와 연산량은 중간 정도지만 정확도가 높다.

정답: 01. 알렉스넷, 브이지지넷 02. 구글넷, 레즈넷

7.8 다양한 모델의 등장

구글넷과 레즈넷이 제안되면서 인셉션 모듈의 역할별 **분리-변환-통합**split-transform-merge 전략과 레즈 블록의 잔차 학습을 위한 **잔차 연결**, 네트워크 모듈을 쌓아서 만드는 **네트워크 속 네트워크(NIN)** 구성 방식, 파라미터와 연산량 감소를 위한 **병목 계층과 FC 계층** 제거 등의 설계 방식은 신경망 설계에 중요한 지침이 되었다. 다양한 모델이 이와 같은 설계 지침을 응용하거나 보완해서 성능을 개선했다. 그렇다면 실제로 어떤 모델들로 개선되어 왔는지 살펴보자.

7.8.1 레즈넷 개선 모델

레즈 블록의 연산 순서와 항등 매핑 개선

레즈 블록의 연산 순서를 살펴보면 학습 경로에서는 Conv-BN-ReLU-Conv-BN이 실행되고 두 경로가 더해지면서 Sum-ReLU가 실행된다. 레즈 블록에서 ReLU는 2번 실행되는데 첫 번째 ReLU는 학습 경로에서 실행되고 두 번째 ReLU는 두 경로가 더해진 이후에 실행된다.

▶ CONV는 콘벌루션 계층을, BN은 배치 정규화 계층을, Sum은 더하기 연산을 말한다.

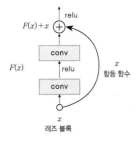

그림 7-37 레즈 블록

레즈 블록의 이러한 연산 순서는 어떤 근거로 정해졌을까? 레즈 블록은 두 경로에 대한 설계 사상을 바탕으로 전통적인 뉴런의 실행 순서인 **가중 합산 후 활성화**post-activation 순서로 설계되었다. 레즈넷을 발표한 이후 레즈넷의 발명자인 **카밍 헤**Kaiming He는 레즈 블록이 과연 최적의 구조로 되어 있는가에 대한 의문을 품고 추가 실험을 진행했다. 콘벌루션, 배치 정규화, ReLU를 다양한 순서로 조합해서 실험한 결과, 잔차 경로의 연산 순서가 BN-ReLU-Conv-BN-ReLU-Conv일 때 정보를 가장 잘 전달한다는 것을 확인했다. 즉, 배치 정규화와 ReLU를 실행한 후에 콘벌루션 연산을 하는 것이 더 좋은 성능을 얻을 수 있다는 의미이다. 이 순서는 **활성화 후 가중 합산**[pre-activation] 순서를 따르기 때문에 전통적인 뉴런의 실행 순서인 가중 합산 후 활성화가 반드시 최적의 성능을 보장하는 것은 아님을 시사한다.

또한 항등 매핑 경로상에 정보 변경이 발생하면 정확히 항등 매핑이 되지 않는다. 그래서 두 경로가 합쳐진 이후에 있던 ReLU를 학습 경로로 옮겨 다음과 같은 형태의 레즈 블록으로 개선한 결과 레즈넷보다 더 나은 성능을 보였다.

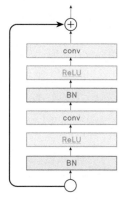

그림 7-38 레즈넷 항등 매핑 개선[28]

와이드 레즈넷

와이드 레즈넷[Wide Residual Networks]은 신경망을 깊게만 설계하면 최적화가 어렵고 성능 향상에 한계가 있으므로, 신경망의 너비를 늘리는 구조로 설계하자는 사상에 기반을 두고 만들어진 모델이다. 레즈 블록이 병렬 처리될 수 있도록 넓은 레즈 블록으로 확장해서 계산 효율을 높였다. 여기서 넓다는 의미는 레즈 블록이 콘벌루션 필터를 F개 사용할 때 k배 넓은 F ×k개 필터를 사용한다는 의미이다. 필터 개수가 k배 늘어나면 액티베이션 맵의 채널 수도 k배 늘어나고 뉴런 수도 k배 늘어나므로 더 넓은 신경망이 된다. 넓은 레즈 블록을 사용함으로써 152계층 레즈넷보다 50계층 와이드 레즈넷의 성능이 더 좋다는 것을 실험적으로 증명했다.

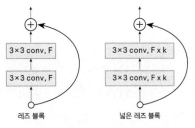

레즈 블록   넓은 레즈 블록

그림 7-39 레즈 블록 vs. 넓은 레즈 블록[46]

▶ 콘벌루션 신경망의 폭^{width}은 뉴런 수보다 채널 수로 표현한다. 이미지가 고차원이기 때문에 뉴런보다 큰 단위인 채널로 표현한 것이다. 따라서 콘벌루션 신경망이 넓다는 말은 곧 채널 수가 많다는 의미다.

레즈넥스트

레즈넥스트^{ResNeXt}는 레즈 블록의 잔차 경로를 여러 개로 분리해서 병렬 실행하는 모델이다. 인셉션 모듈과 같이 분리-변환-통합 전략을 적용함과 동시에 브이지지넷이나 레즈넷과 같이 동일한 블록을 반복함으로써 하이퍼파라미터 수를 줄이는 방식으로 넓은 신경망 구조를 갖도록 설계되었다. 레즈넥스트에서는 같은 변환을 몇 번 하는지 **기수**^{cardinality}로 정의하고 신경망을 스케일링할 때 깊이, 넓이보다 더 많은 영향을 미치는 제3의 요소로 기수가 존재한다는 것을 보여주었다.

다음 그림은 레즈 블록과 레즈넥스트 블록을 보여준다. 블록 안의 숫자는 '입력 채널 수, 필터 크기, 출력 채널 수'를 나타내며 기수는 32이다.

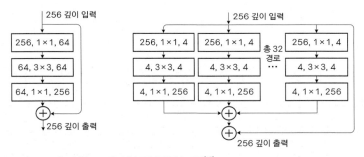

그림 7-40 레즈 블록 vs. 레즈넥스트 블록(기수=32)[43]

레즈넥스트 연산은 사실 그룹 콘벌루션과 동일하다. 다음 그림은 세 가지 구성이 동치임을 보여준다. (a)는 레즈넥스트 블록이고 (b)는 1×1 콘벌루션과 3×3 콘벌루션 뒤에 결합하여 1×1 콘벌루션을 하는 방식이며 (c)는 그룹 콘벌루션이다.

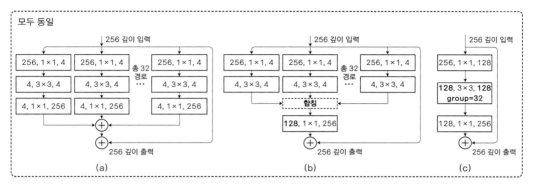

그림 7-41 레즈넥스트의 연산과 동일한 그룹 콘벌루션 연산[43]

깊이가 확률적으로 변하는 신경망

깊이가 확률적으로 변하는 신경망deep networks with stochastic depth은 훈련하는 동안 네트워크를 짧게 만들어서 그레이디언트 소실을 줄여보자는 아이디어로 만들어졌다. 훈련할 때는 부분 경로를 드롭아웃하고 테스트할 때는 전체 경로를 사용한다. 드롭아웃된 계층은 항등 매핑 경로를 통해 데이터를 그대로 통과시킨다.

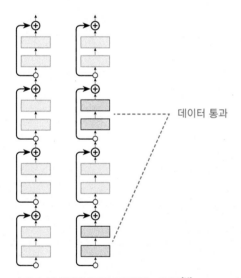

데이터 통과

그림 7-42 깊이가 확률적으로 변하는 신경망[16]

7.8.2 레즈넷을 넘어선 모델

프랙탈넷

프랙탈넷[FractalNet]은 잔차 구조보다는 얕은 네트워크에서 깊은 네트워크로의 효율적인 전환이 성능에 더 중요하다는 설계 사상으로 만들어진 모델이다. 얕은 경로와 깊은 경로를 모두 갖는 구조를 가지며 훈련할 때는 부분 경로를 드롭아웃하고 테스트할 때는 전체 경로를 사용한다.

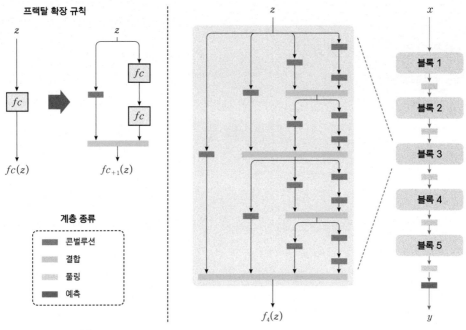

그림 7-43 프랙탈넷[19]

댄스넷

댄스넷[DenseNet]은 댄스 블록[dense block]으로 구성된 모델이다. 댄스 블록은 모든 계층이 이전의 모든 계층과 연결된 구조로 이루어진다. 즉, 각 계층은 이전의 모든 계층으로부터 출력을 전달받고 자신의 출력은 이후의 모든 계층에 전달한다. 이렇게 모든 계층이 연결되면 하위 수준의 특징이 직접 전파되어 재사용될 수 있고 그레이디언트 소실 문제도 사라진다. 또한 연결을 합치는 방식도 레즈 블록과 다르다. 레즈 블록은 두 경로의 출력을 더하는[sum] 반면 댄스 블록은 이전 계층의 출력을 채널 방향으로 합침[concatenate]으로써 정보를 원래대로 보존한다.

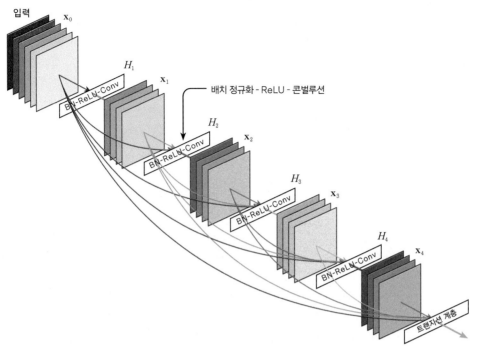

그림 7-44 5계층으로 이뤄진 댄스 블록[17]

모델은 댄스 블록을 쌓는 구조로 이루어지며 댄스 블록 사이에서 콘벌루션과 풀링으로 이미지 크기를 줄여나간다.

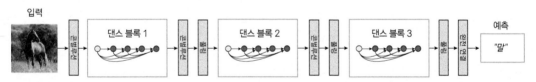

그림 7-45 댄스넷 구조[17]

나스넷

나스넷[NASNet]은 구글의 AutoML로 찾은 신경망 모델로, 댄스넷과 유사하게 하위 계층이 대부분의 상위 계층과 연결된 구조를 가진다. 하지만 모든 계층이 100% 연결되지는 않는다. 눈에 띄는 특징은 첫 번째 계층이 거의 모든 계층과 연결된다는 점이다. 이는 하위 계층의 특징을 전파하는 것이 성능에 매우 큰 영향을 끼친다는 점을 시사한다. 나스넷은 댄스넷보다 5% 이상 성능이 향상했다.

▶ AutoML은 구글이 제안한 NAS[network architecture search] 솔루션 이름이다.

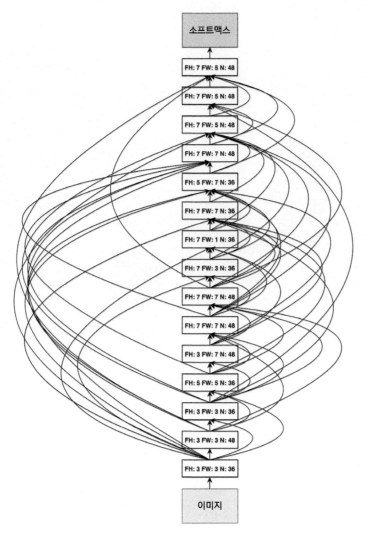

그림 7-46 나스넷 cifar10 모델[10]

7.8.3 인셉션 개선 모델

2014년에 나온 구글넷은 **인셉션 v4**Inception v4로 발전했다. 인셉션 v4에서는 콘벌루션 필터를 인수분해해서 연산량이 최소화되도록 인셉션 모듈을 재설계했다. 그리고 계층별로 다른 타입의 모듈을 사용해서 전체 신경망을 구성했다. 콘벌루션 필터를 인수분해하는 방법은 두가지로, 다음 그림과 같이 5×5 필터에서 3×3 필터를 2계층으로 쌓는 방법과 N×N 필터를 1×N, N×1 필터로 분해하는 방법을 사용했다.

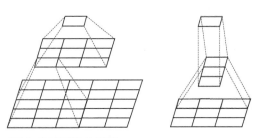

그림 7-47 콘벌루션 인수분해

네트워크 모듈은 **인셉션 모듈**inception module A, B, C와 **리덕션 모듈**reduction module A, B로 나뉘는데 인셉션 모듈의 데이터 크기에는 변화가 없으며 리덕션 모듈은 데이터 크기가 줄어든다. 다음과 같은 순서로 모듈을 쌓아서 전체 네트워크를 구성한다.

소프트맥스	출력: 1000
드롭아웃 (80% 유지)	출력: 1536
평균 풀링	출력: 1536
3×인셉션-C	출력: 8×8×1536
리덕션-B	출력: 8×8×1536
7×인셉션-B	출력: 17×17×1024
리덕션-A	출력: 17×17×1024
4×인셉션-A	출력: 35×35×384
스템	출력: 35×35×384
입력 (299×299×3)	299×299×3

그림 7-48 인셉션 v4 구조[12]

인셉션 모듈

인셉션 모듈 A, B, C는 35×35, 17×17, 8×8 액티베이션 맵의 크기별로 모듈을 만든 것이다. 다음 그림을 보면 빨간색 박스 부분이 인수분해한 콘벌루션 필터를 적용한 부분이다. 인셉션 A는 5×5 필터에서 3×3 필터를 2계층으로 쌓는 모습으로 인수분해했다. 인셉션 B는 7×7 필터를 1×7과 7×1 필터로 인수분해했으며 인셉션 C는 3×3 필터를 1×3과 3×1로 인수분해했다.

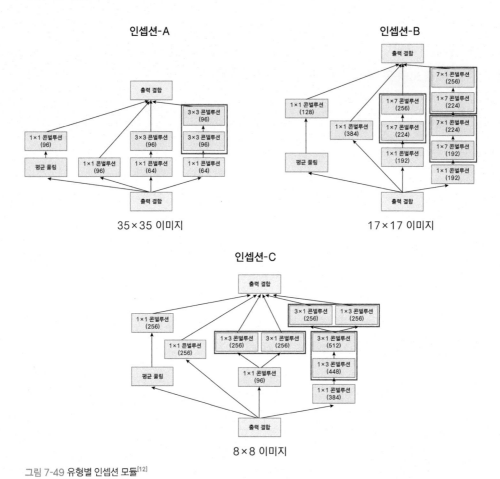

그림 7-49 유형별 인셉션 모듈[12]

리덕션 모듈

리덕션 모듈 A는 35×35 이미지를 17×17 이미지로 변환할 때, 리덕션 모듈 B는 17×17 이미지를 8×8 이미지로 변환할 때 사용한다. 리덕션 모듈은 맥스 풀링과 콘벌루션을 병렬로 처리하며 스트라이드 2를 사용해서 서브샘플링을 수행한다.

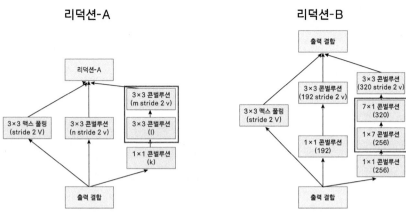

리덕션-A

35×35에서 17×17로 변환

리덕션-B

17×17에서 8×8로 변환

stride: 스트라이드

V: 입력과 출력 크기가 같도록 패딩 (same padding)

k, l, m, n은 표의 필터 개수 (인셉션-v4는 k=192, l=224, m=256, n=382)

네트워크	k	l	m	n
인셉션-v4	192	224	256	384
인셉션-레즈넷-v1	192	192	256	384
인셉션-레즈넷-v2	256	256	384	384

그림 7-50 유형별 리덕션 모듈[12]

인센션 모델에 잔차 연결을 추가한 인셉션-레즈넷

인셉션 모델에도 잔차 연결을 추가하면 성능이 좋아질까? **인셉션-레즈넷 v1**Inception-ResNet v1
은 인셉션과 함께 제안된 모델로, 인셉션 모듈에 잔차 연결을 추가한 모델이다. 이미지 크기
에 따라 인셉션-레즈넷 A, B, C가 있다. 각 모듈에는 잔차 연결과 함께 간소화된 인셉션 연
산의 분기가 있으며, 분기를 합치기 전에 차원을 맞추기 위해 1×1 콘벌루션이 사용되었다.
인셉션에 잔차 연결을 추가한 결과 성능은 크게 개선되지 않았지만, 수렴 속도가 향상하는
것을 확인했다.

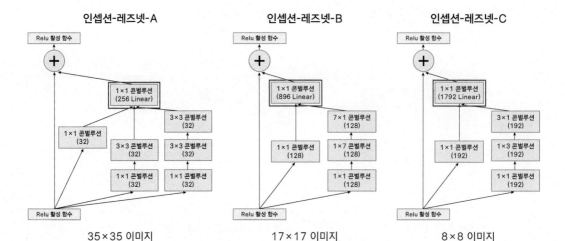

인셉션-레즈넷-A   인셉션-레즈넷-B   인셉션-레즈넷-C

35×35 이미지   17×17 이미지   8×8 이미지

Linear: 선형 활성 함수

그림 7-51 인셉션-레즈넷 모듈[12]

퀴즈로 정리해 보세요.

01. 인⬜⬜⬜⬜⬜의 역할별 분리-변환-통합 전략과 레⬜⬜⬜⬜⬜의 잔차 학습을 위한 잔차 연결, 네트워크 모듈을 쌓아서 만드는 네트워크 속 네트워크^{NIN} 구성 방식, 파라미터와 연산량 감소를 위한 병목 계층과 FC 계층 제거 등의 설계 방식은 신경망 설계에 중요한 지침이 되었다.

02. 와⬜⬜⬜⬜⬜은 레즈 블록이 병렬 처리될 수 있도록 넓은 레즈 블록으로 확장해서 계산 효율을 높였다. 필터 개수가 k배 늘어나면 액티베이션 맵의 채널 수도 k배 늘어나고 뉴런 수도 k배 늘어나므로 더 넓은 신경망이 된다.

03. 레⬜⬜⬜⬜⬜는 레즈 블록의 잔차 경로를 여러 개로 분리해서 병렬 실행하는 모델이다. 분리-변환-통합 전략과 동시에 동일한 블록을 반복함으로써 하이퍼파라미터 수를 줄이는 방식을 사용하여 넓은 신경망 구조를 갖도록 설계되었다.

정답: 01. 인셉션 모듈, 레즈 블록 02. 와이드 레즈넷 03. 레즈넥스트

도전! ▶ 딥러닝 대표 문제

이 장에서 배운 내용을 실습해 보세요. 아래 문제의 URL에서 〈구글 코랩에서 실행하기〉 버튼을 누르세요. 실습을 진행할 수 있으며 정답도 확인할 수 있습니다.

실습 01 개와 고양이 이미지 분류

사전 학습된 모델로 전이 학습을 하면 적은 양의 훈련 데이터로 모델을 학습시킬 수 있다. 개와 고양이를 분류하는 콘벌루션 신경망 모델을 이미지넷으로 사전 학습된 모바일넷V2 모델로 전이 학습 방식으로 학습해보자.

[텐서플로 튜토리얼] 사전 학습된 ConvNet을 이용한 전이 학습

www.tensorflow.org/tutorials/images/transfer_learning

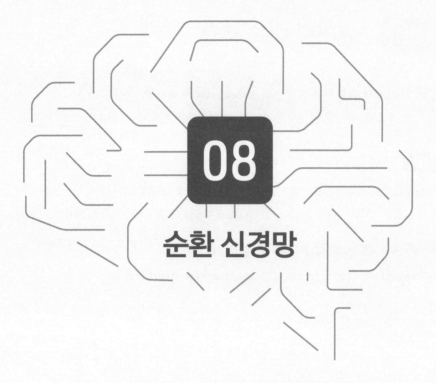

08
순환 신경망

모든 종류의 신호를 하나의 네트워크에서 처리하는 생체 신경망과 달리 인공 신경망은 데이터 구조에 따라 각기 다른 신경망으로 처리한다. 데이터에 특별한 구조가 없다면 순방향 신경망으로 처리하지만, 2D 또는 3D 공간 데이터를 다룰 때는 공간상에 존재하는 특징과 형체를 포착하기 위해 콘벌루션 신경망을 사용한다.

이번 장에서 다룰 순방향 신경망은 시간적 공간적 순서 관계가 있는 순차 데이터를 다룬다. 순차 데이터를 다루기 위해 순환 신경망이 어떤 구조를 갖는지, 이런 구조로 인해 발생하는 문제점은 무엇인지, 그리고 이 문제를 해결하기 위해 어떤 방향으로 발전되고 있는지 살펴보겠다.

8.1 기억을 갖는 신경망 모델 RNN

시간 정보를 가지는 데이터는 우리 주변에 무수히 많다. 자연 현상, 음악과 소리, 움직임과 운동, 동영상과 애니메이션, 주가/경제지표 트렌드, 심전도, 뇌파, 시스템 로그 등은 모두 시간이 흐름에 따라 변하는 데이터로서 시간적인 순서 관계를 갖는다. 시간 정보를 가지는 데이터 외에 순서 관계를 갖는 데이터로는 공간적인 순서 관계를 갖는 데이터도 있다. 글이나 악보, 염기서열, 프로그램과 같이 구성 요소가 순차적으로 배열된 데이터는 공간적인 순서 관계를 갖는다. 이와 같이 시간적 공간적 순서 관계가 있는 데이터를 **순차 데이터**^{sequence data}라고 부른다.

순차 데이터는 시공간의 순서 관계로 형성되는 **문맥** 또는 **콘텍스트**^{context}를 갖는다. 현재 데이터를 이해할 때 앞뒤에 있는 데이터를 함께 살펴보면서 콘텍스트를 파악해야 현재 데이터의 역할을 이해할 수 있다. 예를 들어 다음과 같은 문장이 있을 때 '사과'라는 단어가 먹는 사과를 말하는지 용서를 구하기 위한 사과인지는 문맥을 형성하는 주변 단어들을 함께 살펴봐야 판단할 수 있다.

> 나는 <u>사과</u>를 먹고 싶다.

그림 8-1 문맥 안에서 명확해지는 단어의 의미

만일 이 문장을 순방향 신경망에 입력한다면 어떨까? 순방향 신경망은 입력 데이터의 길이가 고정되어 있고 특징 간에 순서를 알 수 없기 때문에, 입력 데이터의 크기를 넘어서는 문장을 처리하기엔 부적절하다. 이렇게 가변 길이를 갖는 데이터의 순서를 고려하여 콘텍스트를 만들고 예측할 수 있는 인공 신경망은 어떻게 구성해야 할까? 이에 관해 이야기하기 전에 먼저 기억을 갖는 인공 신경망의 효시인 홉필드 네트워크를 살펴보자.

8.1.1 연상 기억을 하는 홉필드 네트워크

존 홉필드^{John Hopfield}는 1982년에 기억을 저장하고 연상하는 연상 메모리^{association memory}를 갖는 **홉필드 네트워크**^{Hopfield network}을 제안했다.

그림 8-2 존 홉필드

홉필드 네트워크는 새로운 입력이 들어오면 특정 패턴으로 수렴하게 만들어 기억해둔 패턴을 연상하는 네트워크이다. 이때 양극화^{bipolarization} 기법을 사용하는데, 양극화는 값이 1에 조금이라도 가까우면 1이 되고 −1에 조금이라도 가까우면 −1이 되게 만들어준다. 연상하려는 패턴을 1과 −1로 된 벡터로 정의하고, 입력 데이터가 특정 패턴으로 양극화되도록 사전에 가중치와 편향을 계산해 둔다. 기억해 둔 패턴을 연상하기 위해 입력 데이터가 점점 1과 −1로 양극화될 때까지 출력을 입력으로 **피드백**^{feedback}하여 뉴런 연산을 반복하다가 출력이 특정 패턴과 같아지면 반복을 멈춘다. 다음 그림은 피드백 구조로 된 홉필드 네트워크를 보여준다.

▶ 홉필드 네트워크는 학습을 통해 가중치와 편향을 결정하는 신경망과는 달리, 특정 패턴을 인식할 수 있도록 가중치와 편향을 계산하는 방식이다.

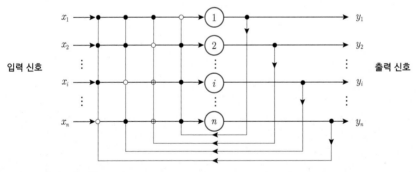

그림 8-3 홉필드 네트워크

홉필드 네트워크는 순환^{recurrent} 연산을 통해 입력 데이터의 패턴을 연상해낸다. 따라서 불완전한 패턴이나 왜곡된 패턴이 제시되어도 본래의 완전한 형태를 유추할 수 있다. 다음 그림은 홉필드 네트워크가 왼쪽의 8개 숫자 패턴에 대해 학습했을 때, 잡음으로 손상된 3이 입력되어도 연상 기억을 통해 원래의 3의 패턴을 유추하는 모습을 보여준다.

그림 8-4 홉필드 네트워크의 연상 기억 능력

이전 연산 결과를 다음 연산 과정에 전달하는 피드백 연결 구조로 순환 연산을 하는 홉필드 네트워크의 모델 구조는 이후 순환 신경망으로 발전한다.

8.1.2 기억을 전달하는 순환 신경망

인공 신경망이 데이터의 순서를 고려하는 콘텍스트를 만들려면 데이터의 순차 구조를 인식할 수 있어야 하고, 데이터의 콘텍스트 범위가 넓더라도 처리할 수 있어야 한다. 이런 점들을 고려하여 만든 인공 신경망이 바로 **순환 신경망**RNN: recurrent neural network이다.

순차 구조를 인식하며 콘텍스트를 기억하는 모델 구조

순방향 신경망이나 콘벌루션 신경망과는 달리 순환 신경망은 데이터의 순차 구조를 인식하기 위해 데이터를 시간 순서대로 하나씩 입력받는다. 그리고 순서대로 입력받은 데이터의 콘텍스트를 만들기 위해 은닉 계층에 피드백 연결을 가진다. 다음 그림은 기본 순환 신경망 모델을 보여준다. 왼쪽 그림은 은닉 계층에 피드백 연결을 갖는 모델 구조이고, 오른쪽 그림은 모델이 데이터를 처리하는 과정을 시간 순서에 따라 펼쳐서 보여준다.

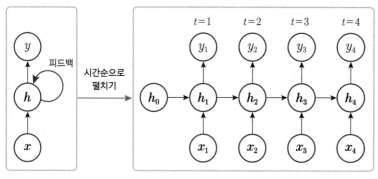

그림 8-5 피드백 연결을 갖는 기본 순환 신경망

기본적으로 모델은 입력 계층, 은닉 계층, 출력 계층으로 이루어지며 은닉 계층은 여러 계층이 될 수 있다. 하지만 일반적으로 순환 신경망은 은닉 계층을 깊게 쌓아도 성능이 크게 향상하지 않는 경우가 많기 때문에 보통 한두 계층 이내로 쌓는다. 각 시간 단계에서 데이터가 처리되는 과정은 순방향 신경망과 동일하게 입력 계층, 은닉 계층, 출력 계층 순서대로 실행된다. 다만 한 가지 차이점은 은닉 계층에 피드백 연결이 있기 때문에 은닉 상태가 다음 단계로 전달된다는 점이다.

▶ 은닉 상태는 은닉 계층의 출력을 말한다.

이때 은닉 상태에는 어떤 정보가 들어있을까? 은닉 상태는 '시간 단계별로 입력된 데이터가 순차적으로 추상화되어 형성된 콘텍스트'를 저장한다. 그리고 피드백 연결은 시간의 흐름에 따라 '콘텍스트를 기억하는 과정'으로 생각할 수 있다.

순환 연산 방식

순환 신경망의 순환 연산을 더 자세히 살펴보자. 초기 은닉 상태 h_0는 영벡터라고 가정하고, 각 단계를 변수 t $(t \geq 1)$로 표현하면 다음과 같은 순서로 실행된다.

- 입력 계층은 새로운 입력 데이터 x_t를 입력받는다.
- 은닉 계층은 다음 순서로 실행된다.
  - 이전 상태 h_{t-1}와 입력 데이터 x_t를 합쳐서 (h_{t-1}, x_t)로 입력받는다.
  - 함수 $f_W(h_{t-1}, x_t)$를 실행해서 은닉 상태 h_t를 출력한다.
  - 함수 f_W는 순환 신경망의 종류에 따라 달라지며 W는 은닉 계층의 가중치를 나타낸다.
  - 은닉 상태 h_t는 출력 계층과 다음 단계의 은닉 계층에 전달된다.
- 출력 계층은 은닉 상태 h_t를 입력받아서 뉴런 연산 후 y_t를 출력한다.

기본 순환 신경망 모델

이때 함수 f_W가 다음과 같은 형태로 정의되는 신경망을 기본 순환 신경망^{Vanilla RNN}이라고 한다.

$$h_t = \tanh(W_{hh}h_{t-1} + W_{xh}x_t)$$

$$= \tanh\left((W_{hh} \quad W_{xh})\begin{pmatrix} h_{t-1} \\ x_t \end{pmatrix}\right)$$

$$= \tanh\left(W\begin{pmatrix} h_{t-1} \\ x_t \end{pmatrix}\right), \quad W = (W_{hh} \quad W_{xh})$$

기본 순환 신경망 모델에는 다음 그림과 같이 세 종류의 가중치 W_{xh}, W_{hh}, W_{hy}가 있다. 가중치 W_{xh}는 입력 계층과 은닉 계층을 연결하는 가중치이고, 가중치 W_{hh}는 은닉 계층의 피드백 연결에 대한 가중치이며, 가중치 W_{hy}는 은닉 계층과 출력 계층을 연결하는 가중치이다. 순환 신경망의 가중치는 모든 시간 단계에서 공유된다.

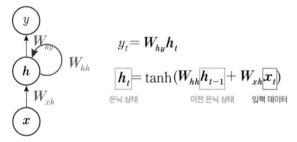

$$y_t = W_{hy}h_t$$

$$\boxed{h_t} = \tanh(W_{hh}\boxed{h_{t-1}} + W_{xh}\boxed{x_t})$$

은닉 상태   이전 은닉 상태   입력 데이터

그림 8-6 기본 순환 신경망 구조

기본 순환 신경망의 은닉 계층은 입력 (h_{t-1}, x_t)와 가중치 $W = (W_{hh} \quad W_{xh})$를 가중 합산한 뒤에 하이퍼볼릭 탄젠트를 실행한다.

8.1.3 순환 신경망의 입력, 은닉 상태, 출력

이제 순환 신경망의 입력 계층, 은닉 계층, 출력 계층이 무엇을 표현하는지 수식을 통해 확인해 보자.

순환 신경망의 입력 (h_{t-1}, x_t)와 은닉 상태 h_t는 무엇을 표현할까?

각 단계의 은닉 계층의 연산 과정을 나열해 보자. 단, 초기 은닉 상태인 h_0은 영벡터라고 가정한다.

$$h_1 = f_W(h_0,\ x_1)$$

$$h_2 = f_W(h_1,\ x_2)$$

$$\dots$$

$$h_t = f_W(h_{t-1},\ x_t)$$

첫 번째 단계에서 입력 $(h_0,\ x_1)$은 (x_1)이므로 은닉 상태 h_1은 (x_1)이 추상화된 콘텍스트를 나타낸다. 두 번째 단계에서 입력 $(h_1,\ x_2)$는 $((x_1)$의 콘텍스트, $x_2)$이므로 은닉 상태 h_2는 $(x_1,\ x_2)$가 추상화된 콘텍스트를 형성한다. 그렇다면 t 단계의 은닉 상태는 어떤 정보를 표현할까? 입력 $(h_{t-1},\ x_t)$이 $((x_1,\ x_2,\ x_3,\ \dots,\ x_{t-1})$의 콘텍스트, $x_t)$를 나타내므로 은닉 상태 h_t에는 $(x_1,\ x_2,\ x_3,\ \dots,\ x_t)$가 추상화된 콘텍스트가 형성되어 있다. 따라서 은닉 상태는 지금까지 입력된 모든 데이터가 추상화되어 있다.

순환 신경망은 데이터의 순차 구조를 어떻게 포착할까?

은닉 계층은 '이전 상태, 새로운 입력'을 입력받아서 현재 상태를 매핑하는 함수이다.

$$h_t = f_W(h_{t-1},\ x_t)$$

이 식은 h_t에 대한 점화식 형태이므로 h_0까지 전개해 보면 다음과 같이 표현된다.

$$h_t = f_W(f_W(\dots f_W(f_W(h_0,\ x_1),\ x_2),\ x_3),\ \dots,\ x_{t-1}),\ x_t)$$

이 식은 함수 f_W에 $x_1,\ x_2,\ \dots,\ x_t$가 순차적으로 입력되면서 추상화되는 과정을 보여준다. 이때 은닉 상태 h_t는 순차 구조를 추상화하고 있을까? 수학적 귀납법으로 증명해 보자.

- 가정 사항

  - 단계 1에서 h_1은 입력 데이터 x_1의 순차 구조를 추상화한다.

  - 단계 $t-1$에서 h_{t-1}은 입력 데이터 $x_1,\ x_2,\ \dots,\ x_{t-1}$의 순차 구조를 추상화한다.

- 단계 t에서 h_t가 $x_1,\ x_2,\ \dots,\ x_t$의 순차 구조를 추상화한다는 것을 증명해 보자.

  - 함수 f_W는 h_{t-1}와 x_t를 순서대로 결합해서 $(h_{t-1},\ x_t)$를 h_t로 매핑한다.

  - 이때 $(h_{t-1},\ x_t)$의 순서를 $(x_t,\ h_{t-1})$로 바꾸면 함수 f_W의 결과는 달라진다. 왜냐하면 함수 f_W는 선형 변환과 하이퍼볼릭 탄젠트로 구성된 함수라서 입력 데이터의 순서를 고려하기 때문이다.

- 따라서 함수 f_W는 h_{t-1}와 x_t의 순차 구조를 추상화한다.

- h_{t-1}가 x_1, x_2, ..., x_{t-1}의 순차 구조를 추상화하고 있다면 x_t는 x_1, x_2, ..., x_t의 순차 구조를 추상화하고 있다고 말할 수 있다.

따라서 은닉 계층을 나타내는 함수 f_W는 '추상화된 순차 구조를 한단계 확장된 추상화된 순차 구조로 매핑하는 함수'이다.

$$h_t = f_W(h_{t-1}, \ x_t)$$

x_1부터 x_t까지 순차 구조가 추상화된 상태 x_1부터 x_{t-1}까지 순차 구조가 추상화된 상태

순환 신경망의 출력 y_t는 무엇을 표현할까?

첫 번째 단계의 출력은 입력 x_1이 주어졌을 때 y_1의 조건부 확률 $p(y_1|x_1)$로 표현한다. 두 번째 단계의 출력은 x_1이 h_1을 통해 h_2로 전달되었으므로 입력 x_1과 x_2가 주어졌을 때 y_2의 조건부 확률 $p(y_2|x_1, \ x_2)$를 표현한다. 따라서 t 단계의 출력은 x_1, x_2, ..., x_t가 주어졌을 때 y_t의 조건부 확률 $p(y_t|x_1, \ x_2, \ ..., \ x_t)$를 표현한다. 이때 $p(y_t|x_1, \ x_2, \ ..., \ x_t)$는 $p(y_t|h_t)$로 근사할 수 있는데, 은닉 상태 h_t에는 $(x_1, \ x_2, \ ..., \ x_t)$가 추상화되어 있기 때문이다.

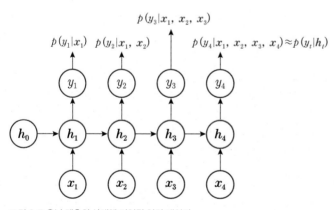

그림 8-7 은닉 계층의 상태에 기억된 입력 데이터

가중치 공유 효과

순환 신경망은 가중치를 모든 단계에서 공유하는데 그에 따른 몇 가지 이점이 있다.

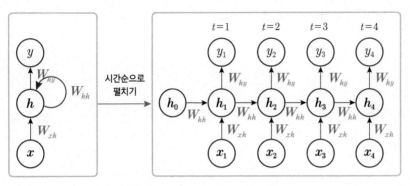

그림 8-8 순환 신경망의 가중치 공유

첫째, 순차 구조를 포착할 수 있다. 데이터의 다양한 순차 구조를 하나의 가중치로 학습하기 때문에 특정 순차 구조가 어느 위치에서 나타나더라도 포착할 수 있다.

둘째, 가변 길이 데이터를 처리하기 쉽다. 모든 단계가 같은 파라미터를 사용하므로 단계를 쉽게 추가할 수 있다. 따라서 가변 길이 데이터를 유연하게 처리할 수 있다.

셋째, 파라미터 수가 절약되고 정규화 효과가 생긴다. 파라미터를 공유하면 파라미터 수가 줄고 비슷한 유형의 순차 패턴에 대한 일반화를 잘 할 수 있다.

퀴즈로 정리해 보세요.

01. 순□□□□□은 데이터의 순차 구조를 인식하고 순차 데이터의 콘□□□□□를 기억하는 인공 신경망으로 설계되었다. 데이터의 순차 구조를 인식하기 위해 시간 순서대로 데이터를 입력받고, 은닉 계층의 피드백 연결을 통해 입력받은 데이터의 콘텍스트를 형성해 나간다.

02. 순환 신경망의 은□□□□ 상태는 '시간 단계별로 입력된 데이터가 순차적으로 추상화되어 형성된 콘텍스트'를 저장하며, 피□□□□ 연결은 시간의 흐름에 따라 '콘텍스트를 기억하는 과정'으로 생각할 수 있다.

정답: 01. 순환 신경망, 콘텍스트 02. 은닉, 피드백

8.2 순환 신경망의 주요 모델

순환 신경망은 입출력의 형태와 처리 방식에 따라 모델 구성이 다양하다.

- 먼저 입력과 출력이 순차열^{sequence}인지 여부에 따라 모델 구성이 달라진다. 입력은 순차열이지만 출력은 순차열이 아닌 모델을 **다대일**$^{many-to-one}$ 모델이라고 한다. 입출력이 모두 순차열이면 **다대다**$^{many-to-many}$ 모델이다. 입력은 순차열이 아니지만 출력은 순차열인 경우는 **일대다**$^{one-to-many}$ 모델이 된다.

- 또한 입력 데이터를 살펴보는 방향에 따라 순방향만 살펴볼지 역방향도 같이 살펴볼지를 선택할 수 있다. 순방향과 역방향을 모두 본다면 **양방향**^{bidirectional} 모델이라고 한다. 보통 언어 모델과 같이 공간적 순서 관계를 갖는 데이터를 처리할 경우 양방향 모델을 사용하면 성능이 향상한다.

- 마지막으로, 입출력의 길이가 다른 순차열일 때 입력을 처리하는 모델과 출력을 출력하는 모델을 분리해야 한다. 일반적으로 입력 데이터를 저차원 데이터로 압축하는 모델을 **인코더**^{encoder} 모델이라고 하고, 압축된 데이터에서 고차원 데이터로 차원을 확장하는 모델을 **디코더**^{decoder} 모델이라고 하며, 인코더와 디코더 쌍을 **인코더-디코더**$^{encoder-decoder}$ 모델이라고 한다. 입력과 출력의 길이가 다른 순차열을 처리할 때 인코더-디코더 모델로 구성한다.

8.2.1 다대일 모델

다대일 모델은 입력은 순차열이지만 출력은 순차열이 아닐 때 사용하며, 모든 단계에서 입력을 받지만 출력은 마지막 단계에서만 한다. 예를 들어 영화 평론이 긍정적인지 부정적인지 감성 분석$^{sentiment\ analysis}$을 할 때 다대일 모델을 사용한다. 감성 분석을 하기 위해 영화 평론을 단어 단위로 분리해서 단계마다 단어를 입력하고, 영화 평론이 긍정인지 부정인지 여부는 마지막 단계에서 출력한다.

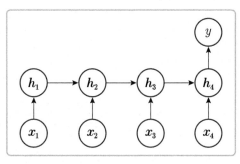

그림 8-9 다대일 모델

8.2.2 다대다 모델

다대다 모델은 입출력의 길이가 같은 순차열일 때 사용하며, 모든 단계에서 입력을 받고 모든 단계에서 출력한다. 예를 들어 동영상을 프레임별로 분류한다면 단계별로 동영상 프레임을 입력해서 각 프레임을 분류한 결과를 출력한다.

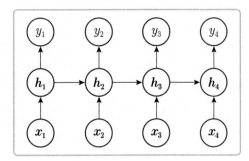

그림 8-10 다대다 모델

티처 포싱

다대다 모델에서 **티처 포싱**teacher forcing 방식으로 학습하면 학습이 안정화되고 수렴 속도도 빨라진다. 티처 포싱은 현재 단계의 출력을 다음 단계에 입력하는 방법이다. 현재 단계의 예측 결과를 교사의 지도 신호로 사용해서 다음 단계에 전달하면 예측 성능이 높아질 수 있다. 마치 학생이 한 문제를 풀 때마다 교사가 바로 정답을 제시함으로써 다음 문제를 순조롭게 풀 수 있도록 지도하는 방식과 같다. 다음 그림에서 빨간색 화살표가 지도 신호이다.

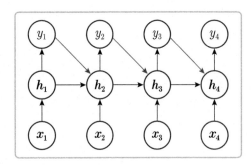

그림 8-11 티처 포싱

티처 포싱을 사용할 때는 한 가지 주의할 점이 있다. 훈련 시에는 모델의 예측 결과 대신 타깃을 직접 지도 신호로 사용해야 한다. 훈련 중에는 모델이 정확한 예측을 할 수 없으므로 모델의 예측을 지도 신호로 사용하기엔 부적절하기 때문이다.

8.2.3 일대다 모델

일대다 모델은 입력은 순차열이 아니지만 출력은 순차열일 때 사용하며, 첫 번째 단계에서만 입력하고 모든 단계에서 출력한다. 예를 들어 이미지 캡션을 생성할 때 첫 번째 단계에 이미지 콘텍스트를 입력하고 각 단계에서 이미지를 설명하는 문장의 단어를 순서대로 출력한다.

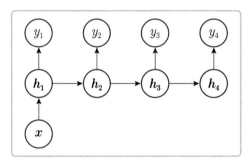

그림 8-12 일대다 모델

8.2.4 양방향 모델

양방향 모델은 입력을 양쪽으로 살펴보는 방식이다. 시간순으로 생성되는 데이터는 인과 관계에 따라 현재는 과거에만 의존하기 때문에 시간의 흐름 방향으로만 봐야 하겠지만, 공간적 순서 관계를 갖는 데이터는 상대적인 순서가 중요하므로 양방향으로 살펴보고 판단하는 것이 더 정확하다. 예를 들어 기계 번역을 할 때 문장을 순방향으로만 보는 것보다 역방향도 같이 보는 것이 더 좋은 번역 결과를 만든다.

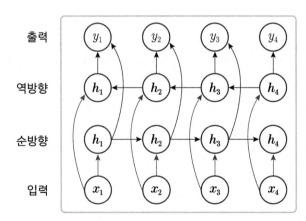

그림 8-13 양방향 모델

앞의 그림과 같이 양방향 모델에서는 입력 데이터를 순방향 계층과 역방향 계층에 모두 입력한다. 순방향 계층과 역방향 계층의 출력은 출력 계층에 입력되며, 출력 계층에서는 두 결과를 합쳐서 예측한다.

▶ 모델을 조금 변형해서 순방향 계층의 출력을 역방향 계층에 입력해서 처리하기도 한다. 그러면 역방향 계층에서는 입력 데이터와 순방향 계층의 출력을 합쳐서 처리하고 그 결과를 출력 계층에 전달한다.

8.2.5 인코더-디코더 모델

인코더-디코더 모델은 입력과 출력의 길이가 서로 다른 순차열일 때 사용하며, 입력 데이터를 요약하는 인코더와 요약 데이터를 이용해서 출력 데이터를 생성하는 디코더로 구성된다. 순차열을 다른 순차열로 변환한다고 해서 Seq2Seq$^{\text{sequence-to-sequence}}$ 모델이라고도 부른다. 예를 들어 기계 번역과 같이 언어를 다른 언어로 변환하거나 오디오 데이터를 립싱크 동영상으로 변환할 때 사용한다.

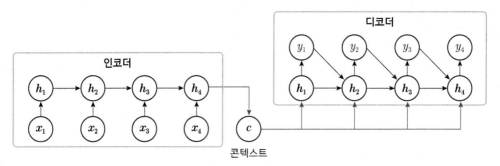

그림 8-14 인코더-디코더 모델

인코더는 입력 데이터를 순차적으로 처리하다가 마지막 단계의 은닉 상태를 콘텍스트 벡터로 출력한다. 디코더는 인코더로부터 전달받은 콘텍스트 벡터를 모든 단계에 입력하고, 단계별로 예측하면서 안정적인 학습을 하기 위해 티처 포싱을 적용한다.

8.3 시간펼침 역전파

순환 신경망에는 역전파 알고리즘을 어떻게 적용해야 할까? 순환 신경망을 시간 순서대로 펼쳐 놓으면 입력에서 출력까지 뉴런의 실행 순서가 정해지는 만큼, 정확히 반대 순서로 역전파를 수행하면 된다. 순환 신경망의 역전파는 시간 순서대로 펼쳐 놓은 상태에서 수행하므로 **시간펼침 역전파**^{backpropagation through time}로 구분하며 간단히 약자로 BPTT라고 부른다.

8.3.1 순환 신경망의 손실 함수

순환 신경망의 손실 함수 역시 시간 순서대로 펼쳐 놓은 상태에서 정의해야 한다. 단계별로 출력하기 때문에 손실 함수도 단계별로 정의된다. 순환 신경망의 전체 손실 함수는 모든 단계의 손실 함수를 더해서 정의한다.

오른쪽 그림과 같이 입력 순차열이 $X=(x_1,\ x_2,\ x_3,\ x_4)$이고 타깃 순차열이 $t=(t_1,\ t_2,\ t_3,\ t_4)$라고 하면

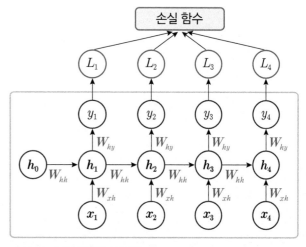

그림 8-15 순환 신경망의 손실 함수

각 단계의 손실 $L_1,\ L_2,\ L_3,\ L_4$을 계산할 수 있다. 각 단계의 손실 함수는 회귀 문제라면 평균제곱오차로 정의하고 분류 문제라면 크로스 엔트로피로 정의한다.

$$L_1=J(f(x_1;\ \theta),\ t_1)$$
$$L_2=J(f(x_1,\ x_2;\ \theta),\ t_2)$$
$$L_3=J(f(x_1,\ x_2,\ x_3;\ \theta),\ t_3)$$
$$L_4=J(f(x_1,\ x_2,\ x_3,\ x_4;\ \theta),\ t_4)$$

전체 손실 함수는 각 단계의 손실 함수를 더한 값으로 정의한다.

$$J(f(X;\ \theta),\ t) = L_1 + L_2 + L_3 + L_4$$

8.3.2 시간펼침 역전파

시간펼침 역전파 알고리즘이 어떤 순서로 실행되는지 살펴보자.

오차의 역전파 범위와 순서

마지막 단계의 출력 y_4에 대한 역전
파 순서를 먼저 확인해 보자. 역전파
가 전체 손실 함수에서 시작해서 y_4
를 지나 은닉 계층 h_4에 도달하면,
시간의 역순으로 모든 은닉 계층을
따라 h_4-h_3-h_2-h_1 순서로 진행되
면서 단계별로 은닉 계층에서 입력
계층으로 역전파가 분기된다. 오른
쪽 그림에 역전파 순서가 빨간색 화
살표로 표시되어 있다. 역전파 과정
에서 입력 계층과 은닉 계층 사이의

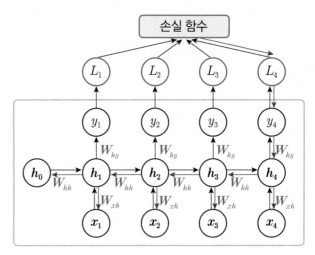

그림 8-16 마지막 단계 역전파

가중치 W_{xh}와 피드백 연결에 있는 가중치 W_{hh}가 업데이트된다. 가중치가 공유되므로 단계
마다 같은 가중치가 업데이트된다.

역전파는 순방향 실행의 반대 방향으로 실행되므로, 입력에서 출력까지 실행했던 순서를 생
각해 보면 역전파 순서는 쉽게 유추할 수 있다. 앞의 예에서 y_4를 출력할 때까지 첫 번째 단계
부터 시작해서 단계별로 입력 데이터가 들어오고 피드백 연결을 통해 다음 계층에 은닉 상태
가 전달되었다. 역전파는 이 실행 순서를 정확히 반대 순서로 실행한다는 것을 알 수 있다.

같은 방식으로 세 번째 출력 y_3에 대해 역전파한다면 전체 손실에서 빨간색 화살표를 따라
역전파가 된다. 이때 마지막 단계는 제외된다.

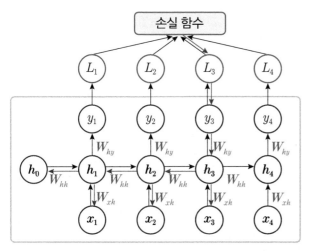

그림 8-17 세 번째 단계 역전파

나머지 단계도 출력에 대해 역전파를 한다면 자기 이전의 모든 단계를 거쳐 역전파가 실행된다. 각 단계의 입력 데이터는 이후 모든 단계에 영향을 미치며, 역전파를 할 때는 영향을 미친 모든 단계에서 오차가 역전파되어 돌아온다.

시간펼침 역전파 알고리즘

이제 모든 단계가 한 번에 역전파되도록 시간펼침 역전파 알고리즘을 실행해 보자. 오른쪽 그림과 같이 손실 함수에서 역전파가 시작되어 모든 단계로 동시에 진행된다고 해보자. 손실 함수에서 모든 은닉 계층까지는 역전파가 동시에 실행될 수 있지만, 은닉 계층부터는 순차적으로 실행될 수밖에 없다. 가령 네 번째 단계에서 초록색 화살표 방향으로 역전파가 진행되었다고 하자. 초록색

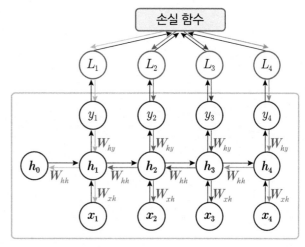

그림 8-18 단계별 역전파

화살표가 h_3에 도달했을 때 y_3에서 아직 오차가 전달되지 않았다면 기다렸다가 모든 방향의 역전파가 완료되었을 때 다음 단계로 진행한다.

따라서 역전파는 마지막 단계에서 시작해서 시간의 역순으로 단계별로 순차 진행된다. 앞의 그림에서 화살표 색깔로 구분해서 설명하면 먼저 마지막 단계의 초록색 화살표가 진행된 뒤 빨간색 화살표가 진행되고, 파란색 화살표가 진행된 다음 마지막으로 첫 번째 단계의 노란색 화살표가 진행된다.

한 단계의 은닉 계층에서 역전파 처리

세 번째 단계의 은닉 계층 h_3에서 역전파 알고리즘을 어떤 단계로 처리하는지 자세히 살펴보자.

- h_4와 y_3에서 전역 미분 $\dfrac{\partial J}{\partial h_4} \cdot \dfrac{\partial h_4}{\partial h_3}$와 $\dfrac{\partial J}{\partial y_3} \cdot \dfrac{\partial y_3}{\partial h_3}$을 전달받는다.

- 두 전역 미분을 더해서 전역 미분 $\dfrac{\partial J}{\partial h_3}$를 계산한다.

$$\frac{\partial J}{\partial h_3} = \frac{\partial J}{\partial h_4} \cdot \frac{\partial h_4}{\partial h_3} + \frac{\partial J}{\partial y_3} \cdot \frac{\partial y_3}{\partial h_3}$$

- 가중치 W_{xh}, W_{hh}와 이전 상태 h_2에 대해 각각 지역 미분 $\dfrac{\partial h_3}{\partial W_{xh}}$, $\dfrac{\partial h_3}{\partial W_{hh}}$, $\dfrac{\partial h_3}{\partial h_2}$를 계산한다. 그리고 $\dfrac{\partial J}{\partial h_3}$와 곱해서 다음과 같이 전역 미분을 계산한다.

$$① \quad \boxed{\frac{\partial J}{\partial W_{xh}}} = \frac{\partial J}{\partial h_3} \cdot \frac{\partial h_3}{\partial W_{xh}}$$

$$② \quad \boxed{\frac{\partial J}{\partial W_{hh}}} = \frac{\partial J}{\partial h_3} \cdot \frac{\partial h_3}{\partial W_{hh}}$$

$$③ \quad \frac{\partial J}{\partial h_2} = \frac{\partial J}{\partial h_3} \cdot \frac{\partial h_3}{\partial h_2}$$

- ①과 ②를 이용해서 W_{xh}와 W_{hh}를 업데이트한다.

- ③ 전역 미분 $\dfrac{\partial J}{\partial h_2}$을 h_2에 전달한다.

8.3.3 절단 시간펼침 역전파

시간펼침 역전파 알고리즘은 마지막 단계를 실행한 뒤에 역전파를 하므로 끝이 없는 순차열이나 아주 긴 순차열에는 적용할 수 없다.

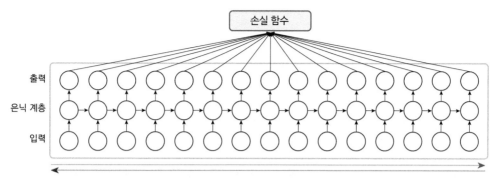

그림 8-19 시간펼침 역전파

그렇다면 끝이 없는 순차열에는 어떤 방식으로 역전파 알고리즘을 적용하면 좋을까? 생각해볼 수 있는 방법 중 하나는 일정 단계를 묶어서 순방향 진행을 하고 역전파를 실행하는 방법이다. 이런 방식을 **절단 시간펼침 역전파**[truncated BPTT] 알고리즘이라고 한다. 먼저 다음과 같이 첫 번째 묶음에 대해 역전파를 실행했다고 하자.

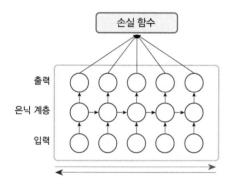

그림 8-20 절단 BPTT 첫 번째 묶음 실행

이때 중요한 것은 첫 번째 묶음과 두 번째 묶음의 순차열이 연속적인 순차열이 되도록 만들어야 한다는 것이다. 역전파 과정에서 첫 번째 묶음의 계산 그래프는 사라졌지만, 마지막 은닉 상태를 기억해 두었다가 두 번째 묶음이 시작될 때 첫 번째 은닉 상태에 전달해주면 연속된 콘텍스트를 유지할 수 있다. 다음 그림을 보면 두 번째 묶음이 시작될 때 첫 번째 묶음과 연결하여 시작한다.

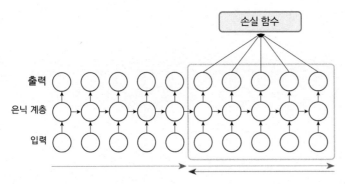

그림 8-21 절단 BPTT 두 번째 묶음 실행

세 번째 묶음도 비슷하게 두 번째 묶음의 마지막 은닉 상태를 받아서 시작하고 일정 단계가
완료되면 역전파를 실행한다.

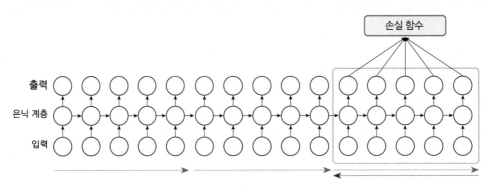

그림 8-22 절단 BPTT 세 번째 묶음 실행

절단 시간펼침 역전파는 묶음 단위로 역전파를 하지만 묶음 간에 은닉 상태를 전달하여 연
속된 콘텍스트를 갖게 함으로써 끝이 없는 순차열이나 매우 긴 순차열도 학습하게 해준다.

 퀴즈로 정리해 보세요.

01. 순환 신경망은 시░░░░░░░░░░░ 알고리즘으로 학습한다. 순환 신경망을 시간 순서대로 펼친 상태
에서 입력에서 출력까지 뉴런 실행 순서의 정확히 반대 순서로 역전파를 수행한다.

02. 끝이 없거나 아주 긴 순차열일 때는 일정 단계만큼 묶어서 순방향으로 진행한 후 역전파를 실행하는
절░░░░░░░░░ 알고리즘으로 학습한다.

정답: 01. 시간펼침 역전파   02. 절단 시간펼침 역전파

8.4 LSTM과 GRU

기본 순환 신경망$^{Vanilla RNN}$은 최적화하기 어렵고 성능적인 한계도 있다. 이런 점들을 극복하고자 LSTM$^{long short-term memory}$과 GRU$^{gated recurrent unit}$와 같은 셀 구조를 갖는 순환 신경망이 등장했다. LSTM과 GRU의 설계 사상이 무엇이고 그 결과 어떤 구조를 갖게 되었는지 살펴보자.

8.4.1 기본 순환 신경망의 문제점

기본 순환 신경망은 시간이 지나면서 입력 데이터의 영향이 점점 사라지는 '장기의존성 문제'와 '그레이디언트 소실과 폭발'이 쉽게 일어나는 구조적 문제가 있다.

장기의존성

장기의존성$^{long-term dependency}$ 문제는 콘텍스트 범위가 넓을 때 멀리 떨어진 입력에 대한 의존성이 있음에도 불구하고 입력의 영향이 점점 사라지는 현상을 말한다. 다음 그림과 같이 입력이 들어왔을 때의 영향은 매우 크지만 시간이 지나면서 영향이 서서히 감소한다.

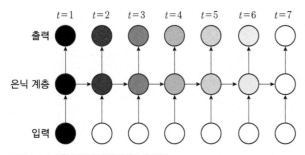

그림 8-23 순환 신경망의 장기의존성 문제

이 경우 순차열이 길어질수록 오래전에 입력된 데이터의 정보는 사라지기 때문에 정확한 예측을 할 수 없다. 장기 의존성 문제를 해결하려면 콘텍스트가 오래 지속하도록 구조를 변경해야 한다.

그레이디언트 소실과 폭발

그레이디언트 소실과 폭발$^{Gradient\ vanishing\ and\ exploding}$ 문제는 학습하면서 그레이디언트가 없어지거나 발산하는 현상을 말한다. 기본 순환 신경망에서 그레이디언트 소실과 폭발이 왜 일어나는지는 그레이디언트 흐름을 살펴보면 알 수 있다. 다음 그림에는 은닉 계층의 순방향흐름이 검은색 화살표로 그려져 있고, 역방향의 그레이디언트 흐름이 빨간색 화살표로 그려져 있다. 가중치 $(W_{hh}\quad W_{xh})$는 간단히 W로 표기했다. 은닉 계층에서 입력은 $(h_{t-1},\ x_t)$ 형태이고 가중치 W와 가중 합산을 한 뒤에 하이퍼볼릭 탄젠트를 실행한다.

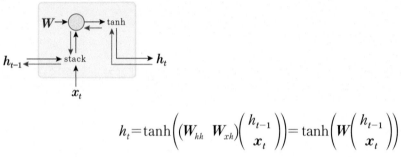

$$h_t = \tanh\left(\left(W_{hh}\quad W_{xh}\right)\binom{h_{t-1}}{x_t}\right) = \tanh\left(W\binom{h_{t-1}}{x_t}\right)$$

그림 8-24 기본 순환 신경망의 그레이디언트 흐름

다음 그림과 같이 기본 순환 신경망이 여러 단계에 걸쳐 실행되는 모습을 보면 은닉 계층의단계마다 W가 곱해지는 것을 알 수 있다. 반대로 역전파를 할 때도 입력 $(h_{t-1},\ x_t)$에 대한지역 미분 W가 단계마다 곱해진다.

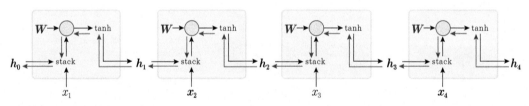

그림 8-25 연속적인 그레이디언트 흐름

행렬이 반복적으로 곱해지면 행렬의 거듭제곱이 되므로, 각 차원의 고웃값 크기가 1보다 크면 발산하고 고웃값 크기가 1보다 작으면 0으로 수렴한다. 기본 순환 신경망은 가중치 행렬 W가 반복적으로 곱해지는 구조 때문에 그레이디언트 소실과 폭발이 쉽게 일어난다.

🧑 가중치가 반복해서 곱해지는 구조

가중치 행렬 W가 반복해서 곱해지는 과정을 수학적으로 증명해 보자. 기본 순환 신경망의 은닉 계층은 다음과 같은 식으로 계산된다.

$$h_t = \tanh(W_{hh}h_{t-1} + W_{xh}x_t)$$

이 식에서 활성 함수를 선형 함수로 가정해 보자. 하이퍼볼릭 탄젠트는 0 근처에서 선형성을 띠므로 선형 함수로 가정한다. 또한 증명을 간단히 하기 위해 $W_{xh}x_t$ 항은 생략하겠다. 다음과 같은 간단한 재귀식으로 정리했으니 증명을 시작하겠다.

$$h_t = W_{hh}h_{t-1}$$

먼저 순방향을 살펴보자. 앞의 점화식에서 h_{t-1}를 h_0까지 전개해 보면 다음과 같이 정리된다. 결과적으로 h_t는 W_{hh}가 t번 곱해진 값을 포함한다.

$$\begin{aligned} h_t &= W_{hh}h_{t-1} \\ &= W_{hh}(W_{hh}h_{t-2}) \\ &= W_{hh}(W_{hh}\cdots(W_{hh}h_0)) \\ &= W_{hh}^{\,t}h_0 \end{aligned}$$

이제 역방향도 살펴보자. 앞의 식 $h_t = W_{hh}^{\,t} \cdot h_0$에서 h_t를 h_0에 대해 미분하면 바로 $W_{hh}^{\,t}$를 구할 수 있다. 또한 연쇄 법칙에 따라 각 단계의 지역 미분 W_{hh}를 대입해서 구해도 같은 결과를 얻을 수 있다. 결과적으로 $\frac{\partial h_t}{\partial h_0}$는 W_{hh}가 t번 곱해진 값을 포함한다.

$$\begin{aligned} \frac{\partial h_t}{\partial h_0} &= \frac{\partial h_t}{\partial h_{t-1}}\frac{\partial h_{t-1}}{\partial h_{t-2}}\cdots\frac{\partial h_1}{\partial h_0} \\ &= W_{hh}W_{hh}\cdots W_{hh} \\ &= W_{hh}^{\,t} \end{aligned}$$

따라서 기본 순환 신경망은 순방향과 역방향으로 실행할 때 '가중치 행렬이 반복하여 곱해지는 구조'임을 알 수 있다.

이제 가중치 행렬을 $W_{hh} = Q\wedge Q^{\mathsf{T}}$ 형태로 고윳값 분해를 해서 앞의 계산식에 대입해 보자. 이때 Q는 직교 행렬이고 $\wedge$는 고윳값으로 이뤄진 대각 행렬이다. 세 번째 식에서 $Q^{\mathsf{T}}Q = I$이므로 중간에 있는 $Q^{\mathsf{T}}Q$는 모두 I로 바뀌고 네 번째 식과 같이 정리된다.

$$\begin{aligned} \frac{\partial h_t}{\partial h_0} &= W_{hh}^{\,t} \\ &= (Q\wedge Q^{\mathsf{T}})^t \\ &= (Q\wedge Q^{\mathsf{T}})(Q\wedge Q^{\mathsf{T}})\cdots(Q\wedge Q^{\mathsf{T}}) \\ &= Q\wedge^t Q^{\mathsf{T}} \end{aligned}$$

은닉 상태의 차원이 n이고 고윳값이 $\lambda_i(i=1, 2, .., n)$라고 하면 $\wedge^t$의 대각에는 λ_i^t이 들어 있다. 따라서 λ_i가 1보다 크면 그레이디언트 폭발이 일어나고 λ_i가 1보다 작으면 그레이디언트 소실이 일어난다.

그레이디언트 클리핑

그레이디언트 폭발은 비교적 간단히 막을 수 있다. 그레이디언트 클리핑^{gradient clipping}을 해서
그레이디언트가 일정 크기 이상으로 커지지 않게 하면 된다. 그레이디언트가 g이고 임계치
가 v라고 해보자. 만일 g의 크기가 v보다 크다면 g를 $\dfrac{g}{\|g\|}$와 같이 단위 벡터로 만든 뒤에
v를 곱하면 v와 같은 크기의 벡터가 된다. 결과적으로 일정 크기로 클리핑한 그레이디언트
를 구할 수 있다.

$$g \leftarrow \frac{g}{\|g\|}v,\ if\|g\| > v$$

순환 신경망의 손실 곡면에는 가파른 절벽이 많다. 가파른 절벽이 큰 손실 곡면에서는 최적
화하기가 상당히 어렵다. 가파른 절벽이 나타나면 그레이디언트가 급격히 커져 엉뚱한 방향
으로 가고 최적화 경로에서 크게 이탈하면서 최적화가 늦어지거나 잘 진행되지 않을 수 있
다. 이때 그레이디언트 클리핑을 하면 보폭이 줄어들어 가파른 절벽을 만나도 경로를 이탈
하지 않고 조금씩 전진하는 경로를 만들 수 있다.

그레이디언트 클리핑을 적용하지 않은 경우   그레이디언트 클리핑을 적용한 경우

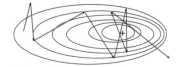 

그림 8-26 그레이디언트 클리핑

8.4.2 LSTM

순환 신경망 구조도 레즈넷과 같이 그레이디언트가 소실되지 않는 구조로 바꿔볼 수 있을
까? LSTM은 그레이디언트 소실의 원인이 되는 가중치 W와의 행렬곱 연산이 그레이디언
트 경로에 나타나지 않도록 구조를 변경한 모델이다.

그레이디언트 소실을 막는 모델 구조

LSTM은 셀 구조로 되어 있으며 셀에는 기본 순환 신경망에 있던 은닉 상태 h_t 외에 셀 상태
^{cell state} C_t가 추가되었다. 다음 그림과 같이 셀과 셀 사이에는 두 상태를 연결하는 별도의 경
로가 있다.

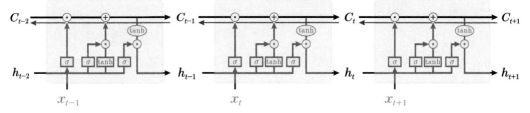

그림 8-27 LSTM의 그레이디언트 흐름

셀 상태를 연결하는 경로에는 가중치 W와의 행렬곱 연산이 없다. 그에 따라 순방향 흐름과 역방향 흐름이 원활해지면서 장기 의존성 문제와 그레이디언트 소실 문제가 완화한다. 셀 사이에 정보를 원활히 전달하고 그레이디언트 소실도 막을 수 있도록 별도의 경로를 두는 설계 방식은 레즈넷이나 덴스넷의 잔차 연결 방식과 유사하다. 반면 은닉 상태를 연결하는 경로에는 가중치 W와의 행렬곱 연산이 남아 있어서 순차 데이터를 처리하는 뉴런 연산을 하게 된다.

장기 기억과 단기 기억의 모델링

LSTM은 셀 상태와 은닉 상태로 뇌의 **장기 기억**long-term memory과 **단기 기억**short-term memory을 모델링했다. 기본 순환 신경망이 은닉 상태를 전달하는 방식으로 기억을 모델링했다면, LSTM은 셀 상태에 오래 기억되는 장기 기억을 모델링하고 은닉 상태는 단기 기억으로 한정했다.

장기 기억은 오래 지속되지만 새로운 사건이 발생할 때마다 조금씩 강화하거나 약화하고 자주 사용하지 않으면 잊히기도 한다. LSTM은 이러한 장기 기억의 특성을 만족하도록 셀 상태를 W의 방해 없이 그대로 전달되는 구조로 설계했다.

새로운 사건이 발생하면 연관된 장기 기억 또는 단기 기억과 연합해서 인식하는 과정에서 **단기 기억**이 형성된다. 단기 기억은 최근에 일어난 사건을 빠르게 기억하지만, 상황이 전환되면 빠르게 잊히는 특성이 있다. 또한 같은 사건이 지속해서 반복되면 단기 기억은 장기 기억으로 전환되기도 한다. LSTM은 단기 기억의 특성을 구성하기 위해 은닉 상태에 최근 사건에 대한 콘텍스트가 형성되도록 W가 곱해지는 구조로 설계했다. 기억을 형성하고 지속하고 망각하는 과정에서 단기 기억과 장기 기억은 상호작용을 한다.

장기 기억과 단기 기억의 상호작용

LSTM의 장기 기억과 단기 기억이 서로 어떻게 상호작용을 하는지 살펴보자. 다음 그림은 LSTM의 셀을 간단히 표현한 것이다. 기억이라는 용어에 맞게 입력을 사건이라고 부르겠다. 셀은 이전 셀에서 장기 기억과 단기 기억을 전달받는다. 새로운 사건이 발생하면 장기 기억과 단기 기억을 활용해서 예측하며 동시에 장기 기억과 단기 기억을 갱신하여 다음 셀에 전달한다.

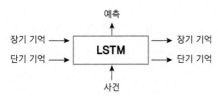

그림 8-28 LSTM의 장기 기억과 단기 기억

이때 이전 셀에서 전달된 장기 기억 중에 더 기억할 필요가 없는 기억은 지워버린다. 단기 기억에는 최근 사건에 대한 콘텍스트가 있어서 새로운 사건이 들어올 때 함께 기억을 새롭게 형성하는 데 관여한다. 새롭게 형성된 기억의 일부는 장기 기억으로 전환되고, 이로부터 갱신된 콘텍스트를 갖는 단기 기억을 만들어 현재 단계의 예측에 활용한다.

기억을 선택하는 게이트 구조

LSTM에는 기억을 형성하는 데 관여하는 네 종류의 게이트가 있다. 게이트는 기억을 지속할지 잊을지 선택하는 역할을 한다. 현재 콘텍스트에 부합하고 자주 사용되는 기억은 지속해야겠지만 그렇지 않은 기억은 잊도록 한다. 다음 그림에는 LSTM 셀 안에 **망각 게이트**forget gate, **입력 게이트**input gate, **기억 게이트**remember gate, **출력 게이트**output gate가 그려져 있다.

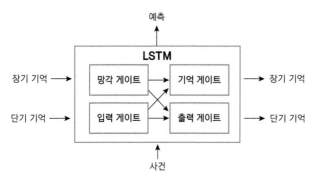

그림 8-29 LSTM 셀의 게이트 구조

어떤 종류의 기억을 지속하고 지울지에 따라 각 게이트의 역할이 정의된다.

- **망각 게이트**: 장기 기억을 지속할지 잊을지 판단한다. 잊어도 되는 장기 기억은 망각 게이트를 통과하지 못한다.
- **입력 게이트**: 새로운 사건으로 형성된 기억 중 장기 기억으로 전환해야 할 기억을 선택한다.
- **기억 게이트**: 장기 기억을 새롭게 갱신하기 위해 망각 게이트를 통과한 장기 기억에 입력 게이트를 통과한 새로운 기억을 더한다.
- **출력 게이트**: 갱신된 장기 기억에서 갱신된 단기 기억에 필요한 기억을 선택한다.

기억의 흐름과 입력 · 출력 · 망각 게이트의 역할

LSTM은 게이트 구조를 통해 새롭게 형성된 기억을 지속하거나 지워버린다. 시간의 흐름에 따라 이 과정이 어떻게 진행되는지 살펴보자. 다음 그림의 첫 번째 사건에서부터 시작해 보자.

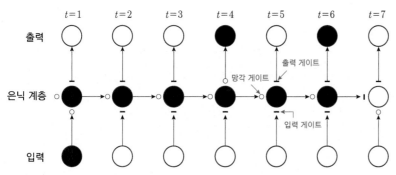

그림 8-30 장기 기억의 전달

이 그림은 첫 번째 사건이 단계 6까지 전달되면서 단계 4와 6의 예측에 활용되는 모습을 보여준다. 이때 첫 번째 사건은 **입력 게이트**를 통해 장기 기억에 반영되어 셀 상태를 거쳐서 6단계까지 전달되고, 단계 4와 6에서 새로운 사건과 연합하여 단기 기억인 은닉 상태에 반영된다. 이 과정에서 장기 기억에 있던 첫 번째 사건이 **출력 게이트**를 통해 단기 기억으로 선택된다. 단기 기억에 반영되면 예측에 바로 활용되며 그다음 단계인 5와 6에 전달된다. 일곱 번째 단계에서는 첫 번째 사건의 기억이 더 필요 없다고 판단하고 **망각 게이트**를 통해 장기 기억에서 지워버린다.

LSTM 셀 구조

LSTM의 셀 구조를 도형으로 그려보면 다음과 같다. 장기 기억은 셀 상태 C_t이고 단기 기억은 은닉 상태는 h_t이며 사건은 입력 x_t이다. 그리고 망각 게이트는 f_t, 입력 게이트는 i_t, 출력 게이트는 o_t, 새롭게 형성된 기억은 g_t이다.

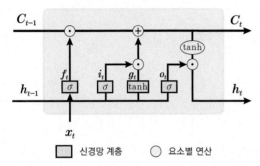

그림 8-31 LSTM 셀 구조

LSTM 셀에서 게이트의 위치와 문맥에 따라 달라지는 게이트값

LSTM 셀 구조가 복잡하기 때문에 각 게이트와 기억의 영역을 구분해보면 다음과 같다. 점선으로 둘러싼 부분은 기본 순환 신경망에는 없던 셀 상태와 게이트를 나타낸다.

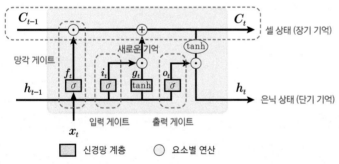

그림 8-32 LSTM 게이트 위치

기억을 선택하는 역할을 하는 게이트 i_t, f_t, o_t의 값은 단기 기억 h_{t-1}과 새로운 사건 x_t에 따라 달라진다. 즉, 어떤 기억이 중요한지 선택하는 기준은 순차적으로 발생한 사건의 문맥에 달렸다는 의미다. 앞의 도형에서 단기 기억 h_{t-1}와 새로운 사건 x_t는 모든 게이트에 입력으로 들어가고 있으며 각기 다른 가중치를 이용해서 가중합산 된 후 시그모이드 σ를 통해 값의 범위가 [0,1]로 조정된다. 새로운 기억 g_t도 마찬가지로 단기 기억과 새로운 사건으로 형성되며 값의 범위를 [-1, 1]로 제한하기 위해 하이퍼볼릭 탄젠트 tanh를 사용한다.

게이트와 새로운 기억 i_t, f_t, o_t, g_t의 계산

게이트와 새로운 기억이 어떻게 계산되는지는 수식을 보면 더 정확히 이해할 수 있다.

먼저 게이트와 새로운 기억을 한 번에 행렬 형태로 계산하기 위해 입력은 (h_{t-1}, x_t)로 만든다. 그리고 다음과 같이 8개의 가중치 행렬 W_{hi}, W_{xi}, W_{hf}, W_{xf}, W_{ho}, W_{xo}, W_{hg}, W_{xg}을 모아서 블록 행렬 W로 만든다. 나아가 입력 (h_{t-1}, x_t)와 가중치 W를 가중 합산하고 시그모이드와 하이퍼볼릭 탄젠트를 실행해서 각 게이트와 새로운 기억 i_t, f_t, o_t, g_t를 계산한다.

$$
\begin{matrix} \text{입력 게이트} \\ \text{망각 게이트} \\ \text{출력 게이트} \\ \text{새로운 기억} \end{matrix}
\begin{pmatrix} i_t \\ f_t \\ o_t \\ g_t \end{pmatrix}
= \begin{pmatrix} \sigma \\ \sigma \\ \sigma \\ \tanh \end{pmatrix}
W \begin{pmatrix} h_{t-1} \\ x_t \end{pmatrix}, \quad
W = \begin{bmatrix} W_{hi} & W_{xi} \\ W_{hf} & W_{xf} \\ W_{ho} & W_{xo} \\ W_{hg} & W_{xg} \end{bmatrix}
$$

이때 가중치 행렬 W_{hi}, W_{xi}, W_{hf}, W_{xf}, W_{ho}, W_{xo}, W_{hg}, W_{xg}는 다음과 같이 i_t, f_t, o_t, g_t별, h_{t-1}, x_t별로 정의된다.

- 입력 게이트 i_t는 h_{t-1}의 가중치 W_{hi}와 x_t의 가중치 W_{xi}로 계산된다.

- 망각 게이트 f_t는 h_{t-1}의 가중치 W_{hf}와 x_t의 가중치 W_{xf}로 계산된다.

- 출력 게이트 o_t는 h_{t-1}의 가중치 W_{ho}와 x_t의 가중치 W_{xo}로 계산된다.

- 새로운 기억 g_t는 h_{t-1}의 가중치 W_{hg}와 x_t의 가중치 W_{xg}로 계산된다.

장기 기억인 셀 상태 C_t의 계산

장기 기억에 해당하는 셀 상태 C_t는 다음과 같은 식으로 장기 기억과 새로운 기억 중 일부를 선택해서 만든다.

$$
\text{장기 기억} \quad C_t = f_t \odot C_{t-1} + i_t \odot g_t
$$

첫 번째 항은 이전 셀 상태 C_{t-1}와 망각 게이트 f_t의 요소별 곱($\odot$) 연산을 통해 지속해야 할 장기 기억을 선택한 것이다. 두 번째 항은 새로운 기억 g_t와 입력 게이트 i_t의 요소별 곱($\odot$) 연산을 통해 장기 기억으로 전환할 기억을 선택한 것이다. 이 두 항을 더해서 새로운 셀 상태

C_t가 계산되었다. 셀 상태 C_t는 C_{t-1}와 g_t의 선형 결합으로 정의되기 때문에 계산 과정에 W가 없는 매우 단순한 경로를 구축한다.

▶ 셀 상태는 값이 1씩 증가하거나 감소하는 정수 카운터처럼 생각할 수 있다. 만일 게이트 f_t와 i_t가 항상 1이고 새로운 기억 g_t가 1 또는 -1이라면 셀 상태 C_t는 1씩 증가하거나 감소하게 되며 각 셀을 지날 때마다 1씩 크거나 작은 값을 갖게 된다고 생각할 수 있기 때문이다.

단기 기억인 은닉 상태 h_t의 계산

단기 기억인 은닉 상태 h_t는 새롭게 갱신된 장기 기억 C_t의 일부 기억을 선택해서 만든다. 먼저 셀 상태 C_t에 하이퍼볼릭 탄젠트를 실행해서 값을 [-1,1] 범위로 변환하고, 변환된 값에 출력 게이트 o_t와의 요소별 곱($\odot$) 연산을 하여 필요한 기억을 선택한다. 그 결과 은닉 상태 h_t가 만들어지며, 은닉 상태는 출력 계층에 전달되어 현재 단계의 예측에 사용된다.

$$h_t = o_t \odot \tanh(C_t)$$

출력 게이트　　　　　장기 기억

그레이디언트 소실이 생기지 않는 이유

셀 상태를 연결하는 경로에서는 왜 그레이디언트 소실이 발생하지 않을까? 그레이디언트 소실을 유발하는 요인이었던 W의 반복적인 곱 연산이 사라졌는지 확인해보면 될 것이다. 먼저 C_t의 계산 식에서 C_{t-1}에 대해 지역 그레이디언트를 계산해 보자. $C_t = f_t \odot C_{t-1} + i_t \odot g_t$이므로 그레이디언트는 f_t가 된다.

$$\frac{\partial C_t}{\partial C_{t-1}} = f_t$$

연쇄 법칙으로 역방향의 미분을 계산해 보면 다음과 같이 망각 게이트의 $f_i (1 \le i \le t)$의 곱으로 바뀌었다. 이제 그레이디언트 흐름에 W가 완전히 사라졌으며, f_i는 셀마다 값이 다르기 때문에 f_i의 곱은 그레이디언트 소실을 발생시킬 가능성이 작다.

$$\frac{\partial C_t}{\partial C_0} = \frac{\partial C_t}{\partial C_{t-1}} \cdot \frac{\partial C_{t-1}}{\partial C_{t-2}} \cdot \dots \cdot \frac{\partial C_1}{\partial C_0} = f_t \cdot f_{t-1} \cdot \dots \cdot f_1 = \prod_{i-1}^{t} f_i$$

LSTM에서 그레이디언트가 잘 흐르는 이유

- f_t값은 셀마다 매번 바뀐다. 그래서 같은 f_t값이 반복적으로 곱해져서 그레이디언트 소실을 발생시킬 가능성이 작다.

- f_t값이 [0, 1] 범위에 있기 때문에 그레이디언트 폭발은 일어나지 않는다. 단, 값이 1보다 작기 때문에 그레이디언트 소실이 일어날 수도 있는데 이를 방지하기 위해 편향을 1로 초기화하는 것이 좋다.

- 각 단계의 은닉 상태에서 첫 번째 셀 상태까지 그레이디언트 흐름에 tanh가 한 번 나타날 수 있다. 하지만 반복적인 tanh의 곱이 아니기 때문에 tanh의 그레이디언트가 포화하여 그레이디언트 소실을 발생시킬 가능성이 작다.

8.4.3 GRU

GRU는 LSTM의 장점을 유지하면서 게이트 구조를 단순하게 만든 순환 신경망이다. 셀 상태 C_t를 없애고 다시 은닉 상태 h_t가 장기 기억과 단기 기억을 모두 기억하도록 했다. 다음 그림을 보면 GRU 셀 내에서 h_{t-1}와 h_t 사이에 경로가 두 갈래로 분기되다가 다시 합쳐지는 구조로 이루어진다. 위쪽 경로는 W의 연산이 없는 장기 기억을 전달하는 지름길이고 아래쪽 경로는 W의 연산이 있는 단기 기억을 전달하는 경로이다.

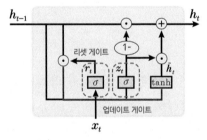

그림 8-33 GRU

또한 게이트가 두 종류로 간소화되었다. r_t는 **리셋 게이트**^{reset gate}로 새로운 사건이 발생했을 때 기억을 새롭게 형성하기 위해 장기 기억과 단기 기억에서 필요한 부분을 선택한다. z_t는 **업데이트 게이트**^{update gate}로 기억을 갱신하기 위해 기존 기억과 새롭게 형성된 기억의 가중 평균을 계산하는 가중치 역할을 한다.

리셋 게이트 r_t와 업데이트 게이트 z_t의 계산

GRU 내부에서 각 게이트와 은닉 상태가 어떻게 만들어지는지 계산 과정을 따라가 보자. 먼저 입력은 $(h_{t-1},\ x_t)$ 형태로 만들고, W는 4개의 세부 가중치 행렬을 쌓아서 블록 행렬 형태로 만든다. 그리고 입력 $(h_{t-1},\ x_t)$와 가중치 W를 가중 합산하고 시그모이드를 실행해서 다음과 같은 식으로 게이트 r_t, z_t를 계산한다.

$$\begin{array}{l}\text{리셋 게이트}\\ \text{업데이트 게이트}\end{array} \begin{pmatrix} r_t \\ z_t \end{pmatrix} = \begin{pmatrix} \sigma \\ \sigma \end{pmatrix} W \begin{pmatrix} h_{t-1} \\ x_t \end{pmatrix}, \quad W = \begin{bmatrix} W_{hr} & W_{xr} \\ W_{hz} & W_{xz} \end{bmatrix}$$

새롭게 형성된 기억 $\tilde{h}_t$의 계산

새로운 사건으로 형성된 기억 $\tilde{h}_t$는 다음 식으로 계산된다. 리셋 게이트 r_t는 이전 상태 h_{t-1}에서 필요한 부분을 선택한다.

$$\text{새로운 기억} \quad \tilde{h}_t = \tanh\left(\begin{pmatrix} W_{hh} & W_{xh} \end{pmatrix} \begin{pmatrix} \overset{\text{리셋 게이트} \quad \text{과거의 기억}}{r_t \odot h_{t-1}} \\ x_t \end{pmatrix} \right)$$

갱신된 기억 h_t의 계산

갱신된 기억인 은닉 상태 h_t는 이전 상태 h_{t-1}와 새로운 사건으로 형성된 기억 $\tilde{h}_t$의 가중 평균으로 계산된다. 업데이트 게이트 z_t는 가중치로서 이전 상태 h_{t-1}와 새로운 상태 $\tilde{h}_t$의 반영 비율을 결정한다.

$$\text{현재 기억} \quad h_t = (1 - z_t) \odot h_{t-1} + z_t \odot \tilde{h}_t$$

업데이트 기억 　 과거의 기억 　 업데이트 기억 　 새로운 기억

GRU는 LSTM에 비해 셀 구조가 단순해지고 연산량도 줄었지만 성능은 LSTM과 비슷하다.

8.5 순환 신경망 개선

LSTM과 GRU와 같은 새로운 순환 신경망 구조가 등장하면서 장기 의존성 문제와 그레이디언트 폭발 문제가 조금은 완화했지만, 구조적으로 순환 신경망에서 이 문제를 완전히 해결하기는 어렵다. 여전히 많은 문제에서 더욱 긴 콘텍스트를 다뤄야 하므로, 순환 구조가 아닌 다른 구조의 모델로 순차 데이터를 다루려는 시도는 계속해서 진행되고 있다.

이번 절에서는 긴 콘텍스트를 다루기 위한 방법 중 두 가지 방법을 살펴보고자 한다. 첫 번째는 **어텐션**attention을 사용해서 모든 기억을 동등하게 기억하지 않고 연관성 있는 기억에 집중해서 기억하도록 구조화하는 방법이다. 어텐션 초기 모델은 순환 구조에 어텐션을 결합한 형태였지만 최근 모델에서는 순환 구조를 배제하고 어텐션 계층과 완전 연결 계층만을 사용한다. 두 번째는 **시간 팽창 콘벌루션**temporal dilated convolution을 사용해서 오래전 기억이 빠르게 전달되도록 모델을 계층화하는 방법이다. 이 경우 순환 구조는 전혀 사용하지 않는다. 어텐션은 다양한 모델에 쉽게 결합하기 때문에 시간 팽창 콘벌루션과도 같이 사용될 수 있다.

8.5.1 어텐션

어텐션이란 뇌가 가장 중요하고 연관성 있는 정보에 집중하는 것을 말한다. 예컨대 사람이 어떤 장면을 본다고 해보자. 사람의 뇌는 모든 장면을 세세히 보지 않는다. 중요하다고 판단되는 부분에 집중하고 나머지는 개략적으로 본다. 뇌가 상황을 빠르게 판단하기 위해 '꼭 필요한 정보만 취하려는' 생물학적 기제 때문이다. 동물을 볼 때 우선 귀나 눈, 코와 같은 이목구비만으로 어떤 동물인지 판단하는 것도 뇌의 어텐션 메커니즘 때문이다.

언어 모델의 어텐션 활용

언어 모델에 어텐션을 적용한다면 문장의 특정 단어를 볼 때 문장 내의 다른 단어와의 연관성을 **어텐션값**attention value으로 사용한다. 예를 들어 'She is eating a green apple'이라는 문장이 있을 때 'eating'과 가장 연관된 단어는 'apple'이므로 'eating'을 읽을 때 'apple'에 가장 집중한다. 따라서 'apple'은 높은 어텐션값을 갖지만 'eating'과 'green'은 연관성이 떨어지므로 낮은 어텐션값을 갖는다.

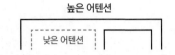

그림 8-34 단어 간 어텐션

어텐션 계산을 위한 쿼리와 (키, 값) 목록

어텐션을 계산하려면 키^{Key}와 값^{Value}으로 이뤄진 (k_i, v_i), $i=1, 2, ..., N$ 목록과 쿼리^{query} q가 정의되어야 한다. 쿼리 q를 기준으로 각 키 k_i와의 연관 정도를 계산하며, 그에 비례해서 키에 대응되는 값 v_i를 어텐션값으로 사용한다. 따라서 키는 쿼리와의 연관 정도를 계산할 대상이고 값은 연관 정도에 따라 사용할 데이터이다. 어텐션을 다음과 같이 쿼리 q, 키 k, 값 v를 이용해서 어텐션을 반환하는 함수로 생각하자.

$$어텐션 = attention\,(q,\ k,\ v)$$

어텐션 계산 순서

다음 그림을 보며 어텐션을 계산하는 순서를 따라가 보자. 먼저 쿼리 q와 (k_i, v_i) 목록의 각 키 k_i와 어텐션 점수^{attention score}를 계산한다. 어텐션 점수는 쿼리 q와 키 k_i의 연관 정도를 의미하며 다양한 함수로 표현될 수 있다. 계산된 어텐션 점수와 값 v_i를 곱해서 모두 합산하거나 가장 큰 어텐션 점수와 대응되는 v_i를 곱해서 최종 어텐션으로 사용한다.

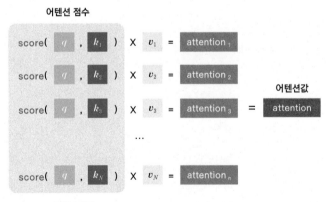

그림 8-35 어텐션 계산

어텐션 점수의 종류

어텐션 점수는 쿼리와 키 사이에 연관성 또는 유사도를 나타내므로 보통 **내적**[dot-product] 또는 내적을 변형한 방법으로 계산한다. 예를 들어 내적을 사용한다면 $score(q, k)=q^T k$와 같은 식으로 계산하며, **크기를 조정한 내적**[scaled dot-product]은 벡터 q와 k의 크기가 달라져도 동일한 크기의 내적값을 얻기 위해 내적값을 q와 k 벡터 크기인 $\sqrt{n}$으로 나눠서 정규화한다.

$$score(q, k)=\frac{q^T k}{\sqrt{n}}$$

종종 어텐션 점수에 소프트맥스를 적용해서 확률로 변환하기도 한다.

$$softmax(score(q, k))$$

셀프 어텐션

셀프 어텐션[self attention]은 자신 자신을 구성하는 부분끼리 연관성을 찾고자 할 때 사용하는 어텐션 방법이다. 예를 들어 문장내에 현재 단어와 연관성이 있는 단어를 찾거나 이미지에서 의미적으로 서로 연관성 있는 부분을 찾을 때 사용한다. 다음 예제는 문장을 순차적으로 읽을 때 현재 단어와 연관성이 높은 이전 단어를 파란색이 진해지도록 표시한 예이다.

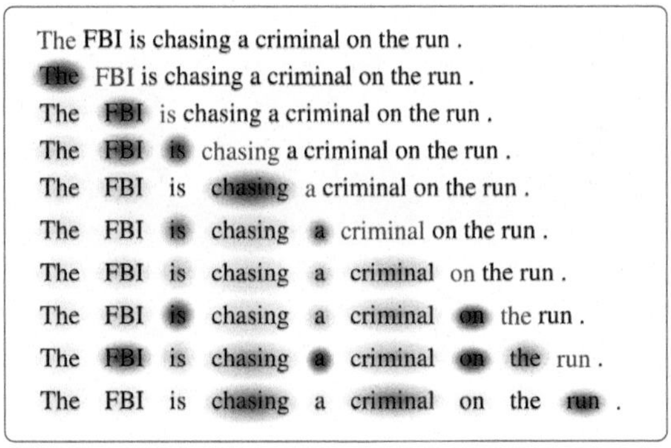

그림 8-36 셀프 어텐션[26]

하드 어텐션과 소프트 어텐션

어텐션을 계산하는 방식에 따라 **하드 어텐션**[hard attention]과 **소프트 어텐션**[soft attention]을 구분하기도 한다. 하드 어텐션은 가장 집중하는 정보를 선택하는 방식으로 어텐션 점수 중 최댓값으로 계산한다. 반면 소프트 어텐션은 어텐션 점수를 가중치로 사용해서 전체 정보를 가중 합산하는 어텐션 계산 방법이다. 예를 들어 다음 그림은 이미지 캡션을 생성할 때 단어가 집중하는 이미지 영역을 표시한다. 위쪽은 소프트 어텐션으로, 모든 영역에 대해 단어가 집중하는 강도를 보여준다. 아래쪽은 하드 어텐션으로, 단어가 가장 집중하는 영역을 보여준다. 하드 어텐션을 사용하든 소프트 어텐션을 사용하든 캡션 결과는 같다.

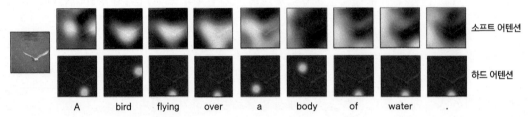

그림 8-37 이미지 캡션 생성 시 어텐션의 변화[32]

다음 그림은 이미지 캡션 문장에서 밑줄 친 단어가 가장 집중하는 영역을 보여준다. 해당 단어가 의미하는 부분에 정확히 집중하고 있음을 확인할 수 있다.

A woman is throwing a frisbee in a park.

A dog is standing on a hardwood floor.

A stop sign is on a road with a mountain in the background.

A little girl sitting on a bed with a teddy bear.

A group of people sitting on a boat in the water.

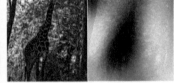
A giraffe standing in a forest with tress in the background.

그림 8-38 단어와 단어가 집중하는 객체[32]

8.5.2 인코더-디코더에서 어텐션 사용

이제 기계 번역을 위한 순환 신경망 인코더-디코더 모델에 어텐션을 어떻게 적용하는지 살펴보자. 인코더는 한 문장을 입력받아서 마지막 상태를 콘텍스트로 디코더에 전달하고, 디코더는 전달받은 콘텍스트를 이용해서 다른 언어로 된 문장을 생성한다.

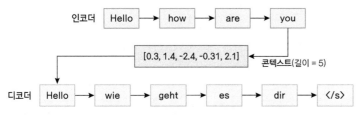

그림 8-39 인코더-디코더 모델의 고정 길이 콘텍스트

어텐션을 접목한 인코더-디코더 모델

이 모델은 고정 길이 콘텍스트에 새로운 정보를 순차적으로 추가하기 때문에 성능적 한계를
갖는다. 입력 문장이 길어질수록 고정 길이 콘텍스트에 정보를 다 담지 못하고, 오래전에 입
력된 단어를 잘 기억하지 못하는 문제가 생긴다. 콘텍스트 벡터를 생성할 때 어텐션을 접목
하면 이런 문제를 완화할 수 있다. 다음 그림과 같이 디코더가 새로운 단어를 생성할 때마다
입력 문장에서 연관된 단어 정보를 가져오기 위해 인코더의 모든 은닉 상태와 어텐션을 계
산해서 콘텍스트를 만든다.

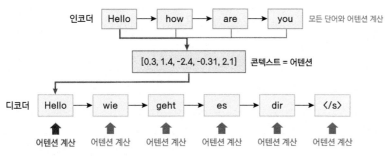

그림 8-40 인코더-디코더 모델에서 어텐션 사용

어텐션 계산 방식

어텐션 계산 과정을 자세히 살펴보기 위해 먼저 쿼리 q와 키와 값의 쌍 (k_i, v_i), $i=1, 2,$
$..., N$를 정의해 보자. 쿼리 q는 디코더에서 단어를 생성하려는 단계의 은닉 상태로 정의되
며 (k_i, v_i)은 인코더의 모든 단계의 은닉 상태로 정의된다. 예를 들어 앞의 그림에서 Hallo
라는 단어를 생성할 때 디코더의 첫 번째 단계의 은닉 상태가 쿼리 q가 되며, 인코더의 모든
단계에서 입력된 단어 Hello, how, are, you에 대응하는 각 은닉 상태가 키 k_i와 값 v_i로 정
의된다.

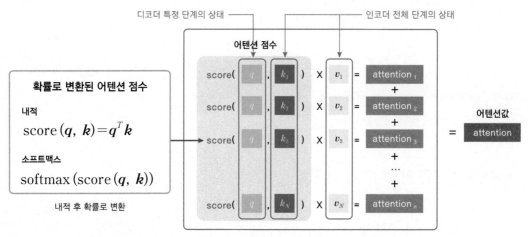

그림 8-41 인코더-디코더 모델에서 어텐션 계산

어텐션을 계산해 보면 Hallo와 연관성 있는 입력 단어의 어텐션 점수는 높게 나올 것이고 연관성이 없는 입력 단어의 어텐션 점수는 낮게 나올 것이다. 이때 어텐션 점수를 계산하는 함수는 내적으로 정의되며, 어텐션 점수에 소프트맥스를 적용해서 확률로 변환한다. 그리고 확률로 변환된 어텐션 점수를 가중치로 해서 인코더의 모든 상태와 가중 합산한 값을 최종 어텐션값으로 사용한다. 최종 어텐션값은 디코더에 전달되며 디코더의 현재 은닉 상태와 합쳐져서 출력 계층에 전달된다.

이와 같이 인코더-디코더 모델에 어텐션을 접목하면 생성하려는 단어와 더욱 연관성 있는 단어들의 콘텍스트를 생성할 수 있으므로 기계 번역의 성능을 대폭 높일 수 있다.

8.5.3 트랜스포머에서 어텐션 사용

2017년에 소개된 언어 모델인 **트랜스포머**^{transformer}는 순환 신경망을 사용하지 않고 순수하게 어텐션 메커니즘으로 구성된 인코더-디코더 모델이다. 단어 간에 상관관계로 문장을 해석할 수 있다면 단어를 순차적으로 보면서 문장 패턴을 인식하는 순환 신경망을 사용할 필요가 없다. 트랜스포머는 다음과 같이 크기를 조정한 내적으로 셀프 어텐션값을 계산한다. 여기서 Q는 쿼리 행렬, K는 키 행렬, V는 값 행렬로 각 행은 각 단어의 쿼리, 키, 값를 나타낸다. 행렬 연산으로 입력된 문장 내의 모든 단어 간의 어텐션을 한 번에 계산하고 있다. 또한, 키 벡터의 크기 d_k가 달라져도 같은 크기의 어텐션 점수가 나오도록 $\sqrt{d_k}$로 나눠주고 소프트맥스를 사용해서 확률로 변환한다.

$$\text{attention}(Q,\ K,\ V) = \text{softmax}\left(\frac{QK^T}{\sqrt{d_k}}\right)V \qquad d_k:\text{키 벡터 } k\text{의 크기}$$

트랜스포머 구조

트랜스포머의 구조를 보면 인코더는 인코더 블록을 N번 반복하고, 디코더는 디코더 블록을 N번 반복한다. 논문 구현에서는 6번 반복했다. 순환 신경망에서는 문장을 구성하는 단어를 순서대로 입력하기 때문에 단어의 순서 정보를 자동으로 인식하지만, 트랜스포머에서는 모든 단어를 한꺼번에 입력하기 때문에 단어의 순서 정보를 명시해줘야 한다. 그래서 입력 단어의 위치를 나타내는 위치 인코딩^{positional encoding} 정보를 단어와 함께 입력한다. 인코더의 출력은 512차원의 콘텍스트 벡터이고 디코더의 출력은 문장을 구성하는 단어의 확률분포가 된다.

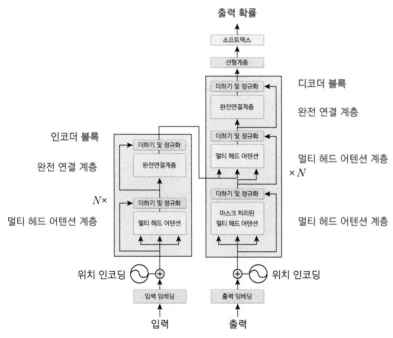

그림 8-42 트랜스포머 구조[9]

멀티 헤드 어텐션

인코더 블록은 **멀티 헤드 어텐션**^{multi-head attention} 계층과 완전 연결 계층으로 구성되며 각 계층은 잔차 연결을 가지고 계층 정규화를 수행한다. 디코더 블록은 셀프 어텐션을 할 때 입력 데이터의 앞쪽 단어와 어텐션을 계산하도록 제한하기 위해 뒤쪽 단어를 마스크 처리한다. 이를 **마스크 처리된 멀티 헤드 어텐션**^{masked multi-head attention}이라고 한다. 멀티 헤드 어텐션은 한 단어에 대해 여러 관점으로 어텐션을 살펴보기 위해 여러 번 어텐션을 수행한다. 어텐션을 여러 번 실행하는 대신 단어의 차원을 축소하므로 연산량이 많이 늘어나지는 않는다. 예를 들어 단어가 512차원이고 멀티 헤드 개수가 8이라면 단어를 512차원에서 64차원으로 줄여서 계산하되 어텐션을 8번 병렬 실행해서 그 결과를 결합한다. 이때 64차원은 512차원을 8로 나눈 값이다.

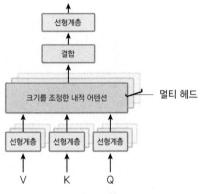

그림 8-43 멀티 헤드 어텐션[9]

어텐션 계산 결과

다음 그림은 트랜스포머를 이용해서 영어에서 불어로 기계 번역을 할 때 인코더의 단어 it의 셀프 어텐션 분포다. 인코더의 5번째 계층과 6번째 계층의 셀프 어텐션 분포로 8개 헤드 중에 한 헤드의 분포를 보여준다. 왼쪽 그림은 'The animal didn't cross the street because it was too tired.'를 입력한 경우로 it이 animal과 가장 큰 어텐션을 보인다. 오른쪽 그림은 'The animal didn't cross the street because it was too wide.'를 입력한 경우로 it이 street와 가장 큰 어텐션을 보인다. 문장의 의미에 따라 it이 어떤 단어를 가리키는지를 어텐션을 통해 정확히 계산하고 있음을 알 수 있다.

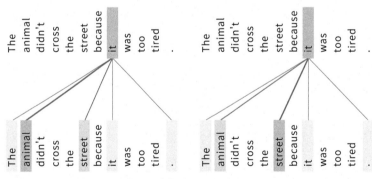

그림 8-44 트랜스포머의 셀프 어텐션 분포[24]

트랜스포머는 BERT와 같은 다른 언어 모델의 기본 구성 요소로도 활용되며, 최근에는 언어 모델뿐만 아니라 이미지를 포함한 다양한 데이터를 처리하는 모델 형태로 발전하고 있다.

8.5.4 시간 팽창 콘벌루션

순환 구조는 사용하지 않고 긴 콘텍스트를 다루기 위해 오래 전 기억이 빠르게 전달되도록 하는 **시간 팽창 콘벌루션**에 대해 살펴보자. 어텐션은 다양한 모델에 쉽게 결합하기 때문에 시간 팽창 콘벌루션과도 같이 사용될 수 있다.

오디오 생성 모델 웨이브넷

웨이브넷^{WaveNet}은 이미 생성된 자기 자신의 데이터를 이용해서 추가 데이터를 생성하는 **자기회귀**^{autoregressive} 방식의 오디오 생성 모델로 TTS^{text-to-speech}에 사용하거나 음악을 생성할 때 사용한다. 오디오 데이터는 시간적 순서 관계가 있는 순차 데이터이므로 자기 자신의 이전 데이터를 이용해서 새로운 데이터를 생성할 수 있다.

다음 그림은 오디오 데이터를 생성하기 위해 1차원 **인과 콘벌루션**^{causal convolution}을 사용하는 콘벌루션 신경망 모델이다. 인과 콘벌루션은 데이터 사이에 인과 관계가 존재할 때 현재 결과의 원인이 되는 과거 데이터만을 사용하는 콘벌루션 방식이다. 다음 모델과 같이 필터 크기가 2이고 스트라이드 1로 인과 콘벌루션을 할 때 4계층을 쌓으면 뉴런의 수용 영역은 5가 된다. 표준 인과 콘벌루션을 사용하면 수용 영역이 작으므로 이전 데이터를 많이 볼 수가 없다.

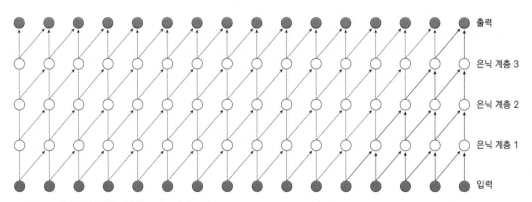

그림 8-45 인과 콘벌루션을 사용한 오디오 생성 모델

웨이브넷은 시간 팽창 콘벌루션을 사용해서 수용 영역을 대폭 넓혔다. 다음 그림을 보면 계층이 올라갈 때마다 콘벌루션 필터가 2배로 팽창하므로 4계층 콘벌루션을 했을 때 수용 영역은 16이다.

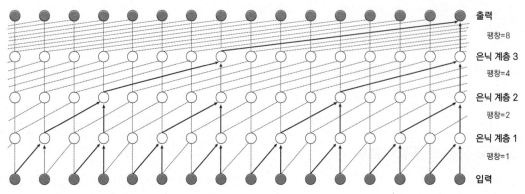

그림 8-46 시간 팽창 콘벌루션을 사용한 웨이브넷 모델[2]

메타러닝 모델 SNAIL

SNAIL^{simple neural attentive learner}은 학습 방법을 학습하는 메타학습^{meta-learning} 모델이다. 메타학습은 인간과 같이 빠르게 학습하는 능력을 만들기 위해 동일한 작업 분포를 이루는 여러 작업에 대한 학습방법을 학습한 뒤에 유사한 작업을 적은 데이터로 빠르게 학습할 수 있게 한다. 메타학습 방법 중에는 순환 신경망과 메모리 구조를 이용해서 순차적인 학습 패턴을 학습하는 블랙박스 방법이 있다. SNAIL은 시간 팽창 콘벌루션과 어텐션을 사용해서 기존 순환 신경망 모델의 성능을 개선한 블랙박스 모델로, 지도 학습과 강화 학습에 모두 적용할 수 있다.

다음 그림은 강화 학습에 적용된 SNAIL 모델로 시간 팽창 콘벌루션 계층과 어텐션 계층으로 구성된 블록을 여러 번 쌓는 방식으로 아주 긴 강화 학습 경로의 학습 방법을 메타학습한다. 시간 팽창 콘벌루션은 오래된 과거 데이터를 참조할 수 있게 해주며 어텐션은 그 데이터 중 집중해야 할 데이터를 선택하도록 해준다.

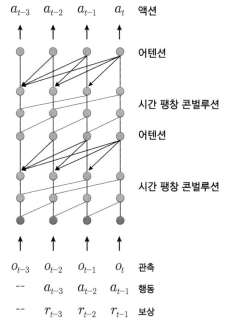

그림 8-47 시간 팽창 콘벌루션과 어텐션을 사용한 SNAIL 모델[39]

퀴즈로 정리해 보세요.

01. 긴 콘텍스트를 갖는 순차 데이터를 다룰 때 순환 신경망의 장기 의존성 문제와 그레이디언트 폭발 문제를 완전히 없애기는 어렵다. 그래서 순환 신경망을 사용하는 대신 어⬚⬚⬚⬚ 을 사용하거나 시⬚⬚⬚⬚⬚⬚⬚ 을 활용하는 모델로 발전하고 있다.

02. 어텐션은 가장 중요하고 연관성 있는 정보에 집중하는 방법으로 다양한 모델에 접목할 수 있다. 셀⬚⬚⬚ 어텐션은 자신 자신의 특정 부분과 나머지 부분과의 연관성에 따라 특징을 추출할 때 사용한다. 하⬚⬚⬚ 어텐션은 어텐션을 계산할 때 가장 집중하는 정보를 선택하는 방식이고, 소프트 어텐션은 정보의 집중도에 따라 모든 정보를 가중 합산하는 방식이다.

정답: 01. 어텐션, 시간 팽창 콘벌루션 02. 셀프, 하드

도전! ▶ 딥러닝 대표 문제

이 장에서 배운 내용을 실습해 보세요. 아래 문제의 URL에서 〈구글 코랩에서 실행하기〉 버튼을 누르세요. 실습을 진행할 수 있으며 정답도 확인할 수 있습니다.

실습 01 날씨 시계열 예측

막스 플랑크 생물 지구화학 연구소에서 기록한 날씨 시계열 데이터셋를 사용해서 시계열 데이터를 분석해보고 미래의 날씨를 예측해보도록 한다.

> **[텐서플로 튜토리얼] 시계열 예측**
>
> www.tensorflow.org/tutorials/structured_data/time_series

실습 02 영화 리뷰 감성 분석

3장에서 실습했던 IMDB 데이터셋의 영화 리뷰에 대한 감성 분석을 순환 신경망을 이용해서 구현해보고 순방향 신경망 모델보다 성능이 향상되는지 확인해 보자.

> **[텐서플로 튜토리얼] RNN을 사용한 텍스트 분류**
>
> www.tensorflow.org/tutorials/text/text_classification_rnn

실습 03 순환 신경망을 활용한 셰익스피어의 문자열 생성

셰익스피어 데이터셋을 이용해서 셰익스피어풍의 작품을 생성하는 순환 신경망을 만들어보자. 생성된 문장은 의미를 해석하기는 어렵지만 언뜻 보기에는 자연스러운 문장으로 보일 것이다.

> **[텐서플로 튜토리얼] 순환 신경망을 활용한 문자열 생성**
>
> www.tensorflow.org/tutorials/text/text_generation

실습 04 어텐션을 사용한 기계 번역

스페인어를 영어로 번역하기 위해 시퀀스-투-시퀀스seq2seq 모델을 만들 어보고 "¿ todavia estan en casa?" 와 같은 스페인 문장이 "are you still at home?"와 같은 영어 문장으로 번역되는지 확인해 보고, 모델의 어텐션을 시각화해서 어텐션의 역할을 확인해 보자.

> **[텐서플로 튜토리얼] 순환 신경망을 활용한 문자열 생성**
>
> www.tensorflow.org/tutorials/text/nmt_with_attention

09

생성 모델

지금까지는 지도 학습을 중심으로 모델을 설계하고 학습하는 과정을 살펴보았다. 이번 장에서는 비지도 학습 방법의 하나인 생성 모델generative model을 살펴보려고 한다. 생성 모델은 훈련 데이터의 확률분포를 추정해서 새로운 데이터를 생성하는 모델이다. 확률분포의 추정 방식에 따라 명시적 모델과 암묵적 모델로 나뉘는데, 이번 장에서는 대표적인 명시적 모델인 변분 오토인코더VAE: variational autoencoder와 대표적인 암묵적 모델인 적대적 생성 신경망GAN: generative adversarial network을 자세히 살펴볼 것이다.

9.1 생성 모델

어떤 사건의 확률분포를 안다는 것은 사건의 거의 모든 것을 안다는 의미이다. 따라서 사람들이 관심을 두는 데이터의 확률분포를 안다면 그로부터 무한히 많은 데이터를 생성할 수 있다. 모차르트의 음악도 피카소의 그림도 무라카미 하루키의 소설도 이말년 작가의 만화도 모두 데이터로 표현할 수 있으며, 데이터의 확률분포를 안다면 해당 작가 풍의 작품을 무한히 새롭게 만들어낼 수 있다.

생성 모델은 데이터로부터 확률분포를 추정해서 데이터를 생성하는 모델이다. 실생활의 데이터는 대부분 매우 복잡한 확률분포를 가지는 만큼 확률분포를 정확하고 빠르게 추정하기란 어려운 일이다. 하지만 조금은 정확지 않더라도 확률분포를 근사할 수 있다면 매우 다양하고 흥미로운 분야에 활용될 수 있다. 최근 들어 생성 모델의 성능이 매우 높아지면서 놀라운 결과를 보여주고 있다. 이번 절에서는 생성 모델의 기본 개념과 활용을 살펴보겠다.

9.1.1 베이즈 정리와 주변화

확률 모델을 이해하기 위해 확률의 기본 개념인 확률의 **곱 법칙**product rule과 **합 법칙**sum rule, **베이즈 정리**Bayes' theorem부터 살펴보자.

확률의 곱 법칙

확률의 곱 법칙은 조건부 확률 식에서 유도할 수 있다.

$$p(A|B) = \frac{p(A \cap B)}{p(B)}$$

이 식에서 우항의 분모를 좌항으로 넘기면 결합 확률분포 $p(A \cap B)$는 다음과 같이 정리된다.

$$p(A \cap B) = p(A|B)p(B)$$

결합 확률분포 $p(A \cap B)$가 두 확률분포의 곱으로 표현되었다. **확률의 곱 법칙**은 결합 확률분포를 인수분해해서 두 확률분포의 곱 형태로 표현하는 것을 말한다.

마찬가지로 $p(B|A) = \dfrac{p(A \cap B)}{p(A)}$ 형태의 조건부 확률 식에서도 $p(A \cap B) = p(B|A)p(A)$ 형태를 유도할 수 있으므로, 결합 확률분포는 다음과 같은 두 가지 방식으로 표현할 수 있다.

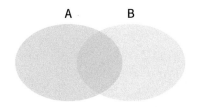

$$p(A|B)p(B) = p(A \cap B) = p(B|A)p(A)$$

그림 9-1 확률의 곱 법칙

확률의 합 법칙

다음과 같이 표본 공간 Ω가 있고 공간이 K개의 파티션 B_k로 분할되어 있다고 하자.

$$\Omega = B_1 \cup B_2 \cup \cdots \cup B_K$$

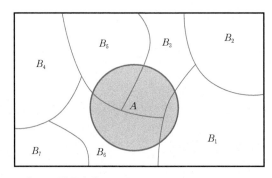

그림 9-2 표본 공간 Ω

표본 공간 Ω에서 A의 발생 확률 $p(A)$을 구한다면, 먼저 A와 각 B_k의 결합 확률분포 $p(A \cap B_k)$을 구하고 모든 B_k에 대해 합산하면 $p(A)$를 구할 수 있다.

$$p(A) = \sum_{B_k} p(A \cap B_k) = \sum_{B_k} p(A|B_i)p(B_k)$$

이와 같이 결합 확률분포에서 일부 확률변수의 분포를 구하기 위해 나머지 확률변수에 대해 합산하는 것을 **주변화**marginalization라고 하며, 이를 **확률의 합 법칙**이라고 한다.

베이즈 정리

다시 조건부 확률분포 $p(A|B)$로 돌아가 보자. 다음 조건부 확률 식에 $p(A \cap B) = p(B|A)p(A)$를 대입해 보면 세 번째 식이 되는데 이 식이 **베이즈 정리**이다.

$$p(A|B) = \frac{p(A \cap B)}{p(B)} = \frac{p(B|A)p(A)}{p(B)}$$

베이즈 정리는 **사전 확률분포**prior, **우도**likelihood, **사후 확률분포**posterior로 정의되며 '사전 확률분포에 증거를 반영하면 사후 확률분포가 되는 과정'을 표현한다.

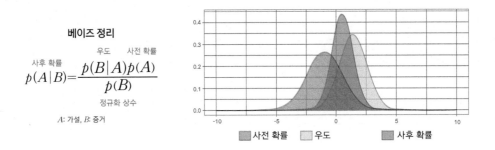

이 식에서 A는 **가설**hypothesis이라고 하고 B를 **증거**evidence 라고 하면 베이즈 정리는 가설에 대한 믿음을 증거를 토대로 갱신하는 과정을 나타낸다.

- 가설에 대한 **사전 확률분포** $p(A)$는 증거를 모르는 상태에서 경험적으로 정의하는 확률분포다.

- **우도** $p(B|A)$는 가설이 정해진 상태에서 증거에 대한 확률이다.

- **정규화 상수**normalizing constant $p(B)$는 증거에 대한 확률분포로, 다음 식과 같이 분자가 표현하는 증거와 가설의 결합 확률분포를 가설에 대해 주변화한 분포가 된다.

$$p(B) = \sum_A p(B|A)p(A)$$

- 사전 확률분포 $p(A)$와 우도 $p(B|A)$를 곱하고 $p(B)$로 정규화하면 **사후 확률분포** $p(A|B)$가 된다. 사후 확률은 증거로 갱신된 '가설 또는 새로운 주장'에 대한 새로운 확률을 말한다.

▶ 사후 확률분포의 상대적인 크기만 필요하고 확률분포로 표현하지 않아도 된다면, 정규화는 하지 않고 사전 확률분포와 우도만 곱해서 사후 확률분포를 근사하기도 한다.

만일 또 다른 증거가 있어서 그에 대한 사후 확률을 구해야 한다면, 현재의 사후 확률은 또 다른 증거에 대한 사전 확률로 쓰인다. 이런 원리를 이용하면 온라인 학습과 같이 증거가 점진적으로 유입될 경우 반복해서 확률을 추정할 수 있다. 즉, 단계별 사전 확률은 현재의 증거를 기반으로 사후 확률이 되고, 사후 확률은 다시 다음 단계의 증거에 대한 사전 확률로 쓰인다.

9.1.2 판별 모델과 생성 모델

판별 모델은 관측 데이터가 있을 때 각 클래스가 속할 확률을 예측하는 모델이고, 생성 모델은 관측 데이터의 확률분포를 학습해서 새로운 샘플을 생성하는 모델이다. 대개 클래스를 분류할 때 판별 모델을 사용하지만, 생성 모델로도 클래스를 분류할 수 있다.

판별 모델

판별 모델discriminative model은 관측 데이터 x가 클래스 C_k에 속할 조건부 확률분포 $p(C_k|x)$를 예측하는 모델이다. 다음 그림과 같이 판별 모델은 고양이 이미지를 입력하면 해당 이미지가 각 클래스에 속할 확률분포를 출력한다.

▶ 판별 모델은 사후 확률 $p(C_k|x)$을 직접 예측하는 모델로, 3장에서 지도 학습의 분류 문제를 확률 모델로 정의할 때 언급했던 모델이다. 판별 모델은 지도 학습 방식으로 x가 속한 C_k를 레이블로 제공해야 한다.

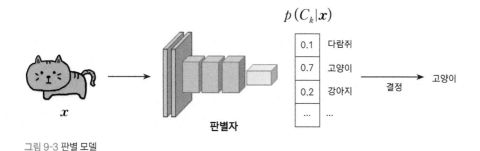

그림 9-3 판별 모델

생성 모델

확률 모델로 분류 문제를 풀 때 **생성 모델**generative model을 사용할 수도 있다. 생성 모델을 사용한 분류 모델은 사전 확률분포 $p(C_k)$와 관측 데이터의 조건부 확률분포 $p(x|C_k)$를 구한 뒤 다음과 같은 베이즈 정리를 이용해서 사후 분포 $p(C_k|x)$를 예측한다.

$$p(C_k|\boldsymbol{x}) = \frac{p(\boldsymbol{x}|C_k)p(C_k)}{p(\boldsymbol{x})}$$

분모의 정규화 상수 $p(\boldsymbol{x})$는 다음 식으로 구한다.

$$p(\boldsymbol{x}) = \sum_{C_k} p(\boldsymbol{x}|C_k)p(C_k)$$

생성 모델과 판별 모델의 가장 큰 차이점은 생성 모델은 입력 C_k의 확률분포를 가정한다는 것이다. 사전 확률분포 $p(C_k)$를 모른다면 훈련 데이터에서 구할 수 있다. 생성 모델의 가장 큰 이점은 관측 데이터의 분포 $p(\boldsymbol{x})$를 추론하기 때문에 이상치 탐지와 같이 데이터의 특성을 파악해야 하는 문제에 적용될 수 있다는 점이다.

잠재변수 모델

생성 모델이 잠재변수 모델$^{\text{latent variable model}}$인 경우 클래스 C_k를 잠재변수 $\boldsymbol{z}$로 일반화한다. 따라서 잠재변수 생성 모델은 잠재변수 $\boldsymbol{z}$가 주어졌을 때 관측 데이터 $\boldsymbol{x}$에 대한 조건부 확률분포 $p(\boldsymbol{x}|\boldsymbol{z})$로 표현한다. 다음 그림과 같이 잠재변수 $\boldsymbol{z}$가 고양이의 종류와 속성을 나타낸다면, 생성 모델은 잠재변수 $\boldsymbol{z}$를 입력했을 때 고양이 이미지의 조건부 확률분포 $p(\boldsymbol{x}|\boldsymbol{z})$를 출력한다.

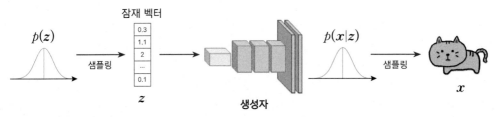

그림 9-4 생성 모델

▶ 잠재변수는 관측되지 않은 변수로 관측 데이터에 내재한 속성을 표현한다. 잠재변수 모델은 복잡한 확률분포 $p(\boldsymbol{x})$를 잠재변수가 가정된 간단한 확률분포들로 구성하는 확률 모델이다. 바로 뒤에서 설명할 가우시안 혼합 모델이 대표적인 잠재변수 모델로 여러 가우시안 분포를 더해서 복잡한 분포를 표현한다. 잠재변수의 사전 확률분포 $p(\boldsymbol{z})$는 경험적으로 미리 정의하거나, 또는 관측 데이터에서 사후 확률분포 $p(\boldsymbol{z}|\boldsymbol{x})$로 추론할 수 있다.

9.1.3 생성 모델의 종류

생성 모델은 관측 데이터의 확률분포를 추정해서 새로운 샘플을 생성한다. 훈련 데이터의 확률분포를 $P_{\text{data}}(\boldsymbol{x})$라고 하면, 생성 모델의 목표는 $P_{\text{data}}(\boldsymbol{x})$를 근사하는 $P_{\text{model}}(\boldsymbol{x})$을 학습하는 것이다.

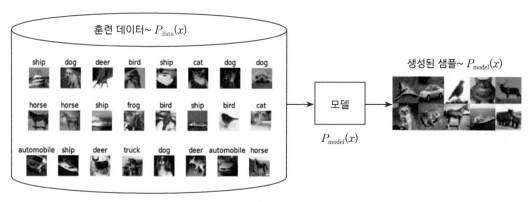

그림 9-5 생성 모델

생성 모델 분류

생성 모델의 분류도를 간략하게 그려보면 다음 그림과 같다. 생성 모델은 관측 데이터의 확률분포를 추정하기 위해 **최대우도추정**을 한다. 최대우도추정 방식은 확률분포를 명시적으로 추정하는 **명시적 추정**explicit density 방식과, 모델이 확률분포를 따르는 샘플을 생성하는 **암묵적 추정**implicit density 방식으로 나뉜다. 명시적 추정 방식은 다시 '확률분포를 정확히 추정하는 방식'과 '확률분포를 근사적으로 추정하는 방식'으로 나뉘는데 각각 자기회귀 모델 autoregressive model과 VAE 등의 방식이 있다. 그리고 암묵적 추정 방식에는 GAN이 있다.

▶ 최대우도추정은 3장에서 설명한다.

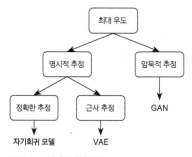

그림 9-6 생성 모델 분류

명시적 추정과 암묵적 추정

확률분포의 명시적 추정 방식은 확률분포의 파라미터를 추정한다. 예를 들어 추정하려는 확률분포가 이산 확률분포라면 베르누이 분포의 첫 번째 클래스의 확률 μ을 추정하거나 카테고리 분포의 클래스 확률 벡터 $\boldsymbol{\mu}^T = (\mu_1, \mu_2, ..., \mu_K)$을 추정하고, 연속 확률분포라면 가우시안 분포의 평균 μ과 분산 σ^2을 추정한다.

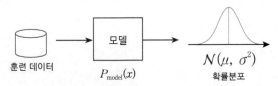

그림 9-7 확률분포의 명시적 추정 방식

확률분포의 암묵적 추정 방식은 모델이 확률분포를 따르는 샘플을 생성하도록 확률분포를 표현하지만 확률분포를 명시적으로 추정하지는 않는다.

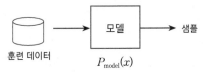

그림 9-8 확률분포의 암묵적 추정 방식

자기회귀 모델

자기회귀 모델은 이미 생성된 자신의 데이터를 이용해서 나머지 데이터를 생성하는 모델이다. 생성해야 할 데이터 $\boldsymbol{x}$가 n차원 데이터 $\boldsymbol{x} = (x_1, ..., x_n)$라고 하면, 자기회귀 방식은 $p(\boldsymbol{x})$를 다음 식으로 구한다.

$$p(\boldsymbol{x}) = p(x_1, ..., x_n) = \prod_{i=1}^{n} p(x_i | x_1, ..., x_{i-1})$$

자기회귀 방식으로 계산하려면 각 차원의 순서를 정해야 한다. 각 차원 x_i의 조건부 확률분포가 $p(x_i | x_1, ..., x_{i-1})$와 같이 이전 차원 $x_1, ..., x_{i-1}$을 조건부로 하기 때문이다. 그리고 확률의 곱 법칙에 따라 모든 차원의 결합 확률분포 $p(x_1, ..., x_n)$는 각 차원의 조건부 확률분포의 곱으로 정의된다. 이런 방식은 모든 x_i가 관측 변수가 되기 때문에 FVBN[fully visible belief network]이라고 부른다. 다음과 같이 $n \times n$ 이미지를 생성한다고 하면, 전체 차원은 n^2이 되고

다음 왼쪽 그림과 같이 픽셀의 순서를 정해서 조건부 확률을 계산한다.

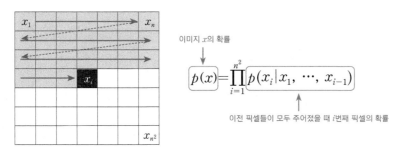

그림 9-9 FVBN[1]

자기회귀 방식은 잠재변수 모델이 아니므로 관측 데이터만으로 확률분포를 정확히 추정한다. 또 모델이 단순하기 때문에 훈련 과정도 안정적이다. 하지만 순차적으로 한 차원씩 생성하는 만큼 학습 속도가 매우 느리다는 단점이 있다.

VAE

변분 오토인코더, 즉 VAE$^{\text{variational autoEncoder}}$는 인코더-디코더로 구성된 잠재변수 모델로 확률분포를 변분적으로 근사한다. 다음 그림은 VAE 모델 그래프이다.

▶ 변분법은 함수의 함수를 나타내는 범함수^{functional}를 최대화하거나 최소화하는 방법으로, 함수의 미적분 또는 최적화 방법을 사용한다. VAE에서 확률분포를 근사할 때 알고 있는 확률분포와 근사하는 확률분포의 거리를 최소화하는 과정에서 변분법이 사용되기 때문에 변분이란 이름이 붙었다.

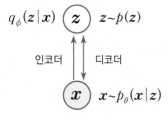

그림 9-10 VAE 모델 그래프

인코더는 관측 변수 $\boldsymbol{x}$를 표현하는 잠재변수 $\boldsymbol{z}$의 확률 공간 $p_\theta(\boldsymbol{z}|\boldsymbol{x})$를 만들기 위해 사후 확률 $p_\theta(\boldsymbol{z}|\boldsymbol{x})$를 함수 $q_\phi(\boldsymbol{z}|\boldsymbol{x})$로 근사한다. 디코더는 잠재변수 $\boldsymbol{z}$가 표현하는 관측 변수 $\boldsymbol{x}$의 확률분포 $p_\theta(\boldsymbol{x}|\boldsymbol{z})$를 추론한다. VAE는 확률분포를 근사하는 방식이라 정확한 확률분포를 추정하지는 못하지만, 훈련 과정이 안정적이고 빠르다는 장점이 있다.

GAN

GAN은 생성자^{generator}와 판별자^{discriminator}가 적대적 관계에서 훈련하는 모델이다. 생성자는 가짜 데이터를 만들면서 판별자가 진짜라고 속을 때까지 학습한다. 판별자는 훈련 데이터는 진짜 데이터로 판별하고, 생성자가 만든 데이터는 가짜 데이터로 판별하도록 학습한다. 생성자는 가짜 데이터를 판별자에게 테스트했을 때 가짜와 진짜를 더 구분하지 못할 때까지 학습한다. 생성자는 판별자를 통해 훈련 데이터의 확률분포를 간접적으로 학습한다.

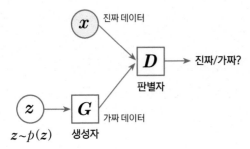

그림 9-11 GAN 모델 그래프

GAN으로 생성된 이미지는 선명하고 현실감이 있다. 반면 생성자와 판별자가 경쟁적으로 학습하는 방식 때문에 학습 과정이 불안정하고 최적화가 어렵다는 단점이 있다.

9.1.4 생성 모델 예시

생성 모델은 다양한 데이터를 생성하는 데 사용할 수 있다. 그뿐만 아니라 확률분포를 추정하기 때문에 추정된 확률분포를 벗어난 이상 데이터를 탐지하거나 잠재 공간에서 데이터 표현을 학습할 때, 강화학습에서 미래의 상태나 행동을 계획할 때도 활용할 수 있다.

- **새로운 객체 생성**: 새로운 예술 작품 생성, 이미지 변환, 다양한 복구 작업(인페인팅, 고해상도 이미지로 변환, 이미지 색칠), 데이터 증강, 개인 정보 생성

- **확률 추정**: 이상 데이터 탐지

- **표현 학습**: 잠재 공간에서의 데이터 표현 학습$^{representation\ learning}$

- **시계열 데이터 생성**: 강화 학습에서 미래의 상태 및 행동을 시뮬레이션하거나 계획

지금부터 이미지 데이터 생성과 관련된 몇 가지 예를 살펴보도록 하자.

인페인팅

다음 예시는 **인페인팅**inpainting 기법을 사용한 것이다. 인페인팅은 이미지의 일부가 비어 있을 때 완성된 이미지가 되도록 빈 부분을 채워주는 기법이다. 다음 그림은 사람이나 사과의 사진이 일부 지워졌을 때 지워진 부분을 새롭게 채운 예이다.

그림 9-12 훼손된 이미지 복구[53]

고해상도 이미지로 변환

다음은 고해상도SR: super-resolution 이미지로 변환하는 예시이다. 위쪽 그림은 저해상도 이미지를 고해상도 이미지로 바꾸는 SR-GAN 예시이며, 아래쪽 그림은 진단의 정확도를 높이기 위해 의료 사진을 고해상도로 바꾸는 예시이다.

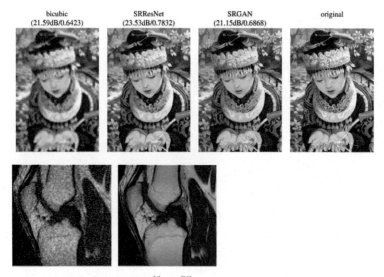

그림 9-13 고해상도 이미지로 변환(위[4], 아래[33])

데이터 증강

의료 데이터와 같이 훈련 데이터를 많이 확보하기 어려운 경우 데이터 증강 기법으로서 생성 모델을 사용할 수 있다. 다음은 합성된 눈 이미지를 실제 사람의 눈과 같이 변환하여 훈련 데이터로 활용하는 예시이다.

그림 9-14 의료 데이터 증강[8]

3D 모델 생성

콘벌루션 신경망을 이용해서 복셀voxel로 구성된 3D 모델을 생성할 수 있다. 다음은 3D 모델을 생성하는 3D-GAN 예시이다.

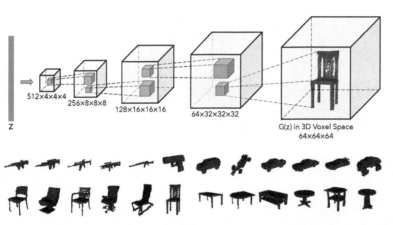

그림 9-15 3D 모델 생성[24]

이미지 변환

이미지 생성 모델을 확장하면 이미지를 다른 스타일의 이미지로 변환할 수 있다. 다음 그림은 CycleGAN 예시로 얼룩말과 갈색말이 서로 변환하는 모습과 여름 풍경에서 겨울 풍경으로 바뀌는 모습을 볼 수 있다.

얼룩말 ⇄ 말

여름 ⇄ 겨울

얼룩말 ➔ 말

여름 ➔ 겨울

말 ➔ 얼룩말

겨울 ➔ 여름

그림 9-16 이미지 변환[26]

퀴즈로 정리해 보세요.

01. 생〇〇〇〇은 데이터로부터 확률분포를 추정해서 데이터를 생성하는 모델이다. 확률분포를 근사할 수 있다면 매우 다양하고 흥미로운 분야에 활용할 수 있다.

02. 명〇〇〇〇〇〇은 '확률분포를 정확히 추정하는 방식'인 자기회귀 모델과 '확률분포를 근사적으로 추정하는 방식'인 VAE 등이 있다. 암묵적 추정 방식에는 적대적 관계에서 훈련하는 모델인 GAN이 있다.

정답: 01. 생성 모델 02. 명시적 추정 방식

9.2 VAE

이 절에서는 **오토인코더**^{autoencoder}와 확률 모델로 확장된 오토인코더인 **변분 오토인코더**, 즉 VAE의 이론적 배경과 모델 구조를 자세히 살펴본다.

9.2.1 오토인코더

표현 학습

표현 학습^{representation learning}은 데이터를 가장 잘 표현하는 특징을 학습하는 방법을 말한다. 데이터의 특징을 학습할 때는 입력 데이터를 저차원 데이터로 압축하는 **인코더** 형태의 모델을 통해 학습한다. 다음 그림은 이미지를 입력했을 때 이미지에 대한 특징을 출력하는 인코더의 모습을 보여준다.

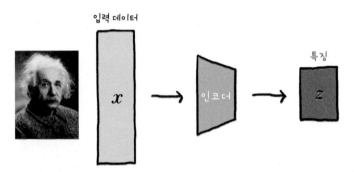

그림 9-17 **표현 학습**

표현 학습은 일종의 **차원 축소** 또는 **데이터 압축**^{data compression} 과정으로 볼 수 있다. 또한 비슷한 데이터를 동일한 특징으로 매핑하기 때문에 **클러스터링**이라고도 생각할 수 있다. 신경망으로 표현을 학습하면 비선형 차원 축소를 하기 때문에 더 정확하게 데이터의 특징을 학습할 수 있다. 또한 신경망의 계층이 깊어질수록 뉴런 수를 줄이면 자연스럽게 원하는 차원으로 축소되면서 저차원의 특징을 학습하게 된다.

표현 학습에서 중요한 것은 훈련 데이터로부터 응용에 필요한 변동성 요인을 특징으로 얼마나 잘 포착하느냐는 것이다. 따라서 응용 모델과는 별도로 학습된 인코더를 사용하는 것보다 응용 모델에 필요한 특징을 생성하도록 인코더를 동시에 학습하는 방식이 성능 향상에 도움이 된다.

오토인코더

오토인코더는 자기 자신을 잘 복구하는 표현을 학습하는 신경망이다. 고차원 데이터를 저차원의 특징으로 인코딩하고, 다시 저차원의 특징을 원래의 고차원 입력 데이터로 디코딩하는 항등 함수 모델이다.

다음 그림은 인코더–디코더 모델로 이루어진 오토인코더 모델을 보여준다. 인코더의 출력 계층을 '병목 계층'이라고 하며, 손실 함수는 l_2 손실로 정의된 **복원 손실**reconstruction loss 함수로 표현된다. 복원 손실 함수는 출력 이미지가 입력 이미지를 그대로 복원하도록 입력 이미지와 출력 이미지의 거리를 최소화한다.

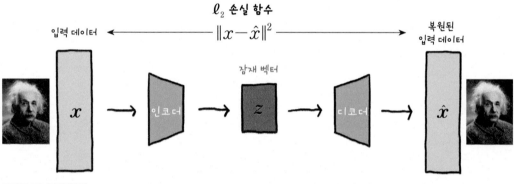

그림 9-18 오토인코더

전이 학습에 활용

학습된 오코인코더는 자기 자신을 잘 복원하는 특징을 학습한 **사전 학습 모델**pretrained model 로서 전이 학습에 활용할 수 있다. 전이 학습은 사전에 학습된 모델로 파라마터를 초기화해서 적은 데이터셋으로 세부 튜닝finetuning을 하는 학습 방법이다. 사전에 학습된 모델의 파라미터로 초기화하면 최적해 근처에서 최적화가 시작되기 때문에 적은 데이터를 빠르게 학습할 수 있다. 다음 그림은 학습된 인코더에 **분류기**classifier 계층을 추가해서 만든 전이 학습 모델을 보여주고 있다.

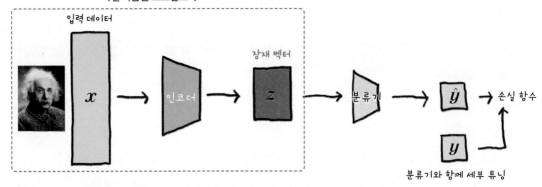

그림 9-19 사전 학습된 오토인코더를 전이 학습에 활용하는 방법

오토인코더를 확률 모델로 확장한다면?

오토인코더로 새로운 데이터를 생성할 수 있을까? 오토인코더는 학습했던 데이터만 복원할 수 있는 모델이기 때문에 새로운 데이터를 생성할 수는 없다. 하지만 오토인코더를 확률 모델로 확장하면 추정된 확률분포에서 새로운 데이터를 생성할 수 있다. 이와 같이 확률 모델로 확장된 오토인코더를 **변분 오토인코더**, 즉 VAE라고 한다.

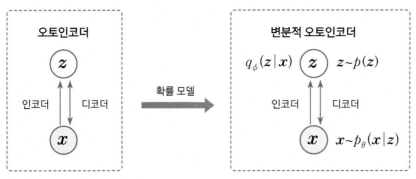

그림 9-20 확률 모델로 오토인코더 확장

오토인코더는 인코더에 x를 입력하면 z를 출력하고 디코더에 z를 입력하면 x를 출력하지만 VAE는 인코더에 x를 입력하면 확률분포 $p(z|x)$를 출력하고 디코더에 z를 입력하면 확률분포 $p(x|z)$를 출력한다.

9.2.2 잠재변수 확률 모델

실생활에서 확보한 관측 데이터의 확률분포를 추정하기란 쉽지 않다. 관측 데이터가 가우시안 분포와 같이 단순한 확률분포를 따르지 않고 매우 복잡한 형태의 확률분포를 따를 가능성이 크기 때문이다. 확률분포 $p(x)$가 복잡하다면 여러 개의 분포가 혼합된 형태의 혼합 분포^{mixture density}로 추정할 수 있다.

가우시안 혼합 분포

예를 들어 다음 그림과 같이 빨간색 선으로 표시된 확률분포는 세 개의 가우시안 분포 $p(x|z_1)$, $p(x|z_2)$, $p(x|z_3)$를 혼합해서 만든 분포이다. 이때 $p(z)$는 **혼합 계수**^{mixing coefficients}로 세 가우시안 분포의 발생 확률을 나타낸다.

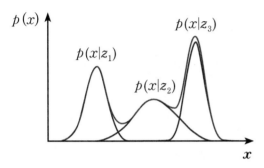

그림 9-21 가우시안 분포의 혼합

가우시안 혼합^{Gaussian mixture} 분포는 가우시안 컴포넌트 $p(x|z)$를 혼합 계수 $p(z)$로 가중 합산한 형태로 정의할 수 있다.

$$p(x) = \sum_z p(x|z)p(z)$$

$p(x, z) = p(x|z)p(z)$ 이므로 식을 다음과 같이 정리하면, 가우시안 혼합 분포 $p(x)$는 결합 확률분포 $p(x, z)$를 z에 대해 주변화해서 추정하는 잠재변수 모델임을 알 수 있다.

$$p(x) = \sum_z p(x, z)$$

가우시안 무한 혼합 분포

가우시안 분포가 유한한 개수로 혼합되어 있는 경우 이산 확률변수 z에 대한 합산 $\sum$로 정의되지만, 무한히 많은 가우시안 분포가 혼합되어 있다면 가우시안 혼합은 어떻게 표현할 수 있을까? 이 경우 가우시안 혼합은 다음과 같이 연속 확률변수 z에 대한 적분으로 정의된다.

조건부 분포(가우시안 분포)

$$p(x) = \int \boxed{p(x|z)} \, \boxed{p(z)} \, dz$$

쉬운 분포로 가정(가우시안 분포)

이 식을 이용해서 무한히 많은 가우시안 분포를 혼합하려면 먼저 $p(x|z)p(z)$를 계산해야 한다. 그런데 $p(z)$와 $p(x|z)$가 **켤레 분포**^{conjugate distribution} 관계가 아니면 $p(x|z)p(z)$를 분석적으로 풀기 어렵다. 대부분 $p(z)$와 $p(x|z)$는 비선형 관계를 이루기 때문에 비선형 관계를 찾아내야 한다.

▶ 켤레 분포는 사전 분포와 사후 분포가 같은 종류의 분포가 되도록 사전 분포와 우도가 짝을 이루는 분포를 말한다. 예를 들어 다음 표와 같이 우도가 가우시안 분포일 때 평균의 사전 분포가 가우시안 분포이면 둘은 켤레 분포가 되어 사후 분포도 가우시안 분포가 된다. 사전 분포와 우도가 켤레 분포 관계이면 사후 분포를 분석적으로 계산할 수 있다.

표 9-1 켤레 분포

우도 $p(x|z)$	확률변수 z	켤레 사전분포 $p(z)$
가우시안 분포	평균(μ)	가우시안 분포
가우시안 분포	정밀도(σ^{-2})	감마 분포
가우시안 분포	평균과 정밀도(μ, σ^{-2})	가우시안-위샤트 분포
다변량 가우시안 분포	공분산($\sum^{-1}$)	위샤트 분포
베르누이 분포	확률(μ)	디리클레 분포
카테고리 분포	확률 벡터(μ)	감마 분포
푸아송 분포	평균(λ)	감마 분포
균등 분포	확률(θ)	파레토 분포

가우시안 무한 혼합의 신경망 구현

이럴 때 범용 함수 근사기인 신경망을 활용하면 $p(z)$와 $p(x|z)$의 비선형 관계를 표현할 수 있다. 다음 그림과 같이 신경망을 이용하면 $p(z)$로부터 $p(x|z)$를 추정할 수 있다.

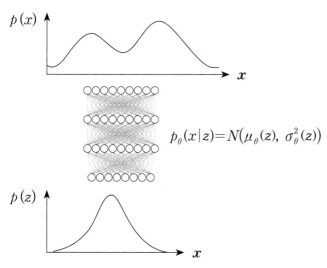

$$p_\theta(x|z) = N\big(\mu_\theta(z),\ \sigma_\theta^2(z)\big)$$

그림 9-22 가우시안 분포의 무한 혼합

먼저 사전 확률분포 $p(z)$를 가우시안 분포로 가정해 보자. $p(x|z)$는 가우시안 분포이며 사전 확률분포 $p(z)$를 따르는 샘플 z를 신경망에 입력해서 추정한다. 이때 신경망은 $p(x|z)$의 평균 $\mu_\theta(z)$와 표준 편차 $\sigma_\theta(z)$를 출력하며, 최종적으로 $p_\theta(x|z) = N(\mu_\theta(z),\ \sigma_\theta^2(z))$ 형태의 가우시안 분포를 추정할 수 있다.

▶ 사전 확률분포 $p(z)$를 가우시안 분포로 가정한 이유는 잘 아는 분포로 가정했기 때문이다. $p(z)$ 대신 사후 확률분포 $p(z|x)$를 사용하면 관측 데이터 x에 근거한 분포로 추론할 수 있다.

▶ θ는 신경망 모델의 파라미터이고 p_θ는 파라미터화된 확률분포를 표현한다.

몬테카를로 추정 방식으로 적분식을 근사

이 식이 계산하기 어려운 또 다른 이유는 적분이 포함된다는 것이다. 적분 안쪽이 신경망으로 구현되므로 z를 무한히 샘플링해야 적분을 계산할 수 있는데, 실제로는 그렇게 할 수 없으므로 적분을 근사해야 한다. 이때 사용할 수 있는 방법이 **몬테카를로 추정**^{Monte Carlo estimate}이다. 적분 식을 다음과 같이 기댓값 형태로 변환한 뒤에 N번 무작위 샘플링해서 평균을 내면 몬테카를로 추정으로 적분을 근사할 수 있다.

▶ 몬테카를로 추정은 무작위 추출된 난수를 이용하여 함수의 값을 계산하는 시뮬레이션 방식이다. 보통 함수가 닫힌 형태가 아닐 때 함수를 근사한다. 연속 확률분포의 경우 무한히 많은 샘플을 사용하는 대신 몬테카를로 추정을 통해 유한한 샘플을 사용해서 확률 분포를 근사할 수 있다.

$$p(x) = \int p(x|z)\mathrm{p}(z)\,\mathrm{d}z$$
$$= \mathbb{E}_{z \sim p(z)}\left[p(x|z)\right]$$
$$\approx \frac{1}{N}\sum_z p(x|z)$$

9.2.3 확률분포 추정

확률분포를 가우시안 무한 혼합 모델로 정의하는 방법을 살펴보았으니, 이제 관측 데이터 X에서 확률분포 $p(X)$를 추정해 보자.

관측 데이터와 잠재변수 정의

먼저 관측 데이터 $X = \{x_1,\ x_2,\ ...,\ x_N\}$가 있고 각 샘플 x_i가 서로 독립적이고 동일한 분포를 갖는 i.i.d를 만족한다고 하자. 그리고 관측 데이터에 대응되는 잠재변수는 $Z = \{z_1,\ z_2,\ ...,\ z_N\}$이다.

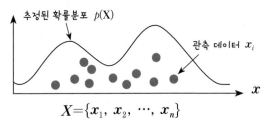

그림 9-23 관측 데이터

최대우도추정을 위한 최적화 문제 정의

확률분포 $p(X)$를 최대우도추정 방식으로 추정하려고 한다. 먼저 확률분포는 파라미터 θ로 정의되는 모델로 추정하며, 이때 모델이 예측한 확률분포인 우도 $p_\theta(X)$를 정의해 보자. 샘플 x_i가 서로 독립이므로 관측 데이터의 우도 $p_\theta(X)$는 N개의 샘플의 우도 $p_\theta(x_i)$의 곱으로 표현할 수 있다.

$$p_\theta(X) = \prod_{i=1}^{N} p_\theta(x_i)$$

따라서 로그 우도 $\log p_\theta(X)$는 다음과 같다.

$$\log p_\theta(X) = \log \prod_{i=1}^{N} p_\theta(x_i) = \sum_{i=1}^{N} \log p_\theta(x_i)$$

최대우도추정을 위한 최적화 문제가 다음과 같이 정의되었다.

$$\theta \leftarrow \underset{\theta}{\text{argmax}} \sum_{i=1}^{N} \log p_\theta(x_i)$$

잠재변수 확률 모델로 확장

$p_\theta(x_i)$는 복잡한 확률분포이기 때문에 가우시안 무한 혼합 분포로 정의된다고 가정하자. 단, $p(z_i)$는 사전 확률분포이므로 모델 파라미터 θ와 관계없다고 가정한다.

$$p(x_i) = \int p_\theta(x_i|z_i) p(z_i) dz_i$$

앞의 최적화 문제에 $p_\theta(x_i)$를 대입하면 최적화 문제가 다음과 같이 확장된다.

$$\theta \leftarrow \underset{\theta}{\text{argmax}} \sum_{i=1}^{N} \log \int p_\theta(x_i|z_i) p(z_i) \mathrm{d}z_i$$

앞에서 살펴봤던 것처럼 사전분포 $p(z_i)$는 가우시안 분포로 가정하고 $p(z_i)$에서 $p_\theta(x_i|z_i)$를 추정할 때는 신경망 모델을 활용하며, 적분식은 기댓값 형태로 변환해서 몬테카를로 추정을 한다.

▶ log 함수가 기댓값 $\mathbb{E}$의 안쪽으로 들어가는 과정과 다음 식에 더해지는 정규항은 9.2.4에서 확인해 보겠다.

$$\theta \leftarrow \underset{\theta}{\text{argmax}} \sum_{i=1}^{N} \mathbb{E}_{z_i \sim p(z_i)}[\log p_\theta(x_i|z_i)]$$

잠재 공간의 분화를 위한 사후 분포의 사용

그런데 앞의 식으로 훈련하면 z_i는 사전 분포로만 정의되고 x_i를 표현하도록 정의된 상태가 아니기 때문에 $p_\theta(X)$의 분포를 따르는 데이터를 생성하지 못한다. 즉, 사전 분포로 정의된 z_i가 있는 잠재 공간은 다음 왼쪽 그림과 같이 데이터의 특징을 반영하지 않은 상태이다.

z_i가 x_i를 잘 표현하게 하려면 x_i에서 z_i를 구해서 잠재 공간이 z_i별로 잘 분화되도록 만들어줘야 한다. 그러면 다음 그림의 오른쪽과 같이 데이터의 특징에 따라 잠재 공간이 잘 분화된 상태가 된다.

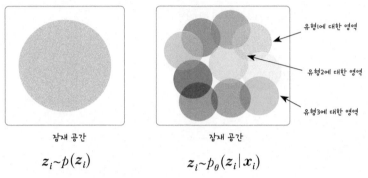

그림 9-24 잘 분화된 잠재 공간

잠재 공간이 잘 분화되도록 사후 분포 $p_\theta(z_i|x_i)$를 구해서 사전 분포 $p(z_i)$ 대신 적용하면 최적화 문제가 다음과 같이 재정의된다.

$$\theta \leftarrow \underset{\theta}{\operatorname{argmax}} \sum_{i=1}^{N} \mathbb{E}_{z_i \sim p_\theta(z_i|x_i)}[\log p_\theta(x_i|z_i)]$$

사후 확률분포의 변분 근사

그런데 사후 분포 $p(z_i|x_i)$는 매우 복잡한 분포이기 때문에 분석적으로 추정하기가 어렵다. 이와 같이 확률분포를 추정하기 어려운 경우 함수 $q_\phi(z_i|x_i)$ 형태로 근사할 수 있는데 이를 **변분 근사**variational approximation 또는 **변분 추론**variational inference이라고 한다.

$$\theta \leftarrow \underset{\theta}{\operatorname{argmax}} \sum_{i=1}^{N} \mathbb{E}_{z_i \sim q_\phi(z_i|x_i)}[\log p_\theta(x_i|z_i)]$$

사후 분포의 분석적인 추정이 어려운 이유는 다음과 같이 베이지안 정리로 풀어보면 알 수 있다. 분모항 $p_\theta(x_i)$은 추정해야 할 대상이므로 아직까지 알 수 없는 상태이기 때문이다.

$$p(z_i|x_i) = \frac{p_\theta(x_i|z_i)p(z_i)}{p_\theta(x_i)} = \frac{p_\theta(x_i|z_i)p(z_i)}{\int p_\theta(x_i|z_i)p(z_i)dz_i}$$

▶ 목적 함수는 함수 $q_\phi(z_i|x_i)$를 입력 변수로 하는 범함수이며, 목적 함수를 최대화하는 과정은 변분법이므로 이 과정을 변분 근사라고 한다.

사후 확률분포와 변분 함수

다음과 같은 형태의 복잡한 형태의 사후 분포 $p(z_i|x_i)$가 있다면, 변분 함수 $q_\phi(z_i|x_i)$는 가우시안 분포와 같이 간단한 확률분포로 사후 분포를 근사하기 때문에 사후 분포를 정확히 표현하지는 못한다. 하지만 확률분포를 함수 형태로 근사하기 때문에 샘플링 방식이나 자기 회귀와 같은 다른 확률분포 추정 방법과 비교하면 매우 빠른 속도로 확률분포를 근사할 수 있다.

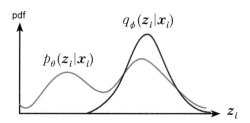

그림 9-25 변분적 근사

변분 함수의 신경망 구현

변분 함수 $q_\phi(z_i|x_i)$는 신경망으로 구현할 수 있다. 다음 그림과 같이 관측 데이터 $X=\{x_1,\ x_2,\ ...,\ x_N\}$의 데이터 포인트 x_i별로 가우시안 분포의 평균 $\mu_\phi(x_i)$와 표준 편차 $\sigma_\phi(x_i)$를 구해서 $\mathcal{N}(\mu_\phi(x_i),\ \sigma_\phi(x_i))$로 정의되는 $q_\phi(z_i|x_i)$를 구할 수 있다.

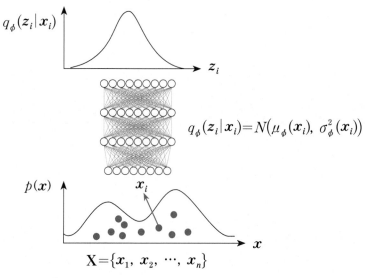

그림 9-26 사후 분포를 근사하는 변분 함수

VAE 모델 구조

결과적으로 VAE 모델 구조는 다음과 같은 모양의 확률 모델에 기반을 두는 오토인코더 구조를 가진다.

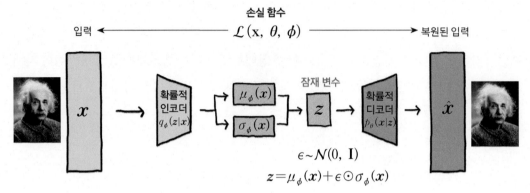

그림 9-27 VAE 구조

인코더는 관측 데이터 $\boldsymbol{x}$를 입력받아서 변분 함수 $q_\phi(\boldsymbol{z}|\boldsymbol{x})$의 평균 $\mu_\phi(\boldsymbol{x})$과 표준 편차 $\sigma_\phi(\boldsymbol{x})$를 출력한다. 추정된 가우시안 분포 $\mathcal{N}(\mu_\phi(\boldsymbol{x}),\ \sigma_\phi^2(\boldsymbol{x})))$에서 $\boldsymbol{z}$를 샘플링해서 디코더에 입력한다. 디코더는 $\boldsymbol{z}$를 입력받아서 $p_\theta(\boldsymbol{x}|\boldsymbol{z})$를 출력한다.

9.2.4 VAE 유도 과정

이제 앞에서 설명했던 식들을 한꺼번에 유도해 보겠다. 관측 데이터가 $X=\{\boldsymbol{x}_1,\ \boldsymbol{x}_2,\ ...,\ \boldsymbol{x}_n\}$이고 잠재변수가 $Z=\{\boldsymbol{z}_1,\ \boldsymbol{z}_2,\ ...,\ \boldsymbol{z}_N\}$일 때 $p_\theta(X)$의 로그 우도 $\log p_\theta(X)$에서 유도를 시작한다.

$$\log p_\theta(X)=\mathbb{E}\mathbf{z}{\sim}q_\phi(\mathbf{z}|\mathbf{x})_{(Z|X)}\big[\log p_\phi(X)\big] \qquad \text{\small $p_\theta(X)$는 z에 독립}$$

$$=\mathbb{E}\mathbf{z}{\sim}q_\phi(\mathbf{z}|\mathbf{x})\left[\log\frac{p_\theta(\mathbf{x}|\mathbf{z})p(\mathbf{z})}{p_\theta(\mathbf{z}|\mathbf{x})}\right] \quad \text{\small $p_\theta(X)=p_\theta(X)\frac{p_\theta(X\cap Z)}{p_\theta(X\cap Z)}=\frac{p_\theta(X|Z)p_\theta(Z)}{p_\theta(Z|X)}$}$$

$$=\mathbb{E}\mathbf{z}{\sim}q_\phi(\mathbf{z}|\mathbf{x})\left[\log\frac{p_\theta(\mathbf{x}|\mathbf{z})p(\mathbf{z})}{p_\theta(\mathbf{z}|\mathbf{x})}\frac{q_\phi(\mathbf{z}|\mathbf{x})}{q_\phi(\mathbf{z}|\mathbf{x})}\right] \quad \text{\small 상수 곱하기}$$

$$=\mathbb{E}\mathbf{z}{\sim}q_\phi(\mathbf{z}|\mathbf{x})[\log p_\theta(\mathbf{x}|\mathbf{z})]-\mathbb{E}\mathbf{z}{\sim}q_\phi(\mathbf{z}|\mathbf{x})\left[\log\frac{q_\phi(\mathbf{z}|\mathbf{x})}{p(\mathbf{z})}\right]$$

$$+\mathbb{E}\mathbf{z}{\sim}q_\phi(\mathbf{z}|\mathbf{x})\left[\log\frac{q_\phi(\mathbf{z}|\mathbf{x})}{p_\theta(\mathbf{z}|\mathbf{x})}\right]$$

$$= \mathbb{E}_{\mathbf{z} \sim q_\phi(\mathbf{z}|\mathbf{x})}[\log p_\theta(\mathbf{X}|\mathbf{Z})] - \underbrace{D_{KL}\big(q_\phi(\mathbf{Z}|\mathbf{X}) \| p(\mathbf{Z})\big)}_{} + \underbrace{D_{KL}\big(q_\phi(\mathbf{Z}|\mathbf{X})) \| p_\theta(\mathbf{Z}|\mathbf{X})\big)}_{}$$

디코더   인코더   사전 확률분포   계산불가, $D_{KL} \geq 0$

$\mathcal{L}(X,\ \theta,\ \phi)$ 증거 하한(ELBO)

첫 번째 식은 $p_\theta(\mathbf{X})$는 $\mathbf{Z}$에 독립이므로 $p_\theta(\mathbf{X})$를 $\mathbf{Z}$에 대한 기댓값을 취해도 식은 동일하다. 두 번째 줄은 다음과 같이 베이즈 규칙을 사용해서 유도했다.

$$p_\theta(\mathbf{X}) = p_\theta(\mathbf{X}) \frac{p_\theta(\mathbf{X} \cap \mathbf{Z})}{p_\theta(\mathbf{X} \cap \mathbf{Z})} = p_\theta(\mathbf{X}) \frac{p_\theta(\mathbf{X}|\mathbf{Z}) p_\theta(\mathbf{Z})}{p_\theta(\mathbf{Z}|\mathbf{X}) p_\theta(\mathbf{X})} = \frac{p_\theta(\mathbf{X}|\mathbf{Z}) p_\theta(\mathbf{Z})}{p_\theta(\mathbf{Z}|\mathbf{X})}$$

세 번째 식은 상수 1과 같은 $\dfrac{q_\phi(\mathbf{Z}|\mathbf{X})}{q_\phi(\mathbf{Z}|\mathbf{X})}$를 곱한 것이고, 이 식을 네 번째 줄에서 세 개의 항으로 분리했다. 마지막 식은 쿨백-라이블러 발산^{Kullback-Leibler divergence} D_{KL}로 다시 표현한 것이다.

▶ 세 개의 항으로 분리할 때 색깔을 따라가서 보면 쉽게 확인할 수 있다. 쿨백-라이블러 발산은 9.2.7을 참고하자.

엔센 부등식을 이용해서 VAE 하한을 유도하는 과정 (*)

VAE의 또 다른 유도 방식을 설명해 보겠다. 이번 유도 과정은 $\log p_\theta(\mathbf{X})$에서 시작해서 **엔센 부등식**^{Jenson's Inequality}을 적용함으로써 하한 $\mathcal{L}(X,\ \theta,\ \phi)$을 구하는 과정을 보여준다. 네 번째 식에서 엔센 부등식 $\log \mathbb{E}[x] \geq \mathbb{E}[\log x]$에 따라 기댓값 밖에 있던 log 함수가 기댓값 안쪽으로 들어왔다.

▶ 엔센 부등식의 정의는 잠시 뒤에 설명할 '엔센 부등식'을 참고하자.

$$\log p_\theta(\mathbf{X}) = \log \int p_\theta(\mathbf{X}|\mathbf{Z}) p(\mathbf{Z}) d\mathbf{Z}$$

$$= \log \int p_\theta(\mathbf{X}|\mathbf{Z}) p(\mathbf{Z}) \frac{q_\phi(\mathbf{Z}|\mathbf{X})}{q_\phi(\mathbf{Z}|\mathbf{X})} d\mathbf{Z} \qquad \text{상수 곱하기}$$

$$= \log \mathbb{E}_{\mathbf{z} \sim q_\phi(\mathbf{z}|\mathbf{x})} \left[\frac{p_\theta(\mathbf{X}|\mathbf{Z}) p(\mathbf{Z})}{q_\theta(\mathbf{Z}|\mathbf{X})} \right] \qquad \text{기댓값 형태로 표현}$$

$$\geq \mathbb{E}_{\mathbf{z} \sim q_\phi(\mathbf{z}|\mathbf{x})} \left[\log \frac{p_\phi(\mathbf{X}|\mathbf{Z}) p(\mathbf{Z})}{q_\theta(\mathbf{Z}|\mathbf{X})} \right] \qquad \text{엔센 부등식 적용}$$

$$= \mathbb{E}_{\mathbf{z} \sim q_\phi(\mathbf{z}|\mathbf{x})}[\log p_\phi(\mathbf{X}|\mathbf{Z})] - D_{KL}(q_\phi(\mathbf{Z}|\mathbf{X}) \| p(\mathbf{Z}))$$

$$= \mathcal{L}(X,\ \theta,\ \phi)$$

이번 유도과정을 통해 $\log p_\theta(\mathbf{X}) \geq \mathcal{L}(X, \theta, \phi)$를 확인했다.

🧑 옌센 부등식

옌센 부등식은 볼록 함수$^{\text{convex function}}$가 다음의 부등식을 만족하는 성질을 말한다. 그림을 보면 $[a, b]$ 구간에서 볼록 함수 $f(x)$는 $(a, f(a))(b, f(b))$를 연결하는 직선보다 항상 아래에 있다. 따라서 x의 기댓값 $\mathbb{E}[x]$은 $[a, b]$ 구간에 있고, $f(x)$의 기댓값 $\mathbb{E}[f(x)]$은 $(a, f(a))$와 $(b, f(b))$를 연결하는 직선 위에 있으므로 다음 부등식을 만족한다.

$$f(\mathbb{E}[x]) \leq \mathbb{E}[f(x)]$$

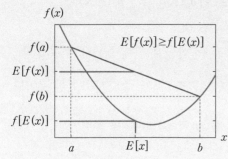

그림 9-28 볼록 함수에서 옌센 부등식

오목 함수$^{\text{concave function}}$인 경우 다음과 같이 부등식 방향이 반대가 된다.

$$f(\mathbb{E}[x]) \geq \mathbb{E}[f(x)]$$

쿨백 라이블러 발산에서 시작하는 VAE 유도 과정 (∗)

VAE의 세번째 유도 방식은 쿨백 라이블러 발산에서 시작한다. 변분 함수 $q_\phi(\mathbf{Z}|\mathbf{X})$는 사후 확률 $p_\theta(\mathbf{Z}|\mathbf{X})$를 근사해야 하므로 두 분포의 차이인 쿨백 라이블러 발산 $D_{\text{KL}}(q_\phi(\mathbf{Z}|\mathbf{X})\|p_\theta(\mathbf{Z}|\mathbf{X}))$이 최소화되어야 한다. 따라서 $D_{KL}(q_\phi(\mathbf{Z}|\mathbf{X})\|p_\theta(\mathbf{Z}|\mathbf{X}))$ 쿨백 라이블러 발산에서 거꾸로 유도하면 $\text{ELBO}^{\text{evidence lower bound}}$와 로그 우도 $\log p_\theta(\mathbf{X})$를 유도할 수 있다.

▶ 첫 번째 유도 과정과 거의 같은 기법을 적용해서 유도한다.

$$D_{KL}\big(q_\phi(\mathbf{Z}|\mathbf{X})\|p_\theta(\mathbf{Z}|\mathbf{X})\big) = \mathbb{E}\mathbf{z}{\sim}q_\phi(\mathbf{z}|\mathbf{x})\left[\log\frac{q_\phi(\mathbf{Z}|\mathbf{X})}{p_\theta(\mathbf{Z}|\mathbf{X})}\right]$$

$$= \mathbb{E}\mathbf{z}{\sim}q_\phi(\mathbf{z}|\mathbf{x})\left[\log\frac{q_\phi(\mathbf{Z}|\mathbf{X})p_\theta(\mathbf{X})}{p_\theta(\mathbf{X},\ \mathbf{Z})}\right]$$

$$= \mathbb{E}\mathbf{z}{\sim}q_\phi(\mathbf{z}|\mathbf{x})\left[\log\frac{q_\phi(\mathbf{Z}|\mathbf{X})p_\theta(\mathbf{X})}{p_\theta(\mathbf{X}|\mathbf{Z})p(\mathbf{Z})}\right]$$

$$= -\mathbb{E}\mathbf{z}{\sim}q_\phi(\mathbf{z}|\mathbf{x})[\log p_\theta(\mathbf{X}|\mathbf{Z})] + \mathbb{E}\mathbf{z}{\sim}q_\phi(\mathbf{z}|\mathbf{x})\left[\log\frac{q_\phi(\mathbf{Z}|\mathbf{X})}{p(\mathbf{Z})}\right]$$

$$\qquad\qquad + \mathbb{E}\mathbf{z}{\sim}q_\phi(\mathbf{z}|\mathbf{x})[\log p_\theta(\mathbf{X})]$$

$$= -\mathbb{E}\mathbf{z}{\sim}q_\phi(\mathbf{Z}|\mathbf{X})[\log p_\theta(\mathbf{X}|\mathbf{Z})] + D_{KL}\big(q_\phi(\mathbf{Z}|\mathbf{X})\|p(\mathbf{Z})\big) + \log p_\theta(\mathbf{X})$$

$$= -\mathcal{L}(\mathbf{X},\ \theta,\ \phi) + \log p_\theta(\mathbf{X})$$

결과적으로 다음과 같은 관계식을 얻을 수 있다.

$$\log p_\theta(\mathbf{X}) = \mathcal{L}(\mathbf{X},\ \theta,\ \phi) + D_{KL}\big(q_\phi(\mathbf{Z}|\mathbf{X})\|p_\theta(\mathbf{Z}|\mathbf{X})\big)$$

유도 식의 각 항 해석

다음과 같이 로그 우도 식이 유도되었을 때 각 항의 의미를 해석해 보자.

$$\log p_\theta(\mathbf{X}) = \underbrace{\mathbb{E}\mathbf{z}{\sim}q_\phi(\mathbf{z}|\mathbf{x})[\log p_\theta(\mathbf{X}|\mathbf{Z})]}_{\text{복원 손실 / 디코더}} - \underbrace{D_{KL}\big(q_\phi(\mathbf{Z}|\mathbf{X})\|p(\mathbf{Z})\big)}_{\text{정규화 항 / 인코더 · 사전 확률분포}} + \underbrace{D_{KL}\big(q_\phi(\mathbf{Z}|\mathbf{X})\|p_\theta(\mathbf{Z}|\mathbf{X})\big)}_{\text{계산불가, } D_{KL}\ge 0}$$

$\mathcal{L}(X,\ \theta,\ \phi)$ 증거 하한(ELBO)

첫 번째 항은 복원 손실로서 출력이 입력 $\mathbf{X}$를 복원하게 만든다. 두 번째 항은 정규화 항으로 변분 함수 $q_\phi(\mathbf{Z}|\mathbf{X})$가 사전 분포 $p(\mathbf{Z})$와 가까워지게 만든다. 세 번째 항은 사후 확률 $p_\theta(\mathbf{Z}|\mathbf{X})$와 변분 함수 $q_\phi(\mathbf{Z}|\mathbf{X})$가 가까워지게 만드는데 사후 확률을 알 수 없기 때문에 이 항은 구할 수 없다.

첫 번째 항과 두 번째 항을 증거 하한$^{\text{evidence lower bound}}$ 또는 ELBO라고 한다. 세 번째 항은 구할 수 없지만 쿨백-라이블러 발산은 항상 양수이기 때문에 다음과 같은 관계가 성립한다.

$$\log p_\theta(\mathbf{X}) \geq \mathcal{L}(\mathbf{X},\ \theta,\ \phi)$$

$\log p_\theta(\mathbf{X})$는 상수이기 때문에 첫 번째 항과 두 번째 항을 최대화하면 쿨백-라이블러 발산이 최소화된다. 따라서 로그 우도 $\log p_\theta(\mathbf{X})$를 최대화하는 대신 ELBO $\mathcal{L}(\mathbf{X},\ \theta,\ \phi)$를 최대화하도록 최적화할 수 있다. 만일 $\log p_\theta(\mathbf{X}) = \mathcal{L}(\mathbf{X},\ \theta,\ \phi)$가 된다면 $D_{\text{KL}}(q_\phi(\mathbf{Z}|\mathbf{X}) \| p_\theta(\mathbf{Z}|\mathbf{X}))$은 0이 된다.

VAE의 목적 함수

따라서, VAE의 목적 함수는 다음과 같이 ELBO $\mathcal{L}(\mathbf{X},\ \theta,\ \phi)$로 정의된다.

$$\underbrace{\text{목적 함수: } \mathcal{L}(\mathbf{X},\ \theta,\ \phi)}_{\text{ELBO}} = \underbrace{\mathbb{E}_{\mathbf{z} \sim q_\phi(\mathbf{z}|\mathbf{x})}[\log p_\theta(\mathbf{X}|\mathbf{Z})]}_{\substack{\text{복원 손실}\\\text{디코더}}} - \underbrace{D_{KL}(q_\phi(\mathbf{Z}|\mathbf{X})}_{\substack{\text{정규화 항}\\\text{인코더}}} \| \underbrace{p(\mathbf{Z})}_{\text{사전 확률분포}})$$

9.2.5 VAE 학습

VAE의 학습 단계를 보면 인코더와 디코더가 마치 하나의 신경망으로 연결되어 있는 것처럼 한 번에 학습한다. 인코더에 미니배치를 입력하면 디코더까지 실행해서 손실을 계산한 뒤에 다시 반대 순서로 역전파하면서 학습하는 구조이다.

미분이 불가능한 확률분포 샘플링

이때 인코더의 출력이 디코더에 입력되는 과정에서 잠재변수 $\boldsymbol{z}$를 인코더로 추정한 정규분포 $(\mu_\phi(\boldsymbol{x}),\ \sigma_\phi^2(\boldsymbol{x}))$에서 샘플링하는데, 문제는 확률분포에서 샘플링하는 과정은 미분 가능한 함수 형태가 아니므로 역전파 알고리즘으로 학습할 수 없다는 것이다.

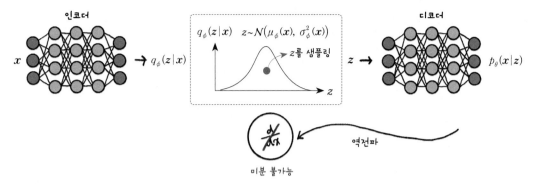

그림 9-29 z 샘플링 문제

확률분포에서 샘플링 하는 과정이 포함된 랜덤 노드를 미분 가능하게 바꿀 수는 없을까? 다행히 일부 확률분포의 경우 확률변수의 샘플링을 미분가능한 함수 형태로 바꿔서 표현할 수 있는데 이런 방법을 재파라미터화 트릭이라고 한다.

재파라미터화 트릭

재파라미터화 트릭^{reparameterization trick}은 다음과 같이 확률변수 z를 다른 확률변수 ϵ의 함수 $g(\theta, \epsilon)$로 매핑하는 방법이다.

▶ 재파라미터화 트릭은 이산 변수인 경우 불가능하며 일부 연속 확률분포에 한해서만 가능하다.

$$z = g(\theta, \epsilon), \ \epsilon \sim p(\epsilon)$$

정규분포의 경우 $z \sim \mathcal{N}(\mu, \sigma^2)$는 다음과 같이 재파라미터화 할 수 있다.

$$z = \mu + \epsilon\sigma, \ \epsilon \sim \mathcal{N}(0, 1)$$

같은 방법으로 VAE의 랜덤 노드도 다음과 같이 재파라미터화 트릭을 적용할 수 있다.

▶ ⊙는 벡터의 요소별 곱을 나타낸다.

$$z = \mu_\phi(x) + \epsilon \odot \sigma_\phi(\mathbf{x}), \ \epsilon \sim \mathcal{N}(0, \mathbf{I})$$

재파라미터화 트릭을 적용했을 때 역전파 경로의 변화

재파라미터화 트릭을 사용하면 함수 $g_\phi(x, \epsilon)$ 노드가 생기고 랜덤 노드는 역전파 경로에서 빠지기 때문에 모든 경로가 미분 가능하다. 다음 그림의 왼쪽은 샘플링을 하던 랜덤 노드가 역전파 경로에 있는 계산 그래프이고, 오른쪽은 재파라미터화 트릭을 사용하면서 역전파가 가능해진 계산 그래프이다. 역전파 과정에서 z 노드는 함수 $g_\phi(x, \epsilon)$ 를 통해 $\mu_\phi(x)$와 $\sigma_\phi(x)$로 역전파한다.

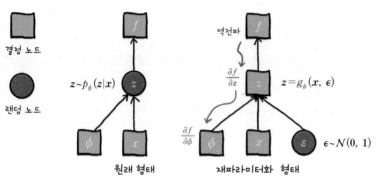

그림 9-30 재파라미터화 트릭을 사용했을 때 역전파

9.2.6 데이터 생성

훈련이 완료되고 VAE로 새로운 데이터를 생성할 때는 디코더만 사용한다. 훈련하면서 x 를 잘 표현하도록 z의 잠재 공간이 분화되고, 잘 분화된 공간의 z를 입력했을 때 $p_\theta(x|z)$의 분포에 따르는 데이터가 생성되도록 학습되었기 때문에 이제 사전 확률분포 $p(z)$에서 z를 샘플링해도 $p_\theta(x|z)$의 분포를 따르는 데이터가 생성된다.

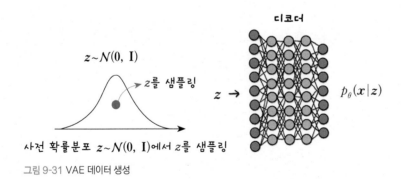

그림 9-31 VAE 데이터 생성

다음 그림은 잠재 공간에서 잠재변수 z를 보간^{Interpolation}하면서 데이터를 생성한 모습이다. 이때 잠재변수 z는 차원마다 다른 특징을 표현한다. 예를 들어 왼쪽 그림에서 잠재변수 z_1은 동그란 모양에서 일자 모양으로 변화하는 특징을 표현하고 잠재변수 z_2는 글자의 기울기를 변화하는 특징을 표현한다. 오른쪽 그림에서 잠재변수 z_1은 웃는 정도를, 잠재변수 z_2는 얼굴의 방향을 표현한다.

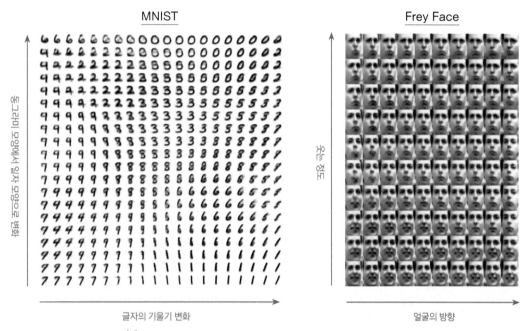

그림 9-32 VAE 잠재변수 보간[14]

9.2.7 쿨백-라이블러 발산

쿨백-라이블러 발산은 두 확률분포 $p(x)$와 $q(x)$가 얼마나 다른지를 나타내는 측도로, $p(x)$가 기준 분포이고 $q(x)$가 추정 분포라면 쿨백-라이블러 발산은 다음과 같이 정의한다.

$$
\begin{aligned}
D_{\text{KL}}(p\|q) &= \mathbb{E}_{x\sim p(x)}\left[\log\frac{p(x)}{q(x)}\right] \\
&= \mathbb{E}_{x\sim p(x)}[\log p(x)] - \mathbb{E}_{x\sim p(x)}[\log q(x)] \\
&= \mathcal{H}(p,\,q) - \mathcal{H}(p)
\end{aligned}
$$

쿨백-라이블러 발산은 크로스 엔트로피 $\mathcal{H}(p, q)$에서 엔트로피 $\mathcal{H}(p)$를 뺀 값과도 같다. 이와 같이 두 분포의 차를 기준 분포 $p(x)$에 대한 기댓값으로 표현한 $D_{\mathrm{KL}}(p\|q)$을 **순방향 KL**이라고 하고, 반대로 두 분포의 차를 추정 분포 $q(x)$에 대한 기댓값으로 표현한 $D_{\mathrm{KL}}(q\|p)$를 **역방향 KL**$^{\text{Reverse KL Divergence}}$이라고 한다.

$$D_{\mathrm{KL}}(q\|p) = \mathbb{E}_{x \sim q(x)}\left[\log\frac{q(x)}{p(x)}\right]$$
$$= \mathbb{E}_{x \sim q(x)}[\log q(x)] - \mathbb{E}_{x \sim q(x)}[\log p(x)]$$
$$= \mathcal{H}(q, p) - \mathcal{H}(q)$$

순방향 KL과 역방향 KL의 성질

순방향 KL을 최소화한다면 다음 왼쪽 그림과 같이 전체 분포 $p(x)$를 덮는 형태로 $q(x)$가 근사되는 성질이 있고, 역방향 KL을 최소화한다면 오른쪽 그림과 같이 가장 높은 봉우리로 $q(x)$가 근사되는 성질이 있다.

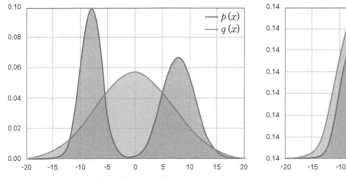

그림 9-33 순방향 KL과 역방향 KL의 성질

순방향 KL $D_{\mathrm{KL}}(p\|q)$는 $p(x)$가 0보다 값이 큰 영역에서 두 분포의 차이를 줄이려는 경향이 있다. $p(x)$가 가중치가 되므로 $p(x)$가 0인 곳에서는 KL값이 0이다. 따라서 모두 $p(x) > 0$인 영역에서 차이가 최소가 되도록 $q(x)$는 $p(x)$의 전체 분포를 커버하는 모습이 된다.

역방항 KL $D_{\mathrm{KL}}(q\|p)$의 $p(x)$의 가장 높은 봉우리에서 두 분포의 차이를 줄이려는 경향이 있다. $q(x)$가 가중치가 되므로 $q(x)$가 0인 곳에서는 KL값이 0이다. 따라서 $q(x)$는 p(x)

의 모든 영역을 커버할 필요가 없으므로 $p(x)$의 가장 높은 봉우리에서의 차이가 최소가 되도록 봉우리를 꽉 채우는 모습이 된다. 역방향 KL을 조금 더 자세히 설명하면 다음 그림과 같이 크로스 엔트로피 항 $\mathcal{H}(q, p)$은 $p(x)$의 가장 높은 봉우리에 $q(x)$를 디랙 델타함수 ^{Dirac delta function} 모양으로 만드는 역할을 한다. $p(x)$가 가장 큰 값을 갖는 위치에 $q(x)$가 모두 몰려 있을 때 크로스 엔트로피는 최소화되기 때문이다. 두 번째 항 $\mathcal{H}(q)$은 $q(x)$의 엔트로피가 최대화되도록 분산이 커지게 만드는 역할을 한다. 결과적으로는 $q(x)$를 $p(x)$의 가장 높은 봉우리를 중심으로 최대한 넓은 분포로 만들어준다.

그림 9-34 역방향 KL 최소화 효과

 퀴즈로 정리해 보세요.

01. 오⬚⬚⬚⬚⬚⬚는 자기 자신을 잘 복구하는 표현을 학습하는 신경망이다. 오토인코더를 확률 모델로 확장하면 추정된 확률분포에서 새로운 데이터를 생성할 수 있는 변분 오토인코더, 즉 VAE가 된다.

02. 무한히 많은 가우시안 분포의 혼합은 가⬚⬚⬚⬚⬚⬚⬚⬚ $p(x|z)$와 혼⬚⬚⬚⬚⬚⬚⬚ $p(z)$의 곱을 z에 대해 적분한 식으로 정의한다. 이때 $p(z)$와 $p(x|z)$의 비선형 관계는 신경망으로 구할 수 있으며 적분식은 몬테카를로 추정으로 근사할 수 있다.

03. 관측 데이터에 대해 분화된 잠재 공간을 만들려면 사⬚⬚ 분포 $p(z)$ 대신 사⬚ 분포 $p(z|x)$를 구해야 한다. 이렇게 구한 사후 분포 $p(z|x)$에서 데이터를 생성해야 관측 데이터의 분포를 따르는 데이터를 생성할 수 있다.

정답: 01. 오토인코더 02. 가우시안 컴포넌트, 혼합 계수 03. 사전, 사후

9.3 GAN

생성 모델을 만들 때 추정된 확률분포를 명시하는 것보다 샘플을 생성하는 것이 더 중요하다면, 확률분포를 명시적으로 추정하기 위해 세웠던 가정이 없어도 간단하면서 좋은 샘플을 생성할 수 있는 모델을 만들 수 있을 것이다. 이와 같이 확률분포를 명시적으로 추정하지 않고 샘플을 생성하기 위해 확률분포를 간접적으로 표현하는 방식을 **암묵적 추정 방식**이라고 한다.

암묵적 확률 추정 방식의 대표적인 생성 모델이 **GAN**^{generative adversarial model}이다. GAN은 2014년 **이안 굿펠로우**^{Ian J. Goodfellow}가 제안했고, 머신러닝 분야에서 최근 10년 가장 흥미로운 모델로 평가받고 있다.

그림 9-35 이안 굿펠로우

GAN은 잠재변수 z를 복잡한 고차원의 확률분포를 따르는 샘플 x로 변환한다.

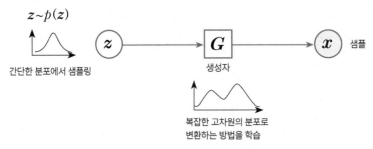

그림 9-36 GAN의 암묵적 확률 추정 방식

GAN 훈련 방식

GAN은 **생성자**^{generator}와 **판별자**^{discriminator}가 적대적 관계에서 경쟁하면서 훈련하는 방식을 갖는다. 훈련 과정은 두 플레이어 간에 미니맥스^{MiniMax} 게임을 과정으로 볼 수 있으며 내시 균형^{Nash equilibrium} 상태에 도달하면 게임은 끝난다.

▶ 미니맥스는 결정이론이나 게임이론에서 두 참가자가 순차적으로 또는 동시에 의사 결정을 할 때 최악의 경우 발생 가능한 손실을 최소화하려는 의사 결정 규칙을 말한다. 내시 균형은 게임 이론에서 경쟁자 대응에 따라 최선의 선택을 하면 서로가 자신의 선택을 바꾸지 않는 균형상태를 말한다.

이안 굿펠로우의 원논문에서는 GAN을 위조 지폐범과 경찰에 비유해서 설명한다. 경찰은 진짜 돈과 가짜 돈을 판별하는 역할을 하고, 위조 지폐범은 경찰이 속을 때까지 가짜 돈을 진짜 돈과 구분되지 않게 위조하는 역할을 한다. 경찰은 진짜 돈과 위조 지폐범이 만든 가짜 돈으로 번갈아 가며 학습하면서 진짜와 가짜를 구분하는 능력을 키우고, 위조 지폐범은 본인이 만든 돈을 경찰에게 보내서 진짜 돈으로 잘 속는지 살펴본 뒤 속지 않으면 위조 기술을 더 향상한다. 최종적으로 경찰이 진짜 돈과 가짜 돈을 구분하지 못하게 되면 학습이 끝난다.

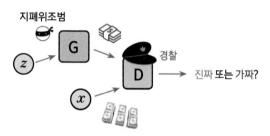

그림 9-37 위조 지폐범과 경찰 비유

신경망 훈련 관점에서는 생성자와 판별자를 다음과 같이 설명할 수 있다. 생성자는 가짜 데이터를 만들면서 판별자가 진짜라고 속을 때까지 학습한다. 판별자는 훈련 데이터는 진짜 데이터로 판별하고, 생성자가 만든 데이터는 가짜 데이터로 판별하도록 학습한다. 생성자가 가짜 데이터를 판별자에게 테스트했을 때 가짜와 진짜를 더 구분하지 못할 때까지 학습한다. 생성자는 판별자를 통해 훈련 데이터의 확률분포를 간접적으로 학습하게 된다.

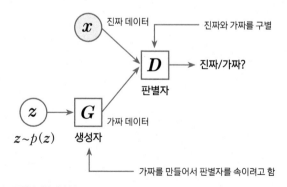

그림 9-38 GAN

9.3.1 GAN 구조

순방향 신경망 구조

순방향 신경망으로 구성된 GAN은 다음과 같은 구조를 가진다.

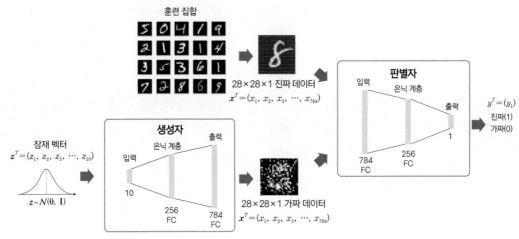

그림 9-39 순방향 신경망으로 구성된 GAN

생성자는 저차원의 잠재 벡터 z를 입력받아 고차원의 샘플을 생성한다. 판별자는 훈련 데이터를 진짜로 판별하고 생성자가 생성한 샘플을 가짜로 판별하는 이진 분류기^{binary classifier}이다.

콘벌루션 신경망 구조

순방향 신경망은 이미지를 처리하기에 성능이 좋지는 않기 때문에 이미지를 생성할 때는 콘벌루션 신경망으로 된 생성자와 판별자를 사용한다. 콘벌루션 신경망으로 구성된 생성자는 이미지를 업샘플링 하므로 트랜스포즈 콘벌루션을 사용한다.

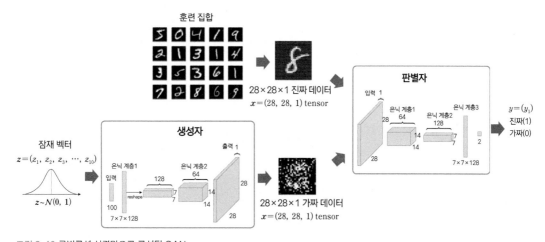

그림 9-40 콘볼루션 신경망으로 구성된 GAN

9.3.2 GAN 목적 함수

GAN의 목적 함수 $V(D,\ G)$는 다음과 같이 정의한다. 판별자는 목적 함수 $V(D,\ G)$를 최대화하려고 하고, 생성자는 목적 함수 $V(D,\ G)$를 최소화하려고 한다.

$$\min_{G} \max_{D} V(D,\ G) = \underbrace{\mathbb{E}_{x \sim p_{\text{data}}(x)}[\log D(x)]}_{\text{진짜 데이터 } x \text{에 대한 판별}} + \underbrace{\mathbb{E}_{z \sim p_z(z)}[\log(1 - D(G(z)))]}_{\text{가짜 데이터 } G(z) \text{에 대한 판별}}$$

판별자의 목적 함수

판별자의 목적 함수만 떼서 보면 다음과 같다. 첫 번째 항은 진짜 데이터에 대한 우도를 최대화하고 두 번째 항은 가짜 데이터에 대한 우도를 최소화한다. 즉, 훈련 데이터의 확률은 최대화하면서 생성자가 만든 데이터의 확률은 최소화하도록 학습한다.

> **판별자**
>
> $$\max_{D} V(D,\ G) = \max_{D} \mathbb{E}_{x \sim p_{\text{data}}(x)}\underbrace{[\log D(x)]}_{D(\text{진짜}) \text{ 최대화}} + \mathbb{E}_{z \sim p_z(z)}\underbrace{[\log(1 - D(G(z)))]}_{D(\text{가짜}) \text{ 최소화}}$$

생성자의 목적 함수

이번에는 생성자의 목적 함수만 떼서 살펴보자. 목적 함수는 가짜 데이터에 대한 우도를 최대화한다. 즉, 생성자가 만든 데이터의 확률을 최대화하도록 학습한다.

$$\min_G V(D,\ G) = \min_G \mathbb{E}_{z \sim p_z(z)}\underline{[\log(1-D(G(z)))]}$$

생성자

D(가짜) 최대화

$$= \max_G \mathbb{E}_{z \sim p_z(z)}[\log(D(G(z)))]$$

훈련 과정에서 생성자와 판별자의 분포 변화

훈련 데이터의 분포를 $p_{\text{data}}(x)$라고 하고 생성자가 만든 가짜 데이터의 분포를 $p_g(x)$라고 하자. 생성자 $G(z)$는 z를 x로 매핑하며 판별자는 $D(x)$는 x의 진짜/가짜 여부를 판별한다. 다음 그림은 진짜 데이터의 분포 $p_{\text{data}}(x)$, 가짜 데이터의 분포 $p_g(x)$, 생성자 $G(z)$, 판별자 $D(x)$의 훈련 전 초기 상태를 보여준다.

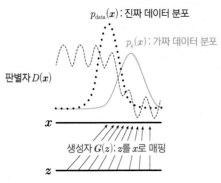

그림 9-41 GAN 훈련 전 초기 상태[21]

GAN의 훈련이 진행되면서 판별자와 생성자를 번갈아 가면서 최적화한다.

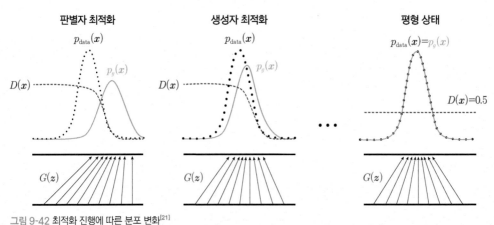

그림 9-42 최적화 진행에 따른 분포 변화[21]

판별자를 최적화하면 $D(x)$ 곡선이 S자 곡선으로 바뀌면서 $p_{\text{data}}(x)$의 모드^{mode}에서 1이 되고 $p_g(x)$의 모드에서 0이 된다. 생성자를 최적화하면 $p_g(x)$는 $p_{\text{data}}(x)$로 가까이 옮겨진다. 이런 과정이 반복되다가 $p_{\text{data}}(x)$와 $p_g(x)$가 같아지는 평형 상태가 되면 $D(x)=0.5$가 되어 판별자가 진짜와 가짜를 구분하지 못하는 상태가 되므로 최적화를 종료한다. 이때 판별자와 생성자의 최적해는 다음과 같다.

▶ 최적해 또는 최적해를 갖는 함수를 나타낼 때는 별표(*)를 붙여서 구분한다.

$$D^\star(x)=\frac{p_{\text{data}}(x)}{p_{\text{data}}(x)+p_g(x)}$$

$$p_g^\star(x)=p_{\text{data}}(x)$$

9.3.3 GAN 최적해(*)

판별자와 생성자의 최적해를 유도해 보자. 수학적인 내용이 많으니 유도 과정이 어렵게 느껴지면 다음 절로 넘어가도 좋다.

판별자의 최적해 유도

판별자의 최적해를 유도하기 위해 먼저 GAN의 목적 함수를 x에 대한 식으로 변환한다. 이때 $x = G(z)$로 변수 치환을 하는데 이에 대한 증명은 바로 뒤에서 설명할 '생성자의 변수 치환 증명'에서 살펴본다.

$$
\begin{aligned}
V(D,\ G) &= \mathbb{E}_{x \sim p_{\text{data}}(x)}[\log D(x)] + \mathbb{E}_{z \sim p_z(z)}[\log(1-D(G(z)))] \\
&= \mathbb{E}_{x \sim p_{\text{data}}(x)}[\log D(x)] + \mathbb{E}_{x \sim p_g(x)}[\log(1-D(x))] \qquad \text{변수 치환 } x = G(z) \\
&= \int_x p_{\text{data}}(x)\log D(x)dx + \int_x p_g(x)\log(1-D(x))dx \\
&= \int_x p_{\text{data}}(x)\log D(x) + p_g(x)\log(1-D(x))dx
\end{aligned}
$$

변수 치환 후 기댓값을 적분식으로 바꾸고 두 개의 적분식을 하나의 적분 식으로 합친다.

임계점 구하기

최대 또는 최소를 구하기 위해 적분 안쪽 식을 다음과 같이 변수 치환한 뒤에 미분해 보자.

변수 치환 $y=D(\boldsymbol{x}),\ a=p_{\text{data}}(\boldsymbol{x}),\ b=p_g(\boldsymbol{x})$

$$f(y)=a\log(y)+b\log(1-y)$$

$$f'(y)=a\frac{1}{y}-b\frac{1}{1-y}=0 \Rightarrow a(1-y)-by=0 \Rightarrow y=\frac{a}{a+b}$$

미분한 결과 임계점 $y=\dfrac{a}{a+b}$를 구했다. 임계점을 다시 원래의 변수로 복구하면 판별자는
다음 식을 만족한다.

$$D^{\star}(\mathbf{x})=\frac{p_{\text{data}}(\mathbf{x})}{p_{\text{data}}(\mathbf{x})+p_g(\mathbf{x})}$$

이 임계점의 최대/최소 판별은 잠시 뒤에 설명할 '적분 안쪽 식의 임계점 최대 증명' 단계에
서 살펴볼 수 있다. 결과적으로 임계점은 최대이고 이 식은 판별자의 최적해가 된다.

🧑 생성자의 변수 치환 증명

생성자에서 확률변수를 $\boldsymbol{x}=G(\boldsymbol{z})$로 변수 치환하는 과정을 살펴보자.

$$V(D,\ G)=\mathbb{E}_{\boldsymbol{x}\sim p_{\text{data}}(\boldsymbol{x})}[\log D(x)] + \boxed{\mathbb{E}_{\boldsymbol{z}\sim p_z(\boldsymbol{z})}[\log(1-D(G(\boldsymbol{z})))]}$$

$$=\int_z p_z(z)\log(1-D(G(z)))dz$$

$$=\int_x p_g(\boldsymbol{x})\left|\frac{d\boldsymbol{x}}{dz}\right|\log(1-D(\boldsymbol{x}))\frac{1}{G'(z)}d\boldsymbol{x} \quad \text{변수 치환}$$

$$=\int_x p_g(\boldsymbol{x})\frac{d\boldsymbol{x}}{dz}\log(1-D(\boldsymbol{x}))\frac{dz}{d\boldsymbol{x}}d\boldsymbol{x} \quad \text{절댓값 제거}$$

$$=\int_x p_g(\boldsymbol{x})\log(1-D(\boldsymbol{x}))d\boldsymbol{x}$$

$$=\mathbb{E}_{\boldsymbol{x}\sim p_g(\boldsymbol{x})}[\log(1-D(\boldsymbol{x}))]$$

변수 치환 $\boldsymbol{x}=G(\boldsymbol{z})$
$p_z(\boldsymbol{z})\|d\boldsymbol{z}\|=p_g(\boldsymbol{x})\|d\boldsymbol{x}\|$
$p_z(\boldsymbol{z})=p_g(\boldsymbol{x})\left\|\dfrac{d\boldsymbol{x}}{d\boldsymbol{z}}\right\|$
$\boldsymbol{x}=G(\boldsymbol{z})$
$d\boldsymbol{x}=G'(\boldsymbol{z})d\boldsymbol{z}$
$d\boldsymbol{z}=\dfrac{1}{G'(\boldsymbol{z})}d\boldsymbol{x}$
$\dfrac{1}{G'(\boldsymbol{z})}=\dfrac{d\boldsymbol{z}}{d\boldsymbol{x}}$

두번째 식은 첫번째 식의 기댓값을 적분으로 변환한 것이다. 세번째 식은 확률변수를 $\boldsymbol{x}=G(\boldsymbol{z})$로 치환한다면
$p_z(\boldsymbol{z})\,|d\boldsymbol{z}|=p_g(\boldsymbol{x})|d\boldsymbol{x}|$이기 때문에, $p_z(\boldsymbol{z})$대신 $p_g(\boldsymbol{x})\left|\dfrac{d\boldsymbol{x}}{d\boldsymbol{z}}\right|$를 대입하고 $d\boldsymbol{z}=\dfrac{1}{G'(\boldsymbol{z})}\mathrm{d}\boldsymbol{x}$도 대입하여 유도하였다.

네 번째 식은 $\left|\dfrac{d\boldsymbol{x}}{d\boldsymbol{z}}\right|$의 절댓값을 없애고 $\dfrac{d\boldsymbol{x}}{d\boldsymbol{z}}$로 만들었다. 확률변수를 $\boldsymbol{x}=\mathrm{G}(\boldsymbol{z})$로 치환하려면 $G(\boldsymbol{z})$는 단조 증가 monotone increasing 또는 단조 감소 monotone decreasing 함수이어야 하기 때문에, $\left|\dfrac{d\boldsymbol{x}}{d\boldsymbol{z}}\right|$이 $\dfrac{d\boldsymbol{x}}{d\boldsymbol{z}}$가 될 때 $G(\boldsymbol{z})$가 단조 증가인 경우와 단조 감소인 경우로 구분해서 살펴봐야 한다.

- $G(\boldsymbol{z})$가 단조 증가 함수인 경우

  미분값이 항상 양수이므로 $\left|\dfrac{d\boldsymbol{x}}{d\boldsymbol{z}}\right|$은 $\dfrac{d\boldsymbol{x}}{d\boldsymbol{z}}$가 된다.

- $G(\boldsymbol{z})$가 단조 감소 함수인 경우

  미분값이 항상 음수이므로 절댓값 $\left|\dfrac{d\boldsymbol{x}}{d\boldsymbol{z}}\right|$이 없어지면서 $-\dfrac{d\boldsymbol{x}}{d\boldsymbol{z}}$가 된다.

  또한 적분 구간이 $[\infty,\ -\infty]$로 바뀌므로 $[-\infty,\ \infty]$로 조정하면 -가 생긴다.

  따라서 두 개의 -가 상쇄되어 $\dfrac{d\boldsymbol{x}}{d\boldsymbol{z}}$가 된다.

다섯 번째 식은 변수들을 상쇄해서 정리한 결과로 이제 변수 $\boldsymbol{z}$는 사라지고 변수 $\boldsymbol{x}$에 대한 식으로 정리되었다. 여섯 번째 식은 다시 원래대로 기댓값 형태로 표현한 식이다.

 적분 안쪽 식의 임계점 최대 증명

적분 안쪽 식의 임계점 $y=\dfrac{a}{a+b}$가 최대인지 최소인지 판별하기 위해 2차 미분을 해보자.

최대, 최소 판별(2차 미분)

$$f(y)=a\log(y)+b\log(1-y)$$
$$f'(y)=a\frac{1}{y}-b\frac{1}{1-y}\ \text{이므로}$$
$$f''(y)=a\frac{1}{y^2}-b\frac{1}{(1-y)^2}$$

$y=\dfrac{a}{a+b}$ 가 임계점이므로 대입

$$f''\left(\frac{a}{a+b}\right)=-\frac{a}{\left(\dfrac{a}{a+b}\right)^2}-\frac{a}{\left(1-\dfrac{a}{a+b}\right)^2}$$

$a,\ b\in[0,\ 1]$ 이므로 $f''\left(\dfrac{a}{a+b}\right)<0$

따라서, $y=\dfrac{a}{a+b}$ 은 **최대**이다.

따라서, 식을 다음과 같이 정리할 수 있다.

$$V(D,\ G)=\int_x p_{\text{data}}(\boldsymbol{x})\log D(\boldsymbol{x})+p_g(\boldsymbol{x})\log(1-D(\boldsymbol{x}))d\boldsymbol{x}$$
$$\leq\int_x \max_y p_{\text{data}}(\boldsymbol{x})\log(y)+p_g(\boldsymbol{x})\log(1-y)d\boldsymbol{x}$$

판별자의 최적해

$$D^\star(\boldsymbol{x})=\frac{p_{\text{data}}(\boldsymbol{x})}{p_{\text{data}}(\boldsymbol{x})+p_g(\boldsymbol{x})}$$

2차 미분 식에 임계점 $y=\dfrac{a}{a+b}$ 을 대입했을 때 a와 b는 확률변수로 값이 $[0,1]$ 사이에 있기 때문에 분수식의 분모와 분자가 모두 양수가 된다. 결과적으로 2차 미분 식은 음수가 되어 임계점은 최대가 된다. 적분 안이 최대이면 적분식도 최대가 되므로 $y=\dfrac{a}{a+b}$는 $V(D,\ G)$를 최대화하는 최적해이다.

생성자의 최적해 유도

생성자의 최적해는 판별자의 최적해 $D^\star$를 적용한 목적 함수 $V(D^\star,\ G)$를 최소화하는 G가 된다. $x = G(z)$로 변수 치환을 하고 세 번째 줄에서 판별자의 최적해 $D^\star(x) = \dfrac{p_{\text{data}}(x)}{p_{\text{data}}(x) + p_g(x)}$를 대입해 보자.

$$
\begin{aligned}
C(G) = \min_G V(D^\star,\ G) &= \mathbb{E}_{x \sim p_{\text{data}}(x)}[\log D^\star(x)] + \mathbb{E}_{z \sim p_z(z)}[\log(1 - D^\star(G(z)))] \\
&= \mathbb{E}_{x \sim p_{\text{data}}(x)}[\log D^\star(x)] + \mathbb{E}_{x \sim p_g(x)}[\log(1 - D^\star(x))] \quad \text{변수 치환 } x = G(z) \\
&= \mathbb{E}_{x \sim p_{\text{data}}(x)}\left[\log \frac{p_{\text{data}}(x)}{p_{\text{data}}(x) + p_g(x)}\right] + \mathbb{E}_{x \sim p_g(x)}\left[\log \frac{p_g(x)}{p_{\text{data}}(x) + p_g(x)}\right] \quad \text{판별자의 최적해 대입} \\
&= D_{KL}\left(p_{\text{data}}(x) \Big\| \frac{p_{\text{data}}(x) + p_g(x)}{2}\right) + D_{KL}\left(p_g(x) \Big\| \frac{p_{\text{data}}(x) + p_g(x)}{2}\right) - \log(4) \quad \text{JSD 형태로 변환} \\
&= 2 \cdot \text{JSD}(p_{\text{data}}(x),\ p_g(x)) - \log(4)
\end{aligned}
$$

네 번째 줄은 옌센-섀넌 발산^{Jensen-Shannon divergence}인 JSD으로 치환한다. JSD는 다음과 같이 두 개의 D_{KL}로 정의되며 대칭성을 갖기 때문에 측도^{measure} 역할을 할 수 있다.

▶ D_{KL}는 순방향 KL $D_{KL}(p\|q)$과 역방향 KL $D_{KL}(q\|p)$이 값이 다르지만 JSD는 JSD$(p,\ q)$와 JSD$(q,\ p)$의 값이 같다.

$$
\text{JSD}(p,\ q) = \frac{1}{2} D_{KL}\left(p \Big\| \frac{p+q}{2}\right) + \frac{1}{2} D_{KL}\left(q \Big\| \frac{p+q}{2}\right)
$$

앞의 식이 다음과 같이 정리되었다.

$$
C(G) = \min_G V(D^\star,\ G) = \min_G 2 \cdot \text{JSD}(p_{\text{data}}(x),\ p_g(x)) - \log(4)
$$

이 식에서 $V(D^\star,\ G)$는 JSD가 0일 때 최소화되고 JSD는 $p_g^\star(x) = p_{\text{data}}(x)$일 때 0이 되므로 $V(D^\star,\ G)$의 최솟값은 $C(G) = -\log(4)$가 된다. 따라서 생성자의 최적해는 $p_g^\star(x) = p_{\text{data}}(x)$이다. 즉, 생성자가 만들어낸 가짜 데이터의 확률분포 $p_g^\star(x)$가 훈련 데이터로 이뤄진 진짜 데이터의 확률분포 $p_{\text{data}}(x)$와 같을 때 생성자는 최적해를 갖는다.

판별자와 생성자의 최적해

이제 생성자의 최적해인 $p_g^\star(x) = p_{\text{data}}(x)$를 구했으므로, 판별자의 최적해 $D^\star(x)$에 생성자의 최적해를 대입해보자.

$$p_g{}^\star(\boldsymbol{x})=p_{\text{data}}(\boldsymbol{x})$$

$$D^\star(\boldsymbol{x})=\frac{p_{\text{data}}(\boldsymbol{x})}{p_{\text{data}}(\boldsymbol{x})+p_g(\boldsymbol{x})}=\frac{1}{2}$$

생성자가 최적해를 가질 때 판별자의 값은 $\frac{1}{2}$이 되는 것을 확인할 수 있다. 즉, 판별자가 예측한 데이터가 진짜일 확률이 0.5이므로 판별자는 진짜와 가짜를 구분하지 못한다.

9.3.4 GAN 훈련

GAN은 생성자와 판별자의 학습 속도를 맞추기 위해 둘을 번갈아 가면서 최적화한다. 이론적으로는 판별자가 훈련 데이터를 완전히 학습하고 난 뒤에 생성자를 훈련해도 될 것 같지만, 그러면 판별자는 생성자가 만들어낸 데이터를 진짜 데이터라고 속지 않기 때문에 생성자는 계속해서 큰 손실을 만들어내고 학습되지 않는다. 따라서 판별자와 생성자의 훈련은 균형된 속도로 훈련하되 판별자가 조금 앞서가도록 학습해야 한다.

GAN 훈련 알고리즘

다음 알고리즘은 GAN 논문에서 제시했던 훈련 알고리즘이다. 판별자는 학습을 k번 하고 생성자는 1번 하게 되어 있는데 k는 하이퍼파라미터이다. 2018년도 나온 스펙트럴 정규화 spectral normalization 을 사용하면 $k=1$로 훈련해도 된다.

Algorithm 1 Minibatch stochastic gradient descent training of generative adversarial nets. The number of steps to apply to the discriminator, k, is a hyperparameter. We used $k = 1$, the least expensive option, in our experiments.

for number of training iterations **do**

    for k steps **do**

      • Sample minibatch of m noise samples $\{\boldsymbol{z}^{(1)},\dots,\boldsymbol{z}^{(m)}\}$ from noise prior $p_g(\boldsymbol{z})$.

      • Sample minibatch of m examples $\{\boldsymbol{x}^{(1)},\dots,\boldsymbol{x}^{(m)}\}$ from data generating distribution $p_{\text{data}}(\boldsymbol{x})$.

      • Update the discriminator by ascending its stochastic gradient:

$$\nabla_{\theta_d}\frac{1}{m}\sum_{i=1}^{m}\left[\log D\left(\boldsymbol{x}^{(i)}\right)+\log\left(1-D\left(G\left(\boldsymbol{z}^{(i)}\right)\right)\right)\right].$$

    end for

    • Sample minibatch of m noise samples $\{\boldsymbol{z}^{(1)},\dots,\boldsymbol{z}^{(m)}\}$ from noise prior $p_g(\boldsymbol{z})$.

    • Update the generator by descending its stochastic gradient:

$$\nabla_{\theta_g}\frac{1}{m}\sum_{i=1}^{m}\log\left(1-D\left(G\left(\boldsymbol{z}^{(i)}\right)\right)\right).$$

end for

The gradient-based updates can use any standard gradient-based learning rule. We used momentum in our experiments.

(판별자 훈련 / 생성자 훈련)

그림 9-43 GAN 훈련 알고리즘[21]

최적화에 적합하지 않은 생성자의 손실 함수

다음 그림에서 생성자의 손실 함수 $\log\left(1-D\left(G(z)\right)\right)$ 곡선을 확인해 보자. 곡선의 양쪽 끝에 표시된 동그라미 중 왼쪽 동그라미는 생성자가 생성한 샘플이 가짜로 판별되는 시점이고 오른쪽 동그라미는 진짜로 판별되는 시점이다.

$$\min_{G}\mathbb{E}_{z\sim p_z(z)}\left[\log\left(1-D\left(G(z)\right)\right)\right]$$

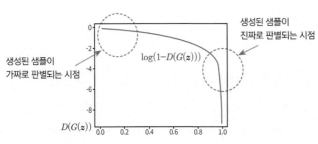

그림 9-44 생성자의 손실 함수

왼쪽처럼 생성자가 생성한 데이터가 가짜로 판별되는 시점은 학습 초기이므로 최적화할 때 큰 폭으로 이동해야 한다. 하지만 손실 함수의 곡선이 평평하기 때문에 기울기가 작고 파라미터도 작은 폭으로 업데이트된다. 반대로 오른쪽처럼 생성자가 만든 데이터가 진짜로 판별되면 학습이 완료되어 가는 시점이므로 작은 폭으로 이동해야 한다. 하지만 손실 함수의 곡선이 가파르기 때문에 기울기가 크고 파라미터도 큰 폭으로 업데이트된다. 손실 함수의 형태 때문에 생성자의 최적화가 효율적으로 이뤄지지 않는다는 것을 알 수 있다.

생성자의 손실 함수 개선

$\log\left(1-D\left(G(z)\right)\right)$를 최소화하는 대신 $\log\left(D\left(G(z)\right)\right)$를 최대화하도록 문제를 바꿔 보자.

$$\max_{G}\mathbb{E}_{z\sim p_z(z)}\left[\log\left(D\left(G(z)\right)\right)\right]=\min_{G}\mathbb{E}_{z\sim p_z(z)}\left[-\log\left(D\left(G(z)\right)\right)\right]$$

이 문제는 $-\log\left(D\left(G(z)\right)\right)$의 최소화 문제와 같으므로 생성자의 손실 함수를 $-\log\left(D\left(G(z)\right)\right)$로 바꾸면 다음 그림에서 초록색 곡선과 같은 모양이 된다. 변경된 손실 함수는 생성한 데이터가 가짜로 판별되는 시점에는 기울기가 커지고 진짜로 판별되는 시점에는 기울기가 작아져서 최적화가 효율적으로 진행된다.

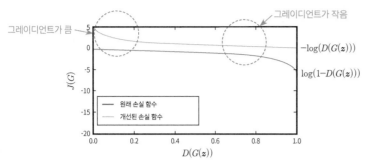

그림 9-45 변경된 생성자의 손실 함수

9.3.5 데이터 생성

GAN 훈련이 끝나고 데이터를 생성할 때에는 다음과 같이 생성자만 사용한다.

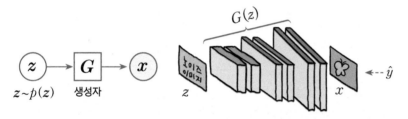

그림 9-46 데이터 생성[30]

GAN 논문의 a) MNIST, b) TFD, c) CIFAR-10 (순방향 모델), d) CIFAR-10 (콘벌루션 모델) 데이터셋에 대한 데이터 생성 결과는 오른쪽 그림과 같다. GAN이 처음 제안되었을 때 성능은 그다지 좋지 않아서 생성된 이미지가 매우 흐린 것을 확인할 수 있다.

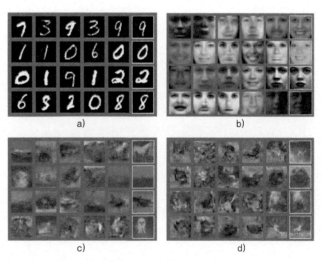

a)

b)

c)

d)

그림 9-47 데이터 생성 결과[21]

하지만 1년 뒤인 2015년에 나온 DCGAN은 고화질의 이미지를 생성하기 시작한다. 2017년에 나온 WGAN은 더욱 개선된 고화질의 선명한 이미지를 생성하여 사람들을 깜짝 놀라게 했다. 2018년에 제안된 PGGAN은 1024×1024 크기의 고해상도 이미지를 실제 사진과 구분되지 않을 정도로 생성했다.

9.3.6 DCGAN

DCGAN^{deep convolutional GAN}은 고화질의 이미지를 생성한 최초의 GAN 모델이다. 콘벌루션을 사용한 GAN 모델로 생성자는 트랜스포즈 콘벌루션으로 업샘플링을 하며, 판별자는 스트라이드 콘벌루션으로 서브샘플링을 한다. 활성 함수는 생성자는 ReLU를 판별자는 리키 ReLU를 사용하며, 배치 정규화와 Adam 옵티마이저를 사용한다.

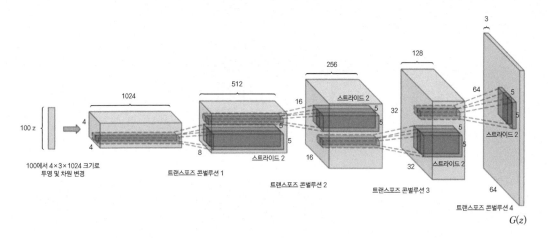

그림 9-48 DCGAN 생성자 구조[3]

DCGAN의 이미지 생성 결과를 보면 놀라울 정도로 화질이 개선되었음을 알 수 있다.

그림 9-49 DCGAN 이미지 생성 결과[3]

잠재 공간에서의 산술 연산

DCGAN 논문의 재미있는 실험 중 하나가 잠재 공간에서 산술 연산을 했을 때 그 결과가 이미지 공간에 반영되는 실험이다. 산술 연산에 사용한 잠재 벡터는 모델에서 생성된 이미지 중 안경을 쓴 남자 그룹, 안경을 쓰지 않은 남자 그룹, 안경을 쓰지 않은 여자 그룹을 만들고 각 그룹의 잠재 벡터의 평균을 구한 값이다. 다음 그림과 같이 안경을 쓴 남자의 잠재 벡터에서 안경을 쓰지 않은 남자의 잠재 벡터를 빼고 안경을 쓰지 않은 여자의 잠재 벡터를 더한 결과로 얻은 잠재 벡터를 생성자에 입력했을 때 안경을 쓴 여자 이미지가 생성되는 것을 확인할 수 있다.

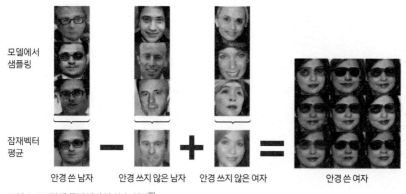

모델에서
샘플링

잠재벡터
평균

안경 쓴 남자   안경 쓰지 않은 남자   안경 쓰지 않은 여자   안경 쓴 여자

그림 9-50 잠재 공간에서의 산술 연산[3]

9.3.7 WGAN

GAN은 JSD를 최소화하는 방식으로 설계되었다. 그런데 JSD는 $p_{\text{data}}(x)$와 $p_g(x)$의 두 분포가 겹치지 않고 떨어져 있으면 거리가 항상 $\log 2$가 되어 측도 역할을 하지 못한다. 반면 WGAN^{Wasserstein GAN}은 **와서스테인 거리**^{Wasserstein distance}를 측도로 사용해서 두 분포가 겹치지 않아도 거리를 측정할 수 있다. 와서스테인 거리는 분포를 흙더미라고 했을 때 한쪽 분포에서 흙을 옮겨서 다른 쪽 분포의 모양으로 만드는 데 드는 작업의 양을 말한다. 그래서 흙 파는 기계 거리^{EMD: Earth Mover's distance}라고도 부른다.

다음 그림에서 분포 $P_r(x)$을 $P_\theta(y)$로 옮긴다고 하면 $\|x-y\|$는 x와 y 사이의 거리를 의미하며 $\gamma(x, y)$은 x와 y의 결합 확률분포로 x에서 y로 옮겨야 할 흙의 양을 의미한다. 따라서 다음 거리 함수는 x에서 y로 흙을 옮기기 위한 최소의 작업량을 구하고 있다.

$$EMD(P_r, P_\theta) = \inf_{\gamma \in \Pi} \sum_{x, y} \|x-y\| \gamma(x, y) = \inf_{\gamma \in \Pi} \sum_{x, y} \mathbb{E}_{(x, y) \sim \gamma(x, y)} \|x-y\|$$

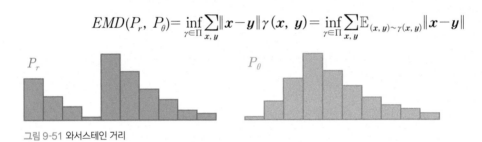

그림 9-51 와서스테인 거리

WGAN은 거리 측도를 바꿈으로써 획기적인 고화질의 이미지를 생성한다.

그림 9-52 WGAN 이미지 생성 결과[34]

와서스테인 거리를 최소화하려면 판별자의 함수가 기울기가 1 이상이 되지 않는 부드러운 곡선이 되도록 **립시츠 연속**^{Lipschitz continuity}을 보장해야 한다. 그래서 WGAN은 판별자의 가중치가 갑자기 커지지 않도록 가중치 클리핑을 사용하는데, 가중치 클리핑을 사용하면 가중치가 클리핑 임계점에 몰리는 현상이 생겨서 성능이 낮아진다.

이 점을 개선한 WGAN-GP^{Wasserstein GANs with gradient penalty}는 그레이디언트 크기를 제약하는 페널티 항을 추가해서 립시츠 연속을 보장한다. 하지만 생성자와 판별자의 분포를 연결하는 직선 위의 샘플에 대해서만 립시츠 연속을 보장하기 때문에 역시 성능적 한계가 있다.

그래서 판별자 함수의 모든 곡면에서 립시츠 연속을 보장하는 **스펙트럴 정규화**^{spectral normalization} 기법이 제안되었다. 스펙트럴 정규화는 각 계층에서 가중치 연산을 할 때마다 가중치 크기가 커지지 않도록 가중치의 최대 고윳값의 크기를 1로 제약하고 모든 차원이 유지되도록 보장해준다. 즉, 기존 가중치 정규화 방법은 일부 차원을 사용하지 못하는 현상으로 성능적 한계가 있었지만, 스펙트럴 정규화 방법은 모든 차원을 골고루 사용하면서 가중치 크기를 제약하는 방식으로 매우 좋은 성능을 보여주었다. 스펙트럴 정규화는 판별자에만 적용하는 것으로 제안되었지만, 생성자에 적용했을 때에도 좋은 성능을 보여주었고 일반적인 딥러닝 모델에서 적용했을 때에도 좋은 성능을 보장하는 정규화 기법임이 실험적으로 입증되었다.

9.3.8 PGGAN

PGGAN^{Progressive Growing GAN}은 1024×1024 고해상도 이미지를 생성하기 위해 4×4 저해상도 이미지부터 1024×1024 고해상도 이미지까지 해상도를 높여가면서 커리큘럼 학습하는 GAN 모델이다. 해상도가 높아질 때마다 생성자는 출력 계층이 한 계층 늘어나고 판별자는 입력 계층이 한 계층 늘어난다. 새로운 계층이 추가되면 학습된 계층과 학습되지 않은 새로운 계층 간에 그레이디언트 차가 급격히 커지기 때문에, 이전 계층의 출력에서 새로운 계층의 출력으로 학습이 부드럽게 전이될 수 있도록 가중치 비율을 조절해서 가중 합산된 형태로 출력을 결정한다.

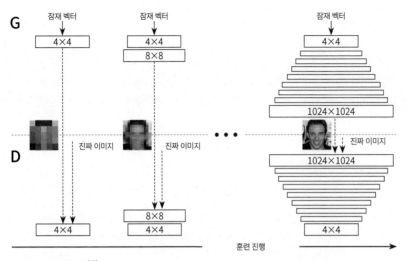

그림 9-53 PGGAN[47]

다음은 CELEBA-HQ 데이터셋을 학습한 PGGAN으로 생성한 1024×1024 이미지이다. 실제 유명인들의 사진과 구분이 되지 않을 정도로 현실감 있는 고해상도 이미지를 생성함으로써 많은 사람을 놀라게 했다.

그림 9-54 PGGAN 이미지 생성 결과[47]

StyleGAN은 PGGAN을 백본으로 해서 다양한 스타일의 얼굴을 고해상도 이미지로 합성한다. 이미지를 스타일의 조합으로 보고 해당 이미지의 성별이나 포즈와 같은 큰 스타일부터 얼굴의 특징, 눈과 같은 중간 스타일, 머리색, 피부톤과 같은 세밀한 스타일까지 각기 다른 수준의 시각적 특징을 조절해서 사람과 구분되지 않는 수준으로 합성 이미지를 생성한다.

그림 9-55 StyleGAN 이미지 생성 결과[46]

9.3.9 Pix2Pix

Pix2Pix는 **이미지 변환**^{image-to-image translation} 기법으로 이미지를 다른 이미지로 변환하는 모델이다. 다음 그림과 같이 부츠의 선 그림을 입력하면 색이 칠해진 부츠 그림을 생성해낸다.

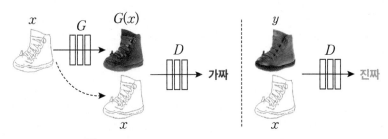

그림 9-56 Pix2Pix[41]

Pix2Pix는 CGAN 모델을 사용한다. CGAN^{Conditional GAN}은 데이터의 카테고리에 나타내는 조건을 입력하면 해당 카테고리의 샘플을 생성하는 GAN 모델이다. 예를 들어 앞에서의 선 그림은 부츠 카테고리를 나타내는 조건이 되므로, 부츠 선 그림을 입력하면 색칠된 부츠가 해당 카테고리의 샘플로 생성된다.

Pi2Pix는 GAN을 확장하여 생성자에 오토인코더나 스킵 연결^{skip connection}이 있는 U-Net을 사용한다. 그리고 입력은 잠재변수가 아닌 이미지가 된다.

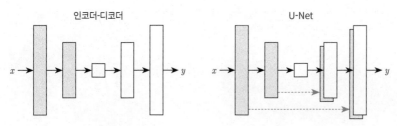

그림 9-57 Pix2Pix의 생성자 구조[41]

다음은 Pix2Pix에서 가방 선 그림 이미지가 다양한 색깔과 무늬를 갖는 가방 이미지로 바뀐 모습을 보여준다.

그림 9-58 Pix2Pix 가방 이미지 변환[41]

다음은 블록으로 색이 칠해진 건물의 정면 이미지가 실제 건물 사진과 같은 이미지로 바뀐 모습을 보여준다.

그림 9-59 Pix2Pix 건물 이미지 변환[41]

퀴즈로 정리해 보세요.

01. 암묵적 확률 추정 방식의 대표적인 생성 모델인 G   은 2014년 이안 굿펠로우가 제안한 모델로 머신러닝 분야에서 최근 10년 동안 가장 흥미로운 모델로 평가받는다.

02. GAN은 생   와 판   가 적대적 관계에서 경쟁하는 훈련하는 방식이다. GAN 훈련은 두 플레이어 간의 미니맥스 게임으로 볼 수 있으며 더 이상 상태 변화가 없는 내   에 도달하면 게임은 종료된다.

03. GAN의 목   가 $V(D, G)$일 때 판별자는 목 $V(D, G)$를 최대화하려 하고, 생성자는 목 $V(D, G)$를 최소화하려 한다. 따라서 생성자와 판별자의 학습 속도를 맞추기 위해 둘을 번갈아 가면서 최적화한다. GAN 훈련이 끝나고 데이터를 생성할 때에는 생성자만 사용한다.

정답: 01. GAN 02. 생성자, 판별자, 내시 균형 상태 03. 목적 함수

이 장에서 배운 내용을 실습해 보세요. 아래 문제의 URL에서 〈구글 코랩에서 실행하기〉 버튼을 누르세요. 실습을 진행할 수 있으며 정답도 확인할 수 있습니다.

실습 01 오토인코더로 패션 MNIST 생성하기

오토인코더를 이용한 세가지 예제를 실습해 본다. 첫번째 예제는 패션 MNIST 이미지를 생성하는 것이고, 두번째 예제는 이미지 노이즈 제거하는 것, 세번째 예제는 이상 탐지를 하는 예제이다.

[텐서플로 튜토리얼] Autoencoder 소개

www.tensorflow.org/tutorials/generative/autoencoder

실습 02 VAE로 MNIST 필기체 숫자 생성하기

콘벌루션 계층으로 구현된 VAE를 이용해서 MNIST 필기체 숫자를 생성해본다. VAE의 목적함수는 ELBO이고 정규항은 사전 분포와 변분 함수의 쿨백-라이블러 발산이므로 이 점을 유의해서 구현한다.

[텐서플로 튜토리얼] 컨볼루셔널 변이형 오토인코더

www.tensorflow.org/tutorials/generative/cvae

실습 03 DCGAN으로 MNIST 필기체 숫자 생성하기

콘벌루션 계층으로 구현된 DCGAN을 이용해서 MNIST 필기체 숫자를 생성해본다. 생성자와 판별자를 구현한 후 재파라미터화 트릭을 사용해서 역전파 알고리즘으로 학습이 가능하도록 구현해본다.

[텐서플로 튜토리얼] 심층 합성곱 생성적 적대 신경망

www.tensorflow.org/tutorials/generative/dcgan

실습 04 Pix2Pix로 건물 이미지 변환하기

CGAN을 이용한 이미지 변환 방식인 Pix2Pix를 이용해서 블록으로 색이 칠해진 건물의 정면 이미지가 실제 건물 사진과 같은 이미지로 변환해본다.

[텐서플로 튜토리얼] Pix2Pix

www.tensorflow.org/tutorials/generative/pix2pix

참고 문헌

[01] Aaron van den Oord, Nal Kalchbrenner, Koray Kavukcuoglu(2016), 「Pixel Recurrent Neural Networks, 2016」

[02] Aaron van den Oord, Sander Dieleman, Heiga Zen, Karen Simonyan, Oriol Vinyals, Alex Graves, Nal Kalchbrenner, Andrew Senior, Koray Kavukcuoglu (2016), 「WaveNet: A Generative Model for Raw Audio」

[03] Alec Radford, Luke Metz, Soumith Chintala(2015), 「Unsupervised representation learning with deep convolutional generative adversarial networks」

[04] Alejandro Acosta, Andrew Aitken, Alykhan Tejani, Johannes Totz, Zehan Wang, Wenzhe Shi(2017), 「Photo-Realistic Single Image Super-Resolution Using a Generative Adversarial Network(SRGAN)」

[05] Alex Krizhevsky, Ilya Sutskever, Geoffrey E. Hinton(2012), 「ImageNet Classification with Deep Convolutional Neural Networks」

[06] Alfredo Canziani, Adam Paszke, Eugenio Culurciello(2017), 「An Analysis of Deep Neural Network Models for Practical Applications」 재구성

[07] Andreas Veit, Michael Wilber, Serge Belongie(2016), 「Residual Networks Behave Like Ensembles of Relatively Shallow Networks」 재구성

[08] Ashish Shrivastava, Tomas Pfister, Oncel Tuzel, Josh Susskind, Wenda Wang, Russ Webb (2016), 「Learning from Simulated and Unsupervised Images through Adversarial Training」

[09] Ashish Vaswani, Noam Shazeer, Niki Parmar, Jakob Uszkoreit, Llion Jones, Aidan N. Gomez, Lukasz Kaiser, Illia Polosukhin(2017), 「Attention Is All You Need」

[10] Barret Zoph, Quoc V. Le(2017), 「Neural Architecture Search with Reinforcement Learning」 발표 슬라이드

[11] Christian Ledig, Lucas Theis, Ferenc Huszar, Jose Caballero, Andrew Cunningham, Christian Szegedy, Sergey Ioffe, Vincent Vanhoucke, Alex Alemi(2016), 「Inception-v4, Inception-ResNet and the Impact of Residual Connections on Learning」 재구성

[12] Christian Szegedy, Wei Liu, Yangqing Jia, Pierre Sermanet, Scott Reed, Dragomir Anguelov, Dumitru Erhan, Vincent Vanhoucke, Andrew Rabinovich(2014), 「Going Deeper with Convolutions」

[13] D. H. Hubel, T. N. Wiesel(1959), 「Receptive fields of single neurones in the cat's striate cortex」

[14] Diederik P Kingma, Max Welling(2014), 「Auto-Encoding Variational Bayes」

[15] Gao Huang, Yu Sun, Zhuang Liu, Daniel Sedra, Kilian Weinberger(2016), 「Deep Networks with Stochastic Depth」 재구성

[16] Gao Huang, Zhuang Liu, Laurens van der Maaten, Kilian Q. Weinberger(2016), 「Densely Connected Convolutional Networks」 재구성

[17] Geoffrey E Hinton, Simon Osindero, Yee-Whye Teh(2006), 「A Fast Learning Algorithm for Deep Belief Nets」

[18] Gustav Larsson, Michael Maire, Gregory Shakhnarovich(2017), 「FractalNet: Ultra-Deep Neural Networks without Residuals」

[19] Hao Li, Zheng Xu, Gavin Taylor, Christoph Studer, Tom Goldstein(2018), 「Visualizing the Loss Landscape of Neural Nets」

[20] Ian J. Goodfellow, David Warde-Farley, Mehdi Mirza, Aaron Courville, Yoshua Bengio(2013), 「Maxout Networks」 재구성

[21] Ian J. Goodfellow, Jean Pouget-Abadie, Mehdi Mirza, Bing Xu, David Warde-Farley, Sherjil Ozair, Aaron Courville, Yoshua Bengio(2014), 「Generative Adversarial Nets」

[22] Image Inpainting with Deep Learning, Tarun Bonu, www.nvidia.com/research/inpainting/

[23] Jakob Uszkoreit (2017), 「Transformer: A Novel Neural Network Architecture for Language Understanding」

[24] Jiajun Wu, Chengkai Zhang, Tianfan Xue, William T. Freeman, Joshua B. Tenenbaum(2016), 「Learning a Probabilistic Latent Space of Object Shapes via 3D Generative-Adversarial Modeling」

[25] Jianpeng Cheng, Li Dong, Mirella Lapata(2016), 「Long Short-Term Memory-Networks for Machine Reading」

[26] Jun-Yan Zhu, Taesung Park, Phillip Isola, Alexei A. Efros(2017), 「Unpaired Image-to-Image Translation using Cycle-Consistent Adversarial Networks」

[27] Kaiming He, Xiangyu Zhang, Shaoqing Ren, Jian Sun (2016), 「Identity Mappings in Deep Residual Networks」

[28] Kaiming He, Xiangyu Zhang, Shaoqing Ren, Jian Sun(2015), 「Deep Residual Learning for Image Recognition」

[29] Karen Simonyan, Andrew Zisserman(2014), 「Very Deep Convolutional Networks for Large-Scale Image Recognition」

[30] Ke Li(2020), 「Overcoming Mode Collapse and the Curse of Dimensionality」

[31] Kelvin Xu, Jimmy Ba, Ryan Kiros, Kyunghyun Cho, Aaron Courville, Ruslan Salakhutdinov, Richard Zemel, Yoshua Bengio(2015), 「Show, Attend, and Tell: Neural Image Caption Generation with Visual Attention」

[32] Kunihiko Fukushima(1980), 「Neocognitron: A self-organizing neural network model for a mechanism of pattern recognition unaffected by shift in position」

[33] Linwei Yue, Huanfeng Shen, Jie Li, Qiangqiang Yuan, Hongyan Zhang, Liangpei Zhang(2016), 「Image super-resolution: The techniques, applications, and future」

[34] Martin Arjovsky, Soumith Chintala, Léon Bottou(2017), 「Wasserstein GAN」

[35] Matthew D Zeiler, Rob Fergus(2013), 「Visualizing and Understanding Convolutional Networks」

[36] Michael H Herzog, Aaron M Clarke(2014), 「Why vision is not both hierarchical and feedforward」

[37] Mingxing Tan, Quoc V. Le(2019), 「EfficientNet: Rethinking Model Scaling for Convolutional Neural Networks」

[38] Nikhil Mishra, Mostafa Rohaninejad, Xi Chen, Pieter Abbeel (2018), 「A simple neural attentive meta-learner」

[39] Nitish Srivastava, Geoffrey Hinton, Alex Krizhevsky, Ilya Sutskever, Ruslan Salakhutdinov(2014), 「Dropout: A simple way to prevent neural networks from overfitting」

[40] Paul Werbos(1974), 「Beyond Regression: New Tools for Prediction and Analysis in the Behavioral Sciences」

[41] Phillip Isola, Jun-Yan Zhu, Tinghui Zhou, Alexei A. Efros(2017), 「Image-to-Image Translation with Conditional Adversarial Networks」

[42] Saining Xie, Ross Girshick, Piotr Dollár, Zhuowen Tu, Kaiming He(2017), 「Aggregated Residual Transformations for Deep Neural Networks」 재구성

[43] Sepp Hochreiter, Jürgen Schmidhuber(1996), 「Flat Minima Hochreiter and Schmidhuber」

[44] Sergey Ioffe, Christian Szegedy(2015), 「Batch Normalization: Accelerating Deep Network Training by Reducing Internal Covariate Shift」

[45] Sergey Zagoruyko, Nikos Komodakis(2016), 「Wide Residual Networks」

[46] Tero Karras, Samuli Laine, Timo Aila(2019), 「A Style-Based Generator Architecture for Generative Adversarial Networks」

[47] Tero Karras, Timo Aila, Samuli Laine, Jaakko Lehtinen(2018), 「Progressive Growing of GANs for Improved Quality, Stability, and Variation」

[48] Warren S. McCulloch, Walter Pitts(1943), 「A logical calculus of the ideas immanent in nervous activity」 재구성

[49] Xiangyu Zhang, Xinyu Zhou, Mengxiao Lin, Jian Sun(2017), 「ShuffleNet: An Extremely Efficient Convolutional Neural Network for Mobile Devices」

[50] Yann LeCun, Leon Bottou, Yoshua Bengio, Patrick Haffner(1998), 「Gradient-based learning applied to document recognition」

[51] Yuxin Wu, Kaiming He(2018), 「Group Normalization, Wu and He」

[52] 《Perceptrons》(MIT Press, 1969)

[53] Kamyar Nazeri, Eric Ng, Tony Joseph, Faisal Z. Qureshi, Mehran Ebrahimi, 「EdgeConnect: Generative Image Inpainting with Adversarial Edge Learning」

세상의 속도를
따라잡고 싶다면

Do it!

퍼셉트론부터 GAN까지 핵심 이론 총망라!

딥러닝 교과서

특별 부록

딥러닝 핵심 개념 사전 240

윤성진 지음

이지스 퍼블리싱

01장 _ 딥러닝 개요

1.1 딥러닝이란?

001   딥러닝은 인공 신경망을 이용하여 복잡한 데이터 관계를 찾아내는 머신러닝 기법이다.

002   기존 머신러닝 기법들이 특정 문제에 특화했다면, 딥러닝 모델은 데이터의 복잡한 관계를 잘 표현하므로 다양한 문제에 사용할 수 있다.

003   딥러닝은 지도 학습 분야에서 이미 뛰어난 성과를 보였으며 더 나아가 비지도 학습, 강화 학습 분야에서도 알고리즘을 개선하여 성능을 획기적으로 높이고 있다.

004   딥러닝은 함수를 근사하는 능력이 뛰어나고 특징을 자동으로 추출하며 모델 확장성이 높아 기존 머신러닝보다 좋은 성능을 보인다.

005   단, 딥러닝 모델 학습에는 학습 데이터, 훈련 시간, 비용이 많이 필요하다. 또한 모델의 설정 파라미터도 많아서 최적의 모델을 찾기가 어렵고, 오류를 파악하여 디버깅하기도 어렵다. 모델 학습에 필요한 타깃 데이터를 만드는 비용도 많이 든다. 이러한 딥러닝의 한계를 극복하고자 다양한 연구가 활발히 진행 중이다.

1.2 인공 신경망의 탄생

006   지능은 '어떤 문제에 당면했을 때 자신의 지식과 경험을 활용해서 문제를 해결하는 능력'을 말한다.

007   인간은 주어진 환경에 순응하는 대신 환경을 바꾸고 자신의 노동력을 대체할 수 있는 도구를 발명해 왔다. 그래서 지능을 가진 기계, 즉 인공지능으로 더 수준 높은 일을 해결하고자 끊임없이 시도하고 있다.

008   도널드 헵은 1949년 헵의 학습 가설을 통해 생체 신경망에서 신호 전달을 강화하고자 시냅스 구조가 변하는 성질인 시냅스 가소성을 발표했다. 시냅스 가소성은 현재까지도 과학적으로 입증되는 중이며 많은 연구자는 시냅스 가소성을 '학습과 기억의 현상'으로 받아들이고 있다.

009   지능은 대뇌와 관련이 있다. 대뇌는 언어, 추상적 사고, 시각과 청각, 문제 해결, 기억, 주의 집중을 담당한다. 특히 전전두엽 피질은 정보를 종합해서 사고하고 판단하는 고등 행동을 관장하는 지능의 핵심 역할을 한다.

010   인공지능을 연구하는 일부 과학자들은 생체 신경망에서 기억이 형성되고 활용되는 과정을 모방해서 인공지능을 구현하고자 했다.

1.3 딥러닝의 역사

011   인공 신경망의 역사에 지금까지 두 번의 암흑기가 있었지만, 딥러닝이 제안된 이후 인공지능 기술은 매우 빠른 속도로 발전하면서 새로운 시대적 변화를 주도하고 있다.

012   1943년 제안된 매컬러-피츠 모델은 '최초의 인공 신경망' 모델로서 인간의 신경계를 이진 뉴런으로 표현하고자 했다. 그러나 매컬러-피츠 모델은 학습 과정이 없다 보니 문제에 따라 신경망의 구성을 매번 바꿔야 했다.

013   이런 단점을 해결하기 위해 1956년 프랭크 로젠블랫은 헵의 학습 가설에 따라 인공 신경망이 스스로 문제에 맞춰 학습하는 모델인 '퍼셉트론'을 개발하여 알파벳과 숫자를 인식하는 데 성공했다.

014   마빈 민스키와 시모어 페퍼트는 1969년《퍼셉트론》이라는 책에서 비선형 문제를 풀 수 없는 퍼셉트론의 한계를 지적했다. 당시 신경망 학계에서는 비선형 문제를 풀 수 있는 다층 퍼셉트론의 학습 알고리즘을 만들지 못했고 그 결과 신경망 연구의 침체기가 시작되었다.

015   하버드 대학교에서 공부하던 폴 워보스는 1974년 박사학위 논문에서 다층 퍼셉트론을 학습시킬 수 있는 역전파 알고리즘을 제안하였지만, 안타깝게도 신경망 커뮤니티로 역전파 알고리즘의 존재가 알려지지는 않았다.

016   워보스의 논문이 나온 지 약 10여 년이 지난 1985년부터 1986년 사이에 인공 신경망을 연구하던 여러 그룹의 과학자들은 역전파 알고리즘을 재발견하였고, 그동안 퍼셉트론으로는 풀 수 없었던 비선형 문제를 다층 퍼셉트론으로 풀 수 있게 되었다.

017   역전파 알고리즘이 발견된 이후에도 인공 신경망의 학습을 어렵게 만드는 과적합과 그레이디언트 소실 문제는 오랫동안 해결되지 못했고 이로 인해 인공 신경망의 활용에는 한계가 있었다.

018   2006년 제프리 힌턴은 깊은 신경망을 안정적으로 학습시킬 수 있는 딥러닝 방법을 제시하였고, 이후 드롭아웃 기법을 제안하여 전처리 과정 없이도 딥러닝 모델을 바로 학습할 수 있게 하였다.

02장 _ 순방향 신경망

2.1 순방향 신경망의 구조와 설계 항목

019   현대에 들어와서 다층 퍼셉트론은 순방향 신경망, 퍼셉트론은 인공 뉴런이라 부른다. 순방향 신경망은 데이터가 서로 독립이라고 가정하며, 데이터를 한 방향으로 전달하는 순방향 연결 구조로 이루어진다.

020   순방향 신경망은 뉴런들이 모여 계층을 이루고 그 계층이 쌓여 전체 신경망을 이루는 구조로 되어 있다. 계층은 입력 계층, 은닉 계층, 출력 계층으로 구분되며 모든 계층은 완전히 연결된다.

021   특정 계층에 속한 뉴런은 같은 입력 데이터에서 서로 다른 특징을 추출하는 역할을 한다. 뉴런의 가중 합산은 추출할 특징에 큰 영향을 미치는 데이터를 선택하는 과정이고, 활성 함수는 원하는 형태의 특징을 추출하기 위해 데이터를 비선형적으로 변환하는 과정이다.

022   뉴런은 가중 합산과 활성 함수로 이루어진 합성 함수이므로, 뉴런의 그룹으로 정의되는 계층과 계층을 쌓아서 만든 신경망 역시 합성 함수이다. 신경망은 n차원 공간의 임의의 연속 함수를 근사할 수 있는 범용 근사기라는 것이 범용 근사 정리로 증명되었다.

023   순방향 신경망 모델을 설계하려면 모델의 입력과 출력의 형태, 계층별 활성 함수의 종류, 네트워크 크기를 고려해야 한다.

2.2 분류와 회귀 문제

024   지도 학습의 대표적인 문제는 분류 문제와 회귀 문제다.

025   분류 문제는 데이터의 클래스를 예측하는 문제로 두 클래스로 분류하면 이진 분류, 여러 클래스로 분류하면 다중 분류라고 한다. 분류 모델을 판별 함수로 정의하면 모델은 입력 데이터가 속한 클래스를 예측하지만, 확률 모델로 정의하면 입력 데이터가 각 클래스에 속할 확률을 예측한다.

026   회귀 문제는 여러 독립 변수와 종속 변수의 관계를 연속 함수 형태로 분석하는 문제이다. 회귀 모델은 입력 데이터에 대한 함숫값을 예측하는데, 확률 모델로 정의하면 관측값의 확률분포를 예측한다.

027   확률 모델은 관측 데이터의 확률분포를 추정하기 때문에 관측 데이터에 대한 많은 정보를 예측한다. 따라서 확률 모델을 사용하면 현재 상황을 더욱 정확히 판단하고 그에 따라 다양한 조처를 할 수 있다.

2.3 이진 분류 모델

028 이진 분류 문제는 동전 던지기를 할 때 앞면과 뒷면이 나올 확률을 예측하는 문제와 같다. 이진 분류 모델은 베르누이 분포를 예측하는 모델로 정의할 수 있다.

029 관측 데이터는 $\mathcal{D}=\{(x_i, t_i): i=1, \cdots, N\}$로 입력 데이터 x_i가 iid를 만족하고, 타깃 $t_i \in \{0, 1\}$가 두 개의 클래스를 나타낸다면, 이진 분류 모델은 타깃 t_i의 확률분포인 베르누이 분포의 파라미터 μ를 예측한다.

030 이진 분류 모델을 신경망 모델로 구현한다면 x_i를 모델에 입력해서 로짓을 구한 후 시그모이드 활성 함수를 실행해서 베르누이 분포의 파라미터 μ에 해당하는 $\mu(x_i; \theta)$를 예측한다. 그 결과 베르누이 분포 $p(t_i|x_i; \theta)==\mu(x_i; \theta)^{t_i}(1-\mu(x_i; \theta))^{1-t_i}$를 추정한다.

2.4 다중 분류 모델

031 다중 분류 문제는 주사위를 굴렸을 때 각 면이 나올 확률을 예측하는 문제와 같다. 다중 분류 모델은 카테고리 분포를 예측하는 모델로 정의할 수 있다.

032 관측 데이터는 $\mathcal{D}=\{(x_i, t_i): i=1, \cdots, N\}$로 입력 데이터 x_i가 iid를 만족하고, 타깃 $t_i=(t_{i1}, t_{i2}, \cdots, t_{iK})^T$가 K개의 클래스를 나타낸다면, 다중 분류 모델은 타깃 t_i의 확률분포인 카테고리 분포의 파라미터 μ를 예측한다.

033 다중 분류 모델을 신경망 모델로 구현한다면 x_i를 모델에 입력해서 로짓을 구한 후 소프트맥스 활성 함수를 실행해서 카테고리 분포의 파라미터 μ에 해당하는 $\mu(x_i; \theta)$를 예측한다. 그 결과 카테고리 분포 $p(t_i|x_i; \theta)=\prod_{k=1}^{K}\mu(x_i; \theta)_k^{t_{ik}}$를 추정한다.

2.5 회귀 모델

034 회귀 문제는 여러 독립 변수와 종속 변수의 관계를 연속 함수 형태로 분석하는 문제이다. 회귀 문제는 가우시안 분포를 예측하는 모델로 정의할 수 있다.

035 관측 데이터는 $\mathcal{D}=\{(x_i, t_i): i=1, \cdots, N\}$로 입력 데이터 x_i가 iid를 만족하고, 타깃 t_i는 $t_i=y(x_i; \theta)+\epsilon$으로 정의된다고 하자. 이때 $y(x_i; \theta)$는 모델 예측이고 ϵ는 가우시안 분포 $\epsilon \sim N(\epsilon|0, \beta^{-1})$를 따르는 관측 오차이다(오차의 분산 β^{-1}는 정밀도 β의 역수로 상수로 가정한다).

036 타깃 t_i의 분포는 관측 오차의 분산 β^{-1}를 갖는 가우시안 분포 $N(t_i|y(x_i; \theta), \beta^{-1})$로 정의되며, 회귀 모델은 타깃 t_i의 확률분포인 가우시안 분포의 평균 $y(x_i; \theta)$를 예측한다.

37 회귀 모델을 신경망 모델로 구현한다면 x_i를 모델에 입력해서 가우시안 분포의 평균 $y(x_i; \theta)$를 예측한다. 그 결과 가우시안 분포 $p(t_i|x_i; \theta)=N(t_i|y(x_i; \theta), \beta^{-1})$를 추정한다.

2.6 입력 계층

038 순방향 신경망의 입력 계층은 입력 데이터를 벡터 형태로 받아서 다음 계층에 전달하는 역할을 한다. 따라서 입력 데이터의 크기가 n인 벡터라면 입력 계층은 n개의 뉴런으로 정의한다.

039 고차원 데이터를 순방향 신경망에 입력하려면 1차원으로 변환해서 벡터 형태로 만든 후 입력해야 한다.

2.7 활성 함수

040 은닉 계층을 설계할 때 선택할 수 있는 활성 함수는 S자형 곡선 형태의 시그모이드 계열과 구간 선형 함수로 정의되는 ReLU 계열로 구분할 수 있다.

041 시그모이드 계열은 연산 속도가 느리고 그레이디언트 소실의 원인을 제공하므로 신경망 학습에는 좋지 않지만, 스쿼싱 기능이 필요한 다양한 구조에서 활용한다. 시그모이드 계열에는 시그모이드, 하이퍼볼릭 탄젠트가 있다.

042 ReLU 계열은 선형성이 있으므로 연산 속도가 매우 빠르고 학습 과정을 안정적으로 만들어준다. ReLU의 죽은 ReLU 문제를 해결하고자 리키 ReLU, PReLU, ELU로 발전했다. 일반화된 ReLU의 형태로서 구간 선형 활성 함수를 학습하는 맥스아웃은 매우 좋은 성능을 보여준다.

043 Swish는 AutoML로 찾은 최적의 활성 함수로 생체 뉴런의 발화 방식에 좀 더 가까운 모습을 하고 있으며 SELU, GELU 역시 Swish와 유사한 형태다.

2.8 신경망 모델의 크기

044 신경망 모델의 크기는 '계층 수'를 나타내는 깊이와 '계층별 뉴런 수'를 나타내는 너비로 말할 수 있다.

045 신경망 모델의 크기를 정할 때는 그리드 서치나 랜덤 서치와 같은 탐색 방법을 사용한다. 최근에는 네트워크 구조 탐색 방법인 NAS와 같은 자동 모델 탐색 방법을 활용하기도 한다.

046 신경망 모델을 구성할 때 많이 사용하는 방법 중 하나가 성능이 검증된 기본 모델을 선택해서 새로운 문제에 맞게 모델의 크기를 조정하는 것이다. 2019년에 제안된 이피션트넷에서는 신경망의 너비, 깊이와 함께 입력 이미지의 해상도를 고려하여 세 가지 요소를 동시에 늘렸을 때 최고의 성능을 갖는 모델을 찾을 수 있다는 것을 보여주었다.

2.9 신경망 학습 관련 내용(*)

047 시그모이드 함수는 분모에 지수 항이 있기 때문에 함수의 양 끝부분에서 그레이디언트 포화가 발생하고 그로 인해 그레이디언트가 소실되어 학습이 중단될 수 있다. 단, 분류 모델에서 출력 계층에 소프트맥스 또는 시그모이드 활성 함수를 사용하면서 크로스 엔트로피 손실 함수를 사용하면 두 함수가 결합하여 소프트플러스 함수로 바뀌면서 학습이 개선될 수 있다.

048 죽은 ReLU는 뉴런이 계속 0을 출력하는 상태로 가중치 초기화를 잘못했거나 학습률이 매우 클 때 발생할 수 있다. 가중치가 일단 음수가 되면 다음 입력이 들어왔을 때 가중 합산이 음수가 되므로 ReLU는 0을 출력하고, 그레이디언트도 0이 되어 학습이 더 이루어지지 않고 계속해서 0을 출력하는 상태로 남는다.

049 신경망에서 학습하려면 미분 가능한 활성 함수를 사용해야 하지만 ReLU와 같이 구간 내에서만 미분이 가능한 연속 함수는 미분 오차를 허용해서 구간이 변경되는 지점에서는 우미분과 좌미분 중에 하나를 선택해서 학습한다.

03장 _ 신경망 학습

3.1 신경망 학습의 의미

050 신경망을 학습한다는 말은 모델의 파라미터값을 결정한다는 의미로 모델 파라미터의 대부분은 뉴런의 가중치와 편향이다.

051 모델의 파라미터값이 결정되면 신경망에 입력이 들어왔을 때 어떤 출력을 만들어야 할지에 관한 규칙이 함수적 관계로 표현된다.

3.2 신경망 학습과 최적화

052 신경망 학습은 최적화를 통해 실행된다. 최적화란 유한한 방정식으로 정확한 해를 구할 수 없을 때 근사적으로 해를 구하는 방법이다.

053 신경망 학습을 최적화 문제로 정의하면 회귀 문제의 손실 함수는 평균제곱오차로 정의되며, 분류 문제의 손실 함수는 크로스 엔트로피로 정의된다.

054 최적화를 한다는 것은 손실 함수의 최소 지점을 찾는 문제로 이때 최소 지점의 파라미터가 최적해가 된다.

3.3 경사 하강법

055 신경망의 기본 최적화 알고리즘인 경사 하강법은 손실 함수의 최소 지점을 찾기 위해 경사가 가장 가파른 곳을 찾아서 한 걸음씩 내려가는 방법이다.

056 경사 하강법은 출발 지점에서 기울기를 구해서 기울기의 반대 방향으로 한 걸음 내려가고, 한 걸음 내려간 지점에서 다시 기울기를 구해서 한 걸음 내려가는 과정을 반복하면 결국 최소 지점에 도달할 것이라고 가정한다.

057 신경망은 합성 함수이므로 신경망에 경사 하강법을 적용할 때는 합성 함수의 미분법인 연쇄 법칙을 사용한다. 만일 임의의 가중치에 대해 손실함수를 미분한다면 손실 함수에서 가중치까지 신경망의 역방향으로 실행했던 함수를 따라가며 미분을 계산해서 곱하면 된다.

3.4 역전파 알고리즘

058 신경망에 경사 하강법을 적용할 때 파라미터별로 미분을 계산하면 같은 미분을 여러 번 반복하게 된다. 미분 계산을 중복하지 않으려면 손실 함수에서 시작해서 입력 계층 방향으로 진행하면서 계층별로 미분을 계산하고 다음 계층에 미분을 전파한다. 이렇게 미분을 전파하면서 계산하는 방식을 역전파 알고리즘이라고 한다.

059 각 뉴런의 입장에서 미분을 계산할 때 활성 함수에 대한 미분은 가중치와 입력에 대한 미분의 공통 부분이 된다. 따라서 공통 부분을 계산해두고 각 가중치와 입력에 대한 미분을 계산할 때 지역 미분만 계산해서 공통 부분과 곱해주면 계산의 중복 없이 미분을 계산할 수 있다.

060 실제 역전파 알고리즘은 계층 단위로 실행되며, 계층별로 가중치에 대한 미분을 계산해서 가중치를 업데이트하고 입력에 대한 미분을 계산해서 다음 계층에 전달한다.

3.5 데이터셋 구성과 훈련 데이터 단위

061 신경망 학습을 위한 데이터셋은 모집단을 대표할 수 있는 표본 집단 혹은 관측 데이터로 구성한다. 관측 데이터를 구성할 때 범주성 데이터는 클래스별로 비율을 맞춰야 하며, 회귀 데이터는 근사하는 함수의 범위를 잘 지지해야 한다.

062 관측 데이터는 훈련 데이터셋, 검증 데이터셋, 테스트 데이터셋으로 나뉘며 각 데이터셋은 관측 데이터의 분포를 따르도록 분할해야 한다. 또한 훈련된 모델의 일반화 성능을 검증하려면 반드시 세 데이터셋을 상호 배타적으로 분할해야 한다.

063   신경망 훈련 방식은 입력 데이터의 단위에 따라 배치 방식, 미니배치 방식, 확률적 방식으로 나뉜다. 신경망을 미니배치 방식으로 훈련하면 배치 방식보다 학습 속도가 빨라지고 확률적 성질을 갖게 되어 더 좋은 최적해를 찾을 수 있다.

064   미니배치 크기는 GPU 메모리를 효율적으로 사용하도록 2의 거듭제곱으로 정하며, 검증 과정을 통해 모델의 성능을 최대화하는 적정한 크기를 찾아야 한다.

3.6 손실 함수 정의(*)

065   신경망 모델이 정확하게 예측하려면 모델은 관측 데이터를 잘 설명하는 함수를 표현해야 한다. 이때 모델이 표현하는 함수의 형태를 결정하는 것이 바로 손실 함수이다.

066   손실 함수가 관측 데이터를 잘 설명할 수 있는 함수의 파라미터값을 최적해로 가지려, 손실 함수를 ① 모델의 오차가 최소화되도록 정의하거나 ② 모델이 추정하는 관측 데이터의 확률이 최대화되도록 최대우도추정 방식으로 정의한다.

067   오차 최소화 관점에서 손실 함수는 오차의 크기가 된다. 오차의 크기를 노름으로 나타낸 평균제곱오차와 노름으로 나타낸 평균절대오차를 많이 사용한다.

068   최대우도추정 방식에서 손실 함수는 모델이 추정하는 관측 데이터의 확률인 우도가 된다. 단, 최대우도추정 방식의 경우 최적화 문제를 수치로 다루기 쉽고 안정적으로 최적화하도록 우도 대신 로그 우도를 사용하며, 최종적으로 표준화된 형태로 만들기 위해 음의 로그 우도를 사용한다.

069   최대우도추정 방식으로 손실 함수를 유도해 보면 회귀 문제의 경우 가우시안 분포에서 오차제곱합을 유도할 수 있으며 오차제곱합은 다시 평균제곱오차로 변환해서 사용할 수 있다. 비슷하게, 이진 분류 문제의 경우 베르누이 분포에서 이진 크로스 엔트로피를 유도할 수 있고 다중 분류 문제의 경우 카테고리 분포에서 크로스 엔트로피를 유도할 수 있다.

070   정보량은 확률을 표현하는 데 필요한 비트 수로 사건이 얼마나 자주 발생하는지를 나타낸다. 한편 엔트로피는 확률 변수가 얼마나 불확실한지를, 크로스 엔트로피는 두 분포의 차이가 어느 정도인지를 판단하는 데 사용한다.

04장 _ 최적화

4.1 확률적 경사 하강법

071 확률적 경사 하강법은 손실 함수의 곡면에서 '경사가 가장 가파른 곳으로 내려가다 보면 언젠가 가장 낮은 지점에 도달한다' 라는 단순한 가정으로 만들어진 만큼 성능에 한계가 있다.

072 확률적 경사 하강법은 지정된 학습률을 사용하는 알고리즘이므로 경험적으로 학습률을 조정해야 한다. 학습률을 작게 설정하면 학습이 느리게 진행되며 학습률을 크게 설정하면 최적해로 수렴하지 못할 수 있다.

073 협곡과 같은 형태의 지형을 만나면 계곡의 벽면 사이에서 진동하다가 최적해로 내려가지 못하고 정체될 수 있다.

074 확률적 경사 하강법은 안장점을 만나면 최소점과 구분하지 못하고 학습을 종료하는데, 손실 함수의 차원이 높아질수록 안장점은 기하급수적으로 많아지므로 최적해로 수렴하지 못할 가능성이 커진다.

075 미니배치로 그레이디언트를 근사하면 손실 함수의 기울기가 정확하지 않으므로 표면이 거칠게 근사되고 그에 따라 최적화 경로도 진동하면서 수렴 속도가 느려진다.

4.2 SGD 모멘텀

076 SGD가 가장 가파른 곳으로 내려가는 방식이라면 SGD 모멘텀은 지금까지 진행하던 속도에 관성을 주면서 내려가는 방식이다.

077 관성이 작용하면 안장점을 만나거나 깊이가 얕은 지역 최소에 빠지더라도 벗어날 수 있으며, 손실 함수의 표면이 울퉁불퉁하더라도 진행하던 속도를 유지하며 부드럽게 이동하면서 학습 경로가 전체적으로 매끄러워진다.

078 경사가 가파르면 속도에 그레이디언트가 더해지면서 가속도가 생기므로 매우 빠르게 이동한다.

079 반면 SGD 모멘텀은 오버 슈팅이 되는 단점이 있다. 최소점 주변의 경사가 가파르면 내려오던 속도가 크기 때문에 반대편으로 오버 슈팅이 된다.

4.3 네스테로프 모멘텀

080 네스테로프 모멘텀은 진행하던 속도에 관성을 준다는 점은 SGD 모멘텀과 같지만, 오버 슈팅을 막기 위해 현재 속도로 한 걸음 미리 가 보고 오버 슈팅이 된 만큼 다시 내리막길로 내려가는 방식이다.

081 네스테로프 모멘텀은 관성이 커지더라도 오버 슈팅이 될지 미리 살펴보고 교정하기 때문에 오버 슈팅이 억제된다.

082 네스테로프 모멘텀을 계산할 때 한 걸음 미리 가 본 위치를 현재 위치로 바꾸는 트릭을 사용하면 표준 SGD 모멘텀 식에 오버 슈팅을 억제하는 항이 추가된 형태로 바뀐다.

4.4 AdaGrad

083 AdaGrad는 손실 함수의 곡면 변화에 따라 적응적으로 학습률을 정하는 알고리즘이다.

084 손실 함수의 곡면 변화량은 모든 단계에서 측정한 기울기의 제곱합으로 계산하며, 학습률을 곡면의 변화량의 제곱근으로 나눠서 곡면의 변화량에 반비례하는 적응적 학습률로 정의한다.

085 이때 모델의 파라미터별로 학습률을 갖는 효과가 생기기 때문에 더 효율적으로 최적화를 수행할 수 있다.

086 AdaGrad는 학습이 진행될수록 곡면 변화량은 점점 증가하고 적응적 학습률은 점점 낮아진다. 만일 경사가 가파른 곳에서 출발할 경우 학습 초반부터 적응적 학습률이 급격히 감소해서 학습이 조기 중단될 수 있다.

4.5 RMSProp

087 RMSProp은 곡면 변화량을 측정할 때 전체 경로가 아닌 최근 경로의 곡면 변화량을 측정하여 AdaGrad에서 발생하는 조기에 학습이 중단되는 현상을 없앴다.

088 RMSProp은 최근 경로의 곡면 변화량을 측정하기 위해 지수가중이동평균 방식으로 곡면 기울기의 제곱을 반영한다. 대해 지수가중이동평균을 하면 최근 경로의 그레이디언트는 많이 반영하고 오래된 경로의 그레이디언트는 작게 반영하므로 기울기의 크기가 점점 누적되어 곡면의 변화량이 커지는 현상이 사라진다.

4.6 Adam

089 Adam은 SGD 모멘텀과 같이 진행하던 속도에 관성을 주고 RMSProp과 같이 학습률을 적응적으로 조정하는 알고리즘이다.

090 RMSProp은 출발 지점에서 멀리 떨어진 곳으로 이동하는 초기 경로의 편향 문제가 있는데, Adam은 초기 경로의 편향을 제거하였다.

091 Adam은 초기 경로의 편향을 제거하기 위해 모멘텀 교정 식을 추가해서 학습 초기에는 모멘텀 가중치의 영향을 작게 만들고 학습이 진행될수록 원래 모멘텀 계산 식으로 돌아오도록 한다.

092 Adam은 잡음 데이터에 대해 민감하지 않고 최적화 성능이 우수하다.

05장 _ 초기화와 정규화

5.1 가중치 초기화

093 신경망을 학습할 때 모델 초기화는 손실 함수에서 출발 위치를 결정하며, 특히 가중치 초기화는 학습 성능에 크게 영향을 미친다.

094 신경망의 가중치를 0으로 초기화하면 학습이 진행되지 않으며, 0이 아닌 상수로 초기화하면 같은 계층에 있는 뉴런은 마치 하나의 뉴런만 있는 것처럼 똑같이 작동한다. 따라서 신경망의 가중치는 모두 다른 값으로 초기화해야 하며 일반적으로 난수를 이용해서 초기화한다.

095 난수로 가중치를 초기화할 때 주의할 점은 계층이 깊어지더라도 데이터의 크기가 달라지지 않도록 가중치의 크기를 정해야 한다는 것이다. 만일 가중치의 크기가 작으면 계층을 깊어질수록 출력이 점점 0에 가까워지고 반대로 가중치의 크기가 크면 출력이 점점 커진다.

096 Xavier 초기화는 활성 함수가 시그모이드 계열일 때 가중치 초기화 방법으로, 가중치의 분산을 입력 데이터에 개수 n에 반비례하도록 1/n로 초기화해서 입력 데이터의 분산이 유지되도록 만든다.

097 He 초기화는 활성 함수가 ReLU일 때 가중치 초기화 방법으로, 데이터가 ReLU를 통과하면 분산이 반으로 줄어들기 때문에 가중치의 분산을 Xavier 초기화 방법의 두 배인 2/n로 키워서 입력 데이터의 분산이 유지되도록 만든다.

5.2 정규화

098 정규화는 최적화 과정에서 최적해를 잘 찾도록 정보를 추가하는 기법이다. 정규화를 하면 훈련 데이터가 아닌 새로운 데이터에 대해 모델이 제대로 예측하도록 일반화를 잘하는 모델을 만들 수 있다.

099 정규화 접근 방법으로는 ① 모델을 최대한 단순하게 만들어서 과적합을 방지하고 ② 사전 지식을 표현해서 최적해를 빠르게 찾도록 하며 ③ 확률적 성질을 추가해서 다양한 상황에서 학습하는 효과를 주거나 ④ 여러 가설을 고려하여 오차를 최소화하고 공정하게 예측하는 방법 등이 있다.

5.3 배치 정규화

100   배치 정규화는 모델을 실행할 때마다 계층 형태로 미니배치를 정규화하여 내부 공변량 변화를 최소화한다.

101   학습 단계에서는 계층별로 미니배치의 평균과 분산을 계산하여 표준 가우시안 분포로 정규화를 한다. 그리고 원래 데이터의 분포를 나타내는 평균과 표준편차를 학습해서 정규화된 데이터를 원래 분포로 복구한다.

102   테스트 단계에서는 전체 데이터의 평균과 분산으로 정규화를 해야 한다. 학습 단계에서 미니배치의 평균과 분산을 계산할 때마다 전체 데이터의 평균과 분산을 이동 평균으로 계산해 두었다가 테스트 단계에서 사용하면 된다.

103   이미지의 경우 배치 정규화 외에 계층 정규화, 인스턴스 정규화, 그룹 정규화를 사용한다.

104   배치 정규화를 하면 그레이디언트의 흐름이 원활해지고 학습이 안정적으로 진행된다. 또한 미니배치 단위로 정규화를 하므로 데이터가 조금씩 달라지는 확률적 성질이 생겨서 모델의 성능이 높아진다.

5.4 가중치 감소

105   가중치 감소는 가중치를 작게 만들거나 희소하게 만드는 정규화 기법으로, 손실 함수에 가중치의 크기를 나타내는 정규화 항을 더해서 손실 함수와 함께 최소화되도록 적용한다.

106   가중치의 사전 분포가 가우시안 분포라면 정규화 항은 L_2 노름을 사용하는데 이런 가중치 감소 방법을 L_2 정규화라고 부른다.

107   L_2 정규화는 가중치를 작게 만들어서 오차의 변동성을 줄이고 정확한 해를 빠르게 찾게 한다.

108   가중치의 사전 분포가 라플라스 분포라면 정규화 항은 L_1 노름을 사용하는데 이런 가중치 감소 방법을 L_1 정규화라고 부른다.

109   L_1 정규화는 가중치를 작고 희소하게 만들어서 모델의 유효 파라미터 수를 줄인다. 즉, 모델을 단순화하는 정규화 기법으로 과적합을 방지한다.

5.5 조기 종료

110   조기 종료는 모델이 과적합되기 전에 훈련을 멈추는 정규화 기법으로, 훈련하는 동안 주기적으로 성능 검증을 하다가 성능이 더 좋아지지 않으면 과적합이 시작되었다고 판단하고 훈련을 멈춘다.

111   보통 일정 횟수 동안 성능이 연속하여 개선되지 않으면 훈련을 종료하며, 문제의 특성에 따라 훈련이 민감하게 종료되지 않도록 모니터링 횟수를 충분히 크게 정해야 한다.

112   조기 종료는 파라미터 공간을 작게 만들기 때문에 L_2 정규화와 동일한 효과를 가진다.

5.6 데이터 증강

113   과적합을 막는 가장 근본적인 방법은 훈련 데이터의 양을 늘리는 것이다. 하지만 현실적으로 데이터 레이블을 만드는 비용이 많이 들고 데이터 수집이 까다로운 경우도 많기 때문에 데이터 수집에 의존하지 않고 훈련 데이터를 늘릴 방법이 필요하다.

114   데이터 증강 기법은 훈련 데이터셋을 이용해서 새로운 데이터를 생성하는 방법이다. 훈련 데이터를 조금씩 변형해서 새로운 데이터를 만들거나 훈련 데이터의 분포를 학습한 생성 모델로 새로운 데이터를 생성한다. 데이터를 변형해서 증강할 때는 클래스가 바뀌지 않도록 각 클래스의 결정 경계 안에서 변형하도록 주의해야 한다.

115   데이터를 증강하는 방식은 데이터의 종류와 문제에 따라 매우 다양하다. 만일 이미지 분류 문제를 푼다면 이미지 이동, 회전, 늘리기, 좌우/상하 대칭, 카메라 왜곡하기, 잡음 추가, 색상 변환, 잘라내기, 떼어내기와 같은 다양한 이미지 변형 방법을 사용할 수 있다.

116   최근에는 모델의 성능을 최대화하는 데 필요한 데이터 증강 정책을 강화 학습이나 진화 알고리즘 등으로 학습해서 자동으로 생성하는 자동 데이터 증강 기법이 활발히 연구되고 있다.

5.7 배깅

117   배깅은 독립된 여러 모델을 동시에 실행한 뒤 개별 모델의 예측을 이용해서 최종 예측하는 정규화 방법이다. 다양한 모델로 팀을 구성할 수 있으며 모델이 서로 독립이면 개별 모델의 오차가 모델 수에 비례하여 줄어들기 때문에 배깅 성능이 향상한다.

118   배깅은 모델의 독립성을 보장하기 위해 부트스트랩 방식으로 훈련을 하는데, 신경망 모델의 경우 부트스트랩을 사용하지 않아도 랜덤하게 가중치를 초기화하거나 미니배치로 묶어서 훈련하기 때문에 모델의 독립성이 확보된다.

119   회귀 모델은 보통 개별 모델의 평균으로 예측하며 분류 모델은 다수결 투표 방식으로 예측한다. 그 외에 예측을 위한 다양한 변형 방법이 있다.

5.8 드롭아웃

120   드롭아웃은 미니배치를 실행할 때마다 뉴런을 랜덤하게 잘라내서 새로운 모델을 생성하는 정규화 방법이다. 드롭아웃은 계산 시간이 거의 들지 않고 다양한 모델에 쉽게 적용할 수 있는 강력한 정규화 기법이다.

121   훈련 단계에서는 미니배치를 실행할 때마다 계층별로 뉴런의 이진 마스크를 생성해서 출력에 곱하는 방식으로 드롭아웃을 실행한다. 뉴런을 드롭아웃 할 때는 뉴런의 50% 이상은 유지되도록 주의해야 한다.

122   추론 단계에서는 훈련 과정에서 생성했던 다양한 모델의 평균을 예측하기 위해 가중치 비례 추론 규칙에 따라 모델의 가중치를 뉴런을 유지할 확률 p로 스케일링한다. 또는 역 드롭아웃 방식으로 훈련 시점에 각 계층의 출력을 p로 미리 나누고 추론 코드는 그대로 사용하기도 한다.

5.9 잡음 주입

123   데이터나 모델이 확률적으로 정의되어 있지 않을 때, 데이터나 모델에 잡음을 넣어서 확률적 성질을 부여하면 다양성이 생기면서 정규화 효과가 발생한다.

124   잡음은 입력 데이터, 특징, 가중치, 레이블 등에 다양한 방식으로 넣을 수 있다.

125   입력 데이터에 잡음을 추가하는 것은 데이터 증강 기법에 해당한다.

126   특징에 잡음을 넣으면 추상화된 데이터 상태에서 객체와 같은 상대적으로 의미 있는 단위로 데이터 증강이 일어나서 성능이 크게 향상한다.

127   드롭아웃은 뉴런의 출력과 연결된 가중치에 잡음을 주입하는 과정으로 볼 수 있다. 또한 가중치에 잡음을 직접 더하면 그레이디언트 크기를 작게 만드는 정규화 효과가 생겨서 평지에 있는 최소점을 찾게 되고 그에 따라 일반화 성능이 향상한다.

128   레이블이 정확하지 않을 때 레이블에 오차를 반영한 소프트 레이블링으로 학습하면 모델 성능이 향상한다.

06장 _ 콘벌루션 신경망

6.1 시각 패턴 인식을 위한 신경망 모델

129   순방향 신경망으로 이미지를 처리하면 공간 정보가 분산되고 모델의 파라미터 수가 급격히 증가하여 추론 성능이 떨어진다. 따라서 이미지와 같은 공간 정보를 효율적으로 처리하는 신경망 모델이 필요하다.

130   데이비드 허블과 토르스텐 닐스 비셀은 1959년 동물 시각 피질의 구조와 기능에 관한 연구를 통해 ① 뉴런은 국소적인 수용 영역을 가지며 ② 뉴런마다 역할이 나뉘고 ③ 시각 정보를 계층적으로 처리한다는 사실을 밝혀냈다.

131   1979년 쿠니히코 후쿠시마는 허블과 비셀이 발견한 동물 시각 시스템의 계층적 모델을 인공 신경망으로 모델링한 네오코그니트론를 발명하고 필기체 인식과 패턴 인식에 성공했다.

132   얀 르쿤은 1998년 네오코그니트론의 설계 사상과 모델 구조를 따르며 역전파 알고리즘으로 학습하는 콘벌루션 신경망을 제안했고, 최초의 콘벌루션 신경망 모델인 르넷-5로 우편물에 필기체로 쓰인 우편 번호를 인식하는 데 성공했다.

6.2 콘벌루션 신경망의 구조

133   콘벌루션 신경망은 이미지의 다양한 특징을 추출하기 위해 콘벌루션 연산을 하는 콘벌루션 계층과, 특징의 작은 이동에 대한 위치불변성을 제공하기 위해 풀링 연산을 하는 서브샘플링 계층으로 이루어진다.

134   콘벌루션 신경망에서는 이미지의 특징을 추출하기 위해 콘벌루션 필터를 학습해서 콘벌루션 연산을 하며, 콘벌루션 연산을 여러 단계로 계층화해서 특징의 추상화 수준을 점점 높여간다.

135   콘벌루션 신경망의 입력 데이터는 3차원 텐서로 가로×세로는 공간 특징을 표현하며 깊이는 채널 특징을 표현한다.

136   콘벌루션 필터도 3차원 텐서로 정의되며 표준 콘벌루션 연산을 할 때는 가로, 세로 방향으로만 슬라이딩하고 채널 방향으로는 슬라이딩하지 않는다.

137   콘벌루션 연산을 하면 액티베이션 맵에 채널 하나가 생성되므로 액티베이션 맵의 채널 수는 콘벌루션 필터의 개수와 같다. 액티베이션 맵의 각 픽셀은 지역 연결을 가지면서 가중치를 공유하는 뉴런으로, 각 계층에는 액티베이션 맵과 같은 3차원 텐서 형태의 뉴런들이 모여 있다.

138 콘벌루션 신경망에서 이미지 크기를 줄이기 위해 풀링 연산을 사용할 때는 주로 최댓값을 구하는 맥스 풀링과 평균을 구하는 평균 풀링을 사용한다. 이미지 크기를 줄이면 공간 특징이 손실되므로 대신 콘벌루션 필터 개수를 늘려서 다양한 특징을 학습하도록 신경망을 구성한다.

139 필터의 슬라이딩 간격을 스트라이드라고 한다. 특징을 학습할 때는 보통 한 칸씩 슬라이딩하며, 서브샘플링을 할 때는 두 칸씩 슬라이딩한다.

140 콘벌루션 연산을 반복할수록 이미지 크기가 점점 줄어들기 때문에 신경망을 깊게 만들 수 없는 제약이 생긴다. 따라서 콘벌루션 연산 후에도 이미지 크기를 유지하려면 이미지 패딩을 해서 줄어들 픽셀만큼 이미지 크기를 늘려준다.

141 뉴런의 수용 영역은 신경망 계층의 깊이, 각 계층의 필터 크기와 스트라이드 크기로 결정된다. 신경망의 계층이 깊어지고 필터와 스트라이드가 커질수록 수용 영역은 점점 넓어진다.

6.3 콘벌루션 신경망의 가정 사항

142 콘벌루션 신경망은 모델에 매우 강한 사전 분포를 가정한다. 이런 가정에서 뉴런이 희소 연결을 갖고 파라미터를 공유하며 그에 따라 이동등변성과 위치불변성을 갖는다.

143 뉴런이 희소 연결을 가지면 파라미터가 줄고 메모리와 계산이 절약되는데, 파라미터 공유까지 하면 입력과 뉴런 개수에 상관없이 파라미터 수가 일정해지면서 메모리와 계산이 극적으로 감소한다.

144 이동등변성은 특징이 어느 위치에 있든 동일하게 인식하는 성질로 뉴런의 희소 연결과 파라미터 공유로 생긴다. 콘벌루션 연산은 이동등변성을 갖기 때문에 이미지상에 특정 패턴이 어떤 위치에 나타나더라도 모두 추출할 수 있다.

145 위치불변성은 입력이 아주 작게 이동했을 때 출력이 바뀌지 않는 성질로 풀링 연산에서 나타난다. 이로 인해 풀링 연산은 입력 데이터가 조금 이동해도 같은 특징으로 인식한다.

6.4 개선된 콘벌루션 연산

146 표준 콘벌루션 연산은 ① 파라미터 수와 계산량이 많고 ② 죽은 채널이 발생해도 알기 어려우며 ③ 여러 채널에 대해 한꺼번에 연산하므로 공간 특징과 채널 특징이 구분되지 않는 한계가 있으므로 이를 개선하려는 다양한 콘벌루션 방법들이 제안되었다.

147 팽창 콘벌루션은 콘벌루션 필터의 수용 픽셀 간격을 띄워서 필터를 넓게 만든 방식으로 뉴런의 수용 영역을 넓힐 때 파라미터 수와 계산량을 늘리지 않고도 공간 특징을 유지한다.

148 점별 콘벌루션은 가로×세로 크기가 1×1인 콘벌루션 필터를 사용하여 채널 특징을 학습한다. 따라서 점별 콘벌루션을 하면 죽은 채널의 영향을 줄일 수 있다.

149 그룹 콘벌루션은 채널을 여러 그룹으로 나눠서 콘벌루션하는 방식으로, 모델 파라미터 수와 계산량을 줄이고 채널 간에 상관관계를 갖는 구조를 학습할 수 있다.

150 깊이별 콘벌루션은 각 채널의 공간 특징을 학습할 수 있도록 채널별로 콘벌루션 연산을 수행하고 결과를 합친다.

151 깊이별 분리 콘벌루션은 깊이별 콘벌루션을 수행한 후 점별 콘벌루션을 수행하는 방식으로, 각각 공간 특징과 채널 특징을 학습한다.

152 셔플 그룹 콘벌루션은 그룹 콘벌루션을 하면서 채널 그룹 간에 정보를 교환하여 표현을 강화한다.

153 공간 분리 콘벌루션은 정사각형 콘벌루션 필터를 가로 방향 필터와 세로 방향 필터로 인수분해해서 순차적으로 콘벌루션을 수행한다. 단, 모든 콘벌루션 필터를 인수분해할 수는 없으므로 준최적해를 찾을 수도 있다.

6.5 업샘플링 연산

154 콘벌루션 신경망은 언풀링이나 트랜스포즈 콘벌루션과 같은 방법으로 업샘플링 연산을 수행한다.

155 언풀링은 풀링의 반대 연산으로 요약된 통계 데이터를 요약하기 전 크기의 데이터로 복구하는 연산이다. 바늘방석 언풀링은 첫 번째 픽셀은 원래의 값으로 채우고 나머지 픽셀은 0으로 채우며, 최근접 이웃 언풀링은 전체 영역을 모두 원래 픽셀값으로 채운다. 맥스 언풀링은 맥스 풀링을 할 때 최댓값의 위치를 기억해 두었다가 언풀링을 할 때 기억해 둔 위치로 값을 복원하고 나머지는 0으로 채운다.

156 트랜스포즈 콘벌루션은 업샘플링 필터를 학습하는 방식으로 콘벌루션 연산과 반대로 이미지의 각 픽셀과 필터를 곱한 후 새로운 이미지의 픽셀을 만들어낸다. 이때 각 픽셀에서 생성된 새로운 픽셀들이 겹쳐질 경우 바둑판무늬가 생기는데, 모든 픽셀이 같은 횟수로 겹쳐지도록 필터와 스트라이드의 크기를 조절하면 바둑판무늬를 없앨 수 있다.

157 트랜스포즈 콘벌루션이라는 이름이 붙여진 이유는 콘벌루션 행렬의 전치 행렬로 트랜스포즈 콘벌루션 연산을 표현할 수 있기 때문이다.

07장 _ 콘벌루션 신경망 모델

7.1 르넷-5

158　최초의 콘벌루션 신경망 모델인 르넷-5는 우편물에 필기체로 쓰인 우편번호를 인식하기 위해 만든 모델로 전체 파라미터 수가 60K에 불과하다.

159　모델은 'CONV-POOL-CONV-POOL-FC-FC-FC'의 7계층으로 구성된다. 콘벌루션 계층과 풀링 계층은 생체 신경망의 시각 영역을, 완전 연결 계층은 연관 영역을 모델링했다.

7.2 알렉스넷

160　알렉스넷은 ILSVRC 2012 대회에서 객체 인식 오류율을 25.8%에서 16.4%로 낮추며 압도적인 1위를 차지한 최초의 콘벌루션 신경망 모델이다.

161　2개의 GPU에서 실행하는 병렬처리 구조를 가지며 GPU별로 콘벌루션 필터를 절반으로 나눠서 처리하다가 최종 결과를 합치는 그룹 콘벌루션 방식으로 되어 있다.

162　'CONV-CONV-CONV-CONV-CONV-FC-FC-FC'로 구성된 8계층 모델로, 콘벌루션 5계층에서 완전 연결 3계층으로 연결된다. 파라미터 수는 6천 2백만 개로 주로 FC 계층에 몰려 있다.

163　GPU를 활용하여 훈련함으로써 압도적인 성능 향상을 보여주었다. 활성 함수로 ReLU를 사용하며 정규화 기법으로는 LRN, 드롭아웃, L_2 정규화, 데이터 확장, 앙상블을 사용한다. 최적화 기법으로는 SGD 모멘텀을 사용한다.

7.3 제트에프넷

164　제트에프넷은 ILSVRC 2013 대회에서 우승한 모델로 상위 5개 클래스 기준 오류율을 16.4%에서 11.7%로 낮췄다. 알렉스넷의 문제점을 개선한 모델로 알렉스넷의 10%에 해당하는 데이터만을 사용해서 성능을 4.7%p 높였다.

165　제트에프넷의 가장 인상적인 성과는 콘벌루션 신경망을 시각화해서 그동안 알지 못했던 모델의 학습 과정과 학습 내용을 이해할 수 있게 되었다는 점이다.

166 제트에프넷은 '콘벌루션 신경망은 낮은 계층에서부터 높은 계층으로 학습이 진행되며, 계층이 깊어질수록 수용 영역이 넓어지고 지역적 특징에서 전역적 특징으로 학습 내용이 바뀐다. 입력에 작은 변화가 있어도 같은 결과를 출력하는 위치불변성을 가지며, 특징을 포착할 때 모양은 물론이고 위치까지 가늠한다.'와 같은 콘벌루션 신경망의 작동 원리를 규명하여 콘벌루션 신경망의 연구에 새로운 지평을 열었다.

7.4 브이지지넷

167 브이지지넷은 ILSVRC 2014 대회에서 2위를 수상한 모델로 상위 5개 클래스 기준 오류율 7.3%를 달성하였다. 브이지지넷이 나오면서 콘벌루션 신경망의 깊이는 8계층에서 19계층으로 깊어졌다.

168 브이지지넷은 신경망이 깊어질수록 수용 영역이 넓어지는 원리를 이용하여, 필터를 작게 만드는 대신 신경망은 깊게 하여 파라미터 수를 줄이면서 충분한 수용 영역을 갖도록 설계했다. 3×3 콘벌루션 필터만을 사용하며, 콘벌루션 연산과 맥스 풀링 연산이 규칙적으로 배치되는 단순한 모델 구조를 갖는다.

169 브이지지넷 모델 중 가장 많이 쓰이는 'VGG16'은 Conv1-Conv2-Conv3-Conv4-Conv5의 5개 그룹이 완전 연결 계층으로 연결되는 구조다. 그룹마다 3×3 콘벌루션을 2회 또는 3회 수행하며 그룹이 바뀔 때는 맥스 풀링으로 액티베이션 맵의 크기를 반으로 줄이되 깊이는 2배씩 늘린다.

170 브이지지넷은 모델 구조에 규칙성이 있으므로 모델을 이해하고 다루기가 쉽다. 이미지의 특징을 추출하는 용도로 많이 활용한다. 특히 FC7의 특징은 전체 이미지를 설명하는 콘텍스트 벡터로 사용한다.

7.5 구글넷

171 구글넷은 ILSVRC 2014 대회에서 우승을 차지한 모델로서 상위 5개 클래스 기준 오류율 6.7%를 달성했다.

172 인셉션 모듈은 역할 분리, 희소 연결, 조밀 연산이라는 설계 사상에 따라 설계되었으며, 전체 구조는 인셉션 모듈을 쌓는 방식의 네트워크 속 네트워크 구조로 설계되었다. 실제로 기본 인셉션 모듈에 채널 수가 과도하게 증가하는 문제를 병목 계층을 사용하여 해결한 개선된 인셉션 모듈을 사용한다.

173 구글넷은 알렉스넷보다 12배 적은 5M의 파라미터로 이루어지며 22계층의 깊은 신경망을 실현하는 효율적인 구조로 되어 있다. 구글넷은 스템, 몸체, 최종 분류기, 보조 분류기로 나뉘며 몸체는 인셉션 모듈을 9개 쌓은 구조로 구성된다.

7.6 레즈넷

174 레즈넷은 2015년 ILSVRC 대회와 COCO 대회의 분류 및 탐지 모든 부문에서 2위와 현격한 성능 차이를 보이며 우승을 차지한 모델이다. ILSVRC 분류 부분에서 상위 5개 클래스 기준 오류율 3.57%를 달성하여 인간의 평균 인지 능력인 5.1% 오류율을 추월했다.

175 구글넷과 마찬가지로 레즈 블록을 여러 계층으로 쌓는 네트워크 속 네트워크 구조이며 152계층의 매우 깊은 신경망을 구성한다.

176 레즈넷은 모델을 깊게 하더라도 최소한 얕은 모델 이상의 성능이 낼 수 있도록 학습 경로와 잔차 연결을 분리하자는 설계 사상을 가진다. 잔차 연결은 학습이 필요 없을 때는 데이터를 통과시키고 역전파를 할 때는 그레이디언트의 지름길이 되어 신경망을 깊게 쌓아도 그레이디언트 소실이 생기지 않도록 한다.

177 레즈 블록에는 두 가지 경로가 있으므로 모델을 실행할 때마다 매번 입력 데이터가 다른 경로로 갈 수 있어서 마치 여러 모델을 실행하는 것과 같은 앙상블 효과가 있다.

178 레즈넷 구조는 스템, 몸체, 분류기로 나뉘며 18계층부터 34계층, 50계층, 101계층, 152계층까지 다섯 가지 모델로 구성된다.

179 모델별로 레즈 블록을 쌓는 방식이 다르며 50계층 이상인 경우 병목 계층을 추가한 레즈 블록을 사용한다. 계층 그룹 conv1, conv2_×, conv3_×, conv4_×, conv5_×에서는 레즈 블록을 여러 번 반복하며, 그룹이 바뀔 때는 스트라이드 2 콘벌루션으로 크기는 반으로 줄이고 깊이는 2배 늘린다.

7.7 콘벌루션 신경망 비교

180 알렉스넷은 초기 모델인 만큼 모델은 크지만 연산량과 정확도는 낮다. 브이지지넷은 모델이 크고 연산량도 가장 많지만 구조가 단순하다는 장점이 있다.

181 구글넷은 모델도 작고 연산량도 적은 효율적인 모델이다. 레즈넷은 모델 크기와 연산량은 중간 정도지만 정확도가 높다.

182 구글넷이 발전한 모델인 인셉션-v4는 레즈넷보다 모델 크기와 연산량이 조금 커졌고 정확도도 높아졌다.

183 사람이 경험적으로 설계한 모델보다 NAS로 찾은 모델이 더 우수한 성능을 보이며, NAS로 찾은 모델을 최적의 방식으로 스케일링한 모델이 그보다 더 좋은 성능을 보인다. 모델을 잘 설계해서 성능을 높이는 방식에는 한계가 있으므로 성능을 높이려면 모델 스케일링을 최적화해야 한다.

7.8 다양한 모델의 등장

184 인셉션 모듈의 역할별 분리-변환-통합 전략과 레즈 블록의 잔차 학습을 위한 잔차 연결, 네트워크 모듈을 쌓아서 만드는 네트워크 속 네트워크^{NIN} 구성 방식, 파라미터와 연산량 감소를 위한 병목 계층과 FC 계층 제거 등의 설계 방식은 신경망 설계에 중요한 지침이 되었다.

185 레즈넷이 제안된 이후 레즈넷의 성능을 개선하는 후속 작업이 이어졌다. 레즈 블록의 연산 순서를 활성화한 뒤에 가중 합산 순서를 따르는 '배치 정규화-ReLU-콘벌루션 연산' 순으로 재배치하고, 항등 매핑 경로에서 정보가 바뀌지 않도록 두 경로가 합쳐진 이후에 있던 ReLU를 학습 경로로 옮김으로써 성능을 개선하였다.

186 와이드 레즈넷은 레즈 블록이 병렬 처리될 수 있도록 넓은 레즈 블록으로 확장해서 계산 효율을 높였다. 필터 개수가 k배 늘어나면 액티베이션 맵의 채널 수도 k배 늘어나고 뉴런 수도 k배 늘어나므로 더 넓은 신경망이 된다.

187 레즈넥스트는 레즈 블록의 잔차 경로를 여러 개로 분리해서 병렬 실행하는 모델이다. 분리-변환-통합 전략과 동시에 동일한 블록을 반복함으로써 하이퍼파라미터 수를 줄이는 방식을 사용하여 넓은 신경망 구조를 갖도록 설계되었다.

188 깊이가 확률적으로 변하는 신경망은 훈련하는 동안 네트워크를 짧게 만들어서 그레이디언트 소실을 줄이려는 아이디어로 설계되어, 훈련할 때는 부분 경로를 드롭아웃하고 테스트할 때는 전체 경로를 사용한다.

189 프랙탈넷은 얕은 네트워크에서 깊은 네트워크로 쉽게 전환하도록 얕은 경로와 깊은 경로를 모두 갖는 구조다. 훈련할 때는 부분 경로를 드롭아웃하고 테스트할 때는 전체 경로를 사용한다.

190 댄스넷은 댄스 블록으로 구성된 모델로, 블록 내의 각 계층은 모든 이전 계층과 연결되어 하위 수준의 특징을 재사용하고 그레이디언트 소실을 없앤다.

191 나스넷은 구글의 AutoML로 찾은 신경망 모델로, 댄스넷과 유사하게 하위 계층이 대부분의 상위 계층과 연결된 구조를 가진다. 나스넷은 댄스넷보다 5% 이상 높은 성능을 보인다.

192 구글넷이 발전한 인셉션 v4는 필터를 인수분해하여 인셉션 모듈의 연산량이 최소화되도록 재설계하였다. 인수분해 방법은 ① 5×5 필터를 3×3 필터를 2계층으로 쌓는 방법과 ② N×N 필터를 1×N, N×1 필터로 분해하는 방법을 사용한다. 그리고 계층별로 다른 타입의 모듈을 정의해서 전체 신경망을 구성했다.

08장 _ 순환 신경망

8.1 기억을 갖는 신경망 모델 RNN

193 시간적 공간적 순서 관계가 있는 순차 데이터의 경우, 순서 관계로 형성되는 문맥 또는 콘텍스트 안에서 개별 데이터의 역할을 파악할 수 있다.

194 존 홉필드가 1982년 제안한 홉필드 네트워크는 기억을 저장하고 연상하는 연상 메모리로, 출력을 입력으로 피드백하는 순환 연산을 통해 입력 데이터의 패턴을 연상해낸다. 순환 연산을 하는 홉필드 네트워크의 모델 구조는 이후 순환 신경망으로 발전한다.

195 순환 신경망은 데이터의 순차 구조를 인식하고 순차 데이터의 콘텍스트를 기억하는 인공 신경망으로 설계되었다. 데이터의 순차 구조를 인식하기 위해 시간 순서대로 데이터를 입력받고, 은닉 계층의 피드백 연결을 통해 입력받은 데이터의 콘텍스트를 형성해 나간다.

196 순환 신경망의 은닉 상태는 '시간 단계별로 입력된 데이터가 순차적으로 추상화되어 형성된 콘텍스트'를 저장하며, 피드백 연결은 시간의 흐름에 따라 '콘텍스트를 기억하는 과정'으로 생각할 수 있다.

197 순환 신경망은 모든 단계에서 가중치를 공유함으로써 순차 구조를 포착할 수 있고, 가변 길이 데이터를 처리할 수 있으며 정규화 효과를 가진다.

8.2 순환 신경망의 주요 모델

198 순환 신경망에서 입력은 순차열이지만 출력은 순차열이 아닌 모델을 다대일 모델이라고 한다. 입출력이 모두 순차열이면 다대다 모델, 입력은 순차열이 아니지만 출력은 순차열인 경우는 일대다 모델이다.

199 다대다 모델에서 현재 단계의 출력을 다음 단계에 입력하는 티처 포싱 방식으로 학습하면 학습이 안정화되고 수렴 속도도 빨라진다.

200 입력 데이터를 순방향과 역방향으로 모두 보는 양방향 모델은 공간적 순서 관계를 갖는 데이터를 처리할 때 성능이 높아진다.

201 입력과 출력의 길이가 다른 순차열을 처리할 때는 입력 데이터를 저차원 데이터로 압축하는 인코더 모델과 압축된 데이터에서 고차원 데이터로 차원을 확장하는 디코더 모델 쌍으로 된 인코더-디코더 모델로 구성한다.

8.3 시간펼침 역전파

202 순환 신경망은 시간펼침 역전파 알고리즘으로 학습한다. 순환 신경망을 시간 순서대로 펼친 상태에서 입력에서 출력까지 뉴런 실행 순서의 정확히 반대 순서로 역전파를 수행한다.

203 순환 신경망의 손실 함수 역시 시간 순서대로 펼쳐 놓은 상태에서 각 단계의 출력에 대한 손실 함수를 더해서 전체 손실 함수를 정의한다.

204 끝이 없거나 아주 긴 순차열일 때는 일정 단계만큼 묶어서 순방향으로 진행한 후 역전파를 실행하는 절단 시간펼침 역전파 알고리즘으로 학습한다. 절단 시간펼침 역전파 알고리즘에서는 묶음 단위로 역전파를 하더라도 순차열이 연속된 콘텍스트를 유지하도록 이전 묶음의 마지막 은닉 상태를 다음 묶음에 전달해준다.

8.4 LSTM과 GRU

205 기본 순환 신경망은 시간이 지나면서 입력 데이터의 영향이 점점 사라지는 '장기의존성 문제' 와 '그레이디언트 소실과 폭발' 이 쉽게 일어나는 모델의 구조적 문제가 있다.

206 기본 순환 신경망은 가중치 행렬 W가 반복적으로 곱해지는 구조 때문에 그레이디언트 소실과 폭발이 쉽게 일어난다. 그레이디언트 폭발은 그레이디언트 클리핑으로 간단히 막을 수 있지만 그레이디언트 소실을 막으려면 구조적인 변경이 필요하다.

207 LSTM은 그레이디언트 소실의 원인이 되는 가중치 W와의 행렬곱 연산이 그레이디언트 경로에 나타나지 않도록 구조를 변경한 모델이다. LSTM은 은닉 상태 h_t 외에 셀 상태 c_t가 추가된 셀 구조로 이루어진다.

208 LSTM은 셀 상태와 은닉 상태로 뇌의 장기 기억과 단기 기억을 모델링한다. 망각 게이트, 입력 게이트, 기억 게이트, 출력 게이트를 통해 기억을 지속하기 위해 선택하는 게이트 구조를 가진다.

209 망각 게이트는 장기 기억을 지속할지 잊을지 판단하며, 입력 게이트는 새로운 사건으로 형성된 기억 중 장기 기억으로 전환해야 할 기억을 선택한다. 기억 게이트는 망각 게이트를 통과한 장기 기억과 입력 게이트를 통과한 새로운 기억을 더해서 장기 기억을 갱신한다. 출력 게이트는 갱신된 장기 기억에서 단기 기억에 필요한 기억을 선택한다.

210 LSTM 셀에 입력된 단기 기억 h_{t-1}과 새로운 사건 x_t에 따라 게이트 i_t, f_t, o_t와 새로운 기억 g_t이 계산된다.

211 장기 기억에 해당하는 셀 상태 C_t는 장기 기억과 새로운 기억 중 일부를 선택해서 $C_t = f_t \odot C_{t-1} + i_t \odot g_t$로 만든다.

212 단기 기억인 은닉 상태 h_t는 새롭게 갱신된 장기 기억 C_t의 일부 기억을 선택해서 $h_t = o_t \odot \tanh(C_t)$로 만든다.

213   셀 상태를 연결하는 경로에서 W의 반복적인 곱 연산은 완전히 사라졌으며, 대신 생긴 f_t의 곱은 그레이디언트 소실을 발생시킬 가능성이 작다.

214   GRU는 LSTM의 장점을 유지하면서 게이트를 두 종류로 간소화하여 단순하게 만든 순환 신경망이다. 셀 상태 c_t를 없애고 다시 은닉 상태 h_t가 장기 기억과 단기 기억을 모두 기억하도록 했다. GRU의 성능은 LSTM과 비슷하지만 연산량은 더 적다.

8.5 순환 신경망 개선

215   긴 콘텍스트를 갖는 순차 데이터를 다룰 때 순환 신경망의 장기 의존성 문제와 그레이디언트 폭발 문제를 완전히 없애기는 어렵다. 그래서 순환 신경망을 사용하는 대신 어텐션을 사용하거나 시간 팽창 콘벌루션을 활용하는 모델로 발전하고 있다.

216   어텐션은 가장 중요하고 연관성 있는 정보에 집중하는 방법으로 다양한 모델에 접목할 수 있다. 셀프 어텐션은 자신 자신의 특정 부분과 나머지 부분과의 연관성에 따라 특징을 추출할 때 사용한다. 하드 어텐션은 어텐션을 계산할 때 가장 집중하는 정보를 선택하는 방식이고, 소프트 어텐션은 정보의 집중도에 따라 모든 정보를 가중 합산하는 방식이다.

217   처음에는 순환 신경망의 성능을 강화하기 위해 순환 구조에 어텐션을 결합하기 시작했지만 현재는 순환 구조를 완전히 배제하고 어텐션 계층과 완전 연결 계층만을 사용한 모델로 진화하였다.

218   순환 신경망의 인코더-디코더 모델에 어텐션을 결합하면 디코더에서 생성하려는 단어와 더욱 연관성 있는 인코더의 입력 단어들로 콘텍스트를 생성할 수 있다.

219   2017년에 소개된 언어 모델인 트랜스포머는 순환 신경망을 사용하지 않고 순수하게 어텐션 메커니즘으로 구성된 인코더-디코더 모델이다. 트랜스포머는 셀프 어텐션으로 문장을 구성하는 단어의 집중도를 계산하며, 멀티 헤드 어텐션으로 한 단어에 대해 여러 관점으로 어텐션을 살펴본다.

220   시간 팽창 콘벌루션은 오래전 기억을 빠르게 전달하도록 계층화하는 방법으로 순환 신경망을 사용하지 않고도 긴 콘텍스트를 처리할 수 있다. 특히 어텐션과 접목했을 때 더 좋은 성능을 보인다.

09장 _ 생성 모델

9.1 생성 모델

221 생성 모델은 데이터로부터 확률분포를 추정해서 데이터를 생성하는 모델이다. 확률분포를 근사할 수 있다면 매우 다양하고 흥미로운 분야에 활용할 수 있다.

222 생성 모델은 관측 데이터의 확률분포를 추정하기 위해 최대우도추정을 한다. 확률분포를 명시적으로 추정하는 명시적 추정 방식과, 모델이 확률분포를 따르는 샘플을 생성하는 암묵적 추정 방식으로 나뉜다.

223 명시적 추정 방식은 '확률분포를 정확히 추정하는 방식'인 자기회귀 모델과 '확률분포를 근사적으로 추정하는 방식'인 VAE 등이 있다. 암묵적 추정 방식에는 적대적 관계에서 훈련하는 모델인 GAN이 있다.

224 생성 모델은 다양한 데이터를 생성하는 데 사용할 수 있으며, 확률분포를 추정하기 때문에 추정된 확률분포를 벗어난 이상 데이터를 탐지하거나 잠재 공간에서 데이터 표현을 학습할 때, 강화학습에서 미래의 상태나 행동을 계획할 때도 활용할 수 있다.

9.2 VAE

225 오토인코더는 자기 자신을 잘 복구하는 표현을 학습하는 신경망이다. 오토인코더를 확률 모델로 확장하면 추정된 확률분포에서 새로운 데이터를 생성할 수 있는 변분 오토인코더, 즉 VAE가 된다.

226 실생활에서 확보한 관측 데이터의 확률분포가 매우 복잡한 형태의 확률분포를 따른다면, 단순한 분포를 혼합한 혼합 분포로 추정할 수 있다.

227 무한히 많은 가우시안 분포의 혼합은 가우시안 컴포넌트 $p(x|z)$와 혼합 계수 $p(z)$와 곱을 z에 대해 적분한 식으로 정의한다. 이때 $p(z)$와 $p(x|z)$의 비선형 관계는 신경망으로 구할 수 있으며 적분식은 몬테카를로 추정으로 근사할 수 있다.

228 $p(z)$는 사전 분포이므로 관측 데이터와 무관한 잠재 공간을 표현한다. 따라서 $p(z)$로는 관측 데이터의 분포를 따르는 데이터를 생성하지 못한다.

229 관측 데이터에 대해 분화된 잠재 공간을 만들려면 사전 분포 $p(z)$ 대신 사후 분포 $p(z|x)$를 구해야 한다. 이렇게 구한 사후 분포 $p(z|x)$에서 데이터를 생성해야 관측 데이터의 분포를 따르는 데이터를 생성할 수 있다.

230 사후 분포는 매우 복잡한 분포인 만큼 분석적으로 추정하기 어려우므로 변분 함수로 근사해야 하며 변분 함수는 신경망으로 구현할 수 있다.

231   VAE 모델은 인코더-디코더 구조로 이루어지며, 목적 함수는 증거 하한인 ELBO로 정의된다. ELBO는 복원 손실 함수와 정규화 항으로 구성된다.

232   훈련 과정에서는 인코더에서 추정한 사후 분포에서 z를 샘플링해서 디코더에 입력하는데, 확률변수의 샘플링은 미분할 수 없으므로 학습이 되지 않는다. 이럴 때는 재파라미터화 트릭을 사용해서 샘플링 단계를 미분가능한 함수 형태로 바꿔주면 된다.

233   훈련이 완료되고 VAE로 새로운 데이터를 생성할 때는 디코더만 사용한다.

9.3 GAN

234   암묵적 확률 추정 방식의 대표적인 생성 모델인 GAN은 2014년 이안 굿펠로우가 제안한 모델로 머신러닝 분야에서 최근 10년 동안 가장 흥미로운 모델로 평가받는다.

235   GAN은 생성자와 판별자가 적대적 관계에서 경쟁하는 훈련하는 방식이다. GAN 훈련은 두 플레이어 간의 미니맥스 게임으로 볼 수 있으며 더 이상 상태 변화가 없는 내시 균형 상태에 도달하면 게임은 종료된다.

236   신경망 훈련 관점에서 생성자는 가짜 데이터를 만들면서 판별자가 진짜라고 속을 때까지 학습한다. 판별자는 훈련 데이터는 진짜 데이터로 판별하고, 생성자가 만든 데이터는 가짜 데이터로 판별하도록 학습한다. 생성자가 가짜 데이터를 판별자에게 테스트했을 때 가짜와 진짜를 더 구분하지 못할 때까지 학습한다. 생성자는 판별자를 통해 훈련 데이터의 확률분포를 간접적으로 학습한다.

237   GAN의 목적 함수가 $V(D, G)$일 때 판별자는 목적 함수 $V(D, G)$를 최대화하려 하고, 생성자는 목적 함수 $V(D, G)$를 최소화하려 한다. 따라서 생성자와 판별자의 학습 속도를 맞추기 위해 둘을 번갈아 가면서 최적화한다. GAN 훈련이 끝나고 데이터를 생성할 때에는 생성자만 사용한다.

238   GAN에서 생성자의 최적해는 생성자의 분포가 훈련 데이터의 분포와 같아질 때이며, 생성자가 최적해를 가질 때 판별자의 출력값은 $\frac{1}{2}$로 더 이상 진짜 데이터와 가짜 데이터를 구분하지 못한다.

239   GAN이 처음 제안되었을 때 성능은 좋지 않았다. 하지만 1년 뒤인 2015년에 나온 DCGAN은 고화질의 이미지를 생성하기 시작했으며, 2017년에 나온 WGAN은 더욱 개선된 고화질의 선명한 이미지를 생성하여 사람들을 깜짝 놀라게 했다. 2018년에 제안된 PGGAN은 실제 사진과 구분되지 않을 정도의 1024×1024 크기의 고해상도 이미지를 생성했다.

240   GAN을 활용해서 이미지를 다른 이미지로 변환하는 이미지 변환 모델을 구성할 수 있다. Pix2Pix는 선 그림을 입력하면 색이 칠해진 그림을 생성한다. StyleGAN은 PGGAN을 백본으로 다양한 스타일의 얼굴을 고해상도 이미지로 합성한다.

인공지능 & 데이터 분석 코스

인공지능, 데이터 분석도 Do it! 시리즈와 함께!
주어진 순서대로 차근차근 독파해 보세요!

인공
지능

정직하게 코딩하며 배우는
딥러닝 입문

박해선 | 328쪽

이론을
더 깊게~

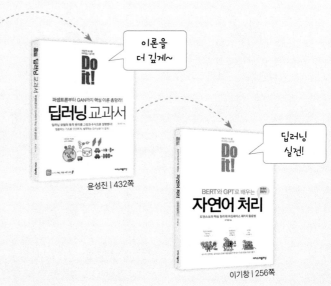

딥러닝 교과서

윤성진 | 432쪽

딥러닝
실전!

BERT와 GPT로 배우는
자연어 처리

이기창 | 256쪽

데이터
분석

쉽게 배우는
R 데이터 분석

김영우 | 376쪽

쉽게 배우는
R 텍스트 마이닝

김영우 | 344쪽

쉽게 배우는
파이썬 데이터 분석

김영우 | 472쪽

데이터 분석을 위한
판다스 입문

다니엘 첸 | 시진 | 400쪽

나는 어떤
코스가
적합할까?

A 인공지능 개발자가 되고 싶은 사람

- Do it! 점프 투 파이썬
- Do it! 정직하게 코딩하며 배우는
  딥러닝 입문
- Do it! 딥러닝 교과서
- Do it! BERT와 GPT로 배우는
  자연어 처리
- Do it! 챗GPT + 파이썬으로 AI 직원 만들기

B 데이터 분석가가 되고 싶은 사람

- Do it! 쉽게 배우는 파이썬 데이터 분석
- Do it! 쉽게 배우는 R 데이터 분석
- Do it! 쉽게 배우는 R 텍스트 마이닝
- Do it! 데이터 분석을 위한 판다스 입문
- Do it! R 데이터 분석 with 샤이니
- Do it! 첫 통계 with 베이즈

기초
단계

박응용 | 432쪽

김성엽 | 576쪽

김동형 | 856쪽

시바타 보요, 강민 역 | 408쪽

시바타 보요, 강민 역 | 452쪽

시바타 보요, 강민 역 | 424쪽

응용
단계

김창현 | 384쪽

박응용 | 408쪽

김종관 | 564쪽

나는 어떤
코스가
적합할까?

A 파이썬 개발자가 되고 싶은 사람

- Do it! 점프 투 파이썬
- Do it! 점프 투 파이썬 — 라이브러리 예제 편
- Do it! 파이썬 생활 프로그래밍 with 챗GPT
- Do it! 점프 투 장고
- Do it! 장고 + 부트스트랩 파이썬 웹 개발의 정석
- Do it! 챗GPT + 파이썬으로 AI 직원 만들기

B 자바 개발자가 되고 싶은 사람

- Do it! 점프 투 자바
- Do it! 자바 완전 정복
- Do it! 자바 프로그래밍 입문
- Do it! 점프 투 스프링 부트 3